INTRODUÇÃO AO
ANTIGO
TESTAMENTO

Dados Internacionais de Catalogação na Publicação (CIP)
(Câmara Brasileira do Livro, SP, Brasil)

Díaz, José Luis Sicre
   Introdução ao Antigo Testamento / José Luis Sicre Díaz ; tradução de Wagner de Oliveira Brandão ; revista e atualizada por Anoar Jarbas Provenzi. – 4. ed. – Petrópolis, RJ : Vozes, 2024.

   Título original: Introducción al Antiguo Testamento
   ISBN 978-85-326-1229-8

   1. Bíblia. A. T. – Introduções 2. Cristianismo 3. Teologia I. Título.

24-217287   CDD-221.61

Índices para catálogo sistemático:
1. Antigo Testamento : Introduções   221.61
Eliane de Freitas Leite – Bibliotecária – CRB 8/8415

JOSÉ LUIS SICRE DÍAZ

INTRODUÇÃO AO
ANTIGO TESTAMENTO

EDIÇÃO REVISTA
E AMPLIADA

Tradução de Wagner de Oliveira Brandão

Revisada e atualizada por Anoar Jarbas Provenzi

EDITORA
VOZES

Petrópolis

© José L. Sicre Díaz
© Editorial Verbo Divino

Tradução do original em espanhol intitulado *Introducción al Antiguo Testamento*

Direitos de publicação em língua portuguesa – Brasil:
1994, 2015, 2024, Editora Vozes Ltda.
Rua Frei Luís, 100
25689-900 Petrópolis, RJ
www.vozes.com.br
Brasil

Diagramação: Sheilandre Desenv. Gráfico
Revisão gráfica: Fernando Sergio Olivetti da Rocha
Capa: Estúdio 483

ISBN 978-85-326-1229-8 (Brasil)
ISBN 978-84-9945-141-1 (Espanha)

Este livro foi composto e impresso pela Editora Vozes Ltda.

Sumário

Tema I
Aproximação ao Antigo Testamento

Tema II
O Pentateuco

Tema III
A História Deuteronomista

Tema IV
Os profetas

Abreviaturas de revistas e coleções

ATANT	*Abhandlungen zur Theologie des Alten und Neuen Testaments*
BBB	*Bonner Biblische Beiträge*
Bib	*Biblica*
BJRL	*Bulletin of the John Rylands University Library of Manchester*
BZAW	*Beihefte zur Zeitschrift für die alttestamenttliche Wissenschaft*
CBQ	*The Catholic Biblical Quarterly*
EstBíb	*Estudios Bíblicos*
EstEcl	*Estudios Eclesiásticos*
ET	*Expository Times*
EvTh	*Evangelische Theologie*
FRLANT	*Forschungen zur Religion und Literatur des Altes und Neuen Testaments*
HSM	*Harvard Semitic Monographs*
HUCA	*Hebrew Union College Annual*
JBL	*The Journal of Biblical Literature*
JSOT	*Journal for the Study of the Old Testament*
JThSt	*Journal of Theological Studies*
OBO	*Orbis Biblicus et Orientalis*
Or	*Orientalia*
RB	*Revue Biblique*
RBiblt	*Rivista Biblica Italiana*
RHPR	*Revue d'Histoire et de Philosophie Religieuses*
RicBR	*Ricerche Bibliche e Religiose*
SBB	*Stuttgarter Biblische Beiträge*
SBL	*Society of Biblical Literature*
SBS	*Stuttgarter Bibel-Studien*
SBTh	*Studies in Biblical Theology*
ST	*Studia Theologica*
SVT	*Supplements to Vetus Testamentum*
ThRev	*Theologische Revue*
ThRu	*Theologische Rundschau*
TLZ	*Theologische Literaturzeitung*
VT	*Vetus Testamentum*
WMANT	*Wissenschaftliche Monographien zum Alten und Neuen Testament*
ZAW	*Zeitschrift für die alttestamentliche Wissenschaft*

Apresentação da primeira edição

O turista que deseja visitar a imponente fortaleza de Massada tem duas opções: escalar a íngreme "Encosta da Serpente", que bordeja a montanha em ziguezagues até o cume, ou tomar um funicular que o deixa quase à entrada. É questão de gosto. No fim, a visita será sempre a mesma.

Geralmente as introduções ao Antigo Testamento se assemelham à "Encosta da Serpente": deixam-nos sem fôlego no meio do caminho, sem contar as vezes que paramos para recuperar a respiração, e ainda abandonados e sozinhos com a Bíblia na mão, sem nenhuma pista de leitura.

Este livro pretende assemelhar-se mais ao funicular. O importante é chegar logo ao destino para desfrutar a paisagem. E a paisagem, no nosso caso, é a leitura do texto bíblico. Vamos precisar de um guia que nos indique o essencial, mas que nos faça perceber também um detalhe importante e que muitas vezes passa despercebido. Prometo que não serei um cicerone insuportável, daqueles que nos afogam com um turbilhão de dados ou nos derrubam com uma velocidade de maratonista. Se alguma vez o leitor tiver a impressão contrária, é só passar adiante para o período ou capítulo seguinte.

Às vezes o convido a descer do funicular, para percorrer a difícil "Encosta da Serpente" da ciência bíblica. Se o desejar, poderá conhecer mais de perto estes esforçados pioneiros que lutaram para nos abrir o caminho que hoje podemos trilhar sem tantos riscos. Se preferir, pode continuar tranquilo em sua poltrona. Poupe suas forças para a paisagem.

A obra está dividida em cinco temas, cada um com três ou quatro capítulos. Antes de cada tema dou umas breves orientações gerais, que convém ler com atenção. Nelas separo o que é essencial do que é secundário.

Por último, se não tem uma ideia clara da história antiga de Israel, encontrará no capítulo 20 uns dados elementares, para ler e consultar à vontade. Será também de grande ajuda um Atlas Bíblico simples e claro.

Quanto às referências, procurei reduzi-las ao mínimo. Só em pontos mais complexos indico obras especializadas, para quem puder e quiser aprofundar a investigação.

Procurei juntar o ameno e pedagógico com o científico. Meu maior desejo é que o leitor tenha tanto proveito ao ler este livro quanto eu tive ao escrevê-lo.

Granada, junho de 1991

Prólogo
Vinte anos depois

Há vinte anos ofereci à Editora Verbo Divino um original intitulado *Introdução agradável e prática ao Antigo Testamento*. À editora não deve ter parecido muito adequado que uma Introdução ao Antigo Testamento fosse "agradável e prática", e a obra apareceu apenas com o título – nada original – de *Introdução ao Antigo Testamento*. Todavia, os leitores perceberão esses aspectos de agradabilidade e utilidade que favoreceram as diversas reimpressões da obra.

Durante estas duas décadas, sequer me preocupei em corrigir as erratas (a culpa é exclusivamente minha). Mas as informações sobre os estudos bíblicos, embora não sejam essenciais a esta obra, haviam ficado antiquadas, bem como a bibliografia. Aproveitando o pedido da editora de atualizar isso, acabei ampliando algumas partes. Por isso, a obra atual contém 26 capítulos, em face dos 20 da anterior. As novidades principais desta edição são as seguintes:

Ampliei muito o capítulo 1 ("Problemas que apresenta o Antigo Testamento"); embora ele mantenha a estrutura e as ideias da edição anterior, acrescentei muitos dados novos.

O antigo capítulo 5 ("Introdução ao Pentateuco") foi dividido em dois, para distinguir claramente os dados bíblicos do atual estado da pesquisa.

O antigo capítulo 6 ("Capítulos selecionados do Pentateuco") foi ampliado bastante nas seções referentes a Abraão e a caminhada pelo deserto, e pareceu-me mais adequado dividi-lo em três capítulos.

O antigo capítulo 9 ("A investigação sobre a História Deuteronomista") foi ampliado notavelmente no começo (para deixar mais claro o problema de fundo) e no final (com as últimas teorias sobre a história).

Acrescentei um capítulo novo (capítulo 20: Mulheres!): uma narrativa que ajuda a entender de maneira divertida a figura do "sábio" de Israel.

O antigo capítulo 19 ("Incursão pela poesia de Israel") tem agora uma nova narrativa para introduzir o problema da distinção entre a prosa e a poesia; ampliei também a exposição sobre os Salmos.

Por último, o antigo capítulo 20 ("Breve história de Israel") cresceu tanto que foi preciso transformá-lo em um tema com três capítulos. Ali o leitor poderá encontrar, ao final de seu percurso, um arsenal de dados que o ajudará a fazer uma síntese de diversas questões.

Além disso, em todos os capítulos atualizei a bibliografia e procurei apresentar as principais opiniões dos últimos anos, dentro da brevidade que exige este tipo de obra.

Agradeço à Professora Junkal Guevara Lhaguno por suas sugestões e ajuda na atualização da bibliografia.

Espero que esta nova edição cumpra seu objetivo de suscitar o interesse, facilitar a leitura e tirar proveito do Antigo Testamento.

Pontifício Instituto Bíblico

Roma, 2010

Tema I

Aproximação ao Antigo Testamento

Este primeiro tema pretende esclarecer alguns conceitos básicos, de modo a facilitar o acesso ao Antigo Testamento aos cristãos do nosso tempo. Compreende três capítulos.

O primeiro trata dos problemas que esses livros, normalmente, suscitam nas pessoas do século XX: científicos, históricos, morais e teológicos. Ainda que sua leitura possa parecer amena, é possível que produza algum questionamento sobre o sentido e a utilidade do Antigo Testamento. A resposta definitiva só se terá no fim do livro.

O segundo expõe alguns dos valores que se podem encontrar na leitura desses livros: conhecimento de Deus, exemplo de outros homens, dimensão social e política da fé, conhecimento mais profundo da atividade, da mensagem e da pessoa de Jesus.

O terceiro aborda seis questões elementares. As duas primeiras são básicas: O que é o Antigo Testamento? Como foi o processo de seleção destes livros? As outras quatro constituem temas curiosos, que fazem parte de uma cultura bíblica fundamental. Intencionalmente, nenhum tema é tratado com demasiada amplitude. O leitor poderá deixar este capítulo para o fim ou para qualquer outro momento em que sinta curiosidade por estas questões.

1

Os problemas que o
Antigo Testamento apresenta

Na edição de Colin Smith, o *Poema del Mío Cid* ["Poema/Cantar de Meu Cid"] ocupa 132 páginas, incluindo-se as notas de rodapé. O *Poema* é uma obra curta, escrita por apenas um autor, em uma só língua, em um período não muito distante do nosso, e concentra-se em um protagonista. Todavia, seria impossível apresentar em poucas páginas os numerosos problemas linguísticos, literários, culturais e históricos que o *Poema* apresenta.

Na edição da Bíblia que costumo usar (a *Bíblia do Peregrino*), a parte correspondente ao Antigo Testamento ocupa mais de 1.500 páginas, que abarcam obras muito diferentes, escritas por muitos autores, em três línguas (basicamente hebraico, mas também em aramaico e grego), ao longo de aproximadamente seis ou sete séculos no mínimo, e utilizando os gêneros literários mais variados: desde o que alguns chamariam de relatos míticos até obras históricas, passando por novelas, listas genealógicas (algumas delas intermináveis), poesia dos mais diversos tipos, refrões e provérbios, debates filosófico-teológicos, e inclusive listas de povos e fronteiras das diferentes tribos.

É impossível abordar a infinidade de problemas de todo tipo que esta abundante e variada literatura apresenta. No entanto, vou me deter nos que causam maior dificuldade ao leitor não especializado, os quais podemos agrupar em quatro capítulos: históricos, morais, científicos e teológicos. Tentarei oferecer algumas pistas de solução, embora alerte que as respostas podem provocar novas perguntas, ainda mais graves do que as anteriores, sobre o sentido e a utilidade das Sagradas Escrituras, a inspiração e a verdade revelada.

1. A base de todos os conflitos

Antes de entrarmos no assunto, é importante salientar onde reside grande parte dos problemas que analisaremos a seguir. Por mais de vinte séculos, antes mesmo do surgimento do cristianismo, os escritos sagrados dos judeus já eram criticados pelos pagãos pelo simples fato de serem judaicos. Este povo se espalhou desde a Pérsia até Roma, e sua recusa em se misturar com outras raças, sua fé monoteísta, a ideia de ser o povo escolhido por Deus, juntamente com suas práticas religiosas peculiares (especialmente a observância do sábado e a prática da circuncisão), frequentemente provocavam a rejeição das pessoas com as quais conviviam.

Essa realidade é atestada na própria Bíblia, quando o Livro de Ester inclui uma carta fictícia do Imperador Artaxerxes, na qual se diz: "Fomos informados de que entre todos os povos da terra há um povo hostil, com um sistema jurídico contrário ao de todas as nações, que desobedece continuamente às ordens reais, a ponto de prejudicar nossa política irrepreensível e justa" (Est 13,4).

Esse sentimento de rejeição em relação ao judaísmo não apenas permeava o povo comum, mas também intelectuais de destaque, estes muitas vezes mais ignorantes do que o público em geral. É importante recordar esse fato porque ainda está presente em autores modernos e em muitas páginas da web, embora às vezes não seja reconhecido abertamente: muitas críticas à Bíblia surgem de um profundo antijudaísmo (não digo antissemitismo, porque tanto os judeus quanto os palestinos ou qualquer outro povo considerado descendente do patriarca Sem são semitas).

A outra grande fonte de conflito surge da ideia de que a Bíblia é a "Palavra de Deus". Essa afirmação, embora não seja compartilhada por todos, gera um profundo desconforto no leitor ateu ou agnóstico e o leva a se opor a esses livros. Se essa pessoa lê a *Ilíada*, encontra descrições das batalhas mais cruéis e sanguinárias, com lanças perfurando olhos, bocas ou ouvidos, cortando línguas, provocando jorros de sangue... mas não se escandaliza. No máximo, as descrições de Homero provocam um sorriso e o comentário rápido: "Como eram brutais!" No entanto, quando esse mesmo leitor encontra na Bíblia episódios também muito cruéis, porém isolados, como o de Jael cravando um prego na têmpora de Sísara, ou o de Judite cortando o pescoço de Holofernes, não apenas se escandaliza (com razão), mas também encontra neles argumentos para rejeitar esses livros como um todo.

Essa concepção da Bíblia como a "Palavra de Deus" também pode influenciar negativamente pessoas crentes, que se sentem obrigadas a defender tudo o que está escrito nela, como se estivessem defendendo a própria vida. Como escreveu Flávio Josefo no final do primeiro século da nossa era: "Todos os judeus, desde o nascimento, naturalmente pensam que ali está a vontade divina, eles a respeitam e, se necessário, morrem por ela com alegria" (*Contra Apião*, 42). O problema está no fato de que Josefo não apenas encontra na Bíblia a "vontade divina", mas também a transmissão exata de uma série de conhecimentos históricos e científicos. Esse critério se imporá com o tempo e dará origem a inúmeros problemas.

2. Os problemas da história

Pode parecer estranho começar falando dos problemas históricos apresentados pela Bíblia, mas são os primeiros a surgir em ordem cronológica. Já no século III a.C., o sacerdote egípcio Manetos, em sua *História do Egito*, oferece uma visão totalmente distorcida das origens do povo de Israel: segundo ele, os judeus seriam descendentes dos hicsos, que foram expulsos por Tutmósis III e fundaram depois Jerusalém. Seu fundador, Moisés, antes era Osarsef, sacerdote de Osíris em Heliópolis, que liderou uma multidão de egípcios leprosos e descendentes dos hicsos. Ele teria ensinado a eles costumes contrários aos egípcios, como não adorar seus deuses nem sacrificar seus animais sagrados, e a não se relacionarem com outros povos. Além disso, antes de deixar o Egito, em aliança com as tribos hebraicas, incendiou e saqueou o país. Essas ideias de Manetos e de outros são refletidas, já no início de nossa era, nas *Histórias* do romano Cornélio Tácito:

> A maioria dos autores concorda que, quando uma epidemia que manchava os corpos surgiu no Egito, o Rei Bóccoris foi buscar remédio no oráculo de Hámon, que ordenou que purificasse seu reino e afastasse para outras terras aquela raça, considerada abominável pelos deuses. Assim, depois de ser procurado e reunido, esse povo foi abandonado em lugares desertos. Enquanto a maioria ficava desanimada e chorando, Moisés, um dos exilados, aconselhou que não esperassem ajuda de deuses ou homens, mas confiassem apenas em si mesmos, tendo como guia celestial aquele que primeiro os ajudasse a superar suas misérias. Concordaram e, sem saber de nada, embarcaram em sua aventura. Mas nada os fazia sofrer tanto quanto a falta de água; e já estavam

se deitando pela planície, esperando seu fim, quando um grupo de asnos selvagens que voltava do pasto se recolheu junto a uma rocha na sombra de uma floresta. Moisés os seguiu e, calculando pela grama no chão, descobriu abundantes veios de água. Isso lhes proporcionou alívio e, após caminhar seis dias sem parar, no sétimo, depois de expulsar os habitantes, tomaram posse das terras onde ergueram sua cidade e dedicaram seu templo.

Moisés, visando garantir o futuro de seu povo, instituiu ritos novos e contrários aos dos outros mortais. Lá, tudo o que é sagrado para nós é profano, e vice-versa. Em seu santuário, consagraram uma imagem do animal que os guiara para escapar de sua errância e sede, após sacrificarem um carneiro em homenagem a Hámon (*Histórias*, Livro V, 3-4)[1].

Esta falsificação maliciosa da história bíblica provocou o contra-ataque de Flávio Josefo em *Contra Apião*. No entanto, minha intenção não é me deter nesse debate. Em vez disso, estou interessado em apontar alguns dos dados históricos que a Bíblia oferece e que apresentam problemas até mesmo para o leitor moderno de boa vontade.

2.1 Dados desconcertantes nas origens da humanidade

Vamos imaginar uma pessoa que começa a ler a Bíblia com uma mentalidade puramente histórica. Ignorando a narrativa sobre a criação do primeiro casal humano, o pecado e a expulsão do paraíso, que podem ser interpretados simbolicamente ou de forma mítica, nos primeiros capítulos do Gênesis, ela encontra os seguintes dados que a desconcertam:

1. Desde o início, a humanidade está dividida em agricultores (Caim) e pastores (Abel), uma divisão que levou muitos séculos para se desenvolver.

2. Quando Deus condena Caim por ter assassinado Abel, Caim teme que o primeiro que o encontrar o mate. No entanto, não há outros seres humanos na terra.

3. Em seguida, é dito que Caim se uniu à sua esposa e deu à luz Henoc. Mas não se falou dessa mulher antes. Segundo o relato bíblico, os únicos descendentes de Adão e Eva até então são Caim e Abel.

---

1. *Historias*, edição de J. L. Moraleja (Madri: Akal, 1990).

4. Logo depois, Caim constrói uma cidade, à qual dá o nome de seu filho, Henoc. No entanto, o fenômeno da sedentarização leva muitos séculos para acontecer, e ainda mais para a urbanização. A cidade mais antiga conhecida é Jericó, com apenas cerca de dez mil anos de existência.

5. Pouco depois, Tubalcaim é apresentado como "forjador de instrumentos de bronze e ferro", algo desconcertante, pois qualquer autor antigo sabia muito bem que o bronze havia sido forjado primeiro e, quase dois mil anos depois, o ferro.

6. Em seguida, segue-se o extenso relato do dilúvio universal. E, embora hoje conheçamos cerca de 350 tradições de dilúvio, espalhadas por todo o planeta, sabemos que não houve nenhum dilúvio universal que representasse um novo começo para a humanidade.

7. Noé, após o dilúvio, planta uma vinha pela primeira vez, descobre o vinho e se embriaga. Em respeito à verdade, é preciso dizer que a humanidade, pelo menos no Oriente Próximo, começou a se embriagar com cerveja.

8. A ideia de uma língua comum a toda a humanidade antes da construção da Torre de Babel é uma utopia na qual nem mesmo os defensores do esperanto e da interlíngua acreditam.

9. Finalmente, as listas genealógicas oferecem dados desconcertantes sobre a idade dos patriarcas: os dez anteriores ao dilúvio vivem em média 857,5 anos (com a vitória de Matusalém, graças aos seus 969 anos) e os dez posteriores ao dilúvio, em média 317.

Dada a impossibilidade de abordar essas questões em profundidade, limito-me a indicar alguns detalhes que explicam esses dados.

1. Muitos deles se baseiam no desejo do homem antigo (não apenas do judeu, mas também do babilônico, do egípcio, do grego) de remontar todos os grandes descobrimentos da humanidade às origens:

> O impulso de remontar o curso da história até os primórdios da humanidade não surgiu apenas de uma curiosidade natural pelo passado distante, mas também da necessidade de afirmar a ordem social e política presente. A ideia básica era que apenas o passado possuía valor normativo; e, quanto mais remoto, melhor. Isso certamente ocorreu na Mesopotâmia, onde a noção de progresso histórico brilhava pela sua ausência. Tudo o que a sociedade precisava, incluindo instituições

políticas e religiosas, ordem social e até mesmo tecnologias básicas, estava presente desde o início. Portanto, a tarefa de cada geração posterior era manter e, quando necessário, restaurar a ordem primitiva das coisas[2].

Portanto, a Bíblia atribui a esse momento a construção da primeira cidade, a fabricação do bronze e do ferro, a criação de instrumentos musicais e o cultivo da primeira vinha. Podemos até dizer que a Bíblia é mais moderada e moderna do que outros povos antigos, pois atribui todos os avanços tecnológicos e científicos ao ser humano, enquanto outros povos os atribuem aos deuses.

Na *Babyloniaca* de Beroso (escrita por volta de 281 a.C.), é dito que inicialmente "havia uma multidão enorme de homens na Babilônia que viviam em desordem como bestas selvagens". Então, do mar, surgiu um animal chamado Oannes. "Este mesmo animal passava o tempo com os homens durante o dia e não consumia nenhum alimento." Transmitiu aos homens o conhecimento das letras, das ciências e de todas as profissões, como povoar cidades e erguer templos, e ensinou-lhes as leis da medição de terrenos; revelou-lhes o plantio e a colheita de frutas e, resumindo, transmitiu aos homens tudo o que se refere à vida civilizada. Desde então, nada mais foi descoberto.

O ponto de vista egípcio é apresentado por Diodoro da Sicília em sua *Biblioteca histórica*. Ele começa citando principalmente a descoberta do fogo, atribuída a Hefesto. Em seguida, ele se concentra em Osíris, que "fez muito em benefício da sociedade": ele afastou a humanidade do canibalismo, ensinando a cultivar trigo e cevada; foi um amante da agricultura e dizem que "descobriu a videira e, depois de inventar a elaboração de seu fruto, foi o primeiro a provar o vinho e ensinou aos outros homens o cultivo da videira e o uso do vinho, bem como sua colheita e conservação" (I, 15, 8). A Hermes é atribuída a descoberta da linguagem articulada, das letras, da organização do culto aos deuses, da astronomia, do estudo dos sons e da invenção da lira de três cordas (I, 16). Quanto a Ísis, "os egípcios dizem que ela foi a inventora de muitos remédios para a saúde e tinha grande conhecimento de medicina"[3].

Essa tendência de remontar tudo aos seus primórdios também leva à discussão do mal e suas consequências: o pecado original, que resulta na ruptura

---

2. BLENKINSOPP, J. *El Pentateuco – Introducción a los cinco primeros libros de la Biblia*. Estella: Verbo Divino, 1999, p. 77.

3. SCHNABEL, P. *Berossos und die babylonisch-hellenistische Literatur*. Leipzig: Teubner, 1923, p. 253.

do primeiro casal humano, no sofrimento, na morte e no assassinato do irmão.

Reis e patriarcas pré-diluvianos

Reis sumérios		Patriarcas bíblicos	
Alulim	28.800	Adão	930
Alalgar	36.000	Set	912
Enme-lu-ana	43.200	Enós	905
Enme-gal-ana	28.800	Cainã	910
Dumuzi	36.000	Malaleel	895
En-sipazi-ana	28.800	Jared	962
Enme-dur-ana	21.000	Henoc	365
Ubar-Tutu	18.600	Matusalém	969
		Lamec	777
Cinco cidades		Noé	950
(8 reis)	241.200		
Média	30.150	Média	857,5

Reis e patriarcas pós-diluvianos

Reis sumérios		Patriarcas bíblicos	
GA...ur	1200	Sem	600
Kullasina-bel	960	Arfaxad	438
...		Selá	433
Outros 27 reis	26.910	Éber	464
		Faleg	239
		Reu	239
		Sarug	230
		Nacor	148
		Taré	205
		Abraão	175
Média	1.065	Média	317

2. Outros dados são inspirados em tradições e mitos mesopotâmicos, como a ideia de que os seres humanos viviam muito mais anos antes do dilúvio do que depois dele. A *Lista de reis sumérios* afirma que os dez reis anteriores ao dilúvio viveram em média 30.150 anos, enquanto os posteriores ao dilúvio se limitaram a 1.065 anos. As genealogias do Gênesis moderaram esses números (reduzindo os 30.150 anos para 857,5 e os 1.065 para 317), mas mantendo a ideia de que o dilúvio causou uma mudança radical na longevidade da raça humana.

3. Outros textos bíblicos reúnem esses relatos míticos para modificá-los profundamente de acordo com a fé javista. Isso é evidente no capítulo 1 de Gênesis, que modifica o poema babilônico *Enuma Elish*, sobre a criação.

> A principal semelhança entre *Enuma Elish* e Gênesis 1 é percebida na importância primordial da água e na criação por separação. Mas são muito mais notáveis as diferenças: a) a relação entre teogonia e cosmogonia (totalmente ausente em Gn 1); b) a criação como fruto de uma batalha, algo que não tem vestígios em Gn 1. Outras diferenças são observadas ao analisar a mensagem de Gn 1, que podemos resumir nestes pontos:
>
> 1. Tudo é obra de Deus. Monoteísmo estrito. Desmitificação dos astros. Como consequência, tudo é bom. Otimismo diante da criação e denúncia velada da situação atual. Se algo está errado, não é culpa de Deus.
>
> 2. O essencial do ser humano é sua semelhança com Deus, que lhe permite estabelecer um diálogo com Ele. A história será um diálogo contínuo entre Deus e o homem/mulher.
>
> 3. Todos os membros da humanidade (homens e mulheres) possuem igual dignidade. A diferença de sexo não implica diferença de direitos nem de dignidade.
>
> 4. A missão do homem é dominar a terra, continuando a tarefa criadora de Deus. Veja o que diz *Enuma Elish*, tão diferente:
>
>> Vou amassar o sangue e farei com que existam os ossos;
>> vou suscitar um selvagem, cujo nome seja *homem*;
>> certamente, vou criar o homem-selvagem
>> para que ele se encarregue do serviço dos deuses,
>> de modo que estes sejam aplacados (*Enuma Elish* VI 4-8).
>
> 5. Na vida da terra e do ser humano desempenha um papel primordial o tempo, com suas diversas estações, épocas, dias, anos, que fixam o ritmo agrícola e humano. O ponto culminante desse ritmo é o sábado, que lembra o descanso de Deus. O homem, ao respeitá-lo, se insere no ritmo criador de Deus.

Uma mudança semelhante é observada no relato do dilúvio, que oferece uma versão nova do que contavam o relato sumério do dilúvio, o mito de Atracasis e a Tábua XI do Poema de Gilgamesh:

> Três diferenças principais são observadas entre os relatos mesopotâmicos e a Bíblia: 1) quem decide o castigo da humanidade: uma assembleia de deuses (politeísmo) ou um único deus; 2) por que decide o castigo: porque os humanos, com seu barulho, não permitem que o deus Enlil durma tranquilamente (assim em Atracasis) ou por motivos éticos (a Bíblia); 3) recompensa obtida pelo protagonista: em todos os poemas mesopotâmicos, a imortalidade; na Bíblia, a fecundidade. Com isso, o relato do Gênesis, utilizando elementos tradicionais, muda profundamente a imagem de Deus e do homem.

2.2 Fatos que passam despercebidos ao leitor normal

Um programa espanhol de televisão bastante famoso, anos atrás tentou aproximar da história as crianças de forma agradável e amena. Em um dos programas, sobre o Império Neobabilônico, afirmou-se que Nabucodonosor conquistara Nínive no ano 612 a.C. Muito poucos espanhóis se surpreenderiam ao ouvir isso e continuariam pensando que os roteiristas estavam bem-informados. No entanto, quem governava a Babilônia no ano de 612 e interveio na queda de Nínive não foi Nabucodonosor, mas seu pai, Nabopolassar.

Esse exemplo ajuda a compreender um fato comum. Os autores bíblicos, assim como os atuais, às vezes cometem erros de natureza histórica. Confundem datas, estabelecem falsas relações de parentesco etc. O leitor comum, assim como o telespectador, não percebe; seria necessário ser um especialista. Outras vezes, os autores bíblicos apresentam os fatos de forma esquemática, alterando a realidade histórica para pôr em relevo uma ideia mais importante. Por exemplo, para indicar a íntima relação entre todas as tribos que formam o povo de Israel, as fazem descender de um único personagem, Jacó. Dizer que todos os israelitas procedem de Jacó é tão absurdo como afirmar que todos os portugueses residentes no Brasil provêm de um tal João de Souza, desembarcado aqui no século XVI. Isso porque para os autores bíblicos não é importante a objetividade histórica, e sim promover a união entre as tribos.

Em outro caso, para sublinhar a ajuda de Deus e o direito à terra em que terminaram habitando, descrevem a entrada dos israelitas na Palestina como uma grande campanha militar, resultado de uma conquista a ferro e fogo de toda a região. A arqueologia demonstra que não existiram grandes batalhas, mas conflitos locais mais parecidos com uma mistura pacífica de grupos de origem diferente.

Estes exemplos que citamos acima não apresentam muitos problemas. Em parte, porque passam despercebidos. Em parte, porque, quando os percebemos, podemos explicá-los a partir da cultura de uma época ou da intenção dos autores.

2.3 O problema dos milagres

Outros dados de tipo histórico são facilmente captados pelo leitor da Bíblia, e o desconcertam. A maioria deles está relacionada com os primeiros momentos do povo de Israel, desde a saída do Egito até sua instalação na Palestina. Estes anos estão marcados por uma série de intervenções milagrosas: as pragas do Egito, a passagem pelo Mar dos Juncos (impropriamente chamado de Mar Vermelho), o maná, as codornizes, a rocha que se transforma em fonte de águas cristalinas, a travessia do Jordão, a queda dos muros de Jericó...

Mesmo nos tempos antigos, alguns judeus adotaram a postura de silenciar os milagres. Isso é evidente nas *Antiquitates biblicae* do Pseudo-Fílon: ao tratar das pragas do Egito, ele as enumera, mas não as detalha (*Antiquitates* 10,1); na conquista de Jericó, omite a queda milagrosa das muralhas (*Antiquitates* 20,7); na batalha de Gideão contra os madianitas, o protagonista apenas menciona no início trezentos homens, não os trinta e dois mil mencionados no texto bíblico (*Antiquitates* 36,1).

2.3.1 Explicação naturalista dos milagres

Outra forma de solucionar o problema, que encontramos também em tempos antigos, é interpretar os milagres como eventos naturais. Até mesmo o piedoso Fílon apresenta o milagre da rocha que mana água como algo compreensível para qualquer pagão. Esse procedimento se generaliza em meados do século passado. O livro mais famoso dentro desta linha é, de Werner Keller, *E a Bíblia tinha razão – A verdade do Antigo Testamento comprovada pelas investigações arqueológicas*, publicado em 1955 e traduzido para mais de vinte idiomas, com uma tiragem global de milhões de exemplares. Quando aborda o problema das pragas do Egito, o autor escreve:

> Todas essas coisas mencionadas na Bíblia estão sendo experimentadas pelo Egito até os dias de hoje. Isso ocorre, por exemplo, com o "Nilo vermelho". Os sedimentos provenientes dos lagos da Abissínia tingem a água do rio, especialmente na parte superior de seu curso, e essa coloração muitas vezes adquire um tom vermelho-escuro puxando para o marrom. Durante os períodos de inundação, aumentam as *rãs* e também os *mosquitos*, às vezes em quantidades tão consideráveis que se tornam verdadeiras pragas. Algo semelhante acontece com as *moscas*. Não é incomum que invadam extensas regiões: penetram nos olhos, nariz e ouvidos. Quanto às *pestes do gado*, são comuns em todo o mundo. Em relação às *pústulas* que afetam os seres humanos e os animais, poderiam ser o chamado irritação da pele ou sarna do Nilo. Consistem em erupções que causam uma coceira intensa, são contagiosas e, frequentemente, se tornam úlceras terríveis. [...] A *queda de granizo* é verdadeiramente rara no Nilo, mas não desconhecida. A época mais propícia para isso são os meses de janeiro a fevereiro. Por outro lado, as *nuvens de gafanhotos* constituem catástrofes muito frequentes e típicas nos países do Oriente. O mesmo ocorre com as repentinas *trevas*. O khamsin, conhecido popularmente como simum, é um vento abrasador que arrasta massas de areia, as quais ocultam a luz do sol, conferindo-lhe um aspecto amarelado e fazendo com que, em pleno dia, mal se possa enxergar. Apenas a *morte dos primogênitos* é uma praga para a qual não existe explicação alguma. E, naturalmente, também não há explicação científica para a informação bíblica de que as trevas afetaram apenas os egípcios, mas não os israelitas[4].

Embora Keller tenha sido criticado em vários aspectos, as palavras anteriores mostram que ele é bastante moderado. A postura encontrada em outros autores contemporâneos em relação ao que ocorreu no Egito é muito diferente (ver capítulo 24,2.3).

2.3.2 Explicação cultural, literária e teológica

Antes de tudo, convém notar que os milagres não estão distribuídos de forma homogênea ao longo da história de Israel. Se prescindirmos de alguns

---

4. KELLER, W. *Y la Biblia tenía razón – La verdad del Antiguo Testamento comprobada por las investigaciones arqueológicas.* Barcelona: Círculo de Lectores, 1992, p. 116.

casos isolados, concentram-se em dois momentos: 1) quando se narram as origens do povo; 2) nas tradições de Elias e Eliseu. A explicação é distinta em cada um destes casos, mas sempre ajuda levar em conta certos fatores culturais (gostos da época), literários (diversidade de tradições) e teológicos (intenção dos autores).

As origens do povo

Em qualquer país, as origens do povo (romano, grego etc.) se transmitem através de grandes epopeias, onde as façanhas de seus heróis são, muitas vezes, elevadas a níveis fabulosos. Basta pensar na *Ilíada*, na *Odisseia*, na *Eneida*, nos *Lusíadas*. O que há de comum nessas obras é que não apresentam os fatos com absoluta objetividade; tendem a engrandecê-los e a exagerá-los. O protagonista é sempre o homem mais valente que se possa imaginar; os exércitos impressionam pelo número e pela invencibilidade; as dificuldades são enormes, mas sempre superadas. Realidade e ficção se misturam para tornar mais fascinantes a narrativa. Rômulo e Remo, fundadores de Roma, são abandonados na selva e amamentados por uma loba. Aquiles só tem um ponto fraco em todo o corpo, o calcanhar. Dom Afonso Henriques, fundador da nação portuguesa, antes da Batalha de Ourique, em 1139, viu aparecer no céu uma cruz mais brilhante do que o sol, na qual se lhe mostrou o Senhor crucificado, garantia de sua vitória contra os mouros. Em tempos modernos, a conquista do Oeste americano é um exemplo típico desta maneira de contar a história: Búfalo Bill mata centenas de índios com um revólver de seis balas, e a 7ª Cavalaria está sempre presente nos momentos decisivos, como versão secularizada do patrocínio celeste de outros tempos.

A literatura e a cinematografia épicas apaixonam e comovem; mas até as crianças adotam uma distância crítica, sabendo distinguir entre a realidade e a ficção. Os cristãos também sabem fazer esta distinção quando tratam das epopeias "pagãs". Já ao enfrentar a Bíblia, faltam-lhes duas coisas: coerência e seriedade. Coerência porque durante séculos se recusaram a aplicar à Bíblia os mesmos critérios usados em obras literárias semelhantes. A Bíblia também engrandece e exagera os fatos. E, às vezes, conta coisas que nunca aconteceram ou que ocorreram de uma maneira bem diferente.

Mas, sobretudo, faltou seriedade. Como no caso dos problemas científicos, de que em breve trataremos, uns muito explicados, e outros totalmente silenciados. Dois exemplos nos ajudarão a entender: o caso do maná e a guia divina pelo deserto.

Êxodo 16 fala do maná como um milagre: o povo tem fome e Deus lhe promete "pão do céu" (v. 4). Um pão tão maravilhoso que respeita o descanso sabático (v. 26-27); tão surpreendente que, embora uns recolham mais do que outros, ao medi-lo "cada um tinha apanhado o quanto podia comer" (v. 17-18). Não se estranha que "este pão que o Senhor dá em alimento" (v. 16) deva conservar-se para as gerações futuras (v. 32-34). E é de esperar que os israelitas se sintam plenamente satisfeitos com este dom divino que tem sabor de "biscoitos de mel" (v. 31).

O Livro dos Números 11,4-9 conserva, porém, uma tradição um tanto quanto diferente. O povo chora lembrando-se da comida que tinha no Egito (carnes, peixes, pepinos, cebolas e alhos!) e não aguenta mais o maná, que agora é descrito como uma espécie de semente, que se deve pisar num pilão para produzir um bolo amassado e cozido em panelas. Esta tradição não apresenta o maná como "pão do céu" nem como algo milagroso.

O mesmo vai acontecer com a guia divina pelo deserto. Conduzir um povo, com mulheres e crianças, por essa zona inóspita não é tarefa fácil. É preciso conhecer os caminhos, calcular as etapas de marcha, os lugares de descanso e as fontes de água. Segundo Nm 9,17-23, nada disso era problema para Moisés e seu grupo. Contavam com uma nuvem milagrosa enviada por Deus para guiá-lo. "Quando a nuvem se levantava sobre a tenda, os israelitas se punham em marcha; onde a nuvem se detinha, ali acampavam. À ordem do Senhor partiam e à ordem do Senhor acampavam" (v. 17-18). Com essa bússola tão privilegiada, Moisés pode muito bem ficar tranquilo e confiante.

É só virar a página, para perceber que não é assim. Um pouco adiante, em Nm 10,29-32, Moisés suplica a Hobab: "Não nos abandones, pois tu conheces os lugares onde devemos acampar no deserto e serás o nosso guia" (v. 31). A nuvem tinha desaparecido, deixando Moisés sozinho e com medo de aventurar-se no perigoso deserto.

Estes dois exemplos bastam para advertir que a Bíblia, como outras tradições épicas ou miraculosas, conserva, algumas vezes, uma versão profana dos mesmos acontecimentos. Esta última é, do ponto de vista histórico, sem dúvida a mais próxima da realidade. O grande problema é que no mais das vezes não dispomos de duas tradições paralelas que nos permitam reconstruir uma "história profana" ao lado de uma "história sagrada". Nem por isso a atitude do historiador deve ser menos circunspecta, para não se deixar levar por uma recepção acrítica dos milagres que se contam sobre as origens do povo.

As tradições de Elias e Eliseu

Outro momento em que se acumulam muitos milagres é nas tradições de Elias e Eliseu, profetas do século IX a.C. Ambos têm o dom de ressuscitar mortos. Elias dispõe ainda de poderes sobre o fogo celeste (o raio), que consome animais no Monte Carmelo (1Rs 18) e destrói vários pelotões de soldados enviados para o prender (2Rs 1). Eliseu, por sua vez, é especialista em milagres aquáticos e de outro tipo, geralmente destinados a ajudar os mais pobres. As tradições sobre esses dois profetas, que contêm um núcleo histórico inegável, nasceram e se propagaram em ambientes populares, estão cheias de lendas e não merecem muito crédito do ponto de vista histórico. Sua intenção fundamental é inculcar o poder e a dignidade dos profetas, com o consequente respeito que eles merecem.

Quem quiser interpretar ao pé da letra essas tradições terá pela frente graves problemas. Recordemos um caso extremo. O Profeta Eliseu, apesar de seu poder e de sua santidade, não tinha muita fartura de cabelos. A caminho de Betel, uns meninos do povoado começaram a zombar dele, dizendo: "Sobe, careca! Sobe, careca!" O profeta os amaldiçoou, e do bosque saíram duas ursas que despedaçaram quarenta e dois rapazinhos (2Rs 2,23-24). Bertrand Russell, em seu livro *Por que não sou cristão?*, citava este exemplo para justificar sua oposição à Bíblia e ao cristianismo. De fato, o relato suscita um problema de moral muito grave, porque Deus castiga de forma terrível uma simples brincadeira de mau gosto. Faltou a Russell um pouco de bom-senso, para advertir que esse fato dificilmente pode ter ocorrido: basta pensar na força das pernas dos meninos para saber que duas ursas nunca iriam matar quarenta e dois! Esta estória tão popular – e tão infeliz para a nossa sensibilidade – só pretende inculcar o respeito pela figura do profeta.

Não quero deixar a impressão de que não há milagres no Antigo Testamento. Não me atreveria a tanto. Deus sempre é livre para realizar milagres quando e onde bem entenda. Mas essa liberdade divina não se pode confundir com o vezo de certas épocas e grupos em descobrir milagres em toda parte.

Por outro lado, deve ficar claro que os narradores e historiadores, ao introduzir milagres em suas narrativas, não pretendem entreter crianças com fábulas e portentos. Se deformam a história, é para transmitir uma mensagem teológica, mais ou menos profunda segundo os casos. Nesse sentido, as narrações de milagres são mais difíceis de serem entendidas e exigem maior experiência humana e religiosa do leitor. Mais fácil é ficar com o aspecto maravilhoso do milagre, apresentando essas ficções como palavra de Deus com valor histórico absoluto. É um perigo que devemos evitar a todo custo.

3. Os problemas morais

Desde os tempos antigos, o comportamento dos judeus provocou rejeição e críticas. Tácito oferece esta tremenda imagem dos judeus: "Suas práticas, sinistras e vergonhosas, se impuseram graças à depravação [...]. Nada lhes é inculcado mais do que o desprezo aos deuses, a falta de amor à pátria e considerar pais, filhos e irmãos como sem valor" (*Histórias*, Livro V, 5). Na realidade, Tácito não conhecia a Bíblia, não havia lido seus relatos.

Muito diferente é o caso de um grego do século II, Marcião, convertido ao cristianismo e posteriormente declarado herege. No Antigo Testamento, ele via apenas um Deus sanguinário e vingativo, um Deus mau que deveria ser rejeitado, para aceitar exclusivamente o Deus bom revelado por Jesus.

O cientista Richard Dawkins, em *The God Delusion* ("Deus: uma ilusão"), apresenta o Deus do Antigo Testamento com palavras que Marcião teria assinado com prazer: "O personagem mais desagradável de toda a ficção: ciumento e orgulhoso disso, um controlador fanático, mesquinho, injusto e implacável; um 'limpador' étnico vingativo e sedento de sangue; um valentão caprichosamente malévolo, misógino, pestilento, megalomaníaco e sadomasoquista". Tomo a citação da resenha feita dessa obra pelo Prêmio Nobel de Física Steven Weinberg.

A atitude crítica em relação ao Antigo Testamento também é encontrada em um grande historiador e teólogo protestante do final do século XIX e início do XX, Adolf von Harnack (1851-1930), que chegou a escrever: "Manter o Antigo Testamento dentro do protestantismo como um documento canônico é o resultado de uma paralisia religiosa e eclesiástica". Anos depois, o ideólogo nazista do antissemitismo, Rosenberg, para justificar em parte sua campanha contra os judeus, afirmou que o Antigo Testamento não passa de "um amálgama vergonhoso de histórias de proxenetas e desonestos".

E há alguns anos, em Hong Kong, ocorreu uma campanha para que a Bíblia fosse classificada como um texto obsceno. Mais de mil pessoas enviaram mensagens para o Organismo de Licenças de Televisão e Entretenimento de Hong Kong para reclamar que o livro sagrado do cristianismo é indecente. Um porta-voz desse órgão afirmou: "Posso confirmar que recebemos reclamações de que a Bíblia é obscena e ofende o pudor dos leitores. De acordo com essas queixas, a Bíblia está cheia de cenas de abuso sexual e incesto, bestialismo e sodomia".

Embora essas afirmações sejam exageradas e absurdas, não há dúvida de que a Bíblia levanta numerosos problemas desse caráter moral.

3.1 Diversos tipos de problemas

Narrações escandalosas, até dos personagens mais famosos: Abraão mente (Gn 12,10-12); Jacó rouba de seu irmão o direito de primogenitura, enganando a seu pai (Gn 27) e mais tarde enganando o tio Labão (Gn 30,25-43); Jael assassina Sísara, depois de recebê-lo em sua tenda (Jz 4,17-22); Jefté mata sua filha em consequência de um juramento (Jz 11); Davi é cruel e mentiroso (1Sm 27,7-11); ao mesmo tempo em que se mostra terrivelmente fraco com seus filhos; Amnon violenta e ultraja sua própria irmã Tamar etc.

Orações que refletem ódio e espírito de vingança. Naturalmente não são muitas, mas podemos citar, entre outras, a famosa imprecação do Sl 137 ("Ó devastadora filha de Babel, feliz quem devolver a ti o mal que nos fizeste! Feliz quem agarrar e esmagar teus nenês contra a rocha!") ou o que o Profeta Jeremias pede para seus inimigos: "Entrega seus filhos à fome e dá-os ao fio da espada! Que suas mulheres sejam estéreis e viúvas, seus maridos sejam mortos pela peste e seus jovens sejam feridos pela espada no combate!" (Jr 18,21).

Blasfêmias. Como é lógico, são menos ainda. O Livro de Jó nos oferece um mostruário inimaginável. Contra a falsa ideia de que Jó é um justo paciente, o autor no-lo apresenta algumas vezes como um homem rebelde, que não aceita seu destino nem o dos homens que sofrem no mundo, e põe a culpa em Deus. Um só exemplo para ficar mais claro. Diante de uma catástrofe, em qualquer país da terra, o mundo todo reage e se solidariza, mandando para o lugar do sinistro toda ajuda que consegue reunir, por cima das diferenças políticas ou geográficas daqueles que sofrem. Segundo Jó, há alguém que se dispensa desta solidariedade com o que sofre: o próprio Deus, que ainda "se diverte com o desespero dos inocentes" (9,23).

Ordens e práticas imorais. Neste grupo, o caso mais evidente é a chamada "guerra santa". A legislação sobre ela se conserva no Livro do Deuteronômio e distingue dois casos, dependendo da distância ou proximidade do povo com quem se vai à guerra. Se este vive em regiões mais afastadas, antes de tudo deve-se mandar uma proposta de paz; se os chefes do povo a aceitam, todo o povo deverá servir a Israel em trabalhos forçados; se a rejeitam, "sitiarás suas cidades, e o Senhor teu Deus as entregará em tuas mãos, e passarás todos os seus homens ao fio da espada. Quanto às mulheres, crianças, animais e tudo o que houver, todos os seus despojos, tu os tomarás como presa" (Dt 20,12s.). Mas, se se trata de um povo vizinho, as condições são ainda mais duras; por causa de sua religião pagã e de suas práticas idolátricas, esses povos constituem um perigo constante para a fé de Israel, e por isso devem ser eliminados completamente. "Nas nações que o Senhor teu Deus te dará como herança, não deixarás sobreviver nenhum ser vivo" (Dt 20,16). Nem as mulheres nem as crianças são poupadas. O problema é que tudo isso aparece como ordem de Deus, que o israelita deve cumprir para ser-lhe fiel. E, assim, se exaltam Josué e tantos outros guerreiros bíblicos porque foram semeando cadáveres pela terra de Canaã.

3.2 A outra face da moeda

Antes de tentar responder a estes problemas, convém ter presente que o Antigo Testamento não se reduz a esta série de exemplos escandalosos. O que nele predomina não é a imoralidade, mas sim a moralidade. Há um sentido ético impressionante, sobretudo entre os profetas, que dão a vida para defender os pobres e oprimidos. Ao lado de leis que nos parecem desconcertantes e mesmo injustas, existem outras tantas que falam de amor até aos inimigos, de compreensão, de ajuda mútua, de fraternidade. Ao lado de relatos imorais, há muitos mais que falam de sacrifício, de doação ao próximo, de espírito de perdão. Isso é o que predomina, se tomamos o Antigo Testamento em seu conjunto. Citarei dois casos concretos.

O primeiro se refere a uma guerra civil entre as tribos de Israel, logo depois da ocupação da Palestina. Não me detenho nas causas (que podem ser consultadas em Jz 19). Basta saber que onze tribos se reúnem para lutar contra uma só, a de Benjamim. Os benjaminitas, famosos por seu valor, conseguem vencer a primeira batalha. As onze tribos se reúnem diante de Deus, no templo de Silo, para chorar a primeira derrota. No dia seguinte os valentes benjaminitas conseguem uma nova vitória, e as tribos derrotadas voltam a se reunir diante de Deus em prantos e orações. No terceiro enfrentamento, graças a um hábil estratagema, as onze tribos vencem finalmente os valorosos soldados de Benjamim. E então acontece algo surpreendente. Os vencedores voltam novamente ao templo. Mas sem nenhuma alegria, sem bandeiras nem canções: tristes, "chorando inconsoláveis", porque tinham feito desaparecer uma tribo de Israel (Jz 21,2-3). Esse sentimento fraterno, essa convicção de que toda guerra civil é uma luta fratricida, de que a vitória numa guerra não deve ser motivo de alegria, mas de dor, tem muito a ensinar aos homens do nosso século.

Um segundo exemplo, extraído do Livro de Jó, reflete o ideal de vida de um verdadeiro israelita. O texto (capítulo 31) é muito extenso. Seleciono algumas das convicções expressas pelo protagonista. No estilo das "confissões de inocência" dos egípcios, enumera uma série de condutas reprováveis:

> Se me deixei seduzir por uma mulher
> e fiquei à espreita à porta do vizinho [...];
> se deneguei o direito ao escravo ou à escrava,
> quando pleiteavam comigo [...];
> se fui insensível à necessidade dos inválidos,
> e deixei tristes os olhos da viúva;
> se comi sozinho o meu pão,
> sem reparti-lo com o órfão [...];
> se vi um miserável sem roupas
> ou um pobre sem cobertor,
> e não me agradeceram seus flancos
> aquecidos com a lã de minhas ovelhas;
> se levei o órfão à justiça,
> sabendo-me importante no tribunal [...];

se pus no ouro minha confiança [...];
se me alegrei com a desgraça do meu inimigo,
e permiti que minha boca o amaldiçoasse.

3.3 Pistas de solução

Sem dúvida, temos de reconhecer que estas grandes conquistas éticas não eliminam os problemas precedentes. Para tentar solucioná-los, sugiro os seguintes princípios de interpretação.

O Antigo Testamento tem um aspecto profundamente humano. Conta a vida de pessoas concretas, com suas virtudes e seus defeitos. O Antigo Testamento não se envergonha de relatar os fatos tal como aconteceram, ainda que sejam desagradáveis ou cruéis. Para ele não vale o dito de Cervantes: "A verdade é mais divina quanto mais esconde o humano". O Antigo Testamento é divino precisamente porque não encobre o humano. O que revela algo muito importante: Deus aceita o homem como ele é. Não ama seres ideais, mas pessoas reais, com seus pecados, desejos de vingança, injustiças, blasfêmias. Lendo o Antigo Testamento, percebe-se o alcance da afirmação de São Paulo: "Cristo morreu por nós quando ainda éramos pecadores; assim é que Deus demonstra o amor que nos tem" (Rm 5,8).

O Antigo Testamento é uma obra histórica. Não foi escrito em pouco tempo, mas ao longo de vários séculos. Às vezes reflete costumes muito antigos, bastante bárbaros, e que só pouco a pouco foram superados. Por exemplo, a prática do "anátema" (destruição total) na guerra santa desapareceu muito cedo e certamente nunca aconteceu de maneira tão escandalosa como o faz supor o Livro de Josué. Nesse sentido, como prova de uma sensibilidade ética crescente, é curioso que o segundo Livro dos Reis apresente a revolução de Jeú e a matança posterior como queridas por Deus (2Rs 9–10). Contrariamente, um século mais tarde, o Profeta Oseias condena energicamente, em nome do mesmo Deus, aquele massacre do Vale de Jezrael (Os 1,4).

Às vezes não entendemos corretamente o modo de expressar-se da Bíblia e nos escandalizamos sem motivo ou mais do que seria de esperar. Um exemplo famoso é o da "lei do talião", que muitos consideram a canonização da vingança: "Olho por olho e dente por dente". Não obstante, o sentido autêntico da lei (que não é exclusiva de Israel, mas comum aos povos antigos) é evitar que a vingança vá além do devido. Para compreender essa norma, vale recordar o canto selvagem de Lamec, em Gn 4,23-24:

> Por uma ferida matei um homem,
> uma criança por uma contusão.
> Se a vingança de Caim valia por sete,
> a de Lamec valerá por setenta e sete!

É essa desproporção entre uma contusão e a morte que a lei tenta eliminar. A vingança não pode ir mais além do que a ofensa: "Olho por olho, dente por dente". É possível até que alguns fiquem escandalizados com essa interpretação. É bom lembrar, então, que nossa justiça condena a vários anos de prisão delitos relativamente pequenos, em proporção com a pena. Quem se escandalizar com as normas do Antigo Testamento deve reconhecer também que os cristãos progrediram bem pouco com relação a ele.

Não podemos interpretar como "palavra de Deus" o que é palavra dos homens. Por exemplo, os desejos de vingança de Jeremias ou do Sl 137, ou as blasfêmias de Jó. Nesse sentido, a liturgia fez um péssimo serviço ao cristão, acostumando-o a repetir mecanicamente depois de cada passagem bíblica: "palavra de Deus". Neste tema deve-se proceder com muito cuidado. Do contrário, com nossas interpretações simplistas e apressadas, podemos merecer a mesma denúncia que São Paulo fazia dos judeus: "Por vossa culpa os pagãos maldizem o nome de Deus" (Rm 2,24).

Finalmente, para um cristão, o princípio mais importante é que *a moral do Antigo Testamento é imperfeita*. A revelação definitiva de Deus chega até ele através de Jesus, que, segundo o Evangelho de Mateus, distinguiu claramente as normas ensinadas às gerações antigas e a nova moral, típica do cristão. No Sermão da Montanha, por seis vezes seguidas, Jesus repete a fórmula: "Ouvistes que foi dito aos antigos... Eu, porém, vos digo" (Mt 5,21-48). Por isso o Antigo Testamento não deve ser norma absoluta de comportamento para o cristão, nem muito menos de escândalo. Se algum escândalo houver, será de nós mesmos, pelo pouco que avançamos no caminho da perfeição, apesar da mensagem e do exemplo de Jesus.

4. O conflito entre a Bíblia e as ciências naturais

De um ponto de vista cronológico, o último problema a surgir foi o científico, que persiste até os dias de hoje. O conflito entre a Bíblia e as ciências naturais surgiu na primeira metade do século XVII, quando o astrônomo italiano Galileu Galilei (1564-1642) afirmou que a Terra gira em torno do Sol, opondo-se abertamente ao que é dito no Livro de Josué. No livro, há um relato de uma batalha entre os israelitas e os amorreus. A sorte favorece Israel, que está vencendo a batalha. No entanto, a tarde avança rapidamente, e a falta de luz pode desperdiçar a oportunidade de derrotar definitivamente o inimigo:

> Então Josué falou com o Senhor e gritou na presença de Israel: "Sol, fica parado sobre Gabaon! E tu, lua, sobre o Vale de Aialon!" E o sol ficou parado, e a lua parou, até que os inimigos fossem vingados. Isso está registrado no Livro dos Justos: "O sol parou no meio do céu e não se pôs por quase um dia inteiro. Nunca antes nem depois houve um dia como aquele, quando o Senhor atendeu à voz de um homem, porque o Senhor estava lutando por Israel" (Js 10,12-14).

A consequência é lógica. Se Josué consegue fazer o Sol parar em seu curso, é porque este gira em torno da Terra. Afirmar o contrário seria ir contra a verdade da Escritura. A retratação de Galileu momentaneamente encerrou o problema[5].

Um novo desafio, muito menos conhecido e discutido, surgiu com as teorias de Newton sobre movimento e gravidade; segundo elas, os fenômenos naturais podiam ser explicados sem intervenção divina. Dessa vez, a reação de condenação não veio do Vaticano, mas sim da própria universidade de Newton. No entanto, o problema de como conciliar as leis da física e os milagres permaneceu. A solução dos cristãos foi considerar os milagres como exceções ocasionais às próprias leis de Deus.

Muito mais conhecido e transcendental foi o problema apresentado por Darwin. Com sua teoria evolucionista, ele explicou a origem das espécies de forma diferente, e até oposta, à da Bíblia. Mas o problema é muito mais sério do que a simples afirmação: "O homem veio do macaco". Como observou o Prêmio Nobel de Física Steven Weinberg, "entre os fenômenos naturais explicados pela seleção natural estão as mesmas características humanas das quais nos orgulhamos. Tornou-se plausível que nosso amor por nossos

---

5. É interessante o estudo de YOLDI, J. A. *El caso Galileo*. Cuadernos del Institut de Teologia Fonamental 27. Barcelona: 1994.

parceiros e filhos, e segundo o trabalho dos biólogos evolutivos modernos, até princípios morais mais abstratos como lealdade, caridade e honestidade, tenham sua origem na evolução e não em uma alma criada por uma divindade".

Já em 1904, Emilio Ferrière publicou um livro de 352 páginas intitulado *Errores científicos de la Biblia* ["Erros científicos da Bíblia"], considerado hoje uma raridade e que alcançou na internet o preço de 328 euros.

Para completar este rápido catálogo, lembremos que a ideia de uma criação do universo em seis dias também foi descartada. A idade de nosso planeta cresce até o inimaginável. Enquanto os Testemunhas de Jeová, seguindo a cronologia bíblica, calculam a idade do universo em cerca de cinco mil anos, os astrônomos a estimam em cerca de treze bilhões e setecentos milhões.

4.1 Três posturas possíveis, mas inaceitáveis

Diante dessa série de conflitos, diferentes posicionamentos podem ser adotados. O primeiro consiste em desacreditar as ciências, insistindo que uma hipótese científica não é uma verdade indiscutível, que em caso de dúvida a Palavra de Deus está certa etc. Em uma página da web você pode ler as seguintes declarações:

> Historicamente, sabe-se que a ciência nunca teve um desenvolvimento significativo sem que antes houvesse a influência do cristianismo. Portanto, nunca houve uma mínima contradição entre a Bíblia e a ciência. Pelo contrário, são as interpretações científicas que entram em conflito com as Sagradas Escrituras ou até mesmo a interpretação do cristão com os fatos bíblicos. O problema surge quando o cientista insiste que sua interpretação ou teoria é a única válida. [...] A ciência tem seus limites: pode nos dizer como obter conhecimento com base em experimentos, mas não sabe nos dizer o que fazer com esse conhecimento. A ciência pode nos dizer como nosso corpo funciona, mas não nos diz por que o temos. A ciência não tem respostas para questões morais, não é o seu papel.
>
> A Bíblia, por outro lado, tem as respostas (e sempre teve) que a ciência não encontrou até hoje. *Se os grandes cientistas da história tivessem aberto a Bíblia uma única vez em suas vidas, não teriam quebrado a cabeça tentando descobrir coisas que a Bíblia já mencionara muito antes* [itálico meu].

É verdade que as ciências têm muito caminho a percorrer e que toda hipótese científica está sujeita a revisões contínuas. Mas disso não se pode deduzir que a verdade das ciências modernas seja inferior à "verdade científica" da Bíblia. Mesmo que Galileu tenha se enganado ao pensar que o Sol estava parado, seu modelo do universo era mais preciso do que o do Livro de Josué. A atitude de desacreditar as ciências, ainda defendida por algumas mentes fechadas, não tem futuro.

A segunda postura consiste em *negar o conflito*, em um desejo bem-intencionado de conciliar ambas as partes. Um exemplo: dentro da teoria evolucionista, a vida, em suas formas mais elementares, surge no mar. Os "concordistas" encontram aqui uma confirmação da verdade das Escrituras, já que, de acordo com Gn 1,20, os peixes são criados antes das aves, répteis e feras. No entanto, qualquer conhecedor da teoria evolucionista (mesmo em níveis elementares e de divulgação) percebe a impossibilidade de conciliar essa hipótese científica com o relato do Gênesis.

Essa atitude encontrou bastante difusão na internet, às vezes com base, sem dizê-lo explicitamente, no livro de Henry Morris *A Bíblia e a ciência moderna* (*The Biblical Basis for Modern Science*), publicado em 1984. Nele, o autor tenta demonstrar que certos versículos da Bíblia contêm verdades científicas que só agora somos capazes de entender completamente, graças à ajuda da ciência moderna, e que ele detecta em áreas tão diversas como oceanografia, meteorologia, astronomia, geografia e medicina.

Com base em Morris, um site (http://www.christiananswers.net/spanish/q-eden/edn-t003s.html) fornece os seguintes dados[6]:

— A redondez da Terra (Is 40,22)

— A quase infinita extensão do universo sideral (Is 55,9)

— A lei da conservação da massa e da energia (2Pd 3,7)

— O ciclo hidrológico (Ecl 1,7)

— O vasto número de estrelas (Jr 33,22)

— A lei da entropia (Sl 102,25-27)

— A importância primordial do sangue no processo vital (Lv 17,11)

— A circulação atmosférica (Ecl 1,6)

— O campo gravitacional (Jó 26,7)

---

6. Outra página (http://www.godandscience.org/apologetics/sciencebible-es.html) oferece um quadro com mais dados.

A terceira postura resolve o conflito recorrendo à ideia da pedagogia divina. Quando Deus fala ao homem, Ele se adapta ao seu entendimento, comunicando as coisas de acordo com sua capacidade de compreensão naquele momento. Isso não significa que Ele o engane. Se um ginecologista, que entende o ciclo da vida desde a fecundação do óvulo até o momento do parto, for perguntado por seu filho de 7 anos de onde vêm os bebês, ele não pode dar uma palestra. Ele terá de simplificar até mesmo conceitos fundamentais se quiser que seu filho entenda algo. O mesmo ocorre quando Deus fala aos homens do Antigo Testamento. Cientificamente, eles eram como crianças. Não faria sentido falar-lhes com nossas ideias modernas de evolução, astronomia ou bioquímica. O site do Institute for Biblical & Scientific Studies se expressa nessa linha:

> Parece-me errado tentar deduzir dados científicos sobre a criação do universo a partir de Gn 1. Os criacionistas, sejam eles defensores de uma Terra jovem ou antiga, são culpados por inserir termos científicos modernos no Livro do Gênesis. Deus poderia ter escrito em termos científicos, como $E=mc^2$; mas Ele não o fez. Acredito que Deus teve de se adaptar ao nosso conhecimento limitado e linguagem limitada para se comunicar conosco. Deus não escolheu termos científico-técnicos para se comunicar conosco, mas usou a linguagem comum e frases que seriam familiares naquela época. Deus poderia ter nos dito que o Sol não nasce nem se põe, mas que é a Terra que gira ao redor do Sol. Em vez disso, Ele usou as expressões comuns de "nascimento" e "pôr" do Sol, que eram literais para os escritores da época, mas que os concordistas modernos justificam por serem parte da linguagem comum que usamos até hoje. Deus está tentando comunicar verdades espirituais absolutas, não teorias científicas mutáveis.

Esta terceira atitude, atraente à primeira vista, é também insustentável. É absurdo dizer que Deus fala ao homem sobre questões científicas adaptando-se à sua mentalidade e, por isso, conta-lhe, por exemplo, a criação do mundo em seis dias e nessa ordem. Essa explicação sobre a origem do mundo não é uma "revelação divina", mas uma "invenção humana", parcialmente inspirada em esquemas mesopotâmicos.

4.2 As afirmações científicas da Bíblia não são revelação divina

Isso nos leva a uma quarta postura, a única que me parece válida: analisar os textos bíblicos e compará-los com outros relatos da própria Bíblia, quando possível, para captar suas afirmações fundamentais. Assim, percebe--se que a Bíblia utiliza modelos "científicos" opostos e irreconciliáveis. Isso significa que o essencial para ela não é a verdade "científica", mas sim uma determinada visão de mundo, compatível com qualquer modelo científico moderno ou futuro.

A comparação dos dois relatos da criação ajudará a entender isso. A respeito da origem do mundo e da humanidade, existem duas narrativas independentes, surgidas em ambientes e épocas muito distintos, embora agora estejam uma após a outra: a primeira em Gn 1,1–2,4a, a segunda em Gn 2,4b-25. Sobre ambas já ouvimos falar desde pequenos, mas sem perceber as grandes diferenças entre elas.

O *primeiro relato* parte de uma situação original de caos e trevas, com tudo invadido e dominado pela água. Estamos diante de uma cosmogonia *aquática*. No espaço de seis dias, mediante sua palavra e por meio de um processo de separação, Deus cria a luz (dia 1), o firmamento, separando as águas superiores das inferiores (dia 2), separa a terra do mar e cria a vegetação (dia 3), separa o dia da noite e cria o Sol, a Lua e as estrelas (dia 4), os animais marinhos e as aves (dia 5), os animais terrestres e o homem e a mulher (dia 6), descansando no sétimo dia.

Antes de prosseguirmos, observe dois detalhes curiosos: a existência da luz como realidade autônoma criada no primeiro dia, independente do Sol, da Lua e das estrelas, criados no quarto dia. Além disso, a existência de vida vegetal antes da criação do Sol, o que sabemos hoje ser impossível. Esses detalhes confirmam o perigo e a impossibilidade de conciliar os antigos modelos científicos com os nossos.

O *segundo relato* nos situa em um mundo diferente. "Quando o Senhor Deus fez terra e céu não havia ainda arbusto na terra, não brotava grama no campo, porque o Senhor Deus não havia enviado chuva à terra, nem havia homem que cultivasse o campo e tirasse um manancial da terra para regar a superfície do campo" (Gn 2,4b-6). A solenidade majestosa do primeiro capítulo, com sua perfeita monotonia, cede lugar agora a um relato próximo da maravilhosa ingenuidade das miniaturas medievais. Estamos diante de uma cosmogonia *terrestre*; embora se suponha que o mar exista, nem mesmo é mencionado. Ao autor, chama mais atenção a ausência de água, "porque o Senhor Deus não havia enviado chuva à terra, nem havia homem que tirasse um manancial". Então, antes de criar qualquer ser vivo, vegetal ou animal, Deus cria o homem (Adão). Depois, planta um jardim, que confia à sua guarda. Mas o homem se sente só, e Deus modela do barro os animais e pássaros para que lhe sirvam de companhia. No entanto, nenhum deles se adequa completamente ao homem. Então, Deus cria a mulher (Eva) a partir de uma costela de Adão. Quando a apresenta, o homem exclama: "Esta, sim, é osso dos meus ossos e carne da minha carne! Esta será chamada 'mulher', porque do homem foi tirada" (Gn 2,23-24).

As diferenças entre ambos os relatos podem ser resumidas nos seguintes pontos:

a) *A ordem da criação*. Absolutamente irreconciliável. Em Gn 1, trata-se de vegetais, peixes, pássaros, animais terrestres e humanidade (homem e mulher criados simultaneamente). Em Gn 2, encontramos: Adão, vegetais, animais e pássaros, Eva. Se afirmamos que a ordem do primeiro capítulo é verdadeira, não pode ser verdadeira a do segundo capítulo. Qual, então, é a ordem revelada por Deus? Ambas estão na Bíblia.

b) *O meio para criar*. Em Gn 1, Deus emprega exclusivamente sua palavra. Basta que dê uma ordem para que seu desejo se cumpra. Em Gn 2, Deus aparece como um oleiro que modela Adão do barro, assim como os animais do campo e os pássaros do céu; ou como um artista que trabalha a costela do homem para dela fazer a mulher.

c) *A finalidade do homem*. Em Gn 1, o enfoque é grandioso: "Crescei, multiplicai-vos, enchei a terra e sujeitai-a; dominai sobre os peixes do mar, sobre as aves do céu e sobre todo ser vivente que se move sobre a terra" (1,28). É todo um programa futuro, aberto ao progresso e à conquista de nosso mundo como tarefa confiada por Deus. Gn 2 concentra-se em limites mais modestos; a função do homem é "guardar e cultivar o jardim" plantado por Deus (2,15).

d) *A relação homem-mulher*. Em Gn 1, ambos são criados ao mesmo tempo e ambos aparecem como reflexo da imagem de Deus. "E criou Deus o homem à sua imagem; à imagem de Deus o criou; homem e mulher os criou". Ao autor do relato, interessa o significado da humanidade no mundo. Ele não acredita que o homem esteja acima da mulher; ambos aparecem como senhores da criação animada e inanimada, porque ambos refletem a imagem do Criador. Por outro lado, o autor de Gn 2 não considera o problema do domínio do homem sobre a natureza, mas sim a realidade surpreendente do casamento. Por que o homem deixa pai e mãe, aos quais está unido pelo sangue e pela história, e forma uma nova família? A atração pela mulher é tão irresistível? O relato parte do homem (Adão), mas não é machista. O fato de Eva proceder da costela de Adão não significa que seja inferior a ele, mas sim que simboliza a profunda intimidade e compreensão entre ambos: "Esta, sim, é osso dos meus ossos e carne da minha carne" (2,23). Esta busca por alguém com quem se identificar explica o motivo pelo qual Gn 2 apresenta a criação em uma ordem tão diferente: nem o trabalho no jardim nem os outros seres animados preenchem completamente a existência de Adão. A aparição final de Eva representa o ponto culminante e a solução do problema.

Essa rápida comparação entre dois relatos paralelos demonstra que os autores bíblicos não estão primordialmente interessados em afirmações científicas. Eles usam modelos de sua época, muito diversos entre si, porque precisam se expressar de alguma forma. Mas não pretendem apresentá-los como "palavra de Deus". Suas ideias básicas (relação entre tudo o que foi criado e Deus, missão e posição do homem no mundo, relação entre homem e mulher) são compatíveis com qualquer teoria científica presente ou futura que não negue a existência de Deus (além disso, não é missão das ciências afirmar ou negar tal existência). O fato de Deus ter criado o homem apenas com sua palavra, a partir do barro, ou por evolução a partir de espécies inferiores, não afeta o conteúdo essencial da mensagem bíblica. Nesse caso, como em tantos outros, devemos lembrar as sábias palavras de Santo Agostinho: "A Bíblia não nos ensina como vai o céu, mas sim como se vai ao céu". Palavras recolhidas pelo Cardeal Baronius (1538-1607): "A Bíblia não nos ensina como o céu foi feito, mas sim como se vai ao céu".

Em última análise, o conflito entre a Bíblia e as ciências naturais não deveria existir. Nós o criamos com nossa ignorância e com a mania de apresentar como revelação divina o que era simples explicação humana.

5. Problemas teológicos

Ainda que numerosos, escolherei apenas um, pela dificuldade especial que sentem muitas pessoas para compreendê-lo: a eleição de Israel. Formulado de maneira simples, a muita gente estranha e escandaliza essa predileção que Deus tem por Israel em todo o Antigo Testamento, sobretudo quando condena e castiga outros povos, privando-os de terras e bens em favor dos israelitas. Como se pode conciliar isso com a ideia de um Deus universal, pai de todos os homens?

Quem formula o problema desse jeito não conhece o Antigo Testamento. Para começar, podemos dizer que, segundo a Bíblia, Deus protege o seu povo nas origens. Logo, trata-o com igual ou mais dureza do que aos egípcios ou cananeus, quando se deixa arrastar pela injustiça ou idolatria. Podemos ficar a favor ou contra os judeus (difícil é ficar indiferentes), mas todos devemos reconhecer que é um dos povos que mais sofreram ao longo da história. E o que se sabe hoje pelos documentários sobre os campos de concentração nazistas não difere muito da dor experimentada nas deportações assírias ou babilônicas, na submissão contínua a potências estrangeiras (Assíria, Babilônia, Pérsia, Grécia, Roma) e perda total de sua terra. É disso que nos fala o Antigo Testamento. Seus livros não nos revelam um povo "mimado", mas um povo que aprendeu, por meio do sofrimento, a conhecer e amar a Deus.

E aqui voltamos à hipocrisia que nós, ocidentais, muitas vezes, demonstramos ao julgar o Antigo Testamento. Nós que, apesar de nossa "cultura cristã", subjugamos e exploramos os países do Terceiro Mundo, acusamos a Bíblia de colocar Deus ao lado de seu povo. A Igreja Católica do Ocidente, no decorrer de sua história, não padeceu nem a metade do que os judeus tiveram de suportar ao longo da sua. E causou muito mais males.

Por outro lado, a Bíblia não oferece um único ponto de vista sobre os fatos antigos. Até nós mesmos divergimos, quando tentamos julgar a nossa história. Há quem defenda a Inquisição e há quem a condene. Há quem veja de forma muito humana o descobrimento e a colonização da América, "apesar das numerosas falhas", e há quem a julgue de uma crueldade terrível. Portanto, não é raro que encontremos também diversas perspectivas de julgamento na Bíblia:

a) Os narradores e historiadores contam as origens do povo de forma tão nacionalista, que não é difícil resvalar para o escândalo. Em seu desejo de provar que Deus ama e protege Israel, carregam as tintas contra os povos inimigos. Mas oferecem também outros pontos de vista. Israel é o único povo que, ao contar sua história de forma sistemática, começa falando da origem comum da humanidade, apresentando todos os homens como irmãos que se dispersam pela terra. Antes de existir um povo eleito, existe uma humanidade criada por Deus. Como consequência lógica, as tradições patriarcais do Gênesis sempre exortam ao bom entendimento com os estrangeiros (egípcios, fenícios, sírios), mesmo tendo de renunciar a direitos legítimos. As tradições de Eliseu dão um exemplo magnífico de tolerância religiosa com um pagão. E também, como já aludimos, os historiadores dizem claramente que Deus não deixa de castigar seu povo, quando se faz necessário.

b) Já os profetas têm uma postura muito mais crítica. Reconhecem que Deus favoreceu muito seu povo, mas isso não lhe dá o direito de sentir-se seguro, e sim a obrigação de responder com mais generosidade por tais benefícios. Por outro lado, quando recordam a história, não se concentram nos pecados de outros povos, mas naqueles cometidos por Israel. Em Amós vamos encontrar umas palavras que certamente pareceram heréticas a seus contemporâneos:

> Não sois para mim como os etíopes, ó filhos de Israel?–
> oráculo do Senhor.
> Se fiz Israel sair do Egito,
> fiz também os filisteus saírem de Creta e os arameus de Quir! (Am 9,7).

É impossível dizer algo tão duro em tão poucas palavras. O que Israel considera um episódio único e exclusivo na história universal, sua saída do Egito, é posto no mesmo nível das emigrações de filisteus e arameus, precisamente seus mais ferrenhos inimigos. Amós não nega a intervenção de Deus no Egito, mas a amplia para a história de todos os países. Não desmistifica a história de Israel, mas torna sagrada toda a história universal, eliminando os privilégios daquele que se considera "o povo eleito".

No Antigo Testamento, como é lógico, podemos encontrar visões para todos os gostos. Não é justo, todavia, recordar somente as negativas. Junto da corrente nacionalista e xenófoba, encontramos textos de uma abertura universal, que será a linha adotada por Jesus e pelos primeiros cristãos. Quando Jesus, na sinagoga de Nazaré, enfrenta as atitudes nacionalistas dos que se consideram superiores aos pagãos, não produz argumentos novos, mas recorre aos antigos, embasados nos exemplos de Elias e Eliseu (Lc 4,24-27). No Concílio de Jerusalém, Tiago defende a inclusão dos pagãos na eleição de Deus, citando precisamente um texto de Amós (At 15,14-19, que cita Am 9,11-12).

Definitivamente, quem conheça e valorize o Antigo Testamento em seu conjunto nunca poderá dizer que Deus só se preocupa com o seu povo ou que o amor que sente por ele se manifesta de maneira exclusiva.

***

Como indiquei no começo, é possível que estas ideias provoquem no leitor mais problemas do que os resolvam. E, ao insistir nos conflitos que o homem de hoje percebe na leitura do Antigo Testamento, posso ter dado uma impressão muito negativa desses livros. De qualquer modo, é sempre preferível abordar o tema com sinceridade. No capítulo seguinte veremos alguns de seus valores principais, que se enriquecerão ao longo dos capítulos posteriores.

2
Valores do Antigo Testamento

As páginas a seguir são muito pessoais. Não pretendo resumir opiniões alheias, por mais válidas que sejam, mas indicar em que me enriqueceu o contato com a Bíblia durante anos de estudo e ensino. Antes, porém, de expor meu ponto de vista, desejo mencionar duas teorias bastante difundidas, que podem ser interpretadas de forma simplista e repercutir negativamente no leitor do Antigo Testamento.

A primeira recomenda a leitura desses livros com a argumentação de que *neles se anuncia a vinda do Messias*. Essa ideia, bastante frequente nas apresentações sintéticas da Bíblia, tem muito pouco a ver com a realidade. Se um leitor cristão começar a ler do Gênesis em diante com esse critério, terá uma grande decepção. Mesmo na suposição de que se aplicassem a Jesus textos de sentido discutível, o resultado seria terrivelmente pobre. O Antigo Testamento dedica muito mais páginas a Abraão, Moisés, Samuel, Elias do que a anunciar a vinda de Jesus. Até um país pequeno e sem importância como Moab (desaparecido da história há séculos) ocupa mais espaço do que todas as profecias messiânicas juntas. Naturalmente, poderíamos interpretar os textos como faziam os rabinos, que viam por trás de numerosas realidades, pessoas e símbolos, uma prefiguração do Messias. Assim o fizeram também os evangelistas e Paulo. Basta citar a aplicação do maná à Eucaristia, ou o exemplo de Paulo quando afirma que a rocha de onde manou água no deserto era Cristo. Mas nem assim as coisas ficam melhores. Continua existindo uma infinidade de páginas que não podem ser encaixadas nesta perspectiva.

Uma segunda opinião estimula a leitura do Antigo Testamento porque *nele encontramos a história da salvação*. É um ponto de vista mais amplo e objetivo. Mas, na prática, se presta a interpretações simplistas. Por "história" se entende amiúde uma simples sucessão de fatos e personagens, sem dar muita atenção aos fenômenos teológicos, culturais e sociais que estão latentes neles. E a "salvação" é vista de maneira pronta, não como algo dramático, como a luta de Deus para salvar a humanidade, apesar de todos os obstáculos. O resultado é uma visão simples, bonita... e extremamente pobre. Apresentar o Antigo Testamento como história da salvação exige conhecimentos e disciplina muito maiores do que se imagina. Somente um conceito profundo de "história" e de "salvação" permite uma apresentação adequada dos livros e de sua mensagem. A seguir indico os quatro aspectos em que mais me enriqueceu o estudo do Antigo Testamento.

1. O Antigo Testamento ajuda a conhecer a Deus

É o maior valor, sem dúvida, e assim o diz a Constituição *Dei Verbum*, do Concílio Vaticano II: "Os livros do Antigo Testamento... mostram a todos o conhecimento de Deus" (n. 15). Ao falar deste tema, vem à memória a definição de Deus que aprendi na infância: "Um senhor infinitamente bom, sábio, poderoso, princípio e fim de todas as coisas, que premia os bons e castiga os maus". Síntese adequada, mas que padece de certo intelectualismo e frieza. O Antigo Testamento diz tudo isso, mas de maneira viva e apaixonada, ao mesmo tempo em que o completa com outros aspectos esquecidos, algumas vezes, pela teologia e pela catequese.

Como é o Deus do Antigo Testamento? Muitos cristãos continuam pensando em um Deus severo, mais inclinado ao castigo do que ao perdão, que atemoriza o homem e não lhe tolera nenhum pecado. Em oposição a essa ideia, concebem o Deus do Novo Testamento como um ser bondoso e amável, Pai de Jesus Cristo, que entrega seu Filho para a nossa salvação. Sem o saber, aceitam aquela doutrina herética, condenada há séculos pela Igreja, que opõe o Deus do Antigo ao Deus do Novo Testamento, como se fossem dois seres distintos. Nada mais distante da realidade.

É certo que Deus aparece no Antigo Testamento, como em outras religiões, com duas faces que se complementam. É o que Rudolph Otto chamou de "o fascinante" e "o tremendo". De um lado a divindade nos atrai e nos encanta; de outro, nos intimida e nos espanta. Esse aspecto "terrível" de Javé é tão palpável, que já se falou e escreveu sobre os seus "traços demoníacos". Mas esquecemos o outro aspecto, sem dúvida mais importante, que prepara a revelação de Deus como Pai, proposta por Jesus.

1.1 A definição de Deus no Antigo Testamento

Pode-se dizer que existe no Antigo Testamento uma definição ou, melhor, "autodefinição" de Deus. Encontramo-la em Ex 34,6-7. Pouco antes, Moisés tinha pedido para ver sua glória, ao que o Senhor responde: "Farei passar diante de ti toda a minha beleza, e diante de ti pronunciarei o nome de Javé" (Ex 33,19). E, já que nome e pessoa se identificam, "pronunciar o nome de Javé" equivale a deixar-se conhecer por completo. É o que vai acontecer um pouco mais tarde:

> O Senhor passou diante de Moisés, exclamando: "Javé! Deus de compaixão e de clemência, paciente, misericordioso e fiel, que guarda sua misericórdia até a milésima geração, tolera a falta, a transgressão e o pecado, mas a ninguém deixa impune, e castiga a falta dos pais nos filhos, netos e bisnetos" (Ex 34,6-7).

Assim é como Deus se autodefine. Com cinco adjetivos que sublinham sua compaixão, clemência, paciência, misericórdia, fidelidade. Nada a ver com o Deus do terror e do castigo, nem com aquele falso conceito de justiça que "premia os bons e castiga os maus", como se na balança divina castigo e perdão estivessem perfeitamente equilibrados. É certo que Deus não tolera o mal. Mas sua capacidade de perdoar é infinitamente superior à de castigar. Assim o expressa a imagem das gerações. Enquanto a misericórdia se estende a mil, o castigo só alcança quatro (pai, filhos, netos, bisnetos). Não se deve interpretar literalmente essa comparação, como se Deus castigasse arbitrariamente os filhos pelos pecados dos pais. O que se comunica neste texto é o contraste entre mil e quatro, entre a imensa capacidade de amar e a escassa capacidade de castigar. Essa ideia está presente também em outras passagens do Antigo Testamento:

> Tu, Senhor, Deus compassivo e piedoso, paciente, misericordioso e fiel (Sl 86,15).

> O Senhor é compassivo e clemente,
> paciente e misericordioso;
> que não acusa sempre nem guarda rancor por toda a vida.
> Não nos trata como merecem nossos pecados
> nem nos paga segundo nossas culpas;
> como o céu se alteia sobre a terra,
> assim se eleva o seu amor por aqueles que lhe são fiéis;

> como dista o Ocidente do Oriente,
> assim afasta de nós nossos delitos;
> como um pai carinhoso com seus filhos,
> o Senhor é compassivo com seus fiéis (Sl 103,8-14).

> O Senhor é clemente e compassivo,
> paciente e misericordioso;
> o Senhor é bom para com todos,
> é carinhoso com todas as suas criaturas (Sl 145,8-9).

1.2 O Deus que ama e perdoa

O Profeta Oseias é quem melhor exprime a luta interna que se trava dentro de Deus, quando se vê forçado a castigar. No capítulo 11 nos apresenta as relações entre Deus e o povo como as de um pai com seu filho. Deus, como pai, "ama", "chama", "ensina a andar", "cuida", "atrai", "se inclina para dar de comer". Israel, o filho, "se afasta", "não compreende seu pai", "não põe nele sua confiança". É o protótipo do filho rebelde que, segundo a lei, deve morrer (Dt 21,18-21). Todavia, Deus luta consigo mesmo, e a misericórdia vence a cólera. O que o Senhor diz por intermédio de Oseias é justamente o contrário do que se ensina, muitas vezes, nos púlpitos:

> Como poderei abandonar-te, ó Efraim,
> entregar-te, ó Israel? [...]
> Meu coração se contorce dentro de mim,
> minhas entranhas se comovem.
> Não cederei ao ardor de minha ira,
> não destruirei Efraim,
> porque sou um Deus e não um homem,
> o Santo no meio de ti e não inimigo devastador (Os 11,8-9).

Não poucas vezes, para ameaçar com o castigo divino, argumenta-se que Deus, por ser santo, não pode tolerar o pecado. Se fosse homem, perdoaria. Sendo Deus, porém, deve vencer falsos sentimentalismos e executar com clareza a sentença. Por meio do Profeta Oseias, Deus faz o raciocínio ao contrário: se fosse homem, se deixaria levar pela ira, tal como um "inimigo devastador". Precisamente porque é Deus e santo, se lhe comovem as entranhas e decide perdoar. Essa imagem paterna de Deus passará a Jeremias (31,20) e chegará ao Novo Testamento, onde encontrará sua formulação mais perfeita: a Parábola do Filho Pródigo (Lc 15,11-32).

Naturalmente, essa ideia do amor e da misericórdia teve de se harmonizar, em certos momentos, com a experiência do sofrimento e da derrota do povo. Sobretudo no ano 586 a.C., quando perdeu a liberdade política, a terra, a cidade santa de Jerusalém, o Templo, a monarquia, e foi deportado para a Babilônia. Caíram por terra todos os pilares que sustentavam a fé de Israel. Onde ficaram a compaixão e a paciência de Deus? Essas perguntas provocaram um enorme esforço de reflexão, documentado em numerosas páginas da Bíblia. É impossível sintetizá-lo em poucas linhas, mas deixo apenas o ponto de vista de um dos autores mais importantes do século VI a.C., o profeta anônimo que conhecemos como Segundo Isaías. Diz Deus ao povo, falando-lhe como um homem a sua esposa:

> Por um instante te abandonei,
> mas agora com grande compaixão volto a te buscar.
> Em um acesso de cólera escondi de ti o meu rosto,
> mas logo me compadeci de ti, levado por um amor eterno,
> diz o Senhor, teu redentor (Is 54,7-8).

Com palavras diferentes, encontramos a mesma ideia em Ex 34. O contraste entre as mil gerações que recebem misericórdia e as quatro que sofrem castigo se aplica à experiência do povo. Sem dúvida, o povo sofreu muito, mas isso não significa que Deus tenha mudado de atitude para com ele. Apenas "um acesso de cólera", que dura *um instante,* substituído por uma misericórdia *eterna*.

Se existe algo evidente na história de Israel, refletido com fé profunda ao longo de inumeráveis páginas da Bíblia, é a certeza de que Deus ama seu povo. Os sofrimentos serão interpretados como um meio de purificação e de crescimento, ou como castigo passageiro por seus muitos pecados, sem que isso ponha em falência a fé no amor de Deus.

1.3 O amor aos pagãos

Mais ainda: houve autores que deram o salto definitivo, afirmando que todos os povos, inclusive os maiores inimigos de Israel, se beneficiavam da misericórdia divina. Essa é a mensagem do pequeno Livro de Jonas. O protagonista recebe a missão de ir a Nínive, para denunciar seus pecados. Na escolha dessa cidade está a chave para entender a obra. Nínive, capital do

Império Assírio na época de seu maior esplendor, tinha ficado na memória de Israel como símbolo do imperialismo, da crueldade mais agressiva contra o povo de Deus. Não representava o mundo pagão como tal, mas os opressores de todos os tempos. A eles deve dirigir-se Jonas. Num primeiro momento, se recusa e foge, em direção contrária, para Társis. Pensamos que o faz por medo. O motivo é bem mais profundo, como ele mesmo indica no final da obra: "Ah! Senhor, não era justamente isso que eu dizia quando estava ainda em minha terra? Por isso fugi apressadamente para Társis, pois eu sabia que tu és um Deus compassivo e clemente, paciente e misericordioso, e que se arrepende das ameaças" (4,2). Jonas sabe de antemão que Nínive não será destruída, porque Deus é compassivo e clemente não só com Israel, mas com todos os povos, por menos que mereçam. Nessas condições, pensa Jonas, não vale a pena ir até Nínive, pôr em risco a própria vida para anunciar um castigo que não se cumprirá.

Dizer que o Deus do Antigo Testamento é o Deus do temor e do castigo revela um profundo desconhecimento desses livros. Muitos daqueles autores tinham uma consciência mais esclarecida sobre o amor de Deus do que milhões de cristãos atuais, deformados por uma educação religiosa viciada.

1.4 Outros aspectos de Deus no Antigo Testamento

Esta ideia capital do amor de Deus pode-se completar ainda com outros aspectos interessantes. Por exemplo, o Antigo Testamento nos ensina que Deus não tem pressa, traça seus planos e os leva a cabo lentamente. Também ensina que "Deus escreve direito por linhas tortas"; dito com palavras bíblicas: "Meus caminhos não são vossos caminhos" (Is 55,8). Mas prefiro mencionar outras duas características de Deus que se deduzem da leitura do Antigo Testamento.

A primeira é que *aceita as pessoas mais diferentes e as converte em portadoras de sua mensagem*. Nós nos acostumamos à intolerância (mesmo sem perder a pose de democratas) e, quando aceitamos outros pontos de vista, dificilmente ultrapassamos os limites de uma simples e pura "aceitação". Nunca a ninguém ocorre a ideia de escolher como representantes das próprias ideias pessoas de diferentes convicções religiosas, sociais, políticas e humanas. Deus não se parece conosco. Sua palavra é transmitida por pessoas ingênuas e céticas, bondosas e agressivas, "prudentes como serpentes" e "simples como pombas". Poucos bispos ou superiores religiosos aceitariam como educador o hipercrítico autor do Eclesiastes: homem cético, que não crê em nada nem em ninguém e que resume suas convicções a dois simples princípios: "Vaidade das vaidades, tudo é vaidade", e: "O único bem do homem é comer, beber e desfrutar do produto de seu trabalho" (2,24; a ideia se repete como *leit-motiv* ao longo de todo o livro). Dificilmente teria obtido o *nihil obstat* para ensinar uma doutrina tão pouco segura. E, não obstante, ali está ele, com suas poucas páginas, fazendo parte da "Palavra de Deus".

Dela também faz parte o Livro da Sabedoria, que parece travar polêmica com o Eclesiastes quando coloca na boca dos maus:

> Nossa vida é a passagem de uma sombra,
> e nosso fim, irreversível.
> O selo está posto e ninguém retorna.
> Vinde, pois, desfrutar os bens presentes
> e gozar das coisas com ânsia juvenil;
> inebriemo-nos com o melhor vinho e com perfumes,
> não deixemos passar a flor da primavera (Sb 2,5-6).

Essa divergência de pontos de vista não é um fato isolado. Pouco depois do retorno do exílio encontramos posições antagônicas durante a reconstrução do Templo. Enquanto o Profeta Ageu a considera condição indispensável para receber a bênção de Deus, outros grupos proféticos pensam que não só é desnecessária, mas até absurda:

> Assim diz o Senhor:
> "O céu é o meu trono, e a terra o escabelo de meus pés.
> Que templo podereis construir-me,
> ou que lugar para meu descanso?" (Is 66,1).

Os exemplos seriam muitos, e as consequências um tanto desconcertantes. Ou Deus é um "bonachão", para quem tudo está muito bom, ou nos tornamos demasiado intransigentes, convertendo nossa "verdade" intelectual em falso critério absoluto. Lendo o Antigo Testamento tem-se a impressão de que a Deus importa pouco a maioria das coisas que os homens pensam. Se as palavras deles foram consignadas na Bíblia, não é porque tenham maior ou menor dose de verdade, mas sim porque eram homens, e Deus os queria e os aceitava como filhos. Essa conclusão, considerada herética por alguns, é a que se impõe num estudo sério desses livros.

Este tema está muito ligado a uma outra característica de Deus, deduzida da leitura do Antigo Testamento e que não figura nos catecismos nem nos tratados teológicos: *Deus tolera que o manipulem, ao menos provisoriamente*. Todos conhecemos "ditadores pela graça de Deus"; os americanos imprimem em seus dólares: "confiamos em Deus"; e, sob o lema "Deus conosco", os exércitos alemães banharam de sangue os países da Europa. Essa manipulação de Deus, habitual entre nós, ocorre também no Antigo Testamento. E foi feita de forma tão inteligente, que muitas gerações chamaram de "palavra de Deus" o que era apenas "manipulação de Deus".

Os exemplos, sobretudo em âmbito político, são contínuos. Mas citarei um de tipo religioso e econômico. No capítulo 44 de Ezequiel se estabelecem as diferenças entre os sacerdotes descendentes de Sadoc e os outros sacerdotes levitas, logo depois do desterro da Babilônia. A partir do versículo 10, quando se começa a tratar do tema, parece que é uma diferença de funções e de dignidade: enquanto os *levitas* deverão limitar-se aos serviços de portaria e de sacristia (v. 11) e "não tornarão a aproximar-se de mim (Deus) para exercerem o meu sacerdócio, nem tocarão em nenhuma das minhas coisas santas" (v. 13), os *sadoquitas* "entrarão no meu santuário e chegarão à minha mesa e, como meus ministros, me servirão" (v. 16).

Contudo, não é só uma questão de funções e de dignidade, porque há também repercussões econômicas: os sadoquitas serão os mais beneficiados. "Comerão a oferenda e as vítimas dos sacrifícios expiatórios e penitenciais. A eles pertence tudo o que é dedicado ao Senhor; o melhor das primícias e de todos os vossos tributos serão para eles. A primeira porção da vossa massa de pão lhes darei, para que a bênção repouse sobre a vossa casa" (v. 29-30). O que se estabelece neste capítulo é uma distinção de classes dentro das famílias sacerdotais, para garantir o privilégio de uma delas: a sadoquita. Isso é justificado por motivos religiosos (os levitas se afastaram de Deus, os sadoquitas permaneceram fiéis) e atribuído a uma decisão do próprio Deus.

Fenômenos desse tipo são frequentes. Basta ler o Antigo Testamento com espírito crítico, conhecendo o embasamento histórico dos fatos. Numerosas personagens, de reis e políticos a sacerdotes e profetas, tentaram tirar proveito de Deus. E Ele o permite. Pouco a pouco irá deixando claro seu ponto de vista. No caso de conflitos de posturas dentro do Antigo Testamento, Jesus, com suas palavras e suas obras, nos serve de critério para saber qual é a conduta verdadeira. Mas a experiência tem demonstrado que, com o Evangelho na mão, se defendem opções contrárias, e todos acabamos arrastados pelo desejo de manipular a Deus.

Em poucas páginas é impossível condensar tudo o que o Antigo Testamento tem para nos ajudar no conhecimento de Deus. Pelo menos deixo esboçado o motivo principal por que esses livros são válidos para os cristãos.

2. O exemplo de pessoas concretas

Como segundo grande valor, diria que o Antigo Testamento nos ensina a viver a fé com o exemplo de pessoas concretas. Sempre vamos precisar de modelos: astros do cinema, campeões olímpicos, heróis militares, grandes empresários ou eminentes políticos cumpriram essa função. A Igreja, consciente desse fato, fomentou a leitura da vida dos santos durante muitos séculos. Essas biografias perderam prestígio, em grande parte porque, às vezes, seus autores deformavam a verdade, convertendo o protagonista num ser perfeito, angelical e insuportável. Por outra parte, muitos cristãos não se sentem com vocação para santos. Contentam-se em ser bondosos, amáveis, serviçais como todo mundo. Para eles a leitura do Antigo Testamento pode revelar-se uma grande descoberta, onde encontrarão homens e mulheres de carne e osso, com virtudes e defeitos, momentos de ilusão e de desânimo.

Quem, em momentos de grande dificuldade ou de crise profunda, for incapaz de adotar uma atitude cristã diante do sofrimento poderá agir como Jó, que se revolta e luta, interroga e blasfema em busca de resposta. Quem notar que sua fé perde cada vez mais substância e se limita a duas ou três ideias (às vezes nem mesmo as essenciais) poderá consolar-se recordando a experiência do Eclesiastes. Quem atravessa uma crise de vocação poderá aprender muito do itinerário espiritual de Jeremias e adquirir forças para prosseguir seu caminho.

Tudo isto justifica um fato curioso. Quando o autor da Carta aos Hebreus deseja mostrar aos cristãos quem lhes pode servir de modelo de fé, escolhe precisamente os santos do Antigo Testamento. Mesmo sem conhecerem Jesus, seus exemplos de obediência a Deus, desprendimento, valentia e constância na dor permanecerão sempre válidos para nós. Não devemos considerá-los distantes e estranhos, mas como "uma nuvem de testemunhas da fé" (Hb 12,1).

Este tema merecerá um ulterior desenvolvimento quando tratarmos dos autores sapienciais.

3. A dimensão sociopolítica

Em terceiro lugar, o Antigo Testamento nos ajuda a descobrir a dimensão sociopolítica da fé. O Novo Testamento também contém uma mensagem muito clara nesse sentido. Basta lembrar o canto de Maria, o *Magnificat*, com sua alegria porque o Senhor "derrubou do trono os poderosos e exaltou os humildes; aos pobres saciou de bens e aos ricos despediu de mãos vazias" (Lc 1,52-53). Ou a condenação do poder por parte de Jesus, bem como sua crítica radical aos ricos egoístas, insensíveis diante das necessidades alheias. E a denúncia tão enérgica contra os ricos na Carta de Tiago.

Infelizmente esses textos acabaram espiritualizados. As pessoas mais conservadoras política e socialmente cantam com prazer o *Magnificat* e escutam sem tremor a Parábola do Rico e Lázaro. Para superar essa atitude tão errônea, em que estão em jogo a fome e a sede, o trabalho e a esperança de milhões de filhos de Deus e irmãos nossos, o Antigo Testamento cumpre uma função especial, despertando nossa consciência.

O livro de L. Kochan *Rússia em revolução* conta um caso muito interessante. Durante a segunda Duma (parlamento russo), um camponês de Kiev, Sajno, faz um discurso a propósito da injusta divisão de terra: "Os sacerdotes, quando falam na igreja aos pobres camponeses, dizem: 'Não corrais atrás dos ricos, não peçais terras para vós, lembrai o que diz a Escritura: Cristãos verdadeiros, buscai primeiro o Reino dos Céus, o resto vos será dado por acréscimo'. Mas por que o latifundiário pode possuir um montão de terra, enquanto o pobre camponês tem de se contentar com o Reino dos Céus? Também se diz no Livro do Levítico que a terra pertence ao Senhor e que todos temos direito a ela"[7].

Este episódio reflete um fato curioso: o uso alienante do Novo Testamento e o uso libertador do Antigo. A diferença não está nos livros, mas nas pessoas que os leem. Sajno tinha razão. Não se pode usar o Novo Testamento para pregar a fome e a miséria. Jesus não o fez. E vai contra a vontade de Deus.

---

7. KOCHAN, L. *Rusia en revolución*. Madri: Alianza, 1968, p. 231ss.

Parte da mensagem social do Antigo Testamento será exposta quando tratarmos do Êxodo e dos profetas. Logo veremos que a leitura desses livros nos obriga a mudar de mentalidade e nos força a olhar as coisas de forma muito diferente. Nenhum conhecedor dos profetas estranhará as palavras de Atahualpa Yupanki, que a muitos escandalizam:

> Há uma coisa no mundo
> mais importante do que Deus:
> um homem cuspir sangue
> para que outro viva melhor!

E não nos esqueçamos de uma história interessante. Bartolomeu de las Casas, o grande defensor dos direitos dos índios, conta que sua conversão ocorreu ao ler o capítulo 34 do Livro do Eclesiástico, onde Deus rejeita os presentes oferecidos a Ele obtidos por meio de injustiças (Eclo 34,18-26).

4. A atividade, a mensagem e a pessoa de Jesus

Os três pontos anteriores se referem a valores intrínsecos do Antigo Testamento, e qualquer pessoa pode detectá-los. Só os cristãos, porém, é que podem descobrir outro valor fundamental: o Antigo Testamento nos ajuda a conhecer a atividade, a mensagem e a pessoa de Jesus. É uma tarefa apaixonante, quase de detetive, ir captando as múltiplas relações entre os dois testamentos. E com ele se esclarecem muitos pontos, que correriam o perigo de ser mal-interpretados. Aqui vão três exemplos concretos.

4.1 A atividade de Jesus

Quando entra em Jerusalém, pouco antes da paixão, conta Mateus: "Jesus entrou no Templo e expulsou todos os que vendiam e compravam ali [...]. E logo se lhe acercaram coxos e cegos, e Ele os curou" (Mt 21,12-14). Repeti diversas vezes a experiência de perguntar às pessoas o que acham desse texto. A maioria se espanta da energia com que Jesus enfrenta os vendilhões do Templo. Uns poucos associam essas curas ao cumprimento do que se profetizara em Is 35,5: "Se abrirão os olhos dos cegos e os ouvidos dos surdos se desobstruirão, o coxo saltará como o cervo e a língua do mudo cantará canções alegres". Sem dúvida, esse texto fala de cegos, surdos, coxos e mudos. Mateus, porém, só faz referência a coxos e cegos. O paralelismo já não é mais exato. Para entender o texto do Evangelho é preciso recorrer a um outro relato bíblico, aquele do assédio de Jerusalém por Davi, quando decidiu conquistar a cidade para convertê-la em sua capital. Conta o segundo Livro de Samuel:

> Davi com seus homens marcharam sobre Jerusalém, contra os jebuseus que habitavam a terra, e estes disseram a Davi: "Não entrarás aqui! Os cegos e os coxos te repelirão". Davi, porém, conquistou a fortaleza de Sião [...]. Naquele dia, disse Davi: "Todo aquele que ferir os jebuseus e subir pelo canal...". Quanto aos cegos e coxos Davi os detesta. (É por isso que se diz: os cegos e os coxos não entrarão no Templo.) (2Sm 5,6-8).

Os jebuseus expressam sua ilimitada confiança nas fortificações de Jerusalém. Construída no alto, rodeada de muralhas, os homens mais inúteis para a guerra ("coxos e cegos") bastam para salvá-la do ataque inimigo. Não foi o que aconteceu, e em memória dessa frase se proibirá mais tarde a entrada dessas pessoas no Templo.

Voltando ao texto evangélico, nos deparamos com dois fatos: um, admitido pela instituição religiosa, que é a presença de mercadores e cambistas; outro, vetado pela mesma instituição, a presença de cegos e coxos. Jesus inverte as coisas: repele o admitido, admite o repelido. Por conseguinte, a passagem não quer transmitir um simples testemunho da bondade ou do poder de Jesus, ou de suas pretensões messiânicas. É um texto "revolucionário", de subversão de valores. Sem a ajuda do Antigo Testamento não teríamos captado esse matiz.

4.2 A mensagem

Algo parecido ocorre com a Parábola do Grão de Mostarda: "O Reino dos Céus é semelhante a um grão de mostarda que um homem semeou em seu campo; embora seja a menor de todas as sementes, quando cresce é a maior das hortaliças e torna-se árvore, a tal ponto que as aves do céu se abrigam em seus ramos" (Mt 13,31-32).

É fácil entender a ideia principal: ninguém deve desanimar pelo modesto começo do Reino de Deus e pelo pequeno número de seguidores. As grandes coisas nascem sempre pequenas. Mas essa parábola tem também um matiz polêmico, tingido de ironia, que só se percebe conhecendo um texto de Ezequiel. Esse profeta, que teve de anunciar a catástrofe de seu povo, indica que essa não é a palavra definitiva de Deus. A vitória virá um dia. E a proclama nestes termos:

> Assim diz o Senhor:
> "Tomarei do cimo do cedro,
> da extremidade de seus ramos um broto,
> e o plantarei sobre um monte alto e elevado.
> O plantarei sobre o alto monte de Israel.
> Ele deitará ramos e produzirá frutos,
> tornando-se um cedro magnífico,
> e à sua sombra habitará toda espécie de pássaros,
> à sombra de seus ramos se aninharão todas as aves" (Ez 17,22-23).

A relação entre os textos é evidente pela metáfora vegetal (mostarda, cedro), e pelo resultado das aves que se abrigam à sua sombra. Mas Jesus modificou intencionalmente o texto profético. Por isso não compara o Reino de Deus com um cedro, protótipo de árvore majestosa e elegante (lembrem-se aqui os famosos cedros do Líbano, tão cantados na Bíblia). Como ponto de comparação escolhe um arbusto de modestas dimensões e menos aparência. Assim parece dizer aos cristãos: não desanimeis, vossa luta tem sentido, mas não façais muito alarde nem espereis coisas espetaculares.

4.3 A pessoa de Jesus

O Evangelho de Mateus, que se dirige a cristãos de origem judaica, para deixar clara a importância de Jesus tenta mostrá-lo como um segundo Moisés, porém muito superior a ele. Esse aspecto, essencial no primeiro Evangelho, só o percebemos bem recordando alguns episódios do Antigo Testamento.

Comecemos pelo conhecido texto da matança dos inocentes (Mt 2,16-18). Para a maioria dos cristãos, essa passagem só revela a louca crueldade de Herodes. Mas isso não é o principal do texto. Sem dúvida, Herodes era sanguinário. O historiador judeu Flávio Josefo conta numerosos detalhes de sua crueldade e de seu medo obsessivo de perder o trono. Todavia, é muito pouco provável que tenha havido uma matança desse tipo. Outras fontes históricas o teriam citado, sobretudo se se leva em consideração um lugar tão significativo como Belém, pátria do Rei Davi, a poucos quilômetros de Jerusalém. Quase seguramente se trata de uma ficção de Mateus. Não por capricho, mas pelo desejo de apresentar Jesus como novo Moisés. Por isso, desde o começo, indica a semelhança entre ambos os personagens. Moisés, no Egito, é o único menino que escapa da absurda perseguição do faraó. Jesus é o único menino a se salvar da matança decretada por Herodes. Assim, o leitor do Evangelho tem desde o princípio uma chave de leitura: Jesus levará a cabo uma missão semelhante à de Moisés. Essa é a afirmação capital do texto, mesmo que admitíssemos a historicidade da matança dos inocentes.

Outro momento significativo se encontra no começo do Sermão da Montanha. De acordo com Mateus, Jesus pronuncia esse discurso programático numa montanha. Como Moisés tinha subido ao Sinai para conhecer a vontade de Deus e transmiti-la ao povo, Jesus "subiu a montanha". Mas Mateus acrescenta outros detalhes interessantes: "Aproximaram-se dele os seus discípulos, e Ele tomou a palavra e os ensinava assim".

Para entender essa novidade é preciso lembrar o que disse Deus a Moisés no Sinai:

> Fixarás ao redor da montanha um limite para o povo, dizendo: "Guardai-vos de subir a montanha e de tocar-lhe na base. Quem tocar na montanha será morto". [...] Ao terceiro dia pela manhã houve trovões e relâmpagos e uma nuvem carregada cobrindo a montanha...; e o povo que estava no acampamento pôs-se a tremer. [...] Todo o Monte Sinai fumegava, pois o Senhor descera sobre ele em meio ao fogo. A fumaça subia como de uma fornalha e todo o monte tremia. [...] O Senhor desceu sobre o Sinai e chamou Moisés ao cume do monte, e Moisés subiu. Então o Senhor lhe disse... (Ex 19,12-21).

Mateus sublinha o contraste entre as duas cenas. Não estamos num mundo de medo, que provoca a morte de quem se aproxima. Os discípulos chegam até onde Jesus está, sem que Ele os tenha convidado. Além disso, Jesus não precisa esperar que Deus lhe fale. Ele mesmo toma a palavra e começa a ensinar, com aquela autoridade suprema que a multidão, por fim, lhe reconhecerá (Mt 7,28-29).

Finalmente, esse contraste entre Jesus e Moisés ajuda a compreender a dura polêmica de uma passagem do Evangelho de João, que pode passar despercebida. Diz o Prólogo: "Porque a Lei foi dada por meio de Moisés, a graça e a verdade vieram por Jesus Cristo. Ninguém jamais viu a Deus; o Filho único, que está ao lado do Pai, foi quem o deu a conhecer" (Jo 1,17-18).

João contrapõe a lei à "graça" e à "verdade" (amor e lealdade). Esses termos (hebraico *'emet wehesed*) designam no Antigo Testamento a essência íntima de Deus. Moisés só pode transmitir algo externo, uma revelação que Deus concede. Jesus encarna o mais íntimo de Deus. E acrescenta o evangelista que "ninguém jamais viu a Deus". Trata-se de uma clara alusão ao episódio do Sinai, quando Moisés pede a Deus para ver sua face, e este se lhe nega: "Não poderás ver a minha face, porque o homem não pode ver-me e continuar vivendo" (Ex 33,20). Jesus, ao contrário, Filho único que está ao lado do Pai, pode explicar-nos perfeitamente quem é Deus.

5. Advertência final

Tentei apresentar esquematicamente os valores que percebi no Antigo Testamento e que justificam sua leitura. Isso, evidentemente, não quer dizer que todos os livros tenham o mesmo interesse. E, ao afirmá-lo, não manifesto minha opinião pessoal: recolho a experiência dos autores do Novo Testamento. Charles Dodd, em seu esplêndido livrinho *According to the Scriptures* ["Segundo as Escrituras"], estudou "a Bíblia dos primeiros cristãos", isto é, os livros que eles usaram com mais frequência, buscando resposta para seus problemas. Foram os Salmos e os escritos proféticos, porque neles encontraram os principais argumentos para demonstrar que Jesus era o Messias. Nós, que não nos movemos nessa polêmica, podemos ampliar nosso ponto de vista, buscando no Antigo Testamento outros valores, mesmo que não estejam diretamente relacionados com a pessoa ou a obra de Jesus. É o que sugeri nos três primeiros pontos deste capítulo.

Na leitura do Antigo Testamento influenciam os mesmos critérios subjetivos que marcam toda e qualquer literatura. Quem despreza a poesia (e sempre haverá esse tipo de pessoa) dificilmente se entusiasmará com os livros proféticos, em grande parte poéticos; talvez lhe interessem mais os livros históricos, apesar de exigirem um esforço maior para a compreensão de sua mensagem religiosa. As seções de leis (parte do Êxodo, Levítico, bloco central do Deuteronômio) serão mais bem apreciadas por quem capta o problema humano subjacente a toda legislação; para a maioria dos leitores esses relatos terão escasso interesse. O mundo sapiencial (Provérbios, Jó, Eclesiastes, Eclesiástico, Sabedoria) é dos mais desconhecidos, mas muito apaixonante.

Em qualquer hipótese, não se pode recomendar a leitura do Antigo Testamento como se recomenda um romance de Machado de Assis ou uma antologia poética de Vinicius de Moraes. Faz falta um guia, algo ou alguém que ajude a compreender o sentido das Escrituras. É o que tentaremos fazer com os temas seguintes.

3

Seis questões elementares

Até agora falamos do Antigo Testamento supondo o conhecimento de noções que uma pessoa medianamente culta pode possuir, o que é bastante pouco. Antes de navegar em maiores profundidades, respondo de forma bem simples a seis perguntas básicas, que podem ter incomodado o leitor em algum momento. São temas muito diversos. Diante deste capítulo cabem três decisões: lê-lo agora, só no final, ou não o ler. Aconselho pelo menos a leitura dos dois primeiros números.

1. O que é o Antigo Testamento?

De um ponto de vista bíblico, a palavra "Testamento" pode ter dois sentidos, um teológico e outro literário. Teologicamente, significa *a aliança que Deus estabelece com o povo de Israel* (Antigo Testamento) e, mais tarde, com a Igreja (Novo Testamento). Literariamente, significa *o conjunto de livros que recolhem essa experiência humana e religiosa.*

Aqui nos interessa a segunda perspectiva, literária. Deste ponto de vista podemos dizer que o Antigo Testamento, tal como o aceitam os católicos, é um conjunto de quarenta e sete livros de caráter diverso (narrativo, histórico, espiritual, poético, pedagógico), procedentes de épocas distintas e redigidos ao longo de dez séculos. Essa simples descrição pode sugerir uma ideia equivocada, como se o Antigo Testamento fosse uma antologia da literatura de Israel ou contivesse todos os livros escritos por esse povo na Antiguidade.

1.1 O Antigo Testamento não é uma antologia da literatura israelita

Partamos de um exemplo. Uma antologia da literatura brasileira compreenderia obras bem diversas: fragmentos da catequese de Anchieta, trechos dos sermões de Vieira, das poesias de Bilac, Castro Alves, Carlos Drummond, da prosa de Gregório de Matos, José de Alencar, João Guimarães Rosa etc. Mas haveria de se caracterizar sempre por dois traços:

a) Essa antologia teria de citar apenas obras nitidamente literárias, em sua tríplice vertente épica, lírica e dramática; nela não caberiam certamente os artigos do Código de Direito Penal, nem os limites geográficos do Pantanal mato-grossense.

b) Não ofereceria quase nunca a obra completa (a não ser em casos especiais: um texto breve, como um soneto), mas apenas fragmentos que animassem o leitor a conhecer a obra original.

Com o Antigo Testamento não acontece assim. Além das obras estritamente literárias serem numerosas, nele também encontramos muitas páginas de conteúdo ritualístico e legal, listas genealógicas, limites geográficos de tribos, escritos de cunho instrutivo e pedagógico. E mais: o Antigo Testamento não nos oferece versões resumidas, mas transmite os escritos em sua integridade, ampliando muitas vezes, ao longo dos séculos, a obra original de certos autores.

1.2 O Antigo Testamento não contém toda a produção literária de Israel

Também não podemos afirmar que o Antigo Testamento contém toda a produção literária, legal, histórica, educativa do antigo Israel. Ao longo de suas páginas encontramos citações de obras diversas (o *Livro do Justo*, o *Livro das guerras de Javé*, os *Anais dos reis de Israel*) que se perderam no tempo e não chegaram até nós. E outras muitas obras judaicas dos últimos séculos antes de Cristo, que não foram admitidas como "inspiradas" nem por judeus nem por cristãos, ficando fora do corpo canônico do Antigo Testamento. São os escritos apócrifos.

1.3 O Antigo Testamento é uma seleção da fé e para a fé

Do que se disse acima, é fácil admitir que os judeus usaram um critério seletivo na escolha desses escritos. E esse critério não foi simplesmente literário ou cultural, mas teológico. Movidos por um espírito de fé, selecionaram no passado todas aquelas obras que expunham sua identidade como povo que se sente eleito por Deus e chamado a cumprir uma missão religiosa no mundo. Ao mesmo tempo, quiseram que essas páginas do passado os animassem a ser fiéis a Deus no presente e lhes alimentassem a esperança no futuro.

Essa identidade religiosa, porém, não é abstrata. Encarnou-se em seres concretos. Pessoas que deram seus primeiros passos por vales ou colinas, no meio de vinhedos e olivais ou à beira do deserto. Pessoas que descobriram o ódio e o amor, o medo da estiagem e dos exércitos inimigos, a insidiosa e persistente ameaça da morte. Pessoas que cantaram, dançaram e sofreram. E, nessas situações concretas, num espaço conhecido, num tempo perfeitamente delimitado, foram descobrindo, como indivíduos e como povo, o chamado de Deus.

Os responsáveis por essa seleção recolheram tudo o que consideraram essencial para descrever a identidade do povo de Israel. Essenciais eram as tradições sobre Abraão, a revelação do Sinai, as ilusões da monarquia nascente, a trágica experiência do exílio, as palavras dos profetas, as profundas reflexões dos sábios. Igualmente eram essenciais as listas dos antepassados, os limites geográficos de cada tribo, as lendas sobre os heróis famosos, o provérbio genialmente formulado, o canto de amor ou de guerra. Tudo isso reflete a vida real, e nessa série de composições tão diversas Israel descobria sua identidade de povo eleito por Deus.

2. Como foi feita essa seleção?

Dissemos que algumas obras literárias de Israel se perderam e outras tantas foram excluídas da seleção final. Quem foram os responsáveis e que critérios aplicaram nessa tarefa? Deve-se distinguir entre judeus e cristãos.

2.1 Os judeus

Alguns autores antigos diziam que a seleção fora feita por Esdras, no século V a.C. Outros ainda a imputavam aos "homens da Grande Sinagoga", uma corporação criada por Esdras e que lhe sobreviveu, no século IV a.C. Ambas as teorias são insustentáveis, porque alguns livros bíblicos ainda não tinham sido escritos naquela época. O que é muito provável é que no tempo de Esdras a Torá ou Pentateuco tenha conseguido esse lugar privilegiado que ocupa entre os judeus. Curiosamente, os cinco livros do Pentateuco são os únicos do Antigo Testamento também aceitos pelos samaritanos. E isso conduziu a uma teoria muito provável. Durante o século V a.C., quando judeus e samaritanos foram dominados pelos persas, Esdras, com o apoio da autoridade imperial, conseguiu impor esse conjunto de escritos como livros sagrados. Neles se recolhiam as tradições mais antigas, desde as origens até Moisés, e se encontravam numerosas normas civis e religiosas de conduta. O Pentateuco era um meio excelente para o povo recuperar sua identidade perdida e ter uma lei comum. Mas, depois de seis séculos de discórdias, era quase impossível pôr de acordo samaritanos e judeus. Somente a intervenção dos persas explica por que todos eles acabaram aceitando esses livros como patrimônio comum.

Uma vez aceito o Pentateuco, outros escritos começaram a ser julgados importantes para essa identidade religiosa e nacional de que já falamos. Assim foram-se acrescentando os livros proféticos e outra série de obras de caráter bem distinto.

É bem difundida a teoria segundo a qual esse processo de seleção terminou no chamado "Sínodo de Jâmnia". Conta-se que, depois da queda de Jerusalém nas mãos dos romanos (ano 70 de nossa era), Johanan ben-Zakkai fundou em Jâmnia uma escola rabínica, que teria fixado o "cânon palestino", entre os anos 90 e 100. Essa tese também tem sido muito criticada.

O mais seguro é admitir que durante o século I de nossa era se aceitava popularmente uma lista de vinte e dois ou vinte e quatro livros que se supunham sagrados, mas o cânon judaico só veio a fixar-se rigidamente em finais do século II ou inícios do III. Os últimos responsáveis parecem ter sido os fariseus.

Não sabemos com exatidão quais os critérios adotados pelos judeus para dizer se uma obra "manchava as mãos", isto é, se era inspirada. Entre eles havia discussões e pontos de vista distintos. Por exemplo, parece que certos grupos, que terminaram impondo sua mentalidade, não aceitavam o grego como língua sagrada. Por isso os livros escritos nessa língua não foram admitidos no cânon (Sabedoria, certos trechos de Ester e Daniel etc.). Também parece que motivos políticos entraram em jogo. Os fariseus, últimos responsáveis pela seleção, eram inimigos dos macabeus; logicamente os dois livros que narram a sua saga não foram admitidos.

Nem sempre é fácil, porém, determinar a inspiração de um livro. As discussões se prolongaram por séculos. Os judeus não aceitam os seguintes livros: Eclesiástico, Sabedoria, Baruc, Judite, Tobias, 1 e 2 Macabeus, seções gregas de Ester e Daniel.

Os livros sagrados dos judeus segundo Flávio Josefo

Uma vez que não é permitido a todos nós escrever a história e nossos escritos não apresentam nenhuma contradição, e uma vez que apenas os profetas escreveram com toda a clareza os eventos contemporâneos conforme ocorreram, é natural, ou melhor, necessário, que não haja entre nós uma infinidade de livros em contradição e conflito, mas apenas vinte e dois, que contêm as escrituras de todos os tempos e que, com razão, são dignos de crédito. Destes, cinco são de Moisés, os quais contêm as leis e a tradição desde a criação do homem até a morte de Moisés: abrangem um período de aproximadamente três mil anos. Desde a morte de Moisés até Artaxerxes, sucessor de Xerxes como rei dos persas, os profetas posteriores a Moisés contaram a história de seu tempo em treze livros; os quatro restantes contêm hinos a Deus e preceitos morais para os homens. Também desde Artaxerxes até os nossos dias, cada acontecimento foi registrado; mas não se lhes concede a mesma confiança que aos anteriores porque não houve a rigorosa sucessão dos profetas. Os fatos mostram como nos aproximamos de nossas próprias escrituras: apesar de ter passado tanto tempo, ninguém se atreveu a acrescentar, suprimir ou mudar nada nelas. Na essência de todos os judeus está implícita, desde o nascimento, a crença de que esses livros contêm o dogma divino, de que devem ser respeitados e de que se deve morrer com alegria por eles, se necessário. Têm-se visto com frequência muitos prisioneiros suportarem torturas e toda sorte de mortes nos anfiteatros por não pronunciarem uma só palavra contra as leis e as escrituras que as acompanham. Que grego suportaria o mesmo por motivo semelhante? Nem mesmo para salvar todos os seus escritos algum deles suportaria o menor dano; pois os consideram improvisados pela intenção de seus autores, e o mesmo aplicam, com razão, aos historiadores antigos, já que até agora vemos alguns de nossos contemporâneos que se atrevem a escrever sobre fatos que nem testemunharam nem se deram ao trabalho de perguntar aos que conhecem tais fatos.

Contra Apião 37-45

2.2 As Igrejas cristãs

Tendo em conta as discussões existentes entre os judeus, não se deve estranhar que elas tenham ocorrido também entre os cristãos. Alguns só aceitavam os livros admitidos pelos judeus (cânon "reduzido"). Outros acrescentaram certos livros, considerados importantes para a piedade e a teologia e que, por entrarem no cânon num segundo momento, receberam o nome de "deutero-canônicos". Por exemplo, o segundo Livro dos Macabeus, com sua exaltação do martírio e sua fé na ressurreição, servia de alento durante as perseguições aos primeiros cristãos. Ou o Livro da Sabedoria, que parece anunciar a morte injusta e a vitória definitiva de Jesus. Sem que possamos dar todos os detalhes, foi surgindo pouco a pouco o cânon "amplo", com todos os livros atuais. Alguns continuaram negando que os deuterocanônicos tivessem a mesma validade do que os outros. O debate tornou-se muito agudo no século XVI, durante a Reforma. A tradução de Lutero agrupava os deuterocanônicos em apêndice, como "livros que não se igualam às Sagradas Escrituras, mas cuja leitura é útil e boa". Assim o fizeram também Zwinglio e Calvino.

O Concílio de Trento impôs o cânon "amplificado", baseando-se no uso constante desses livros dentro da Igreja.

Entre as Igrejas orientais separadas, admitem o cânon católico os sírios, os coptas, os armênios e os etíopes. Os russos eliminaram os deuterocanônicos a partir do século XVIII. Os gregos deixaram a questão livre.

A exposição acima não afirma nem nega o papel que o Espírito Santo pode ter desempenhado nesse processo de canonização dos livros sagrados. É uma questão que corresponde a outro tratado teológico. Não obstante, uma vez mais, deve ficar bem claro que Deus não atua com uma varinha mágica, resolvendo todos os problemas em cinco segundos. Determinar os livros inspirados (prefiro falar de "livros que refletem a identidade do povo de Deus") foi uma tarefa difícil para judeus e cristãos. Por isso demoraram tantos séculos e ainda assim nem todos estão de acordo em tudo.

3. Classificação dos livros do Antigo Testamento

Os judeus dividiram essa produção literária de Israel em grandes blocos:
TORÁ (que significa "lei"). Compreende os cinco primeiros livros: Gênesis, Êxodo, Levítico, Números, Deuteronômio.

NEBIIM (=Profetas). Divide-se em dois grupos: o dos "primeiros profetas" (Josué, Juízes, Samuel, Reis) e o dos "profetas posteriores" (Isaías, Jeremias, Ezequiel e os Doze profetas menores).

KETUBIM (=Escritos). Uma espécie de "baú de alfaiate", em que se incluem as obras restantes: Salmos, Provérbios, Rute, Cântico dos Cânticos, Jó, Eclesiastes, Lamentações, Ester, Daniel, Esdras, Neemias e os dois Livros das Crônicas.

Para os católicos, essa classificação oferece um inconveniente fundamental: não inclui os livros deuterocanônicos, que consideramos inspirados. Como já dissemos, o cânon judeu omite os livros de Tobias, Judite, Sabedoria, Eclesiástico, Baruc, Carta de Jeremias, 1 e 2 Macabeus e as seções gregas de Ester e Daniel.

A classificação judaica tem outro inconveniente. Enquanto as duas primeiras (*Torá* e *Nebiim*) são bastante homogêneas, a terceira (*Ketubim*) é um amálgama dos mais variados escritos (poéticos, narrativos, históricos, sapienciais). Muitos autores preferem classificar os escritos do Antigo Testamento de forma mais coerente do ponto de vista literário. Embora tenham sido feitas diversas tentativas, limito-me, aqui, a citar duas classificações:

Quanto aos gêneros literários (o tipo dos livros, a classificação de L. Alonso Schökel na *Nueva Bíblia Española* me parece a mais adequada:

Pentateuco (equivale à Torá dos judeus).

História: Josué, Juízes, Samuel, Reis, Crônicas, Esdras, Neemias, Macabeus.

Narrações: Rute, Tobias, Judite, Ester.

Profetas: Isaías, Jeremias, Ezequiel, os Doze, Daniel, Baruc e Carta de Jeremias (que outras edições da Bíblia incluem como o capítulo 6 de Baruc).

Poesia: Salmos, Cântico, Lamentações.

Sapienciais: Provérbios, Jó, Eclesiastes, Eclesiástico, Sabedoria.

Tomando tradição judaica e completando-a com a católica, temos o seguinte quadro:

Livros do Antigo Testamento	
Pentateuco	*Outros escritos*
Gênesis (Gn)	Salmos (Sl)
Êxodo (Ex)	Jó (Jó)
Levítico (Lv)	Provérbios (Pr)
Números (Nm)	
Deuteronômio (Dt)	Rute (Rt)
	Cântico dos Cânticos (Ct)
Livros proféticos	Eclesiastes (Coélet) (Ecl)
Josué (Js)	Lamentações (Lm)
Juízes (Jz)	Ester (Est)
1 Samuel (1Sm)	
2 Samuel (2Sm)	Daniel (Dn)
1 Reis (1Rs)	Esdras (Esd)
2 Reis (2Rs)	Neemias (Ne)
	1 Crônicas (1Cr)
Isaías (Is)	1 Crônicas (2Cr)
Jeremias (Jr)	
Ezequiel (Ez)	*Livros deuterocanônicos ou "apócrifos"*
Oseias (Os)	Ester grego
Joel (Jl)	Judite (Jt)
Amós (Am)	Tobias (Tb)
Abdias (Ab)	1 Macabeus (1Mc)
Jonas (Jn)	2 Macabeus (2Mc)
Miqueias (Mq)	Sabedoria (Sb)
Naum (Na)	Eclesiástico (Sirácida) (Eclo)
Habacuc (Hab)	Baruc (Br)
Sofonias (Sf)	Carta de Jeremias
Ageu (Ag)	Daniel grego
Zacarias (Zc)	
Malaquias (Ml)	

4. Em que idioma foram escritos os livros do Antigo Testamento?

Fundamentalmente, em *hebraico*. Mas o *aramaico* também está presente em algumas passagens (Esd 4,8–6,18; 7,12-26; Dn 2,4b–7,28), um verso solto no Livro de Jeremias (10,11) e duas palavras em Gn 31,47. Dito de forma simples, hebraico e aramaico são duas línguas muito aparentadas entre si, como o espanhol e o português. Ainda que conheçamos mais o hebraico, o aramaico foi uma língua muito mais importante, que chegou a ser usada na diplomacia internacional. Depois do exílio, parece que o aramaico se difundiu rapidamente entre os judeus, a tal ponto que foi preciso traduzir os textos bíblicos para essa língua, para que o povo os pudesse entender (assim nasceram os *Targuns*).

Por fim, há trechos e livros escritos em *grego:* Sabedoria (todo o livro), 1 e 2 Macabeus (os dois livros inteiros), Est 10,4–16,24; Dn 3,24-90; 13–14. Mas o grego, língua culta e internacional a partir do século III a.C., não foi admitido pelos judeus como língua sagrada. Por isso o cânon judaico não contém nenhum dos livros acima mencionados.

5. Como chegaram até nós?

Por meio de manuscritos e códices. Os *manuscritos* são membranas de pele ou folhas de papiro escritas de um só lado, riscadas previamente com um estilete. A escrita se distribuía em colunas, equivalentes às nossas páginas. As folhas ou as peles eram depois cosidas ou coladas, de modo a formar rolos. O rolo de Isaías encontrado em Qumran consta de dezessete tiras de pele, que formam um conjunto de 7,35m de comprimento por 0,27m de largura. O texto está repartido em cinquenta e quatro colunas, com uma média de trinta linhas por coluna.

Atualmente temos mais de cento e noventa manuscritos do Antigo Testamento procedentes de 250 a.C. a 135 d.C. Foram descobertos em diferentes lugares do Deserto de Judá, sobretudo em Qumran e Massada.

Os *códices* se diferenciam dos manuscritos porque estão escritos de ambos os lados. São de época mais recente. Os mais famosos são:

O códice dos Profetas do Cairo (C), escrito em 895. Contém os profetas anteriores (Josué, Juízes, Samuel, Reis) e os posteriores (Isaías, Jeremias, Ezequiel, Doze). Embora tenha sido escrito em Jerusalém, depois da primeira cruzada terminou no Cairo.

O códice de Alepo (A), escrito em torno do ano 930. Continha todo o Antigo Testamento, mas durante as manifestações antijudaicas de 1947 acabou perdendo todo o Pentateuco e partes dos livros de Ester, Daniel, Esdras, Eclesiastes, Lamentações e Neemias.

O códice de Leningrado (L) foi escrito em 1009 e contém todo o Antigo Testamento. Serviu como base para a Bíblia Hebraica Stuttgartensia, a mais usada pelos biblistas cristãos.

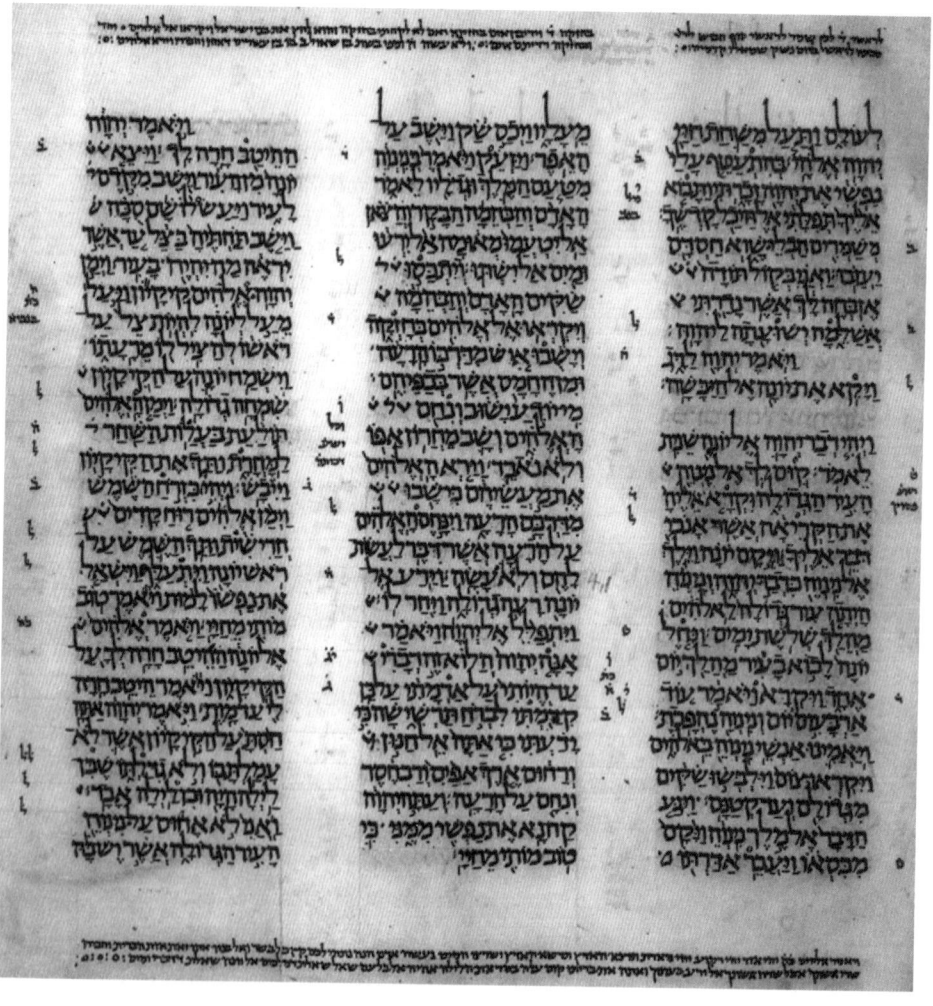

Códice de Leningrado, um dos manuscritos
mais antigos da Bíblia Hebraica.

Alguns podem estranhar que haja tantos séculos separando a obra original, perdida, e os documentos mais antigos que possuímos. É só lembrar a tragédia das bibliotecas antigas, expostas continuamente a terremotos, incêndios e saques. E é importante não esquecer que as cópias mais antigas das obras de Cícero, por exemplo, são do século IX.

6. Traduções antigas do Antigo Testamento

A dispersão do povo judaico por todas as partes do mundo o obrigou logo a traduzir seus livros sagrados para outras línguas: siríaco (*Peshitta*), latim (*Vetus Latina*, Vulgata), copta, etíope. As traduções mais importantes, entretanto, foram para o aramaico (Targum) e para o grego. Como já dissemos, a tradução aramaica se fez necessária quando o povo já não sabia mais hebraico (mais ou menos como tivemos de substituir, pelas línguas vernáculas, o latim da liturgia).

Por outro lado, no Egito floresceu uma importante colônia judaica de língua grega. Para ela se fez em Alexandria uma tradução conhecida como a dos "Setenta" (LXX). Essa denominação se baseia na tradição contida na apócrifa Carta de Aristeias a Filócrates. Segundo ela, o bibliotecário de Alexandria pediu uns exemplares da lei judaica. O sumo sacerdote de Jerusalém lhe enviou setenta e dois tradutores, seis de cada tribo. A única coisa certa é que, em princípios do século III a.C., se fez uma tradução grega do Pentateuco. Atualmente, quando falamos dos LXX, nos referimos a todas as traduções gregas do texto bíblico realizadas entre os anos 300 a.C. e 130 d.C. A tradução varia muito em exatidão e estilo. Os códices mais importantes em que se conserva são: o Vaticano (século IV), o Sinaítico (século IV), o de Alexandria (século V), o Marchalianus (século VI).

Posteriormente apareceram outras traduções gregas, para corrigir as falhas dos LXX: as de Áquila, Símaco e Teodocião.

Para os especialistas do Antigo Testamento, essas traduções são muito importantes. Às vezes não se sabe como interpretar um texto difícil ou qual o significado de uma palavra concreta. Recorrendo a essas traduções, tem-se um ponto de vista diferente, mesmo que não se consiga resolver os problemas completamente.

7. Nota bibliográfica

Para ampliar esses dados, a obra mais moderna e recomendável é a de PÉREZ FERNÁNDEZ, M.; TREBOLLE BARRERA, J. *Historia de la Biblia*. Madri: Trotta, 2006, dividida em três grandes partes: o livro, o cânon e o texto; inclui um CD. Trebolle já havia abordado essas questões de maneira mais ampla em *La Biblia judía y la Biblia cristiana*. Madri: Trotta, 1998.

Sobre o cânon

BROWN, R. E.; COLLINS, R. F. "Canonicidad". *Nuevo Comentario Bíblico San Jerónimo – Nuevo Testamento*. Estella: Verbo Divino, 2004, p. 658-688, oferecem uma bibliografia abundante. Inexplicavelmente, não é citado nesse trabalho o interessante e vasto material compilado por Strack-Billerbeck no volume V do *Kommentar zum Neuen Testament aus Talmud und Midrash*. O ponto de vista judaico sobre o cânon é bem apresentado e relativamente breve em SCHÜRER, E. *Historia del pueblo judío en tiempos de Jesús II*. Madri, 1985, p. 415-424, que também oferece uma bibliografia abundante.

O tema do cânon é um dos mais debatidos nos últimos anos. Duas obras colaborativas merecem destaque: uma editada por MCDONALD, L. M.; Sanders, J. A. *The Canon Debate*. Peabody MA: Hendrickson, 2002; e outra editada por HELMER, C.; LANDMESSER, C. *One Scripture or Many? Canon from Biblical, Theological and Philosophical Perspectives*. Oxford University Press, 2004. Para informações sobre a história da pesquisa, H. Graf Reventlow oferece um artigo útil em "Kanonproblem. Christlich-jüdisches Gespräch. Biblische Hermeneutik", publicado na revista *Theologische Rundschau* 70, 2005, p. 279-337.

Sobre o texto e as traduções antigas da Bíblia

TREBOLLE, J. "El texto de la Biblia". *La Biblia en su entorno, Introducción al estudio de la Biblia 1*. Estella: Verbo Divino, 1990, p. 433-494, oferece uma informação ampla sobre as línguas da Bíblia, a escrita no Antigo Oriente e na Bíblia, materiais de escrita, texto hebraico e aramaico do Antigo Testamento, as versões gregas e aramaicas.

Tema II

O Pentateuco

Encontramos no primeiro grande bloco do Antigo Testamento os cinco livros mais sagrados para os judeus. Partindo da criação do mundo, nos contam a história do povo até o momento da morte de Moisés. Com as vicissitudes desse grupo humano, nos falam também de como Deus orienta sua conduta por meio de leis justas. Narradores e legisladores desempenham no Pentateuco um papel primordial.

O capítulo 4 trata de uma questão prévia, que servirá também para o tema III: os narradores e historiadores de Israel. É preciso ter uma ideia da importância da história em Israel e das várias maneiras de contá-la antes de aprofundar-se nesses livros complexos.

O capítulo 5 é uma autêntica introdução ao Pentateuco, preestabelecendo uma ideia clara de seu conteúdo e de sua temática. Quanto ao autor, é fácil demonstrar que não pode ter sido Moisés. Difícil é explicar como se formou. Utilizo para isso uma historieta que pode ajudar a compreender as diversas hipóteses.

O capítulo 6 apresenta a história da pesquisa sobre o Pentateuco. É uma questão interessante, porém complexa, que tentei tornar mais acessível com uma série de gráficos. A análise concreta das teorias é uma questão secundária e pode-se omiti-la e não se dispõe de muito tempo ou suficiente interesse.

Os capítulos 7-10 são fundamentais, pois neles dou instruções e exercícios que facilitarão a leitura de capítulos selecionados. Escolho três temas capitais: as tradições de Abraão, a libertação do Egito, a travessia do deserto. O essencial é que se leia o texto bíblico. Meus comentários apenas complementam e ajudam a compreensão da mensagem.

E não podemos abandonar o Pentateuco sem falar dos numerosos textos legais nele contidos (capítulo 11). A historinha do touro de Zacarias ajudará a descobrir o valor humano dessas páginas aparentemente áridas da Bíblia. E, para concluir, a breve história da legislação israelita, em que indico os momentos fundamentais que lhe facilitam a compreensão.

4

Os narradores e historiadores de Israel

Talvez tenha sido uma noite de frio, junto do fogo, quando se começou a contar a história de Israel. Primeiro os anciãos, recordando as andanças de antepassados famosos. Chegaram mais tarde os grupos do deserto, relatando e exagerando as agruras sofridas no Egito, a terrível marcha rumo à terra prometida, a revelação concedida pelo Senhor a Moisés. Em seguida, vieram os poetas populares, cantores de façanhas realizadas contra os filisteus, que trocavam batalhas e exércitos por um prato de comida, antes de seguir viagem. Não faltaram sacerdotes que, em suas peregrinações anuais aos santuários, guardavam as memórias das aparições de Deus em determinados lugares.

Assim, de boca em boca, transmitidas oralmente, começaram a conservar-se e avolumar-se as tradições históricas de Israel. Até que surgiu uma classe mais culta, em torno da corte de Jerusalém, lá pelo século X a.C. Outros dados começaram a lhe interessar: a lista dos governadores de Salomão, os distritos em que o reino fora dividido, o lento processo de construção do Templo de Jerusalém e do palácio, com seus numerosos objetos de culto ou de adorno. E aí a escrita se torna necessária, para que não se percam com o passar do tempo dados tão importantes.

Por último, dentro dessa tradição escrita, surgem verdadeiros gênios, que compilam com ingentes esforços as numerosas histórias antigas e as unificam em uma contínua e organizada história do povo. Alguns se concentraram nas origens, outros se limitaram aos acontecimentos fundamentais de sua época, como a ascensão de Davi ao trono ou as terríveis intrigas que sua sucessão provocou. Houve até um grupo que empreendeu a tremenda tarefa de compilar as tradições que abarcavam desde a conquista da terra (século XIII) até a deportação para a Babilônia, produzindo os livros de Josué, Juízes, Samuel, Reis.

Séculos mais tarde, porém, produz-se um fato curioso. Um autor volta a contar a história da monarquia. Para tanto, copia, quase ao pé da letra, os livros de Samuel e Reis, suprimindo o que não concorda com seu próprio ponto de vista e acrescentando outras tradições. Surge assim a "História Cronista" (1 e 2 Crônicas). Também no século II a.C., dois autores distintos contaram a história da rebelião dos macabeus. Desse modo, século depois de século, incansavelmente, o povo de Israel pôs em prática o conselho de Goethe: "Cada geração deve escrever de novo a história".

1. Importância da história em Israel

Por que os israelitas deram tanta importância às tradições históricas? A resposta "oficial", a mais difundida entre os estudiosos da Bíblia, é que a história é para Israel o lugar do encontro com Deus. A fé desse povo não se fundamenta em mitos atemporais, alienados do espaço e do tempo que nos rodeiam. É uma fé que nasce e se desenvolve em contato direto com os acontecimentos do nosso mundo. Por meio deles, Deus revela seu amor, seu perdão, seu interesse pelo homem, seu afã de justiça, seus desejos e planos para a humanidade. Não é uma revelação que cai do céu, perfeitamente esboçada em todos os seus detalhes concretos, de uma vez por todas. Deus se vai revelando aos poucos, passo a passo, não por intermédio de um livro, mas ao longo de toda a vida. O Antigo Testamento é uma busca apaixonada de Deus, uma intenção divina de se fazer conhecido mais perfeitamente, uma luta humana para penetrar no mistério do Senhor.

E assim, como nós cristãos conhecemos Jesus pelo que Ele fez e disse, pelo que o Espírito continua realizando na Igreja, também os antigos israelitas conheceram Deus pelo que Ele fez e disse ao longo da história. Nada tem de estranho que os israelitas tenham se preocupado tanto em escrever e recordar "as maravilhas que o Senhor fez por seu povo"[8].

Essa interpretação oficial, porém, corre o perigo de idealizar os fatos e não valorizá-los retamente. Sem dúvida, houve em Israel autores que viram a história como lugar do encontro do homem com Deus, e precisamente por isso dedicaram grande parte de sua vida a escrevê-la. Mas muitos dos documentos que utilizam não foram escritos com essa perspectiva.

---

8. Como exemplo desse ponto de vista, ver JACOB, E. "Histoire et historiens dans l'Ancien Testament". *RHPR*, 35, 1955, p. 26-34.

A comparação com outro ambiente cultural pode esclarecer a situação. A. K. Grayson, falando do interesse que assírios e caldeus tinham em contar o passado, explica-o com os seguintes motivos: 1) propaganda política; 2) finalidade didática; 3) exaltação do herói; 4) utilidade prática, para os calendários, a adivinhação etc.; 5) consciência da importância de recordar certas coisas.

Se excluirmos o número 4, os restantes nos ajudam a compreender por que os israelitas escreveram tanto sobre o passado. Pessoalmente, penso que o motivo da propaganda política se faz, muitas vezes, mais presente até do que o motivo estritamente religioso. Assim o advertiram os fariseus, que não aceitaram no cânon os Livros dos Macabeus, seus grandes adversários. Eles não se fixaram em seu valor religioso, mas em seu valor como arma política. Por outro lado, já no começo do século XX falava H. Winckler desta tendência da historiografia antiga: "Uma exposição histórica sempre persegue (no Oriente) um fim determinado, e este é, naturalmente, demonstrar a justeza das pretensões políticas reclamadas pelas partes que se punham a redigir o conjunto da história (rei, partido)"[9].

Ainda que a distinção entre o político e o religioso careça de sentido para um israelita antigo, pode ser esclarecedora para um leitor atual. Assim se explica por que muitas páginas da Bíblia pareçam pouco "edificantes" para um cristão; lidas à luz de motivos políticos, adquirem todo o seu relevo e interesse. Quando chegarmos à história de Davi – a mais extensamente tratada na historiografia bíblica –, perceberemos esse fato.

2. Diversas concepções da história

Ao falar dos historiadores de Israel, não devemos projetar nossa ideia do historiador moderno ou do filósofo da história. O historiador israelita não tem a mentalidade do nosso tempo, nem analisa os fatos com nossos critérios de objetividade e fidelidade ao passado acima de tudo. Isso também não deve parecer estranho, pois até entre os historiadores modernos se notam diferenças marcantes de pontos de vista (basta pensar em um historiador marxista e em outro não marxista).

Mas à parte essa diferença natural, imposta pela época e pela cultura, há concepções distintas da história e formas diversas de escrevê-la. Coisa

9. Cf. *Allgemeine evangelisch-lutherische Kirchenzeitung,* n. 50, 1903, col. 1.198, apud BUDDE, K. *Geschichte der althebräischen Litteratur,* ²1909, p. 63, nota 1.

natural, se pensarmos que mais de dez séculos separam as primeiras das últimas obras. A seguir procurarei esboçar em grandes pinceladas essas diversas concepções.

2.1 A historiografia épico-sagrada

Pode parecer pouco atual e científica, mas esta concepção teve grande importância nos primeiros séculos de Israel e não podemos deixar de incluí-la.

Suas características fundamentais aparecem nas chamadas "sagas de heróis", narrações centradas em personagens famosos por suas façanhas militares: Sansão, Gedeão etc. Os autores que nos transmitiram essas sagas (primeiro oralmente, e depois por escrito) carecem de uma visão profunda da história. Falta-lhes uma análise séria dos fatores econômicos, políticos ou sociais; são incapazes de captar uma relação de causa e efeito entre os diversos acontecimentos; suas obras não têm unidade nem continuidade. Resumindo, as sagas de heróis são apenas um aglomerado de episódios individuais. Podem transmitir notícias de grande valor histórico, mas sem uma concepção autêntica da história.

Essa historiografia épico-sagrada não se encontra somente nas sagas mencionadas; aparece também em numerosas páginas do Pentateuco e dos restantes livros históricos. Tomando o material em conjunto, podemos indicar dois traços comuns fundamentais. Primeiro, *a tendência a exagerar os dados*: os exércitos são de enormes proporções; as dificuldades, quase insuperáveis; o butim conquistado, imenso etc.

Segundo, *a predileção especial por milagres*. Talvez fosse mais exato dizer que esses autores não sabem ver a história sem uma série de intervenções diretas de Deus. De fato, o Senhor sempre ocupa o primeiro plano, além e acima do herói ou protagonista.

Esta forma de ver e escrever a história é típica dos primeiros séculos de Israel, embora se faça presente também em séculos posteriores, até o século II a.C.

Como exemplos concretos deste tipo de historiografia, aconselho a leitura de Jz 7,1–8,3; Is 37,36 (em comparação com Is 37,37-38); 2Mc 3,24-30.

2.2 A historiografia profana

Perante a visão anterior, que introduz o milagre como elemento essencial da história, esta agora se apresenta com uma atitude totalmente oposta. A história se desenvolve por forças imanentes, dirigida pela vontade dos homens, prisioneiros de suas paixões e ambições, sem que em nenhum momento se perceba a intervenção extraordinária de Deus. Esta concepção vem também de tempos muito antigos.

Claro que não se pode comparar um historiador antigo com um atual, mas esta visão está mais próxima de nós do que a anterior. Confira, por exemplo, a maneira de contar um episódio tão importante da história de Israel como a divisão do reino e a morte de Salomão (1Rs 12). Ou compare-se a Batalha de Gedeão contra os reis madianitas (Jz 8,4s.) com o capítulo anterior (Jz 7), exemplo típico da concepção épico-sagrada. Para alguns, a produção mais perfeita deste tipo de historiografia é a "História da sucessão ao trono de Davi" (2Sm 9–20; 1Rs 1–2). Shotwell faz a seguinte apreciação das *Memórias de Neemias*: "O restaurador de Jerusalém não se derrama em empolados elogios aos reis assírios no relato de suas grandes façanhas. Pelo contrário, parece ter feito um juízo especialmente sensato da proporção das coisas. Sua percepção da importância do que está fazendo não oculta o cuidado para não melindrar as pequenas tribos vizinhas, que colocariam tudo a perder se ele se atrevesse a entrar em alguma de suas cidades. Isso eleva o relato àquele patamar de realismo a que somente os escritores autenticamente grandes puderam chegar sem perder sua autoridade"[10]. Um comentário parecido recebe também 1Mc: "Há, por último, uma esplêndida peça de historiografia nesse corpo considerável da literatura judaica que não está incluída no Antigo Testamento tal como o conhecem os leitores protestantes. O primeiro Livro dos Macabeus é um relato comovedor dos dias mais heroicos da nação judaica, relato sincero, recolhido por testemunhas oculares e por fontes escritas, da grande guerra de libertação iniciada por Judas Macabeu [...]. A história dessa façanha é narrada com escrupulosidade científica e com tanta minuciosidade de detalhes e exatidão de informações, que a situa em alturas dificilmente alcançadas por histórias da Antiguidade"[11].

---

10. *Historia de la historia*, p. 148.
11. Op. cit., p. 150.

2.3 A historiografia religioso-teológica

Este é o tipo de historiografia que predomina no Antigo Testamento. Os autores ou redatores dedicaram um enorme esforço na compilação de dados do passado para oferecê-los de um ponto de vista que não é, nem pretende sê-lo, o do historiador imparcial, mas o do teólogo com mensagens a transmitir e ideias a inculcar. Naturalmente, os pontos de vista variam segundo as épocas e os autores (profetas, sacerdotes). Somente a preocupação teológica comum permite que os englobemos na mesma divisão, que abarca as grandes obras "históricas" de Israel, como a História Deuteronomista (Josué – Juízes – Samuel – Reis), a história cronista, e, se admitimos a teoria tradicional sobre o Pentateuco, a produção Javista (J), Eloísta (E) e Sacerdotal (P).

A serviço de suas ideias ou mensagens, esses autores não veem nenhum inconveniente em prescindir de alguns fatos de grande interesse histórico para nós, ou até em falsear os acontecimentos ou deformá-los. Teremos ocasião de ver numerosos exemplos. Seu volumoso trabalho nos faz pensar que deveriam ser pessoas de grande criatividade, especialmente dotadas para a exposição histórica. Temos a impressão de que, se não foram grandes historiadores, no sentido técnico do termo, não é porque não puderam, mas porque não quiseram. Assim se explica esse estranho fenômeno, que Shotwell exprimiu de forma genial: "Foram os deformadores da história judaica que a fizeram valer a pena"[12].

Mesmo que dessas três concepções se pudessem indicar exemplos concretos, como temos feito, seria absurdo querer retalhar as páginas da Bíblia para submetê-las a essa classificação. O resultado final da composição bíblica tem sido uma mistura das três posições. Em certos momentos predomina a primeira, em poucas ocasiões a segunda, e em grande parte a terceira. Mas, sobretudo, cada autor, com sua mentalidade, quis deixar claro a seus contemporâneos que o passado não é algo acessório, que convém tê-lo sempre presente ("quem não aprende a lição da história corre o risco de voltar a repeti-la", dirá Santayana).

3. Principais gêneros literários nos livros narrativos

Quem abre o jornal pela manhã sabe que cada notícia tem sua maneira própria de ser lida. Uma coisa é o noticiário político, outra coisa é o

---

12. Op. cit., p. 152.

noticiário esportivo. A charge de Ique ou Caruso não tem nada a ver com os anúncios da seção de classificados. Cada autor, segundo a matéria que trata, utiliza um "gênero literário" distinto. De acordo com ele, valorizamos suas afirmações. Não lemos com a mesma seriedade as informações da coluna do Zózimo e as declarações do presidente da República (embora alguns pensem que, às vezes, se parecem bastante). Nós mesmos, quando escrevemos, usamos gêneros literários diversos. Se nos pedem um *curriculum vitae*, não empregamos o mesmo estilo que usamos para escrever uma carta a nossos pais.

Esse detalhe, tão elementar, custou a ser advertido pela ciência bíblica. Mas é importantíssimo para valorizar corretamente as afirmações de seus autores. O que diz um poeta não pode ser interpretado tão literalmente como uma lista de funcionários de Salomão. Um narrador popular, enfrentando diretamente um auditório, se deixará levar pela imaginação mais facilmente do que um historiador sério, fechado em seu gabinete de trabalho.

Certamente que não é tarefa fácil descobrir e catalogar todos os gêneros literários usados na Bíblia, e nem todos os autores utilizam a mesma terminologia. Para ficar apenas com os livros narrativos (Pentateuco e históricos), ofereço a seguinte classificação tomada de Otto Eissfeldt em sua *Introdução ao Antigo Testamento*:

1. Discursos

– De despedida: Js 23 e 24; 1Sm 12; 1Rs 2,1-9; 1Cr 28,2-10; 1Mc 2,49-68.

– Políticos: Jz 9,7-20; 2Rs 18,19-25.28-35.

– Exortativos: 2Sm 10,12; 2Cr 20,20; 1Mc 9,8.10.44-46; 13,3-6; Dt 20,5-8.

2. Orações

– De intercessão: Jz 16,28; 1Rs 3,6-9; 8,23-53; 2Cr 20,6-12; Jt 9.

– De confissão: Jz 10,10.15; 1Sm 12,10; Esd 9,6-15.

– De ação de graças: 2Sm 7,18-29.

3. Documentos

– Contratos: 1Sm 8,11-17; 1Mc 8,22-32; 1Rs 5,22-23.

– Cartas: Esd 4,11-16.17-22; 5,7-17; 1Mc 14,20-23; 2Mc 1,1–2,18.

– Listas: genealógicas (1Cr 1–9); de oficiais e heróis (2Sm 8,16-18; 20,23-26; 23,8-39; 1Rs 4,7-19); de cidades e povoados (Js 15–19).

– Ainda que Eissfeldt não o faça, aqui incluiria ainda os decretos (2Cr 36,23; Esd 1,2-4) e os memorandos (Esd 6,2-12).

4. Narrações poéticas

– Mito: discute-se muito se na Bíblia existem autênticos mitos; pelo menos poderíamos incluir aqui Gn 6,1-4, sobre a origem dos gigantes.

– Conto: começo de Jó.

– Saga: local, ou relacionada com um fenômeno da natureza (Jz 15,9-19); tribal (Jz 18); de heróis (Josué, Sansão, Gedeão etc.).

– Lendas: 1Sm 4–6 (arca); Jz 6,11-24; 1Sm 1–4.

5. Narrações históricas

– Informações (anais): 1Rs 14,19.29 etc.; 1Rs 6–7 (Templo).

– História popular: Jz 8,4-21; 2Sm 9–20; 1Rs 1–2 etc.

– Autobiografia: Neemias.

– Relatos de sonhos e visões: Jz 7,13-14; 1Rs 3,4-15.

Gêneros tão distintos exigem posturas distintas na hora de julgá-los do ponto de vista histórico. Por exemplo, os discursos. Numa época em que não havia gravadores nem taquígrafos, deve-se dar por descontado que muito do que escrevem (quase sempre) foi inventado pelo autor do livro. Isso até o grande historiador Tucídides fazia. Quanto aos documentos, uma coisa é uma lista de ministros de Davi (que oferece todas as garantias); outra coisa é uma lista de descendentes de Noé (Gn 10), que pretende incluir todos os povos do mundo. Não se pode pôr no mesmo nível uma lenda popular (Sansão) e o relato objetivo de Neemias na volta do exílio para Jerusalém.

4. Bibliografia

4.1 Historiografia do Antigo Oriente

SHOTWELL, J. T. *Historia de la historia en el mundo antiguo*. México: Fondo de Cultura Económica, 1940 [Madri, 1982], dedica um capítulo à historiografia egípcia (p. 89-104) e outro à dos babilônios, assírios e persas (p. 105-120). Convém consultar também o livro de FRANKFORT, H. et al. *El pensamiento prefilosófico*. México, 1958. A revista *Orientalia* 49, 1982, dedicou uma série de artigos a este tema.

4.2 Teologia da história no Antigo Oriente e em Israel

ALBREKTSON, B. *History and the Gods – An Essay on the Idea of Historical Events as Divine Manifestations in the Ancient Near East and Israel*

(CBOT, 1). Lund, 1967), é um livro de fácil leitura (para quem sabe inglês) e muito interessante. Contudo, ver a recensão de LAMBERT, W. G. "*History and the Gods*: A Review Article", *Orientalia* 39, 1970, p. 170-177, que analisa cada um de seus capítulos.

4.3 Sobre as origens da historiografia israelita

VON RAD, G. "Los comienzos de la historiografía en el antiguo Israel". *Estudios sobre el Antiguo Testamento*. Salamanca: Sígueme, 1976, p. 141-176.

4.4 Sobre a arte narrativa israelita

A referência é abundantíssima, mas em geral sobre livros ou passagens concretas. Como visão global, ver BAR-EFRAT, S. *El arte de la narrativa en la Biblia*. Madri: Ed. Cristiandad, 2003; ALONSO SCHÖKEL, L. "Arte narrativa en Josué-Jueces-Samuel-Reyes". *Estudios Bíblicos* 48, 1990, p. 145-169.

4.5 Sobre os métodos empregados na exegese

TREBOLLE, J. *La Biblia judía y la Biblia cristiana – Introducción a la historia de la Biblia*. Madri: Trotta, 1993, p. 451-611 [abarca desde "O Antigo Testamento intérprete de si mesmo" até a hermenêutica moderna].

SIMIÁN-YOFRE, H. (ed.). *Metodología del Antiguo Testamento*. Salamanca: Sígueme, 2001. [Oferece diversos artigos de grande interesse sobre como ler o texto do Antigo Testamento, os métodos histórico-críticos, estruturalista, análise narrativa, hermenêutica e pragmática, metologia exegética dos Padres].

BARTON, J. (ed.). *The Cambridge Companion to Biblical Interpretation*. Cambridge University Press, 1998. [A primeira parte oferece diversas formas de aproximação à Bíblia: histórico-crítica, literária, social, pós-estruturalista, política, feminista etc.].

BERG, H. K. *Ein Wort wie Feuer – Wege lebendiger Bibelauslegung*. Munique/Stuttgart: Kösel-Calwer, 1991. [Métodos histórico-crítico, existencial, linguístico, da psicologia profunda, interacional, materialista, feminista, latino-americano, intertextual etc.]

4.6 Gêneros literários

Continua muito útil a obra de LOHFINK, G. *Ahora entiendo la Biblia*. Madri: Paulinas, 1977. Ver também LEVORATTI, A. J. "Los géneros literarios", *Traducción de la Biblia* 7/1, 1997, p. 3-21; 7/2, 1997, p. 3-12.

SANDY, D. B. et al. (eds.). *Cracking the Old Testament: A Guide to Interpreting the Literary Genres of the Old Testament*. Nashville: Broadman & Holman Publishers, 1995. [O volume estuda dez gêneros: narração (W. C. Kaiser), história (Merrill), lei (Averbeck), oráculos de salvação (Van Gemeren), anúncios de castigo (Butler), apocalíptica (Sandy e Abegg), lamentação (Logman), louvor (Barker), provérbio (Hildebrandt) e sabedoria não formulada em provérbios (Hill).]

É também fundamental a série *The Forms of the Old Testament Literature* (FOTL), composta de vinte e quatro volumes, ainda sendo publicados. Sobre o projeto, ver: PETERSEN, D. L. "Hebrew Bible Form Criticism", *Religious Studies Review* 18, 1992, p. 29-33.

5
Introdução ao Pentateuco

1. Nome

Os cinco primeiros livros da Bíblia (Gênesis, Êxodo, Levítico, Números e Deuteronômio) são geralmente conhecidos sob o nome global de *Pentateuco*. *Teuchos* é uma palavra grega para o "estojo" onde se costumava guardar o rolo de papiro; mais tarde passou a significar simplesmente "volume", "livro". Daí, *Pentateuchos (biblos)*, isto é, "o livro composto de cinco volumes". Dessa expressão grega veio a latina *Pentateuchus* e dela procede a nossa, *Pentateuco*. Naturalmente, os judeus de língua hebraica não usam essa terminologia. Referem-se aos cinco primeiros livros como a "Lei" (*Torá*), "a lei de Moisés", "o Livro da Lei", "o Livro da Lei de Moisés", ainda que essas expressões pareçam sublinhar o conteúdo legal desses livros, especialmente do Deuteronômio, o termo *torá* inclui também o aspecto de revelação.

2. Conteúdo

Encontrei o seguinte gráfico sobre o conteúdo do Pentateuco em um site. O rolo indica os cinco livros que o compõem, e está correto nesse aspecto.

No entanto, o gráfico inferior, embora sugestivo, deixa muito a desejar.

Quem não conhece esses livros, ao observar atentamente o desenho, chegará a duas conclusões: 1) O centro do Pentateuco é constituído por uma aliança; de que aliança se trata? Não é a Aliança no Sinai, porque o Êxodo ocorre mais tarde. 2) O Pentateuco termina com a entrega da Lei no Monte Sinai.

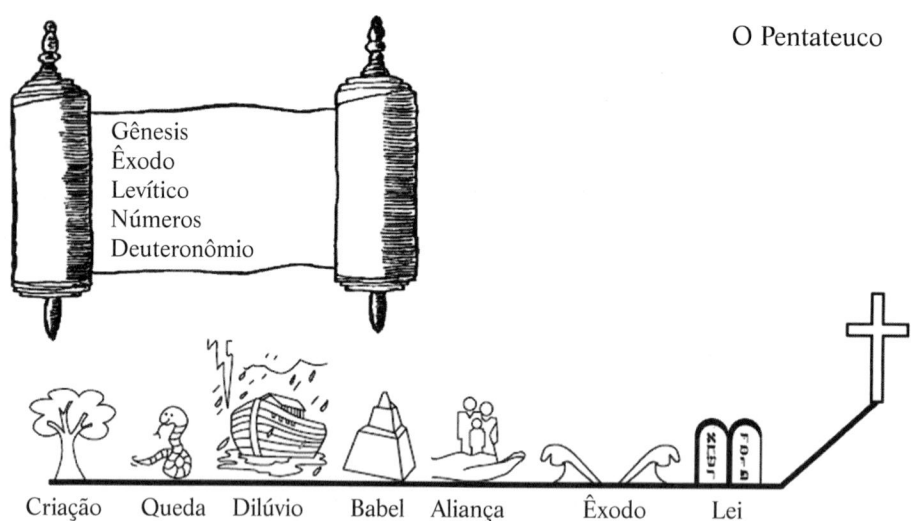

Representação simplificada do esquema do conteúdo do Pentateuco.

Quem conhece os livros se perguntará: Onde estão os patriarcas? Onde está tudo o que acontece após o Sinai?

Evidentemente, um pequeno gráfico não pode resumir tudo. Vamos tentar uma apresentação mais detalhada.

À primeira vista, o Pentateuco oferece um conjunto bastante harmônico, que abarca desde a criação do mundo (Gn 1) até a morte de Moisés (Dt 34). Em grandes linhas, conta as origens da criação e de Israel, no cerne da criação e da humanidade, desde seus remotos antecedentes patriarcais até sua conversão num povo numeroso que recebe de Deus os grandes dons da liberdade e da aliança, e está às portas da terra prometida.

Trata-se, pois, de uma obra basicamente narrativa, "histórica", ainda que também contenha amplas seções legais (parte do Êxodo, todo o Levítico, grande parte do Deuteronômio). Seu conteúdo pode ser esquematizado da seguinte forma:

I. História das origens (Gn 1–11).

II. Os patriarcas (Gn 12–50).

III. Opressão e libertação (Ex 1,1–15,21).

IV. Primeiras etapas rumo à terra prometida (Ex 15,22–18,27).

V. Aos pés do Sinai (Ex 19–Nm 10,10).

VI. Do Sinai à estepe de Moab (Nm 10,11–21,35).

VII. Na estepe de Moab (Nm 22–Dt 34).

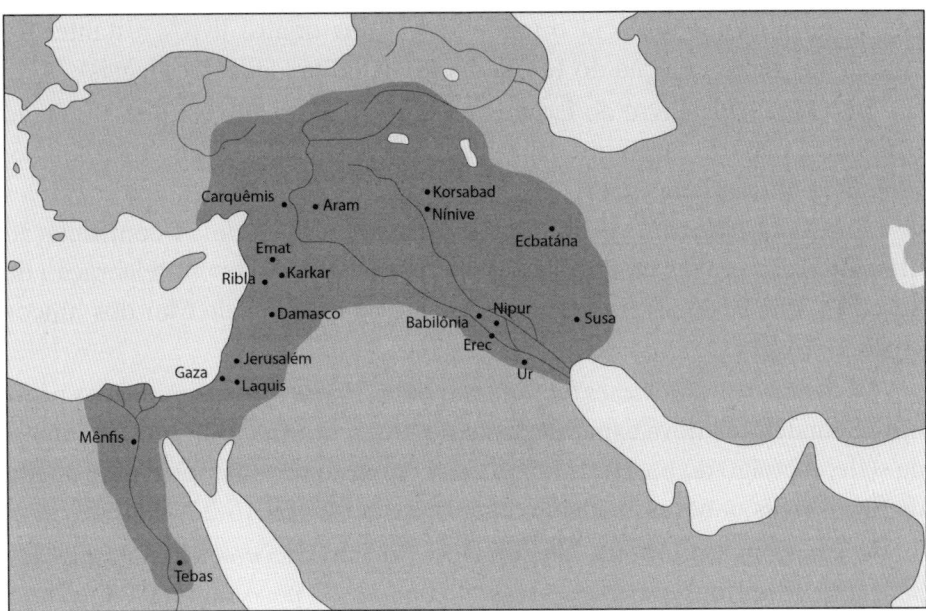

A geografia do Pentateuco.

I. O Gênesis começa falando das *origens do mundo e da humanidade*. Ainda que a situação inicial seja paradisíaca, logo se desfaz esse clima pelo pecado do primeiro casal, a que segue outra série de injustiças e crimes que acabam provocando o dilúvio. Nem isso adianta à humanidade; comete um novo pecado de orgulho – torre de Babel – e é dispersada por toda a terra (Gn 1–11). Mas Deus responde à cadeia contínua do mal com a vocação de Abraão, começo da salvação para todos os homens.

II. Com isso começa a segunda parte, centrada nas *tradições de Abraão, Isaac e Jacó* (Gn 12–36). Andanças e aventuras de pequenos pastores, sustentados por uma dupla promessa de Deus: uma descendência numerosa como as estrelas do céu e uma terra de posse definitiva. Ambas as promessas vão se cumprindo dramaticamente, com atrasos e tensões que se devem aceitar com fé. Do ponto de vista da promessa da terra, o momento mais duro é quando os antepassados de Israel devem ir ao Egito em busca de alimento. A terra prometida não lhes dá o que comer. Apesar disso, o Livro do Gênesis termina com estas palavras de José a seus irmãos: "Eu vou morrer, mas Deus cuidará de vós e vos fará sair deste país para a terra que Ele prometeu, com juramento, a Abraão, Isaac e Jacó" (50,24). Essa volta do Egito para a terra prometida será o tema central dos quatro livros restantes do Pentateuco (com exceção do Levítico, que se limita a questões legais).

III. O início do Livro do Êxodo nos situa no momento em que "subiu ao trono do Egito um faraó que não tinha conhecido José". Tem lugar, então, uma *dura e crescente experiência de opressão. Mas Deus escuta o clamor de seu povo e ordena a Moisés que o salve da escravidão.* A confrontação dramática das pragas conduzirá à liberdade – precedida pela celebração da Páscoa –, que alcança seu ponto culminante na travessia do Mar dos Juncos (Ex 1,1–15,21).

IV. *Seguem-se três meses de caminho até o Monte Sinai.* Em poucas páginas se condensa a nova experiência do deserto, com suas ameaças de fome e de sede, o perigo de possíveis inimigos, a tentação de voltar ao Egito, a falta de fé em Deus, a necessidade de organizar o povo (Ex 15,22–18,27).

V. Chegamos ao monte da revelação. *Ali acontece a aliança, e o Senhor dita as normas que devem reger a conduta do povo nos mais diferentes aspectos.* Trata-se de uma extensa seção legal que não é necessário detalhar agora (Ex 19–40, salvo alguns capítulos; todo o Livro do Levítico; Nm 1,1–10,10). Entre as poucas passagens narrativas desta parte, destacam-se os encontros de Moisés com Deus no monte e o famoso episódio do bezerro de ouro (Ex 34).

VI. *Do Sinai a marcha prossegue na direção da estepe de Moab* (Nm 10,11–21,35). É uma seção predominantemente narrativa, marcada por conflitos dramáticos: fome, sede, motins do povo, rebeliões de alguns líderes, desinformação e desânimo, morte de Aarão (irmão de Moisés). E também páginas de conteúdo legal (Nm 15,1-31; 18; 19).

VII. Finalmente, *a estepe de Moab, onde se passam os últimos acontecimentos narrados pelo Pentateuco:* oráculos do vidente pagão Balaão, primeiro conflito com os cultos cananeus de fertilidade, primeiras ocupações de territórios na Transjordânia e, sobretudo, a grande despedida de Moisés e sua morte. Este longo trecho (desde Nm 22 até Dt 34) inclui abundante material legislativo. Mas o mais importante do ponto de vista teológico é o Livro do Deuteronômio, composto como um extenso discurso de Moisés antes de morrer. Começa recordando os anos passados, desde que Deus ordenara pôr-se em marcha no Sinai (Dt 1–4). À promulgação do decálogo e uma exortação sobre a lei (Dt 5–11) segue-se um amplo corpo legal com comentários (Dt 12–26). Fecha o discurso uma extensa série de bênções e maldições (Dt 27–28). O estilo oratório cede lugar mais uma vez ao narrativo, para contar-nos a aliança em Moab (Dt 29–30). A obra termina com as últimas disposições de Moisés, seu canto, suas bênçãos e sua morte (Dt 31–34).

Perceba algo muito importante: o lugar central do Pentateuco é ocupado por um livro ao qual os cristãos geralmente prestam pouca atenção: o Levítico. Nele estão contidas as normas relativas ao culto, o que é mais essencial para a fé de Israel.

3. Autor: Moisés escreveu o Pentateuco?

Quando comecei a redigir esta seção, estava convencido de que formular essa pergunta no início do século XXI é tão absurdo quanto perguntar se a Terra é plana. Bastaria um "não" sucinto para resolver a questão. Pouco depois, encontrei uma página da web que afirma o seguinte:

> O autor do Pentateuco é Moisés, profeta e organizador do povo de Israel, que viveu no século XV ou XIII a.C. Não apenas a tradição judaica, mas também a cristã, sempre sustentaram a origem mosaica do Pentateuco (www.aciprensa.com/Biblia/pentateuco.htm).

Afirmações semelhantes são encontradas em outras páginas e demonstram que é necessário revisitar o tema. Ao mesmo tempo, nos permitirá adentrar no longo debate sobre a formação do Pentateuco.

3.1 A tradição antiga

A tradição judaica, o Novo Testamento e a Igreja, durante muitos séculos, atribuíram o Pentateuco a Moisés. É difícil, porém, imaginá-lo às voltas com papiros e tintas em pleno deserto para deixar escritos relatos tão extensos. Faltam muitos séculos para que Júlio César possa escrever, durante uma campanha, sua *De bello Gallico*. E é mais difícil de imaginá-lo escrevendo sobre sua própria morte (Dt 34,5ss.). Todavia, inclusive uma pessoa tão culta quanto Fílon admite que o fez:

> O mais prodigioso de tudo é o final dos livros sagrados que coroam a Lei... Pois, já montado no carro e tendo assumido seu lugar na linha de partida para dirigir sua corrida para o céu como um voo,

inspirado e em estado de posse divina, ele profetizou perfeitamente, ainda vivo, sobre sua própria morte, prevendo antes de acontecer como seria seu fim, como seria enterrado sem que ninguém estivesse presente – é claro que não por mãos mortais, mas por poderes imortais –, como não recebeu honras fúnebres no túmulo de seus antepassados por ter direito a um monumento especial que nenhum humano jamais viu, como todo o povo o lamentou por um mês... (Fílon, *De vita Mosis* II, 291).

No entanto, a posição de Fílon não é compartilhada por todos os judeus. No Talmude babilônico (*Baba Batra* 14b), é dito que os últimos oito versos da Torá, que narram a morte de Moisés e oferecem outros detalhes, foram escritos por Josué.

Como chegaram os antigos a essa convicção? O ponto de partida está em certas afirmações avulsas que apresentam Moisés escrevendo. Em Ex 17,14, depois da batalha contra os amalecitas, Moisés recebe esta ordem de Deus: "*Escreve isto* em um livro de memórias". Pouco mais tarde, já aos pés do Sinai, se diz: "Então Moisés pôs por escrito todas as palavras do Senhor" (Ex 24,4). Inclusive as etapas do êxodo e os pontos de partida foram registrados por Moisés "conforme a ordem do Senhor" (Nm 33,2). Por último, quase no fim do Deuteronômio, três vezes no mesmo capítulo se fala da atividade literária de Moisés: "Moisés escreveu esta lei e a entregou aos sacerdotes levitas" (Dt 31,9). "Naquele dia, Moisés escreveu este canto e o ensinou aos israelitas" (Dt 31,22). "Quando Moisés acabou de escrever num livro esta lei até o fim..." (Dt 31,24). Se tinha levado a cabo uma missão tão complexa – memórias de guerra, leis, diário de viagem, cantos –, ninguém melhor do que ele para ter redigido todo o Pentateuco. A escassez de tinta e de papiro não representa problema. "A Deus nada é impossível."

3.2 As primeiras dúvidas

Apesar do exposto, as dúvidas sobre a autoria mosaica do Pentateuco surgem muito cedo, entre os primeiros grupos heréticos do cristianismo, especialmente entre aqueles que não têm grande estima pelo Antigo Testamento.

No século II, uma cristã chamada Flora perguntou ao gnóstico Ptolomeu sobre a origem da Lei; em sua carta de resposta (transmitida por Epifânio de Salamina no século IV), após analisar o que é dito no Pentateuco sobre Deus e os mandamentos, ele conclui que não pode ter sido escrito por um único autor: uma parte da Lei procede de Deus, outra de Moisés, outra dos anciãos do povo judeu[13]. De origem gnóstica são também as *Homilias pseu-do-clementinas*, nas quais é usado, talvez pela primeira vez, o argumento de que Moisés não poderia ter escrito o Pentateuco porque precisaria ter narrado sua própria morte (Dt 34,5ss.). Outro grupo, o dos Nazoreus, afirmava que os escritos do Pentateuco não procediam de Moisés[14].

No século XI encontramos em Córdoba um árabe de grande cultura, Ibn Hazm. Desejando mostrar que o Islã é a verdadeira religião, e que o judaísmo e o cristianismo são falsos (aparentemente, ele não conhecia a teoria moderna da "convivência pacífica das três religiões"), ele aponta os numerosos erros teológicos, cronológicos etc. do Pentateuco e conclui que não pode ter sido escrito por um profeta (Moisés), mas é basicamente obra de Esdras.

Também alguns judeus fiéis, mas com espírito crítico, encontravam dificuldades para admitir a autoria mosaica de todo o Pentateuco. Entre eles destaca-se Abraão Ibn Ezra (século XII), que, em seu comentário ao Deuteronômio, expressa suas dúvidas de forma enigmática, talvez para não ser expulso da sinagoga[15]. E essa mentalidade crítica influenciou teólogos cristãos que mantêm contato com os judeus. Alfonso de Madrigal, "o Tostado" (por volta de 1410-1455), reconhece que muitos duvidam da autoria mosaica do Pentateuco, embora ele se contente em atribuir a Josué o final do Deuteronômio[16].

---

13. Cf. HOUTMAN, C. *Der Pentateuch*. Kampen: Kok Pharos, 1994, p. 15s.

14. Indicado por João de Damasco (século VIII), em *De haeresibus* XIX (PG 94, 689).

15. Ele se limita a recolher uma série de expressões: "Do outro lado do Jordão... se entendes o mistério dos doze... Moisés escreveu esta lei... os cananeus viviam então na terra... será revelada na montanha de Deus... seu leito de ferro pode ser visto... conhecerás a verdade". Foi Spinoza quem decifrou o enigma: são textos que não poderiam ter sido escritos por Moisés (Dt 1,1; 3,11; 27,1-8; 31,9; Gn 12,6; 22,14). (Cf. J. BLENKINSOPP, *El Pentateuco*, p. 12.) Ibn Ezra cita outro autor judeu anterior, um tal de Isaac, que colocava em dúvida a autoria mosaica de todo o Pentateuco (cf. C. HOUTMAN, *Der Pentateuch*, p. 25s.).

16. GARCÍA LÓPEZ, F. "De la antigua a la nueva crítica literaria del Pentateuco", *Estudios Bíblicos* 52, 1994, p. 7-35, especialmente p. 11, sugere uma posição muito mais crítica por parte de "o Tostado". No entanto, uma coisa são os argumentos dos adversários que ele menciona e outra é sua posição pessoal, muito mais conservadora (cf. C. HOUTMAN, *Der Pentateuch*, p. 24).

No século XVII, tanto Hobbes (1588-1679) quanto Spinoza[17] (1632-1677) negarão expressamente que o Pentateuco tenha sido escrito por Moisés. E, embora no século XVIII, quando começa o estudo científico da Bíblia, a maioria ainda pense que Moisés era seu autor, o Iluminismo provoca uma mudança muito forte na consciência europeia para que as verdades tradicionais sejam aceitas acriticamente. As objeções à opinião antiga são tão claras e variadas que esta se desgasta por todos os lados. Ainda em 27 de junho de 1906, a Pontifícia Comissão Bíblica mantém que Moisés é o autor substancial do Pentateuco, embora possa ter utilizado fontes anteriores e ter sido ajudado na redação definitiva por outros autores. São esforços para salvar o que não pode ser salvo. Hoje, uma das poucas coisas que podem ser consideradas absolutamente certas na pesquisa bíblica é que Moisés não escreveu o Pentateuco. Como se justifica essa mudança tão radical?

4. Argumentos contra a teoria tradicional

Em ordem cronológica, as dificuldades que foram sendo percebidas podem ser agrupadas nos seguintes tópicos:

4.1 Anacronismos

Ibn Ezra percebeu que os seguintes textos não poderiam ter sido escritos por Moisés: Dt 1,1; 3,11; 27,1-8; 31,9; Gn 12,6; 22,14. Isaac de la Peyrère (1655) e Spinoza (1670) também deram importância a esse tema. O catálogo de Ibn Ezra tem sido complementado com outros dados, dos quais destaco alguns:

– Em Gn 12,6 e 13,7 está escrito: "Naquele tempo, os cananeus habitavam lá". O autor supõe que quem habita agora a terra são os israelitas. Essa afirmação não faz sentido no tempo de Moisés.

– Em Gn 21,34; 26,14.15.18; Ex 13,17 são mencionados os filisteus, que ocuparam o território após a morte de Moisés.

---

17. SPINOZA, B. *Tratado teológico-político*. Ver o cap. 8: "Em que se demonstra que o Pentateuco e os livros de Josué, Juízes, Samuel, Rute e Reis não são autênticos. Em seguida, examina-se se são obra de vários autores ou de um só, e quem é este".

– Em Gn 36,31ss. fala-se dos reis edomitas que existiram "antes que os israelitas tivessem rei"; quem escreve essa frase conhece a existência de monarcas em Israel, algo que só aconteceria dois séculos após a morte de Moisés.

– O maior anacronismo é que Moisés precisaria ter narrado sua própria morte (Dt 34,5-12).

4.2 Duplicados e triplicados

Andrés de San Víctor foi o primeiro a perceber as diferenças entre Gn 1 e Gn 2, e sugerir que Moisés poderia ter usado diferentes fontes. Para alguns autores, não existem apenas tradições duplicadas, mas também triplicadas. Nesse catálogo costumam ser incluídos, entre outros:

– Dois relatos da criação (Gn 1,1–2,4a; 2,4b-24).

– Duas genealogias de Adão (Gn 4 e 5).

– Dois relatos do dilúvio, misturados em Gn 6–9.

– Três relatos sobre a esposa em perigo (Gn 12,10ss.; 20; 26).

– Dois pactos de Deus com Abraão (Gn 15 e 17).

– Duas explicações para o nome de Betel (Gn 28,19; 35,15).

– Duas explicações para a mudança do nome de Jacó para Israel (Gn 32,29; 35,10).

– Dois relatos do chamado de Moisés (Ex 3 e 6).

– Duas versões do milagre das codornizes (Ex 16,13; Nm 11,31-35).

– Duas promulgações do Decálogo (Ex 20 e Dt 5).

– Legislação sobre escravos (Ex 21 e Dt 15,12-28).

– Leis sobre homicídio (Ex 21; Dt 19; Nm 35).

– Vários catálogos de festas (Ex 23,14ss.; 34,18ss.; Dt 16,1ss.; Lv 23,4ss.; Nm 28–29).

4.3 Diferenças de estilo

Andreas Bodenstein (mais conhecido pelo nome de seu local de nascimento, Karlstadt), inicialmente um seguidor de Lutero e depois muito mais radical do que ele, publicou em 1520 uma obra intitulada *De canonicis scripturis*

Libellus, na qual aponta as diferenças de estilo dentro do Pentateuco quando Moisés fala e quando é narrado. Além disso, o estilo de Dt 34,5-12 (que não poderia ter sido escrito por Moisés, já que conta sua própria morte) coincide com o de outras seções anteriores. Richard Simon (em 1678), sem citar exemplos específicos, indica que as diferenças de estilo são um argumento contra a autoria mosaica do Pentateuco: às vezes é sóbrio e conciso, outras vezes, pomposo. O tema do estilo está intimamente relacionado ao do vocabulário, que analisaremos em seguida. Por enquanto, basta lembrar destes dois dados:

1. O Livro do Deuteronômio é caracterizado por um estilo oratório, retórico e pomposo, típico de certas formas de pregação ou exortação. Veja o famoso exemplo do *Shemá* (Dt 6,4-8):

> Ouve, Israel, o Senhor, nosso Deus, é o único. Amarás ao Senhor, teu Deus, com todo o teu coração, com toda a tua alma e com todas as tuas forças. As palavras que hoje te ordeno estarão em tua memória; ensinarás essas palavras aos teus filhos e as falarás quando estiveres em casa e quando estiveres no caminho, quando te deitares e quando te levantares. As atarás como um sinal em tua mão, e serão como frontais entre os teus olhos. Escreverás essas palavras nos batentes da tua casa e nos teus portões.

2. Certas partes do Pentateuco possuem um estilo preciso e seco, com frases que se repetem incansavelmente, como ocorre no primeiro relato da criação (Gn 1). Outras seções apresentam um estilo narrativo ágil e vívido; elas analisam a psicologia dos personagens, falam de Deus como se fosse um homem (passeia pela tarde, come etc.).

Neste tópico, também podemos incluir:

4.3.1 Diferenças nos nomes divinos

Foi Astruc (em 1753) o primeiro a dar importância ao fato de que, no Gênesis, Deus é chamado por duas formas diferentes, *Elohim* e *Javé*, e que essas denominações aparecem em relatos de estilos literários diferentes. Hoje em dia é comum enquadrar esse dado em uma série de outras diferenças de vocabulário. No entanto, é importante mantê-lo isolado para destacar sua importância. Como indica Houtman, é a partir daqui que nasce a futura teoria documental, que será válida à medida que este dado se confirme.

4.3.2 Diferenças de vocabulário

– A montanha onde Deus se revela é chamada, em alguns casos, Sinai, e, em outros, Horeb.

– O sogro de Moisés é chamado Raguel em Ex 2,18 e Jetro em Ex 3,1; 18,1.2.6.12.

– Encontramos diferentes termos hebraicos para se referir à escrava.

– Os habitantes da Palestina são chamados às vezes de "cananeus" e outras vezes de "amorreus".

4.4 Interrupções e tropeços na narrativa

Em uma época em que os escritores não tinham acesso aos recursos modernos e corrigir um erro implicava um grande custo, dado o elevado preço do papiro ou do pergaminho, é lógico que a narrativa não flua com a mesma suavidade que a de um bom autor moderno. Não devemos nos surpreender com uma série de interrupções e tropeços na narrativa. No entanto, no Pentateuco, observamos casos que ultrapassam o normal.

– Após o relato da criação (Gn 1,1–2,4a), segue-se outro relato que volta às origens e se expressa em categorias muito diferentes (Gn 2,4b-24).

– Após o nascimento de Set (Gn 4,26), volta-se às origens de Adão (Gn 5,1).

– Em Gn 7,6s., ocorre o dilúvio, e Noé entra na arca; em 7,10, diz-se que o dilúvio ocorreu uma semana mais tarde. Em 7,11, volta-se a falar do início do dilúvio e, em 7,13, da entrada de Noé.

– Em Gn 37,28, os madianitas tiram José do poço onde seus irmãos o haviam jogado, vendem-no aos ismaelitas e estes o levam para o Egito. Em 37,36, são os madianitas que o vendem no Egito para Potifar. E em 39,1, Potifar o compra dos ismaelitas.

– Em Ex 19,24s., Deus ordena a Moisés que desça da montanha e suba novamente com Arão. Mas a narrativa é interrompida para dar lugar aos Dez Mandamentos.

Muitos desses erros se devem a um fato muito simples que muitas vezes é ignorado: o escritor não conhece a arte de citar. Heródoto, em seus nove livros de *História*, já usava esse recurso: "como dizem os lídios", "como dizem os gregos" etc. Dessa forma, ele poderia apresentar diversas opiniões, muito diferentes e até opostas, sem que ninguém se surpreendesse.

Se o autor bíblico tivesse conhecido esse recurso, teria dito: "Existe um relato da criação que afirma: 'No princípio, Deus criou os céus e a terra...'" Após expor Gn 1,1–2,4a, teria continuado: "Mas existe outro relato sobre a origem do primeiro casal humano, que é o seguinte". E contaria Gn 2,4b-24.

Assim, seria muito fácil explicar muitas outras interrupções e incongruências na narrativa. Mas essa solução, ao mesmo tempo, demonstraria que Moisés não teria escrito tudo do zero, mas teria utilizado tradições muito diferentes.

4.5 Tradições e ideias diferentes, até mesmo opostas

O conteúdo de certas seções ou passagens do Pentateuco foi o primeiro a levar certos hereges cristãos a negar a autoria mosaica. Mas eles se moviam por motivos teológicos e éticos, e seus argumentos não coincidem com aqueles usados mais tarde na ciência bíblica. Entre os dados que refletem diferentes teologias, podemos enumerar:

– Em Gn 1, Deus cria o homem e a mulher ao mesmo tempo, como culminância da criação; em Gn 2, cria o homem antes dos animais e, por último, a mulher.

– Em Gn 6,19s., Noé é ordenado a introduzir na arca um casal de cada ser vivo; em 7,2, trata-se de sete casais de animais puros e um de impuros.

– Em Ex 33,7, diz-se que a tenda da congregação estava situada fora do acampamento; em Nm 2,2, que os israelitas deveriam acampar ao seu redor.

– Em Ex 16,14-35, o maná é descrito como um milagre divino. Em Nm 11.6-9, é tratado como um fenômeno natural.

– Em Nm 9,17ss., é mencionado que a nuvem guia os israelitas pelo deserto. Em Nm 10,31, Moisés não conta com essa ajuda e pede a Hobab que os acompanhe. Em Nm 10,33, é a arca que guia o povo. Três tradições diferentes em pouco mais de uma página.

– A duração da Festa das Cabanas é de sete dias segundo Dt 16,15 e de oito dias segundo Lv 23,36.

– No caso de homicídio não intencional, o local de refúgio é o altar segundo Ex 21,12s. Mas em Dt 19,1-13 e Nm 35,9-24, o altar não é mencionado e são especificadas cidades de refúgio para o culpado.

***

Os argumentos anteriores têm valores muito diferentes e são passíveis de interpretações subjetivas. A obra de R. N. Whybray *El Pentateuco* critica adequadamente o suposto valor científico desses argumentos (ver p. 58-92). Mas, no geral, eles demonstram que o Pentateuco passou por um processo de formação muito longo e complexo, impossível de explicar pela autoria de uma única pessoa, Moisés, que o teria redigido durante sua estada no deserto.

5. Bibliografia

Algumas introduções globais (ordem cronológica)

WHYBRAY, R. N. *El Pentateuco. Estudio metodológico.* Bilbao: Desclée de Brouwer, 1995 (original inglês de 1987). Ver o que digo na bibliografia do capítulo seguinte.

BLENKINSOPP, J. *El Pentateuco – Introducción a los cinco primeros libros de la Biblia.* Estella: Verbo Divino, 1999 (original inglês de 1992). É uma visão geral muito completa que ajuda a compreender os principais problemas e a abordar a leitura desses cinco livros sem se ater ao esquema clássico de comentá-los um por um. De acordo com o ritmo do relato, dedica a parte principal de sua exposição a introduzir "As origens da humanidade", "A história dos patriarcas", "Do Egito a Canaã" e "Sinai, aliança e Lei". Poderia ser criticada a desproporção com que trata os capítulos 1–11 do Gênesis, aos quais dedica mais de cinquenta páginas, mas é justificável, dada a importância e dificuldade do tema.

SKA, J. L. *Introducción a la lectura del Pentateuco – Claves para la interpretación de los cinco primeros libros de la Biblia.* Estella: Verbo Divino, 2001 (original italiano de 1998). Obra muito interessante e sugestiva. O enfoque é diferente do de Blenkinsopp e García López, como evidenciado pelo conteúdo: 1) Algumas questões fundamentais sobre o Pentateuco. 2) Os cinco livros do Pentateuco. Conteúdo e estrutura. 3) Os problemas literários do Pentateuco. I. Textos legislativos. 4) Os problemas literários do Pentateuco. II. Textos narrativos. 5) Os problemas literários do Pentateuco. III. Alguns procedimentos redacionais. 6) A exegese do Pentateuco. História da pesquisa desde a Antiguidade até 1970. 7) Os desenvolvimentos recentes na exegese do Pentateuco. 8) As características fundamentais da literatura antiga. 9) Alguns pontos de referência para a leitura do Pentateuco. 10) O Pentateuco e o Israel pós-exílico.

GARCÍA LÓPEZ, F. *El Pentateuco*. Estella: Verbo Divino, 2003. Uma obra de enorme erudição e informação, talvez um pouco mais difícil de ler às vezes do que a de Blenkinsopp, mas de consulta obrigatória. Os dois primeiros capítulos são dedicados às "Características do Pentateuco" e à "Interpretação do Pentateuco". Os cinco seguintes, um para cada livro, embora tratados de forma inevitavelmente desigual (61 páginas para o Gênesis, 82 para o Êxodo, 29 para o Levítico, 27 para Números, 49 para o Deuteronômio). Os dois últimos capítulos estudam "A composição do Pentateuco" e "O Pentateuco e a Bíblia".

Comentários a todo o Pentateuco

ALONSO SCHÖKEL, L. *Biblia del Peregrino – Edición de estudio*, tomo I. Bilbao-Estella: Mensajero-Verbo Divino, 1996, p. 65-403.

LA CASA DE LA BIBLIA. *Comentario al Antiguo Testamento*, 2 vols. Estella: Verbo Divino, 1997; no volume I, p. 13-291, há uma introdução ao Pentateuco (J. Menchén) e comentários a cada um dos livros, realizados por bons conhecedores da matéria: J. Guillén (Gênesis-Êxodo), A. Ibáñez (Levítico), A. González Lamadrid (Números), F. García López (Deuteronômio).

LEVORATTI, A. J. (ed.). *Comentario Bíblico Latinoamericano*. Estella: Verbo Divino, 2003-2005.

Comentários aos livros do Pentateuco

Gênesis: VON RAD, G. *El libro del Génesis*. Salamanca: Sígueme, 1982; IBÁÑEZ ARANA, A. *Para comprender el libro del Génesis*. Estella: Verbo Divino, 1999.

Êxodo: ANDIÑACH, P. R. *El libro del Éxodo*. Salamanca: Sígueme, 2006; CHILDS, B. S. *El libro del Éxodo*. Estella: Verbo Divino, 2003 (consi-

derado um dos melhores comentários ao livro); GARCÍA LÓPEZ, F. *Éxodo –
Comentarios a la nueva Biblia de Jerusalén*. Bilbao: Desclée de Brouwer, 2007.
Levítico: IBÁÑEZ ARANA, A. *El Levítico: introducción y comentario*.
Vitoria: Eset, 1974; LEÓN AZCÁRATE, J. L. de. *Levítico*. Bilbao: Desclée
de Brouwer, 2006.
Números: VARO, F. *Números*. Bilbao: Desclée de Brouwer, 2008.
Deuteronômio: GARCÍA LÓPEZ, F. *Deuteronomio*. Salamanca: La
Casa de la Biblia, 1992; LEÓN AZCÁRATE, J. L. de. *Deuteronomio*. Bilbao:
Desclée de Brouwer, 2009.

Estudos breves

ARTUS, O. *Aproximación actual al Pentateuco*. Cuadernos Bíblicos
106. Estella: Verbo Divino, 2001. Veio substituir a obra precedente, já antiga, de BRIEND, J. *El Pentateuco*. Cuadernos Bíblicos. Estella: Verbo Divino,
[7]1987.
GARCÍA LÓPEZ, F. *El Pentateuco*. Reseña Bíblica 9. Estella: Verbo Divino, 1996.
LOHFINK, N. *Las tradiciones del Pentateuco en torno al exilio*. Cuadernos Bíblicos 97. Estella: Verbo Divino, 1997.

Alguns artigos de interesse

ANDIÑACH, P. "El Pentateuco y sus proyecciones teológicas", *Revista
Bíblica Latinoamericana* 23, 1996, p. 23-26; CROATTO, J. S. "El propósito
querigmático de la redacción del Pentateuco. Reflexiones sobre su estructura
y teología", *Ribla* 23, 1996, p. 9-16; IDEM, "El mito como interpretación
de la realidad. Consideraciones sobre la función del lenguaje de estructura
mítica en el Pentateuco", *Ribla* 23, 1996, p. 17-22.
Existem outras obras muito famosas até há poucos anos que ficaram bas-
tante defasadas. Entre elas estão: CAZELLES, H. (ed.). *Introducción crítica al
Antiguo Testamento*. Barcelona: Herder, 1981, p. 115-273; GROLLENBERG,
L. *Visión nueva de la Biblia*. Barcelona: Herder, 1972, esp. p. 13-105;
SCHREINER, J. *Palabra y mensaje del Antiguo Testamento*. Barcelona:
Herder, 1972, especialmente os caps. IV, V, VI, VII, VIII, XI, XV.

6

O estado atual da investigação sobre o Pentateuco

Na primeira edição desta obra, apresentei com a imagem de um lago misterioso as diversas teorias sobre a formação do Pentateuco. Nos últimos anos, a pesquisa se orienta em duas linhas principais: a primeira continua ligada à hipótese de Wellhausen sobre os quatro *documentos*[18]; a segunda está mais interessada no estudo das *tradições* subjacentes ao Pentateuco.

1. A teoria das quatro fontes

Para Julius Wellhausen (1844-1918), o Pentateuco surge da fusão de quatro documentos. O mais antigo é o Javista (J), escrito no reino de Judá por volta do ano 850 a.C. Um século mais tarde, no Reino do Norte, surge o Eloísta (E). Ambos correm paralelamente por anos, sem se conhecerem. Até que, no ano de 722 a.C., quando a capital do Reino do Norte, Samaria, cai nas mãos dos assírios, muitos israelitas fogem para Judá, levando consigo o rio de suas tradições eloístas, que acabam se fundindo com as javistas (J + E). Passa-se outro século, e no tempo do Rei Josias surge o rio Deuteronomista (D), cujas águas se unem um pouco mais tarde às anteriores (J + E + D). No meio do século V a.C., surge o rio Sacerdotal (Q = P)[19]. Por fim, por

---

18. Quem pensa que a teoria documental já não é mais usada deve saber que acaba de ser publicado um livro sobre o Eloísta: YOREH, T. L. *The First Book of God*. BZAW 402. Berlim: 2010.

19. Embora na pesquisa posterior a sigla P tenha sido estabelecida para o texto Sacerdotal (*Priesterschrift*), Wellhausen utilizou a Q (inicial de *quattuor*) pensando nas "quatro" alianças que marcam a visão da história na mentalidade do autor sacerdotal: com Adão (Gn 2-3), com Noé (capítulo 9), com Abraão (capítulos 12 e seguintes) e com Moisés (Ex 19-24). Segundo Kuenen, a sigla Q não teve sucesso porque Gn 1,28-30 não trata propriamente de uma aliança com Adão, mas sim de uma bênção.

volta do ano 400 a.C., todos esses rios unidos dão origem ao Pentateuco. Podemos representar graficamente a teoria de Wellhausen da seguinte maneira:

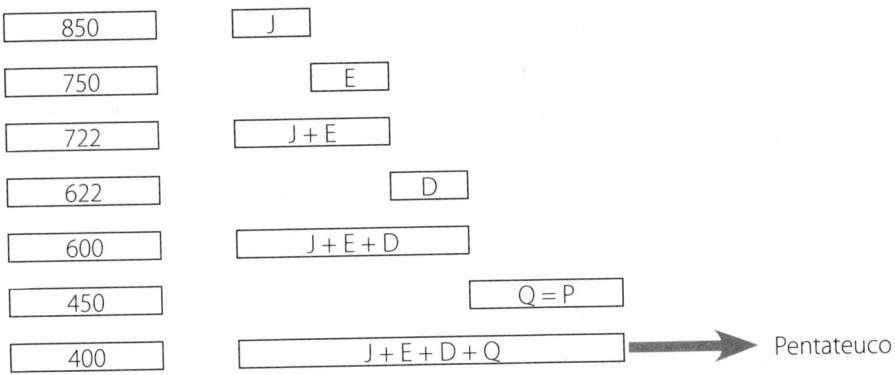

É importante ressaltar que a visão anterior é bastante simplificada. Como indicado pelo próprio Wellhausen, cada uma dessas fontes teve várias edições (J1, J2, J3; E1, E2, E3), e especialmente Q (P) é muito complexa.

2. A dura reação de Rolf Rendtorff

Os seguidores de Wellhausen, embora parecessem defender sua hipótese, mostravam numerosas discrepâncias ao falar da extensão, datação e finalidade de cada um dos documentos. Isso provocou, em 1977, a reação muito dura de Rolf Rendtorff[20]. Segundo ele, se desconsiderarmos o Deuteronômio e os corpos legais, o Pentateuco é formado por uma série de unidades *originalmente independentes* que foram posteriormente relacionadas por meio de textos de união. Essas unidades são: a proto-história (Gn 1–11), os relatos patriarcais (capítulos 12–50), os relatos sobre Moisés e a saída do Egito (Ex 1–14), a revelação no Sinai (Ex 19–24; 32–34), a marcha pelo deserto (Ex 16–18; Nm 11–20), a conquista da terra (Nm 20,14ss.). É impossível descobrir uma linha comum nessas unidades; portanto, a teoria das fontes é pura ficção.

---

20. RENDTORFF, R. *Das Überlieferungsgeschichtliche Problem des Pentateuchs*. BZAW 147. Berlim: 1977. Ultimamente retornou ao tema em "Directions in Pentateuchal Studies", *Currents in Biblical Research* 5, 1997, p. 43-65. Ampla exposição de sua teoria e debate está em NICHOLSON, E. *The Pentateuch in the Twentieth Century*. Oxford: 1998, p. 95-131.

Rendtorff insiste que a aceitação da teoria de Wellhausen é mais aparente do que real: no fundo, não há dois autores que coincidam, e as contradições ocorrem até em temas de suma importância.

Mas Rendtorff não se limita a uma crítica destrutiva. Ele oferece uma nova proposta, que poderíamos enquadrar dentro das teorias fragmentária e suplementar. O processo de formação do Pentateuco teria passado pelos seguintes estágios:

1) as "unidades menores" (p. ex., Abraão no Egito, Jacó em Betel);

2) as "coleções parciais menores" (p. ex., os textos sobre Jacó e Labão);

3) as "unidades maiores" (as cinco indicadas anteriormente);

4) a elaboração sacerdotal, que relaciona a história patriarcal com a proto-história e os relatos sobre Moisés por meio de certas *ideias teológicas* (aliança com Noé e com Abraão; promessa de multiplicação em ambos os casos) e por meio de *dados cronológicos*. Mas esta elaboração termina nos primeiros capítulos do Êxodo;

5) a elaboração deuteronomista se estende a todas as unidades maiores do Pentateuco. É esse estrato que cria, pela primeira vez, a sucessão temática: promessa da terra aos antepassados, saída do Egito e retorno à terra prometida.

As ideias anteriores podem ser resumidas no seguinte gráfico.

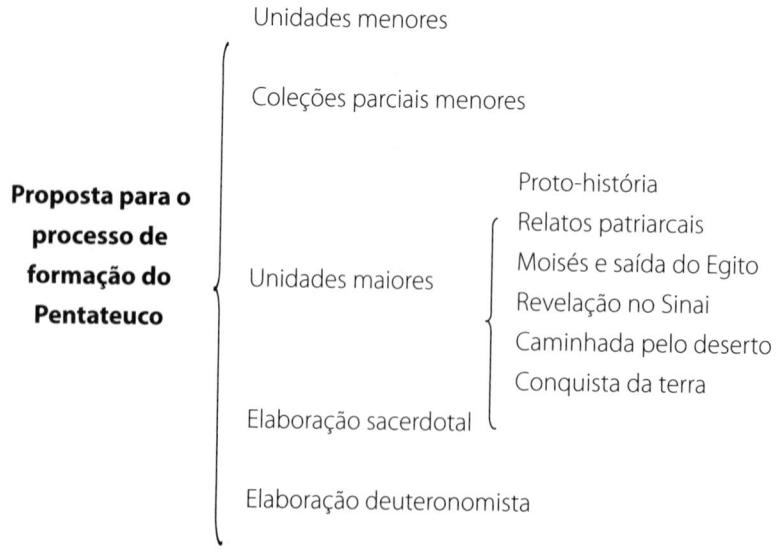

3. A proposta de Erhard Blum

Nas páginas finais de seu estudo, Rendtorff indica os numerosos problemas que ainda precisam ser estudados dentro de sua teoria. Em grande parte, esses problemas foram abordados pelo mais famoso de seus discípulos, Erhard Blum[21]. Continuando e ampliando as ideias de seu mestre, e às vezes divergindo dele em pontos importantes, Blum distingue dentro do Pentateuco dois amplos blocos de textos: uma composição deuteronomista (K^D) e uma composição sacerdotal (K^P), ambas originadas aproximadamente na mesma época, o período pós-exílico.

K^D, dos primeiros anos do período pós-exílio, pressupõe a existência da História Deuteronomista (Josué – Juízes – Samuel – Reis) e a completa começando com a história de Israel desde Abraão até a morte de Moisés. Lida em continuidade com a História Deuteronomista, reflete a esperança de restauração do grande Israel (p. ex., em Gn 12,2); nisso coincide com a profecia pós-exílica.

K^P não é uma redação nem uma fonte; às vezes oferece uma visão paralela independente das tradições antigas. Essa composição foi integrada em K^D. Seu tema central era a "proximidade de Deus" (*Gottesnähe*); essa comunhão com Deus existia inicialmente, mas foi destruída no tempo do dilúvio e será parcialmente restaurada na história de Israel. Para isso, Deus estabelece seu santuário no meio de seu povo (Ex 25–40), institui o serviço litúrgico (Lv 1–10), consagra seu povo e promulga as leis de pureza e santidade (Lv 11–26) e por fim santifica o acampamento (Nm 1–10). Essa versão K^P do Pentateuco foi aceita pela administração persa como a legislação vigente para o povo judeu.

A composição final é explicada pela presença de dois grupos dominantes dentro da comunidade judaica do Segundo Templo (os proprietários de terras de Judá e o clero de Jerusalém), que foram obrigados pelas circunstâncias a chegarem a um acordo. Portanto, o Pentateuco é, de certa forma, o

---

21. Dedicou sua tese às tradições patriarcais: *Die Komposition der Vätergeschichte.* Neukirchen-Vluyn: 1984, a qual foi seguida poucos anos depois por: *Studien zur Komposition des Pentateuch.* BZAW 189. Berlim: 1990. Ampla recensão da segunda obra está em SKA, J. L. Un nouveau Wellhausen? *Biblica* 72, 1991, p. 253-263. Uma visão mais crítica da teoria de Blum está em WYNN-WILLIAMS, D. J. *The State of the Pentateuch – A comparison of the approaches of M. Noth and E. Blum.* BZAW 249. Berlim: 1997.

resultado de um compromisso entre duas tendências distintas (K^D e K^P). No entanto, a obra ainda sofreu uma série de acréscimos tardios.

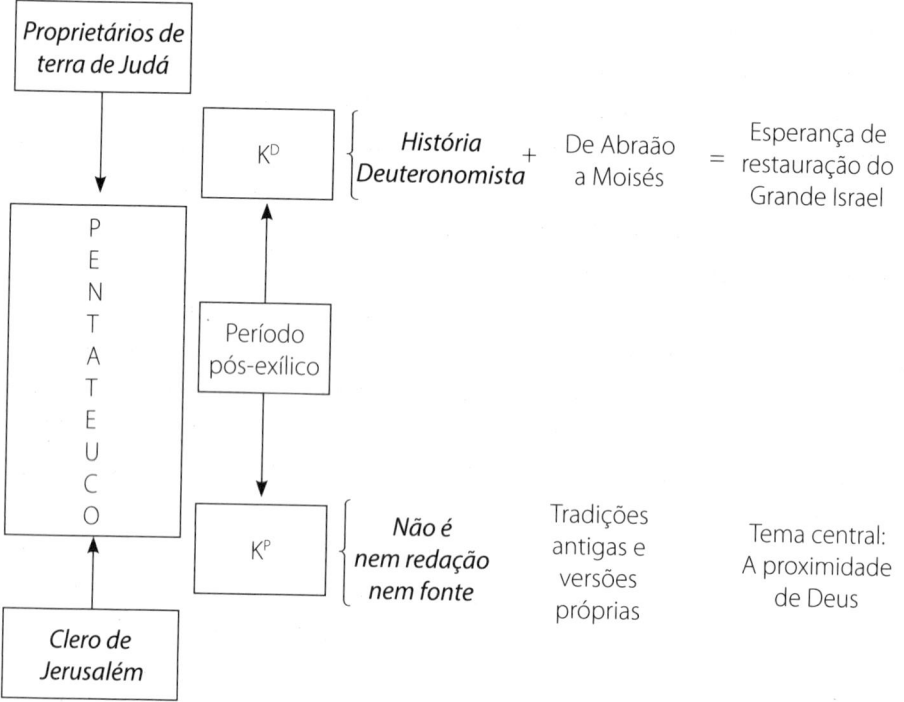

4. Outros pontos de vista[22]

4.1 John Van Seters

Ele estabelece uma interessante comparação entre o Pentateuco e os antigos historiadores gregos, especialmente Heródoto. Conclui que o Pentateuco foi em grande parte obra do Javista (J).

4.2 R. Norman Whybray

Considera que Rendtorff e Van Seters (poderíamos adicionar Blum) não tiram todas as consequências de suas abordagens ao defenderem duas

---

22. Ver F. GARCÍA LÓPEZ, *El Pentateuco*, p. 50-62.

edições distintas e sucessivas. Em sua opinião, se nos livrarmos de alguns acréscimos, não há razões para que a primeira edição global do Pentateuco não pudesse também ser a edição final, uma obra composta por um único historiador[23]. Naturalmente, este autor – assim como Heródoto – teve fontes à sua disposição.

4.3 Leituras literárias e teológicas

As falhas indicadas anteriormente na teoria documentária levaram muitos autores a adotar um ponto de vista muito mais crítico. Eles deixam de lado o estudo das origens do Pentateuco e optam por um tipo de leitura sincrônica, que leva em consideração apenas o resultado final: os cinco livros atuais. García López distingue três linhas principais dentro dessa leitura sincrônica: retórica, narrativa e semiótica (op. cit., p. 55-62).

5. Bibliografia

WHYBRAY, R. N. *El Pentateuco – Estudio metodológico.* Bilbao: Desclée de Brouwer, 1995 (original inglês de 1987). Não se trata de um comentário. O autor oferece uma avaliação crítica das respostas que foram dadas ao longo de dois séculos ao complicado problema da formação do Pentateuco: a hipótese documentária de Wellhausen (que ele critica duramente); a abordagem formal de Gunkel; a crítica da história das tradições de Noth; a insistência da escola escandinava na tradição oral; as técnicas rabínicas de composição propostas por Sandmel; o recurso às técnicas historiográficas antigas (especialmente de Heródoto) patrocinadas por Van Seters e aceitas pelo próprio Whybray; e as recentes e demolidoras críticas de Rendtorff e seu discípulo Blum à hipótese documentária.

Também se pode consultar: AUSÍN, S."La composición del Pentateuco. Estado actual de la investigación crítica", *Scripta Theologica* 23, 1991, p. 171-183; BLENKINSOPP, J. *El Pentateuco,* p. 11-48 ("Dois séculos de investigação sobre o Pentateuco"); GARCÍA LÓPEZ, F. *El Pentateuco,* p. 37-66; IDEM, "La formación del Pentateuco en el debate actual", *Estudios*

---

23. *El Pentateuco*, p. 236.

Bíblicos 67, 2009, p. 235-256; IBÁÑEZ ARANA, A. "¿Crisis de la crítica literaria del Pentateuco?", *Scriptorium Victoriense* 43, 1996, p. 41-116; MARTÍN JUÁREZ, M. A."Situación actual de los estudios sobre el Pentateuco", *Religión y Cultura* 29, 1983, p. 24-43; MIELGO, C. "Estudios recientes sobre la composición del Pentateuco", *Estudios Agustinianos* 20, 1985, p. 63-78; RICCIARDI, A. "Modelos alternativos para la hipótesis de los documentos a partir de la historia patriarcal", *Revista Bíblica* 64, 1996, p. 193-210; SKA, J. L. *Introducción a la lectura del Pentateuco*. Estella: Verbo Divino, 2001, p. 135-174; WHYBRAY, R. N. *El Pentateuco – Estudio metodológico*. Bilbao: Desclée de Brouwer, 1995 (original inglês de 1987).

O estudo mais amplo que conheço é o de HOUTMAN, C. *Der Pentateuch – Die Geschichte seiner Erforschung neben einer Auswertung*. Kampen: 1994 [atualiza o original holandês de 1980]. Entre a abundante bibliografia, selecionaria:

NICHOLSON, E. W. *The Pentateuch in the Twentieth Century – The Legacy of Julius Wellhausen*. Oxford, 1998; RENDTORFF, R. "Directions in Pentateuchal Studies", *Currents in Biblical Research* 5, 1997, p. 43-65; RÖMER, T. "La formation du Pentateuque selon l'exégèse historico-critique". In: AMPHOUX, C.-B.; OUTTIER, B. (eds.). *Les premières traditions de la Bible*. Lausana: Zèbre, 1996, p. 17-55; IDEM, "Nouvelles recherches sur le Pentateuque. À propos de quelques ouvrages récents", *Études Theologiques et Religieuses* 77, 2002, p. 69-78; SCHMIDT, L."Zur Entstehung des Pentateuch: Ein kritischer Literaturbericht", *VF* 40, 1995, p. 3-28; SKA, J. L. "Le Pentateuque: état de la recherche à partir de quelques récentes Introductions", *Biblica* 77, 1996, p. 245-265; WYNN-WILLIAMS, D. J. *The State of the Pentateuch: A Comparison of the Approaches of M. Noth and E. Blum*, BZAW 249. Berlim: 1997.

7
Abraão (Gn 11,27–25,11)

A um leitor atento da Bíblia, a figura de Abraão à altura do capítulo 12 do Gênesis já é bastante conhecida. Sabe que é filho de Taré e irmão de Nacor e Arã (11,26). Sabe também que está casado com Sara (11,29), que é estéril (11,30). E que Taré, Abraão, Sara e Ló saíram de Ur dos caldeus para ir à terra de Canaã, mas não terminaram a viagem. Chegados a Harã, ali se estabeleceram (11,31).

O que não pode imaginar quem lê a Bíblia pela primeira vez é que de tão modestos inícios surja uma das maiores figuras do Antigo Testamento. E isso não será o resultado do esforço humano, mas da graça de Deus, uma graça que irá exigir uma grande dose de obediência e de fé.

> Trabalho prévio (dedique o tempo que for necessário):
> a) Ler Gn 12–24 e 25,1-10, sublinhando na própria Bíblia todas as frases referentes ao tema da descendência.
> b) Quando terminar, reler as frases sublinhadas para fixar uma ideia de *conjunto do tema*.

1. Como ler estes capítulos?

1.1 Leitura histórica

Não é a abordagem mais adequada, pelos seguintes motivos:

1. Suas tradições nos remetem a um mundo dominado por *intervenções divinas*. Deus fala frequentemente com Abraão (12,1-3; 12,7; 13,14-17; 15; 17,1-22; 18; 22,1-2) e, em um caso, fala com Abimelec (20,3-7). E também age continuamente: aflige o faraó e sua corte com graves

doenças (12,17); faz chover enxofre e fogo sobre Sodoma e Gomorra, destruindo essas cidades (19,24-25.29); cura Abimelec, sua esposa e suas concubinas (20,17); cuida de Sara (21,1); protege Ismael (21,17-20); abençoa Isaac (25,11). Em outros casos, quem fala e age é o anjo do Senhor (16,7-13; 22,11-12.15-18), o anjo de Deus (21,17-20) ou os anjos (19).

2. Encontramos uma série de *acontecimentos estranhos ou maravilhosos*: a) Idade dos protagonistas: Taré viveu 205 anos (11,32); Abraão, 175 (25,7); Sara, 127 (23,1). São dados que lembram a longevidade dos patriarcas pré-diluvianos e que nos afastam de um mundo histórico e real. b) A batalha dos nove reis, cinco contra quatro, relatada em Gn 14, é uma fantasia sem base histórica. Depois dela, Abraão, com apenas trezentos e dezoito homens, aniquila o que se supõe ser um grande exército. c) O relato de Sodoma e Gomorra (capítulos 19–20), mesmo supondo que reflita um fato histórico (a destruição das cidades do vale em um cataclismo), é contado de forma estritamente milagrosa. d) A mulher de Ló transformada em estátua de sal (19,26). e) A origem dos amonitas e moabitas a partir do incesto das filhas de Ló com seu pai (19,30-37). f) A residência de Abraão na terra dos filisteus (21,34) é um claro anacronismo.

3. Escassez de dados. Acostumados a ler biografias modernas, quando lemos os relatos sobre Abraão, nos surpreende a escassez de dados transmitidos, que podemos resumir da seguinte forma. O protagonista sai de Ur para Arã, e de lá para Canaã. Percorre o território, desce ao Egito, retorna a Canaã. Separa-se de seu sobrinho Ló. Tem um filho com uma escrava. Mais tarde, outro filho com sua esposa. Habita em diferentes lugares, cava poços, o que lhe cria conflitos, compra um terreno em Hebron para enterrar sua esposa, decide casar seu filho com uma mulher da família, e morre depois de ter tido outros filhos com outras mulheres.

Isso não significa que as tradições de Abraão sejam pura invenção recente. Três textos proféticos (Ez 33,24; Is 41,8; 51,2) demonstram que a figura era muito conhecida em certos ambientes durante a época do exílio (meados do século VI a.C.). Mas os argumentos anteriores demonstram que a leitura histórica das tradições de Abraão nos deixaria insatisfeitos.

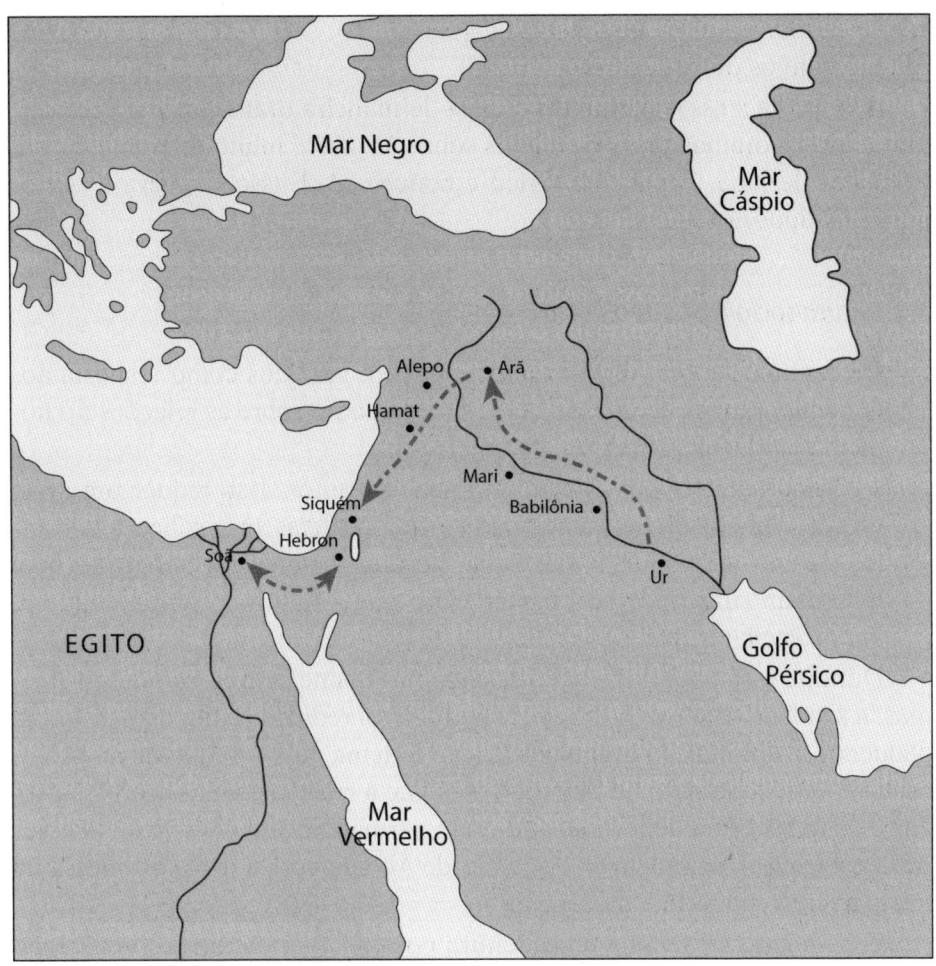

Viagens de Abraão.

1.2 Leitura literária

Uma alternativa à leitura histórica poderia ser a literária. Os textos adquirem então um novo sentido e um dinamismo especial. A tripla promessa com a qual começam (terra, descendência e bênção) provoca no leitor um interesse quase policial em saber como será realizada. Sobretudo, quando se sabe de antemão que Sara é estéril. Como será cumprida a promessa da descendência? Por outro lado, será "a terra que te mostrarei" tão maravilhosa a ponto de abandonar "tua terra natal", a maravilhosa Ur dos caldeus e a rica Arã? E como será cumprida a promessa de "abençoarei os que te abençoarem e amaldiçoarei os que te amaldiçoarem"? Como serão as relações de Abraão com os outros povos?

A resposta a essas perguntas é dada de maneira dramática e desconcertante. Mas o dramatismo dos relatos sobre Abraão é muito diferente do das tradições de Jacó. É mais teológico e conceitual. E isso nos leva a outros possíveis tipos de leitura.

1.3 Leitura sociológico-teológica

Os capítulos sobre Abraão também podem ser lidos como resposta aos contemporâneos do autor e como ensinamento sobre as relações do homem com Deus.

1. Como resposta aos contemporâneos do autor. Isso requer um aviso prévio: Abraão não é mencionado pelos profetas pré-exílicos. Portanto, mesmo admitindo a existência de um personagem antigo ao qual remontam suas tradições, parece claro que a figura de Abraão adquire importância na época do exílio.

Durante esse período, o povo se encontra diante de três grandes problemas: a saudade da terra (a Província de Judá foi reduzida a um espaço muito pequeno), a diminuição dramática do povo (tema muito frequente na profecia da época, sobretudo no Segundo Isaías) e a relação com os outros países entre os quais estão deportados ou onde permaneceram para viver. A esses três problemas respondem as tradições de Abraão com a tripla promessa da terra, da descendência e da bênção.

2. Se a anterior fosse a única leitura possível, os capítulos sobre Abraão serviriam apenas para satisfazer a curiosidade do historiador. Mas cabe ler esses capítulos de um ponto de vista teológico, para nos aprofundarmos nas relações entre Deus e um homem que é "nosso pai na fé". Com esse enfoque, os capítulos, mais do que nos ajudarem a conhecer a figura histórica de Abraão, nos ajudam a conhecer a Deus e nossa relação com Ele.

2. Análise de algumas passagens e temas

2.1 A vocação (Gn 12,1-4)

Essa passagem é geralmente atribuída ao autor javista (J). Para o autor javista, as origens do futuro povo de Israel se encontram num breve discurso de Deus, que contém uma ordem (12,1) e várias promessas (12,2-3). A ordem, muito simples, serve para pôr em relevo o tema da terra: deixar a própria e partir na direção daquela que Deus há de mostrar. Sair do que se tem e se ama, abandonar o presente, para pôr-se em marcha rumo ao desconhecido, o futuro. Um leitor moderno poderia pensar que isto não exigia muito sacrifício para um pastor seminômade como Abraão. Não é a mesma coisa, porém, mudar de lugar por vontade própria e mudar de pátria por vontade alheia. Ali está a força e a exigência do imperativo inicial "sai".

Mas Deus não só exige. Também promete. Primeiro, ao homem casado com uma mulher estéril anuncia que "de ti farei um grande povo". E logo lhe fala de uma bênção pessoal, sublinhando esse tema ("abençoar" e "bênção" aparecem quatro vezes em dois versículos). Tudo o mais está aqui incluído: prestígio, riquezas, proteção divina contra todos os inimigos. A fama de Abraão será tão grande, que outros povos, para abençoar alguém, usarão a fórmula: "Que Deus te abençoe como abençoou a Abraão"[24].

O relato termina constatando secamente que Abraão cumpriu a ordem divina.

2.2 O drama do cumprimento

A visão oferecida por Gn 12,1-4 é otimista. Já sabemos que as promessas se cumpriram. Mas é importante recordar que isso aconteceu de forma dramática, por meio de uma série de crises que punham em relevo a necessidade de renovar incessantemente a promessa. É o que encontramos no Gênesis, tanto a propósito da descendência numerosa quanto a propósito da terra.

2.2.1 A promessa da descendência

Em Gn 12,2, Abraão já recebeu a promessa de que Deus fará dele uma grande nação. Mas como, se Sarai é estéril? Segundo Turner, Abraão está convencido de que a promessa se cumprirá através de seu sobrinho, Ló, que os acompanha na jornada. Precisamente um elemento essencial na trama

---

24. Este é o sentido primitivo da frase "com teu nome se abençoarão todas as linhagens da terra". Do ponto de vista cristão – e judeu –, também é válida a interpretação posterior: por intermédio de Abraão Deus abençoará todos os povos da terra.

será Abraão renunciar a esse projeto e aceitar, contra toda esperança, um herdeiro nascido de suas próprias entranhas. Mas estamos no início do relato, e ao protagonista resta um longo caminho a percorrer. Por isso, quando chegam ao Egito, Abraão, convencido de que Sarai não é essencial para a promessa, permite que ela seja levada ao palácio do faraó (12,10-20). O importante é ele salvar sua própria vida.

Capítulo 13. As esperanças depositadas em Ló parecem sofrer um duro golpe quando ele decide separar-se de seu tio para evitar conflitos entre os pastores. No entanto, o episódio termina com uma renovação da promessa em tom ainda mais enérgico: "Farei tua descendência como o pó da terra; quem puder contar o pó da terra poderá contar tua descendência" (13,16). Talvez, apesar da separação física, Abraão ainda considere Ló seu herdeiro. De fato, no episódio seguinte, quando fica sabendo que ele foi capturado, organiza uma expedição para libertá-lo (capítulo 14).

Capítulo 15. No entanto, embora Ló assegure o cumprimento da promessa, Abraão enfrenta sua crise pessoal por não ter filhos. E isso emerge com toda a força quando Deus lhe promete, mais uma vez, que "tua recompensa será grande" (15,1). Embora possam existir diversas interpretações (a recompensa é o próprio Deus, a terra, a descendência numerosa), para Abraão é como se fosse um dedo na ferida. "Meu Senhor, Javé, o que me darás, visto que me vou sem filhos...? Eis que não me deste descendência, e um servo nascido em minha casa será meu herdeiro" (15,2-3).

E nesse momento ocorre uma nova mudança na história. Nova, pelo menos, do ponto de vista de Abraão. Agora fica totalmente claro que seu herdeiro não será Ló, mas um filho nascido de suas próprias entranhas (15,4). E, levando-o para fora, Deus diz: "Olha para o céu e conta as estrelas, se as puder contar. Assim será tua descendência" (15,5). E o autor acrescenta: "Abraão creu em Javé, o qual lhe imputou isso como justiça" (15,6).

Mas o **capítulo 16** começa constatando: "Sarai, esposa de Abrão, não lhe dava filhos" (16,1), e ela mesma admite sua esterilidade (16,2). Por isso, ela busca uma solução por meio de um caminho jurídico, essencialmente humano: ter filhos por meio da serva (Agar). Assim, nasce Ismael (16,2-15), cumprindo de certa forma a promessa de Deus. No entanto, essa solução procurada por Sarai, ela mesma se encarrega de colocá-la em crise, provocando a fuga de Agar. Não parece que essa seja a grande bênção prometida por Deus.

De fato, no **capítulo 17** encontramos uma nova promessa: "Esta é a aliança que faço contigo: serás pai de muitas nações. Já não te chamarás Abrão, mas o teu nome será Abraão, pois te tornarei pai de muitas nações. Eu te tornarei extremamente fecundo. De ti surgirão nações, e reis sairão de ti" (17,4-6). No mesmo discurso, pouco depois, Deus oferece outra solução para o problema: curar a esterilidade de Sara. "Tua mulher, Sarai, já não se chamará Sarai, mas Sara. Eu a abençoarei e dela te darei um filho. Eu a abençoarei, e dela sairão nações; reis de povos nascerão dela" (17,15). Depois de tudo o que aconteceu, não é de surpreender que Abraão encare a promessa com um pouco de humor e até mesmo ria. Ele duvida que um homem possa ter filhos aos 90 anos e acrescenta com certa ironia: "Ficaria satisfeito se Ismael permanecesse vivo" (17,17-18). Não é mais a profunda crise de desânimo que encontramos no capítulo 15. É um ceticismo que abandona a esperança e trata as coisas com um humor aparente. Deus, sem se incomodar com essa atitude, insiste em dar a ele um filho, Isaac, dentro de um ano, e também abençoará Ismael (17,19-21). E Abraão, abandonando ironias e ceticismos, mais uma vez demonstra sua fé: nesse discurso, Deus pediu-lhe que circuncidasse todos os homens como sinal da aliança. O patriarca cumpre a ordem (17,23-27).

Capítulo 18. A redação atual do livro, ao misturar diferentes fontes, faz com que a situação pareça ainda mais irônica ou trágica do que nas redações independentes do Javista ou do Sacerdotal. No capítulo 17, Deus já prometera a Abraão que dentro de um ano terá um filho (17,21). No capítulo seguinte, parece ter esquecido essa promessa e a repete durante a aparição no carvalho de Mambré: "No próximo ano, voltarei, e Sara, tua mulher, terá um filho" (18,10). Desta vez, quem ri e mostra ceticismo é Sara: "Depois de já estar envelhecida, terei ainda esse prazer, e com um marido tão velho?" (18,12). Embora tendamos a concordar com Sara, a risada dela irrita a Deus, que a repreende (18,13-15).

Com isso, chegou o momento do nascimento do filho prometido? Não. Uma nova crise, semelhante à primeira, está prestes a ocorrer. Enquanto Abraão está morando nas proximidades de Gerara, o rei se apaixona por

Sara (o Eloísta, autor do trecho, a concebe ainda jovem e bonita) e a leva para o seu palácio. Abraão perde sua esposa. Como a promessa de Deus pode ser cumprida? Novamente, o Senhor providencia uma solução.

Capítulo 21. E, finalmente, acontece o prometido: o nascimento de Isaac (21,1-7). Depois de tantas delongas e crises, parece a coisa mais maravilhosa do mundo. Mas é um cumprimento muito parcial da promessa. Abraão tem apenas dois filhos, não a multidão inumerável como o pó da terra ou as estrelas do céu. E uma nova crise se levanta, separando os irmãos. Sara, irritada com Agar, a expulsa junto com Ismael; se ambos são salvos, é por uma proteção especial de Deus (21,9-21). Mas Abraão nunca mais desfrutará de sua presença até o momento da morte (25,9).

Capítulo 22. No entanto, a crise mais grave não vem de invejas humanas, mas do próprio Deus: "Pega teu filho, teu único filho, Isaac, e oferece-o em holocausto para mim..." (22,2). O que acontecerá agora com a promessa? Como Deus mesmo coloca em crise tudo o que foi anunciado no início do relato? (12,1-3). A resposta é dada no texto no final: "Não estendas a mão contra o menino... *Agora eu sei que temes a Deus*, pois não me negaste teu filho, teu único filho" (22,12). Na interpretação de Turner, que me parece bastante convincente, Abraão até agora nunca havia aceitado plenamente os planos de Deus; em parte porque não os compreendeu, em parte porque não creu. Agora ele demonstra plena fé, e tudo termina com uma renovação solene da promessa: "Por mim mesmo juro, palavra de Javé. Porque fizeste isso, porque não me negaste teu filho único, eu te abençoarei e multiplicarei tua descendência como as estrelas do céu e a areia da praia" (22,16).

A verdade dessas palavras é o que o **capítulo 25** pretende demonstrar, quando lista os descendentes que Abraão teve com a concubina Cetura. Uma lista tediosa, sem fundamento histórico, mas de grande valor teológico. Através dos seis filhos que agora nascem, Abraão torna-se pai dos assuritas, latusitas, loomitas, madianitas e outros povos (25,1-4), sem esquecer os filhos de outras concubinas (25,6) e os ismaelitas com seus doze chefes (25,12-16). Abraão, esperando contra toda esperança, tornou-se pai de muitas nações.

Podemos resumir todos os dados anteriores no seguinte esquema:

PROMESSAS   CRISES   SOLUÇÕES   DIFICULDADES CUMPRIMENTO

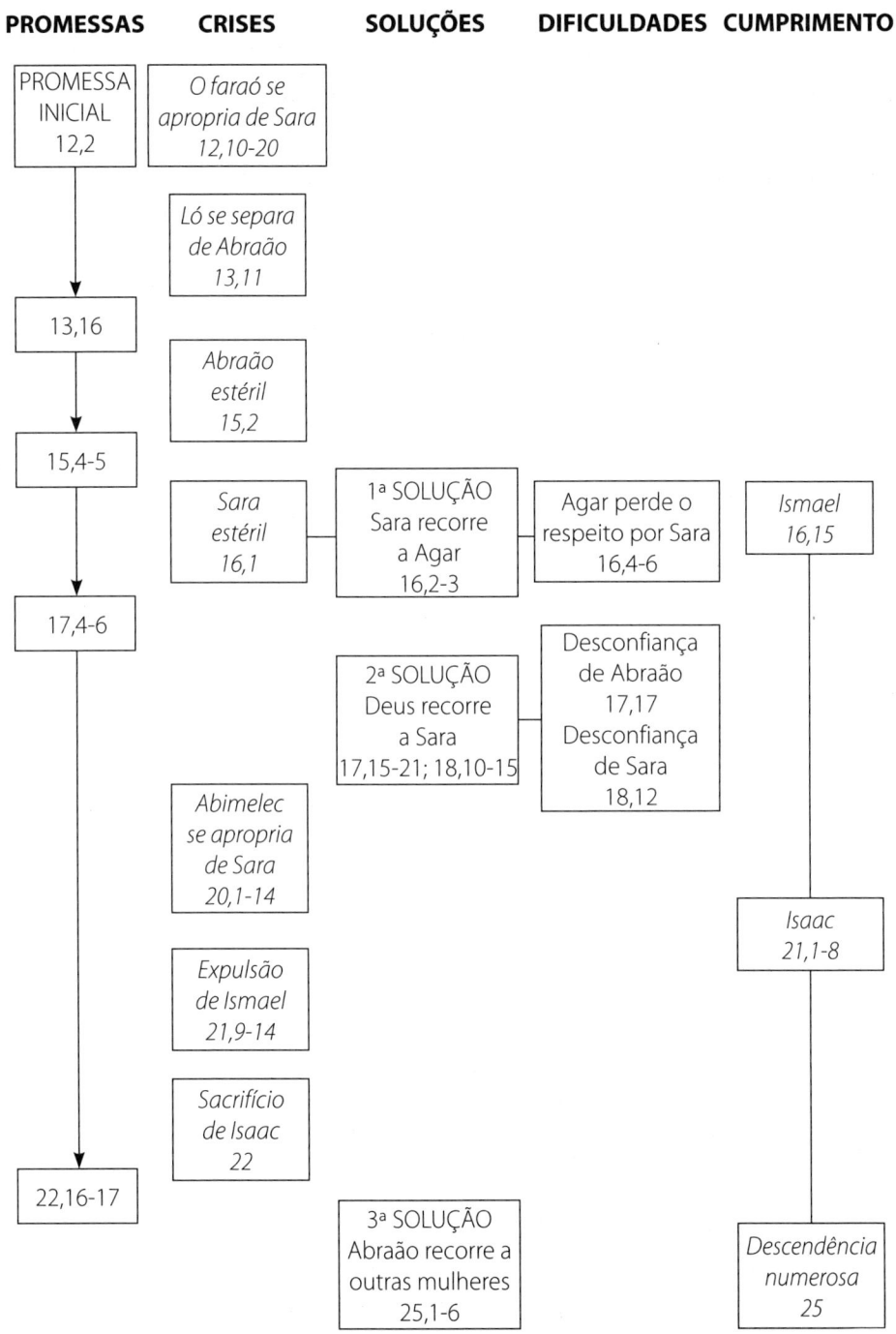

2.2.2 A promessa da terra

Assim como o tema anterior, este é desenvolvido por meio de uma série de promessas e crises. Tudo começa com as palavras: "Sai de sua terra natal e da casa de teu pai, para a terra que eu te mostrarei" (12,1). Qual é essa terra? Por onde ele anda em direção a ela?

Deus não diz. Abraão não sabe. Por isso, decide manter o antigo destino concebido por seu pai: a terra de Canaã (comparar 11,31 e 12,4). E lá, em Siquém, a promessa de Deus se completa de forma estranha: "Para tua descendência darei esta terra" (12,7). "A terra que eu te mostrarei" agora se torna "terra prometida"... para os descendentes, não para o protagonista. Por outro lado, o que significa *esta terra*? Será um vasto território, de milhares de quilômetros quadrados, ou se refere apenas aos terrenos ao redor de Siquém? Levando em conta a pequenez da família, o segundo seria o mais lógico. Mas os versículos seguintes não deixam isso totalmente claro, porque Abraão continua sua jornada, até chegar ao Negueb, como se estivesse cumprindo a ordem de ver "a terra que eu te mostrarei".

E essa terra parece estéril, como Sara. Não está livre de períodos de fome. Abraão recorre à solução fácil: ir para o Egito. Será necessário que o faraó o expulse para que ele volte para "a terra que eu te mostrarei" (12,10-20).

Capítulo 13. Percorrendo o caminho inverso, através do Negueb, nos encontramos novamente entre Betel e Hai (13,3). E a terra mais uma vez mostra suas limitações: não é suficiente para os rebanhos de Abraão e de Ló, além de também ser habitada pelos cananeus e ferezeus (13,7). Ló fica com a área mais fértil, a planície do Jordão, e Abraão na "terra de Canaã" (13,12). Parece que o patriarca sai perdendo. E é então que Deus completa novamente sua promessa: "Do lugar onde estás, olha para o Norte, para o Sul, para o Leste e para o Oeste. Toda a terra que estiveres vendo, eu a darei a ti e à tua descendência para sempre. [...] Anda, percorre a terra de um lado ao outro, pois eu a darei a ti" (13,14-15.17). Este texto é o que apresenta a relação mais direta com 12,1: lá se fala da "terra que eu te mostrarei" (literalmente: "te farei ver"), e aqui Deus faz Abraão ver a terra. Além disso, em relação a 12,7, não se trata apenas de uma "terra prometida" para os descendentes. Também é prometida a ele. E não há dúvida de que se trata de um território muito mais amplo do que a herança de uma pequena família.

Embora Abraão tenha recebido a ordem de percorrer a terra de um lado ao outro, apenas se diz que "ele levantou sua tenda e foi estabelecer-se junto ao carvalho de Mambré, em Hebron" (13,18). Deixando de lado outras viagens ocasionais, Hebron será o ponto final, o lugar do sepultamento de Sara e do próprio Abraão. Mas não antecipemos os acontecimentos.

Capítulo 15. A segunda parte é fundamental para o tema da terra (v. 7-21). Começa com uma referência explícita ao início da história: "Eu sou o Senhor, que te tirei de Ur dos caldeus para *te dar* esta terra em possessão" (15,7). É a segunda vez que Abraão ouve que a terra também será *para ele*. Mas desta vez ele não aceita a promessa sem mais. Ele quer uma prova: "Como saberei que a possuirei?" (v. 8). Esta solicitação é especialmente curiosa quando se pensa que, imediatamente antes, ao ouvir a promessa de que teria um descendente nascido de suas entranhas, sem nenhuma dúvida ou pedido de provas, "creu em Deus, e isso lhe foi imputado por justiça" (15,6). Agora ele pede provas, e a prova será o pacto selado por Deus em uma cerimônia cheia de mistério (15,9-12.17-21), que termina com estas palavras: "À *tua descendência* darei esta terra, desde o rio do Egito até o grande rio, o Rio Eufrates: os quenitas, cerezeus, cadmoneus, heteus, ferezeus, refaítas, amorreus, cananeus, gergeseus e jebuseus" (15,18b-21).

Distração do autor/redator ou profunda ironia? Quando Abraão pede provas de que *ele possuirá a terra*, Deus dá marcha à ré e promete a terra apenas *aos descendentes*. Mas, de fato, suas fronteiras alcançam limites grandiosos: desde a torrente do Egito (não se trata do Nilo) até o Eufrates, abrangendo dez raças diferentes. Note-se a progressão crescente em relação a 12,7 e 13,14-15.

Capítulo 17. Temos, segundo a hipótese documentária, uma nova versão (P) da aliança, com matizes próprios do autor sacerdotal: idade exata de Abraão (99 anos), a circuncisão como sinal da aliança. O capítulo se concentra especialmente na descendência, como já vimos, mas o tema da terra aparece rapidamente no v. 8: "Darei *a ti e à tua descendência* futura a terra onde resides – toda a terra de Canaã – como propriedade perpétua". Os limites são muito mais modestos (apenas a terra de Canaã), mas, assim como na versão anterior da aliança, a terra é prometida *a Abraão e a seus descendentes*.

Capítulos 20–21. No entanto, os relatos posteriores demonstram que a terra prometida será propriedade apenas dos *descendentes*. Isso fica evidente após o parêntese relacionado a Sodoma e Gomorra (capítulos 18–19), quando Abraão continua suas jornadas, que o levam até Gerar, no território filisteu (20,1, cf. 21,34). Essa terra não é sua; se ele reside nela, é por benevolência do Rei Abimelec (20,15; 21,23), e Abraão corre o risco de ser despojado até mesmo do poço que seus servos cavaram (21,25-31)[25].

Capítulo 22. A reiteração da promessa após o sacrifício de Isaac nos reserva uma surpresa: "Teus descendentes herdarão/conquistarão as cidades de seus inimigos" (22,17). É a primeira vez que ouvimos falar das "cidades de seus inimigos", o que sugere mais uma campanha militar do que um dom pacífico de Deus. Alguns autores pensam, logicamente, que 22,17 reflete a "revisão deuteronomista" do Pentateuco, ou seja, um novo ponto de vista, diferente dos anteriores. Com boa vontade, podemos enquadrá-lo na panorâmica anterior considerando-o uma séria matização: a terra não será propriedade de Abraão, mas de seus descendentes; e estes, para possuí-la, deverão conquistá-la.

Capítulo 23. O tema da terra atinge seu ápice, e sua redução máxima, quando Abraão compra a caverna de Macpela por quatrocentos siclos de prata. No início, é explicitamente dito que Sara morreu em "Hebron, na *terra de Canaã*", essa terra que fora prometida a Abraão (13,14-17; 17,8). Mas a terra tem outros donos (três vezes se fala desses proprietários: v. 7.12.13). E, especificamente, o terreno que Abraão deseja pertence a Efron. Quando ele oferece comprá-lo, este, com típica cortesia oriental, diz: "Não, meu senhor, ouve: o campo eu te dou, e a caverna que está nele *eu te dou; eu te dou* diante dos meus compatriotas" (v. 11). Três vezes ressoa neste versículo o verbo "dar" (*natan*), o mesmo que Deus usou em suas promessas (12,7; 13,15.17; 15,7.18; 17,8). Mas, ironicamente, no final da história, quando apenas um pedaço de terra é necessário, Deus não deu nada; é um homem que se oferece para dar. E Abraão não aceita o presente. Ele compra, pagando um preço altíssimo. "Assim, o campo de Efron em Macpela, em frente a Mambré, o campo com a caverna e com todas as árvores dentro de seus limites, passou a ser propriedade de Abraão" (v. 17-18). Se Abraão olhasse

---

25. A indicação final do episódio esclarece o propósito da conduta de Abraão: "Abraão residiu na terra dos filisteus por muitos anos" (21,34). Esta é a sua missão: habitar em diferentes lugares, para que seus descendentes possam dizer no futuro: "Aqui Abraão viveu, e é por isso que esta terra nos pertence, de acordo com a promessa de Deus de que aos teus descendentes darei a terra onde habitares".

para trás, poderia perceber a ironia nas promessas de Deus: a única certa foi a primeira: "A terra que eu te mostrarei".

Capítulo 24. Talvez, por isso, na última vez que o tema da terra aparece, a promessa é reduzida à descendência: "O Senhor Deus do céu, que me tirou da casa de meu pai e da terra de minha parentela e que me falou e jurou, dizendo: 'À tua descendência darei esta terra...'" (v. 7).

Em resumo, a promessa da terra, dentro das tradições de Abraão, sofre uma série de oscilações, embora no final a ideia inicial prevaleça: Abraão só verá a terra, pois quem a possuirá será sua descendência.

2.2.3 O ritmo misterioso de Deus

Por intermédio das promessas da descendência e da terra, pode-se aprender muito sobre a forma como Deus realiza a salvação. Sem pressa, mesmo com uma lentidão às vezes angustiante. Os contemporâneos de Isaías diziam ao profeta, a propósito da atividade de Deus na história: "Venha, que ele apresse sua ação para que possamos vê-la, que o Santo de Israel realize seu projeto para que possamos conhecê-lo" (Is 5,19). Depois de tantos séculos, mesmo conhecendo as tradições religiosas de Israel, eles não haviam aprendido uma lição fundamental: que Deus tem seu ritmo, e esse ritmo raramente coincide com os desejos do homem. Mas isso não significa que seus planos e promessas deixarão de se cumprir. As narrativas de Abraão nos ensinam muito nesse sentido.

3. Abraão como modelo

Esses textos pretendem apresentar o "pai" do povo de Israel, o "pai na fé", o modelo com o qual qualquer israelita deveria se identificar. Os mitos e tradições mais antigos de todos os povos contêm referências ao primeiro antepassado. E é isso que os teólogos de Israel fazem também. Mas eles não se contentam com uma referência obscura, eles forjam toda uma história.

O protagonista não é um santo no sentido das hagiografias. Em seus relacionamentos com os outros, ele aparece como um personagem de carne e osso, com virtudes e falhas. Ele se aproveita de Sara, mas também se submete às suas decisões com relação a Agar e Ismael. Ele tira proveito das circunstâncias (como no caso do faraó), mas também sabe ser generoso e sair perdendo (com Ló). Ele é acolhedor com os viajantes, como um bom nômade.

O autor ou os autores do Gênesis não insistem na exemplaridade humana de Abraão, mas sim em sua relação com Deus. Gn 1–11 nos fala das rupturas que ocorreram nos primórdios da humanidade. A primeira delas foi entre o primeiro casal humano e Deus, por desobediência.

Abraão, com sua obediência, se encarregará de restaurar essa ruptura. Mas é uma obediência que amadurece por meio da dúvida e da desconfiança. No início, tudo parece fácil. Na verdade, o que Deus pede ("sai de sua terra") se encaixa perfeitamente no projeto de seu pai Terá ("marchar para a terra de Canaã"). Os problemas surgem não pelo que Deus pede, mas pelo que promete. Promessas que, ao não serem cumpridas logo, suscitam dúvidas e ironia. Mas Abraão acaba dando a maior prova de fé ao estar disposto a sacrificar seu filho.

Mas o essencial na relação não reside na obediência de Abraão, mas sim na escolha de Deus. Se há algo claro na "história" de Abraão, é a frequência com que Deus fala com ele, o guia, e lhe faz promessas. Com toda a razão, o Segundo Isaías o apresenta como o "amigo de Deus".

Além disso, as tradições de Abraão também inculcam uma série de valores religiosos e morais: o casamento monogâmico, a seriedade do adultério, a prática da circuncisão.

4. Bibliografia

COLLIN, M. *Abrahán*. Cuadernos Bíblicos 56. Estella: Verbo Divino, 1987.

VOGELS, W. *Abrahán y su leyenda – Génesis 12,1–25,11*. Bilbao: Desclée de Brouwer, 1997. O livro está dividido em duas partes: a primeira foca em quatro questões disputadas (literária, histórica, cultural e religiosa); a segunda oferece uma releitura da lenda de Abraão, concedendo especial importância à estrutura dos trechos e do conjunto. A obra é altamente recomendada. Todos deveriam ler a primeira parte (p. 11-63).

SCHWANTES, M. *La familia de Sara y Abrahán y otros estudios sobre Génesis 12–25*. Caracas: Ação Ecumênica, sem ano.

ABELA, A. *The Themes of the Abraham Narrative – Thematic Coherence within the Abraham Literary Unit of Genesis 11,27–25,18.* Malta, 1989; ANDERSON, B. W. "Abraham, the Friend of God", *Interpretation* 42, 1988, p. 353-366; DEURLOO, K. A. "Narrative Geography in the Abraham Cycle", *OTS* 26, 1990, p. 48-62; FOKKELMAN, J. P. "Time and the Structure of the Abraham-Cycle", *OTS* 25, 1989, p. 96-109; LEMAIRE, A. "Cycle primitif d'Abraham et contexte géographico-historique". In: *History & Traditions of Early Israel.* SVT 50. Leiden, 1993, p. 62-75; MCCARTER, P. K. "The Historical Abraham", *Interpretation* 42, 1988, p. 341-352; RÖMER, T. C. "Recherches actuelles sur le cycle d'Abraham". In: *Studies in the Book of Genesis.* BETL 155. Lovaina, 2001, p. 179-211; ROSENBERG, J. *King and Kin.* Bloomington: 1986, cap. II: "Is There a Story of Abraham?" (p. 69-98); SKA, J. L. "Essai sur la nature et la signification du cycle d'Abraham". In: *Studies in the Book of Genesis.* BETL 155. Lovaina, 2001, p. 153-177; TURNER, L. A. *Announcements of Plot in Genesis.* JSOTSS 96. Sheffield, 1990, cap. 2: "The Abrahán Story", p. 51-114.

8

A primeira teologia da libertação (Ex 1–15)

Antes que Gustavo Gutiérrez escrevesse seu livro sobre o tema, muito antes das perseguições e assassinatos de sacerdotes e teólogos engajados na luta pela libertação dos povos da América Latina, surgiu a teologia da libertação no povo de Israel. Não foi fruto de uma ideologia marxista, como às vezes se diz, mas de uma experiência viva do Deus libertador. Os antigos teólogos a propuseram em forma narrativa, acessível ao povo mais simples, mas cheia de riqueza. Vale a pena penetrar nessa experiência humana e religiosa.

> Trabalho prévio: ler os capítulos 1–15 do Livro do Êxodo (pode-se saltar o 12 e o 13, se se mostrarem muito enfadonhos), com atenção especial nos protagonistas principais. Uma vez terminada a leitura, seguir o roteiro oferecido neste comentário.

Não farei uma exposição do conteúdo, nem tratarei de questões habituais de exegese. Interesso-me pela análise dos protagonistas. No drama da opressão e da libertação de Israel, vemo-nos diante de quatro protagonistas: o povo, o faraó, Moisés e Deus. E aparecem nessa ordem tão curiosa, que muitos se sentiriam tentados a mudar (Aarão, que ocupa grande destaque nas tradições sacerdotais, podemos deixá-lo de lado). Por intermédio deles, os autores bíblicos pretendem não só contar o passado, mas também nos ensinar a analisar a nossa situação atual.

1. O povo

Parafraseando o prólogo do Evangelho de São João, poderíamos dizer: "No princípio era o povo". Não pelo desejo de lhe conceder um lugar que não lhe pertence, mas porque assim começa o Livro do Êxodo: "Eis os nomes dos filhos de Israel que foram ao Egito com Jacó..." (1,1). Antes da atuação de Deus ou de Moisés, temos a realidade humana de um grupo de pessoas que se multiplica e que termina por se converter numa grande ameaça para os egípcios.

Dizer que o povo é o primeiro não significa dizer que é maravilhoso. Um dos ensinamentos mais profundos desses livros consiste em indicar continuamente as crises de desânimo e de fraqueza por que o povo passa. O relato bíblico as apresenta passando pelas seguintes etapas:

No início, quando se estabelece o regime opressor, não encontramos nenhuma reação dos israelitas. Parece que tudo corre sem problemas: "Quanto mais os oprimiam, tanto mais se multiplicavam e cresciam" (1,12). As parteiras enganam fácil o faraó, e a irmã de Moisés consegue que a criança seja criada pela verdadeira mãe. Esse ambiente parece durar anos (1,11), e é Moisés o primeiro que reage encolerizado por ver seus irmãos submetidos a tão duros trabalhos e um egípcio maltratando um hebreu (1,11-12).

A situação muda profundamente "muito tempo depois", quando morre o faraó. Os filhos de Israel, "gemendo sob o peso da escravidão, clamaram" (2,23). Por isso, quando Moisés se apresenta diante deles com uma mensagem de liberdade, todos o aceitam e, com alegria, adoram ao Senhor (4,31).

Mas logo surgirá a primeira crise. Quando o faraó reage, dobrando os trabalhos (5,6-14), os capatazes israelitas reclamam a Moisés e Aarão: "Que o Senhor vos observe e julgue! Pois nos tornastes odiosos aos olhos do faraó e de sua corte, pondo-lhe a espada na mão para nos matar!" (5,21).

E o mesmo povo deixa de confiar nas palavras do libertador, por mais bonitas que lhe soem aos ouvidos. Apesar do inflamante discurso de 6,2-8, "os filhos de Israel não ouviram Moisés, porque estavam abatidos por uma dura escravidão" (6,9).

A partir desse momento, o povo desaparece do relato. Sua liberdade será sempre o tema debatido entre Moisés e o faraó, mas os autores calam sobre a reação dos israelitas. Até o momento em que, depois de todos os milagres, pouco antes da dramática saída do Egito, o povo volta a adorar a Deus e a lhe obedecer (12,27-28).

Aliás, não parece que o Senhor esteja muito convencido de sua firmeza, como dá a entender em 13,17: "Quando o faraó deixou o povo partir, Deus não o fez ir pelo caminho dos filisteus, que é o mais curto, porque Deus achara que diante dos combates o povo poderia se arrepender e voltar para o Egito". E essa suspeita é confirmada pelo medo que experimentam os israelitas antes de atravessar o Mar dos Juncos, quando criticam Moisés e quase renunciam à incipiente liberdade: "Não havia talvez sepulturas no Egito, e por isso nos tiraste de lá para morrermos no deserto? Não é isto que te dizíamos no Egito: 'Deixa-nos, para que sirvamos aos egípcios'? Pois melhor nos fora servir aos egípcios do que morrermos no deserto" (14,10-12).

Mas essa primeira parte termina de modo positivo. Depois do grande milagre do mar, "Israel viu o grande poder que o Senhor havia mostrado contra eles; então o povo temeu o Senhor e acreditou nele e em seu servo Moisés" (14,31).

Essas mudanças contínuas de atitude, passando da queixa à alegria, da esperança ao desânimo, da fé à crítica dura refletem uma profunda experiência humana. Os autores, que amam seu povo e contam a epopeia de sua libertação, não se deixam arrastar por um otimismo ingênuo. A liberdade tem um preço muito alto, e em certas ocasiões parece preferível a escravidão. Todos os líderes históricos que embarcaram nessa aventura poderiam constatar a verdade do que aqui se conta. Ao mesmo tempo, o relato bíblico quer deixar uma coisa bem clara: é esse povo real, com suas dúvidas e temores, suas queixas e rebeldias, quem merece ser libertado. Essa mensagem, que atravessa todas as páginas da Bíblia, adquire sua realização plena na figura de Jesus, que não morre por gente perfeita, mas pelos que ainda "éramos pecadores" (Rm 5,8).

2. O faraó

Narrativamente, o segundo protagonista é o rei do Egito, que já é citado em 1,8. Mais tarde será substituído por um outro (2,23), aparentemente mais cruel. Seti I e Ramsés II parecem os faraós mais apropriados, famosos por suas construções. Mas aos autores bíblicos não lhes interessam os nomes. Talvez nem os soubessem. E, assim, o poderoso fica inominado, como as bestas do Apocalipse. Mais do que seu nome, importante é sua capacidade de oprimir. Por meio dessas páginas, ficará genialmente esquematizada a psicologia e a ideologia do opressor.

Dois traços bastam ao autor para caracterizar o primeiro deles: desconhece José e sente medo (1,8-10). O leitor do Gênesis intui o que significa a primeira informação. Em momentos difíceis para o faraó e para o Egito, José foi o salvador. Graças a ele puderam se salvar da fome provocada pela terrível e prolongada estiagem. Mas, agora, tudo isto foi esquecido. Os egípcios só veem os israelitas como uma mão de obra barata e como um perigo futuro. Aqui está o começo do fenômeno da opressão: o esquecimento dos laços de amizade e de fraternidade que unem todas as pessoas e todos os povos. A partir desse momento, são apenas possíveis inimigos ou possíveis escravos. "Os egípcios obrigaram os filhos de Israel ao trabalho e lhes tornaram amarga a vida com duros trabalhos" (1,13-14).

À crueldade, o segundo dos faraós acrescenta a obstinação. Deus já havia dito a Moisés desde o princípio: "Sei que o rei do Egito não vos deixará partir se não for obrigado por mão forte" (3,19). De fato, em seu primeiro encontro com Moisés revela sua atitude: "Quem é o Senhor para que ouça sua voz e deixe Israel partir? Não conheço o Senhor, nem deixarei Israel partir" (5,2). O opressor nunca reconhece a Deus nem o leva em consideração. Se Moisés, em vez de falar em Javé, tivesse invocado a proteção de Rá ou de Amon, deuses egípcios, nada teria mudado. Não é questão de nomes nem de formação religiosa. É questão de interesse, e a verdadeira religião sempre parece subversiva em suas exigências de justiça: "Moisés e Aarão, por que subverteis o povo que trabalha? Ide às vossas tarefas" (5,4).

Em represália, adota medidas ainda mais cruéis, pronunciando umas palavras que, sem conhecê-las, foram obedecidas pelos opressores de todos os tempos: "Torne-se pesado o serviço desses homens, para que se apliquem a ele e não prestem atenção a palavras mentirosas" (5,9). Que o povo não tenha tempo para escutar nem para pensar, e assim acabe percebendo que pode mudar a dura situação em que se encontra. Ocupar o corpo e esvaziar o espírito sempre foi a tática do explorador. Os que não a aceitam são acusados de "muito preguiçosos" (5,17).

Até agora Deus tentou resolver o problema com boas maneiras, mediante os diálogos do rei com Moisés. Em vista do fracasso, decide intervir "fazendo solene justiça" (7,4). E começa o grande enfrentamento, expresso através das pragas. Enquanto Moisés conta com a ajuda de Deus (o cajado prodigioso), o faraó recorre às espertezas dos magos.

A primeira praga (água convertida em sangue) termina em empate, e o rei se endurece mais ainda (7,13.22). Logicamente, "o faraó voltou a seu palácio, sem dar muita importância ao sucedido". Um milagre de mais ou de menos não muda a política econômica do país. É o povo egípcio quem paga as consequências, devendo procurar água por todo lugar.

A segunda praga, das rãs, começa a preocupar o rei (7,25–8,11). Chega a pedir a Moisés que interceda para afastá-las e promete deixar sair o povo (8,4-10). Já começa a saber quem é Javé e reconhece que somente ele pode salvá-lo. Mas, passado o perigo, "o faraó viu que havia alívio, e o seu coração ficou obstinado" (8,11).

Essa atitude se torna mais evidente durante a praga dos mosquitos (8,12-15). Os magos não podem nada contra ela e dizem ao faraó: "Aí tem o dedo de Deus". A partir de então, já não voltarão a intervir (deles só se falará em 9,11 para dizer que foram infectados pelas úlceras). Mas o rei se torna um muro impenetrável: já não escuta nem a Moisés nem a seus magos (8,15).

A praga das moscas (8,16-28) leva a uma segunda negociação: "Ide, ofe-recei sacrifícios ao vosso Deus nesta terra". Mas logo se obstina novamente. E o mesmo acontece com a peste dos animais (9,1-7) e das úlceras (9,8-12).

Com a sétima praga, a do granizo (9,13-35), entram em cena os minis-tros do rei. Estes não realizam prodígios, aconselham. E parecem divididos: uns creem na palavra de Javé, outros se fecham para ela. E a atitude do rei muda profundamente. Pela terceira vez deseja negociar, pois reconhece seu pecado. Mas é uma confissão interesseira: uma vez afastado o perigo, torna a se obstinar.

Quando chegam os gafanhotos (10,1-20), a ameaça é tão grave que os ministros aconselham ao faraó que deixe partir os hebreus, pois "o Egito está arruinado" (10,7). De fato, o relato contém duas negociações. Na primeira, o rei põe como condição que somente os homens partam para oferecer sacrifícios. Moisés não aceita, e surgem os gafanhotos. No diálogo posterior, o faraó reco-nhece mais uma vez seu pecado e pede orações. Mas termina endurecendo-se.

Pouco a pouco, entretanto, vai perdendo terreno. Na nona praga, as trevas (10,21-28), a condição já se restringe a que partam "sem os animais". A re-cusa de Moisés enfurece ainda mais o faraó, que chega a ameaçá-lo de morte.

Na realidade, a morte chega aos primogênitos do Egito (11,1-9; 12,29-32) e finalmente se produz a vitória: "Saí do meio do meu povo, vós e os filhos de Israel; ide, servi ao Senhor, como tendes pedido. Levai também vossos rebanhos e vosso gado, parti e abençoai também a mim".

"Como tendes pedido." Muito sangue e sofrimento teriam sido evitados, se o faraó tivesse escutado a proposta de Moisés desde o começo. No magnífico poema de Is 14 sobre a morte do tirano, uma das acusações finais é de que, com sua política imperialista, não só arrasou nações estrangeiras, mas também "destruiu sua própria terra, arruinou seu próprio povo" (14,20). É o que de forma popular e folclórica descreve o Livro do Êxodo. Ainda que se destaque no faraó sua crueldade, o que mais impressiona é sua obstinação em manter uma política que leva à ruína todos os egípcios. Quando o descobre, já é muito tarde.

3. Moisés

Na ordem narrativa, o terceiro dos protagonistas é Moisés. O primeiro episódio, que serve para justificar seu nome, parece de pouco interesse. Moisés, educado na corte, em ambiente cômodo e agradável, não esquece suas origens e "saiu para ver seus irmãos". Se o começo da crueldade do faraó se prende ao desconhecimento de José, a conversão de Moisés acontece quando se aproxima de sua gente e a descobre "submetida a duros e forçados trabalhos" (2,11). A política opressora começa no não reconhecimento do próximo; a libertação tem início com o reconhecimento da dor humana.

Esta descoberta pode levar à raiva e à violência. O primeiro ato de Moisés recolhido na Bíblia é o assassinato de um egípcio (2,11-12). Isso provocará sua fuga posterior para Madiã, onde o protagonista revela mais uma vez seu desejo de ajudar aos mais fracos. Quando os pastores querem expulsar do poço as filhas do sacerdote, Moisés as defende (2,16-20). Essas primeiras cenas servem para introduzi-lo, casado, com filho, e cheio de saudades da pátria: "Sou um imigrante em terra estrangeira" (2,22). O que ele não sabe nesse momento é que sempre será um imigrante, inimigo no Egito, peregrino no deserto, sepultado em terra estrangeira. Moisés, que luta para conseguir uma terra para seu povo, nem sequer terá um túmulo na terra prometida.

Não pensemos, todavia, que Moisés, tão preocupado com os indefesos, aceite facilmente a missão que Deus vai confiar-lhe. O relato da vocação, nos capítulos 3–4, indica suas numerosas resistências. Para bem entendê-lo

é preciso ter presente sua complicada estrutura. Depois da visão introdutória da sarça (3,1-3), há um diálogo entre Deus e Moisés, que contém os
seguintes elementos:

A. Chamado e resposta (3,4).

B. Autoapresentação de Deus (3,6).

C. Discurso introdutório e missão (3,7-10).

D. *Primeira objeção de Moisés: Quem sou eu?* (3,11).

E. Promessa e sinal (3,12).

F. *Segunda objeção de Moisés: Quem és tu?* (3,13).

G. "Eu sou aquele que é", o Deus dos pais, o libertador. Renovação do
envio (3,14-22).

H. *Terceira objeção de Moisés: "Não acreditam em mim"* (4,1).

I. Prodígios (4,2-9).

J. *Quarta objeção de Moisés: "Não sei falar"* (4,10).

K. "Eu estarei em tua boca" (4,11-12).

L. *Quinta objeção de Moisés: "Envia outro"* (4,13).

M. Aarão falará por ti (4,14-17).

O número 5 é mais importante na Bíblia do que às vezes se pensa. E
cinco são as objeções de Moisés, com o desejo de se esquivar da missão que
Deus lhe confia. Usa argumentos diferentes: o extraordinário da missão (1),
sua ignorância teológica (2), o temor de que não lhe deem crédito (3), sua
falta de qualificação (4), para terminar apresentando sua demissão (5). É
o relato de melhor elaboração na Bíblia sobre a resistência do homem em
aceitar uma missão divina.

Mas Deus, como no caso de Jeremias, não desiste de sua intenção. Com
isso começará uma nova etapa na vida de Moisés. Ao despedir-se do sogro,
pronuncia umas curiosas palavras que provocam o sorriso do leitor: "Vou
voltar ao Egito, para ver se meus irmãos ainda vivem" (4,18). Como se, inconscientemente, desejasse sua morte, para não ter de realizar sua missão.

No Egito, o sucesso inicial diante do povo (4,30-31) desaparece com
o primeiro fracasso diante do faraó (5,1s) e as reclamações dos capatazes israelitas (5,20-21). Seguem-se momentos parecidos, nos quais chega a
queixar-se a Deus, até que se inicia a grande confrontação com o rei. Dois
detalhes se destacam nos textos bíblicos: a paciência de Moisés, que sempre dá uma nova oportunidade e intercede pelo faraó (8,5-10.25-27; 9,29;

10,18), junto com sua firmeza em não transigir com as coisas essenciais: é todo o povo, homens, mulheres e crianças, e todos os animais, os que devem sair do Egito (8,21-25; 10,9; 10,25-26).

Por último, convém destacar sua reação diante das duríssimas palavras do povo, encurralado entre o mar e o exército do faraó (14,10-12). Como em situações anteriores, não reprova o povo nem se dá por ofendido. Somente tem palavras de estímulo e confiança (14,13). Essa atitude mudará depois.

Se os quinze primeiros capítulos do Êxodo nos traçam a figura do déspota, também apresentam a imagem do libertador humano, com sua preocupação inicial pelos que sofrem injustiça, seu medo de falhar em missão tão difícil, suas negociações pacientes e firmes na busca de soluções. Aqui, sim, é que temos o que se conhece como "espelhos de príncipes".

4. Deus

O protagonista mais importante é o último a ocupar o lugar em cena. No capítulo 1 aparece de forma muito secundária, favorecendo as parteiras por sua boa conduta (1,20). Mas não parece muito informado sobre a opressão inicial do povo. No capítulo 2, quando os filhos de Israel se queixam da dureza de sua escravidão, diz-se que "Deus escutou suas queixas e se lembrou da aliança com Abraão, Isaac e Jacó. Deus viu a situação dos filhos de Israel, e conheceu..." (2,24-25).

Com isso o relato provoca um dos maiores problemas teológicos da história da humanidade e da Bíblia: Por que Deus não escuta desde o primeiro momento o pedido de socorro dos oprimidos? É impossível responder esse mistério. Um detalhe importante: desde que começou a opressão, essa é a primeira vez que o povo "clama". Esse verbo está carregado de sentido teológico na Bíblia. Não é o simples protesto do angustiado, nem um puro grito de raiva; é um clamor que se dirige a Deus, pedindo-lhe que intervenha. Por conseguinte, para a mentalidade do autor, Deus escuta à medida que o povo apresenta seus problemas. Não nos sentimos muito à vontade com essa teoria. Estamos convencidos de que, ao longo da história, são muitos os clamores dirigidos a Deus que não encontram resposta. Mas isso não nos permite desqualificar a opinião desse livro bíblico. Antes de fazê-lo, deveríamos recordar uma passagem evangélica em que Jesus diz que Deus escuta a oração dos oprimidos, quando clamam por Ele noite e dia. Mas termina com umas palavras muito sérias: "Quando vier o Filho do Homem, encontrará ainda fé sobre a terra?" Uma fé que se mantém firme, esperando contra toda esperança o momento da libertação.

No caso que estamos estudando, não há dúvida sobre o interesse de Deus por seu povo oprimido: "Eu vi a miséria do meu povo que está no Egito. Ouvi o seu clamor por causa de seus opressores, pois eu conheço as suas angústias [...]. O clamor dos filhos de Israel chegou até mim, e também vejo a opressão com que os egípcios os estão atormentando" (3,7.9). "Ouvi o gemido dos filhos de Israel, escravizados pelos egípcios, e me lembrei da minha aliança" (6,5). E Deus, através de seu instrumento humano, dará início ao processo de libertação.

No Livro do Êxodo, porém, Deus se manifesta de forma nova. Nos relatos patriarcais Deus aparecia muito próximo dos homens, em diálogo bondoso ou em combate perdido com Jacó. Somente no episódio de Sodoma é que se insinua seu tremendo poder. Agora não é mais assim. A nova situação de escravidão provoca sua formidável atuação, "com mão poderosa e fazendo solene justiça" (6,6). O faraó terá de aceitar que "não há ninguém como o Senhor, nosso Deus" (8,6), "que a terra pertence ao Senhor" (9,29). A manifestação de seu poder acontecerá principalmente nas pragas e na passagem do mar.

9
Uma viagem nada turística
(Ex 15,22–18,27)

O conteúdo do grande bloco que vai desde Ex 15,22 até o final do Livro do Deuteronômio pode ser resumido nas seguintes indicações geográficas:

a) Do Mar dos Juncos até o Sinai (Ex 15,22–18,27).

b) No Sinai (Ex 19–Nm 10,10).

c) Do Sinai à estepe de Moab (Nm 10,11–21,35).

d) Na estepe de Moab (Nm 22-Dt 34).

Trata-se de seções muito desiguais em extensão, conteúdo e estilo. Destacam-se a segunda e a quarta, pela extensão das partes legais. Uma vez mais se juntam aqui tradições diversas. Em certos momentos, as seções narrativas produzem a impressão de um "diário de viagem", graças à intervenção do autor sacerdotal que indica, ou inventa, datas e localidades exatas.

Uma visão global do Pentateuco não pode esquecer esses relatos, amiúde dramáticos, nos quais observamos como se vai formando e aprimorando o povo de Deus. Dada a impossibilidade de tratar de todos esses capítulos, nos concentraremos no relato dos três primeiros meses de viagem.

Seguindo nosso método ativo, comecemos lendo os capítulos de Ex 15,22–18,27. Anote os problemas que o povo encontra durante a viagem e qual é sua reação.

Mediante indicações temporais e locais muito precisas, o texto nos faz reviver as primeiras etapas que levam o povo desde o mar até o Sinai, passando pelo Deserto de Sur, Mara, Elim, Sin e Rafidim. Ao todo, são três meses de caminho, segundo indica 19,1. Mas o importante não são as etapas, e sim o que ocorre em cada uma delas.

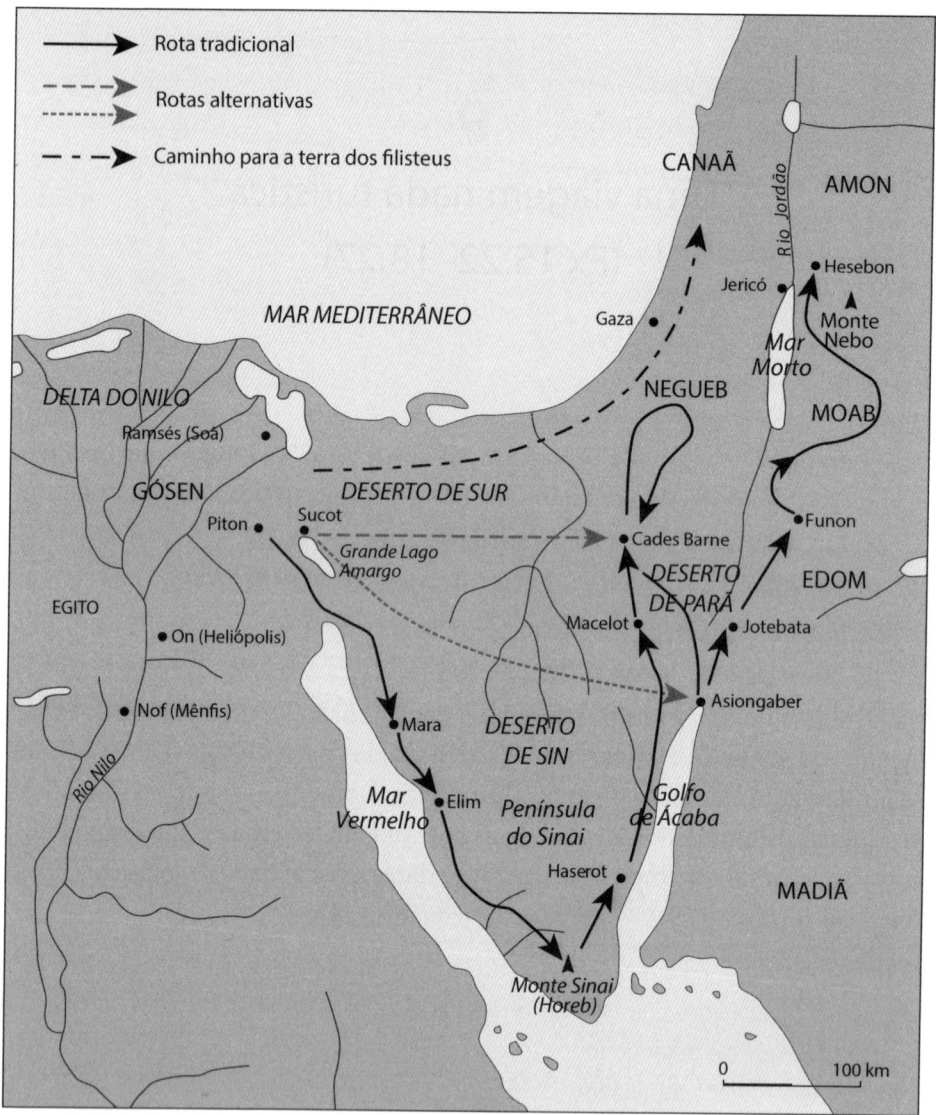

Egito e Sinai.

Divido a exposição em três pontos. O primeiro é uma espécie de guia de leitura, que ajuda a compreender melhor o texto e a captar a complicada história de alguns deles (principalmente o capítulo 16, sobre o maná). O segundo ponto faz um breve resumo, destacando os temas tratados e como reaparecem na viagem do Sinai até a estepe de Moab. O terceiro ponto concentra-se nos protagonistas, indicando também brevemente como evoluem no relato posterior.

1. Lendo o texto: as etapas

Se você gosta de romances policiais, vai gostar de ler este ponto. O trabalho do intérprete da Bíblia às vezes se assemelha ao de um detetive que presta atenção aos menores detalhes para organizá-los em um conjunto coerente. Infelizmente, nem sempre se tem a certeza de ter descoberto o assassino. Mas a tarefa é apaixonante e divertida. Por outro lado, se você não se atrai pela análise minuciosa, talvez se aborreça com o que segue.

1.1 Mara (15,22-26)

O primeiro problema da jornada pelo deserto é apresentado: a sede. O narrador afirma sucintamente: "Andaram durante três dias pelo deserto sem encontrar água" (v. 22). Finalmente, eles se aproximam de Mara, mas, quando chegam, "não puderam beber a água, porque estava amarga" (v. 23). É importante notar o duplo problema: falta de água e água não potável. Isso provoca a queixa do povo, um dos temas típicos das tradições do deserto (ver Ex 16,2; Nm 14,2.36; 17,6). No entanto, esta primeira reclamação não provoca a ira de Deus. Ele resolve rapidamente o problema com um recurso curioso que lembra um episódio de Eliseu: as águas de Jericó são insalubres, mas Eliseu lança sal nelas e ficam saudáveis; no final, o profeta diz em nome de Deus: "Eu curo esta água" (2Rs 2,19-22). É possível que o episódio de Mara tenha terminado de forma semelhante, com as palavras de Deus: "Não enviarei a vós as doenças que enviei aos egípcios, porque eu sou o Senhor, que te cura" (Ex 15,26b).

No entanto, antes deste final feliz, encontramos agora algumas palavras que causam estranheza no contexto: "Ali ele lhes deu leis e mandamentos e os submeteu à prova" (15,25b). Que leis e mandamentos? Que provas? Nada é dito sobre isso, e o que se conta a seguir é a jornada de Mara até Elim.

1.2 Elim (15,27)

É motivo de grande alegria encontrar em Elim "doze fontes de água e setenta palmeiras. E acamparam junto às águas" (v. 27). A localização desse oásis é desconhecida.

1.3 De Elim ao Deserto de Sin: o maná (capítulo 16)

O autor sacerdotal, com sua típica e ingênua precisão, nos situa no décimo quinto dia do segundo mês desde a saída do Egito. Então, no meio do deserto, surge o segundo grande problema, a fome, que provoca no povo a mesma reação que a sede: reclamar de Moisés e Aarão. Deus resolverá o problema mais uma vez. Mas este episódio resulta muito mais extenso e complexo, com numerosos problemas narrativos e de conteúdo. Os versículos 4 e 11 começam da mesma maneira: "O Senhor disse a Moisés"; além disso, após o primeiro discurso de Deus (v. 4-5), o segundo (v. 11-12) não faz sentido. Também são enigmáticos os versículos 9-10. E uma série de outras questões que omito.

No entanto, é bastante fácil reconstruir a tradição primitiva e ver como o capítulo foi crescendo. A tradição mais antiga conta uma história muito clara: o povo chega ao deserto, sente fome e protesta contra Moisés e Aarão (1-3). Então, o Senhor promete alimentar o povo (12) e assim o faz, enviando uma substância fina semelhante à geada (13b-14). Os israelitas, desconcertados, perguntam o que é aquilo (15) e acabam chamando essa substância de *maná*; era branca como a semente de coentro (31) e foi seu alimento habitual durante o período no deserto (35).

Esta tradição receberá diferentes adições, que acabarão complicando o capítulo:

1. Num primeiro momento, tende-se a oferecer mais detalhes sobre o maná, ainda numa linha "científica" e "profana": devem-se recolher dois litros por cabeça (v. 16), recolhe-se todas as manhãs, pois o calor do sol o derrete (v. 21). Essa forma de falar sobre o maná coincide com o que encontramos em Nm 11,7-9.

2. Adições posteriores tentam apresentar o maná como um alimento maravilhoso: não é necessário recolher dois litros por cabeça, cada um recolhia o que conseguia comer (v. 17-18). É "o pão que o Senhor vos dá para comer" e tem gosto de biscoito de mel (v. 31; em Nm 11,8 tem um sabor muito mais prosaico: "pão com azeite"). Dada sua importância, é lógico que Deus ordene conservar dois litros em uma jarra para as gerações futuras (v. 32-34).

3. Outras adições relacionam o maná com a observância do sábado. Temos isso nos versículos 4-5 e 22-30. Observe a relação entre o tema do

versículo 4: "Vou testá-lo, para ver se guarda minha lei ou não" e o versículo 28, quando Deus adverte que alguns não observaram o sábado.

4. Em todas essas adições, só se fala do maná. Como o tema das codornizes entrou? No Livro de Números também há uma relação entre maná e codornizes, mas de tipo muito diferente: o povo reclama por só comer maná, e Deus, indignado, envia-lhes codornizes até fartá-los. Na minha opinião, as codornizes entram em cena quando se desenvolve o tema das reclamações do povo.

Isso ocorre nos versículos 6-8 (o 8 parece uma repetição do 7, esclarecendo seu conteúdo). No relato antigo, o povo dizia a Moisés: "Tu nos tiraste do Egito para nos matar de fome". Para um autor posterior (que se sente obrigado a introduzir Aarão), as duas coisas são falsas. Nem eles tiraram o povo do Egito, nem este vai morrer de fome. "Esta tarde sabereis que foi o Senhor quem vos tirou do Egito, e amanhã verão a glória do Senhor." De acordo com o típico paralelismo da poesia hebraica, estabelece-se uma relação entre "esta tarde" e "amanhã", entre "saber" e "ver a glória". Mas o conteúdo da promessa fica obscuro, e por isso se adiciona: "*Esta tarde* Ele vos dará carne para comer, e *amanhã* vos saciará de pão". A explicação introduz um novo detalhe de paralelismo: "comer carne" e "saciar-se de pão". No fundo, o que Moisés quer dizer é: Deus vos alimentará, e assim sabereis que foi Ele quem vos tirou do Egito.

5. Provavelmente foi um autor posterior que interpretou a promessa literalmente: um milagre ocorreria à noite (carne) e outro pela manhã (pão). E assim o colocou na boca de Deus (v. 12), adicionando depois a bandada de codornizes (v. 13). Este fato, apresentado como cumprimento literal de uma promessa poética, não aparece novamente no capítulo.

6. Na mesma linha de cumprimento literal, podemos entender os estranhos versículos 9-10. Antes foi dito: "Amanhã vereis a glória de Deus" (v. 6). Isso não precisava ser interpretado ao pé da letra. Era uma expressão paralela a "sabereis que foi o Senhor quem vos tirou do Egito". Mas um autor escrupuloso se sentiu obrigado a indicar que também essa promessa se cumpriu.

A reconstrução anterior é hipotética, mas ajuda a notar os motivos tão diversos que estão sendo inseridos no capítulo. Em uma leitura cristã, o mais interessante é a tradição primitiva, com sua simples ideia de que Deus alimenta o povo no deserto. Os evangelhos sinóticos pegarão isso na multiplicação dos pães (unindo o tema do maná com uma tradição de Eliseu), e servirá ao quarto evangelho para seu importante discurso sobre Jesus como o pão da vida.

1.4 Rafidim (17,1-16)

Três episódios muito diferentes situam o autor neste momento: a) a grande crise de fé motivada mais uma vez pela sede (v. 1-7); b) a vitória sobre Amalec (v. 8-16); c) a visita de Jetro (capítulo 18).

a) *Água da rocha* (17,1-7). A única peculiaridade é a duplicação dos versículos 2 e 3, que repetem a mesma ideia (o protesto do povo) com verbos diferentes: "disputar" (*ryb*) e "murmurar" (*lûn/lîn*). Uma vez que o versículo 7, ao oferecer a etimologia da localidade, captura a raiz "disputar" (Meriba, de *ryb*), parece que a tradição mais antiga é a do versículo 2. O versículo 3 seria adicionado mais tarde para enfatizar os contínuos protestos do povo e apresentá-lo – em uma linha muito profética – como "um povo obstinado e de cerviz dura" (sobre o "murmúrio" do povo, veja Ex 15,24; 16,2.7.8; 17,3; Nm 14,2.27.29.36; 17,6).

Observe o que está em jogo: os israelitas testam a Deus perguntando: "Está o Senhor entre nós ou não?" Este tema da companhia de Deus foi claramente afirmado desde o início da caminhada: "O Senhor ia adiante deles" (13,21). Mas o povo duvida se isso é verdadeiro. Nos capítulos seguintes, o tema da presença e companhia de Deus será uma questão crucial.

Água da rocha

Este episódio tem um claro paralelo em Nm 20,1-13, uma tradição de origem sacerdotal que adiciona novos elementos, como o castigo de Moisés e Aarão. Ambos concordam na queixa do povo devido à falta de água e no fato de Moisés extrair água da rocha batendo nela com o bastão. Autores posteriores perceberam um problema sério subjacente: para ter água no deserto, não basta que ela brote um dia da rocha; Moisés teria de bater em rochas todos os dias. Por isso, as *Antiguidades bíblicas* do Pseudo-Fílon dizem que Deus "fez brotar para eles um poço de água que os seguia". Paulo, por sua vez, mantém-se fiel à tradição da rocha que jorra água, mas essa rocha segue o povo como uma espécie de caminhão-pipa inesgotável (e ele termina dizendo que "a rocha era o Messias").

b) *Vitória sobre Amalec* (Ex 17,8-16). Amalec é uma tribo de pastores nômades que habitava entre o Mar Morto e o Mar Vermelho. As tabuinhas de Amarna, que contêm a correspondência entre os reizinhos cananeus e o faraó durante o século XIV a.C., os apresentam com o nome genérico de *khabbati*, saqueadores, e assim sempre aparecem na Bíblia. Não é raro que entrassem em conflito com outros povos. E assim aconteceu com os israelitas, originando um ódio mortal que perdurou na época dos Juízes (Jz 3,13; 6,3.33; 7,12; 10,12) e até os tempos de Saul (1Sm 14,48; 15) e Davi (capítulo 30).

O primeiro confronto ocorreu, segundo Ex 17,8, quando os amalecitas atacaram os israelitas em Rafidim. A notícia é muito sucinta. O ataque é narrado com mais detalhes em Dt 25,17-19: "Lembra do que te fizeram os amalecitas pelo caminho, quando saías do Egito: te surpreenderam quando estavas cansado e esgotado, e atacaram pelas costas os que estavam atrás, sem respeitar a Deus".

O episódio é interessante porque nos coloca em contato, pela primeira vez, com dois personagens: Josué, que se tornará sucessor de Moisés; e Hur, um personagem misterioso que reaparecerá junto a Aarão em Ex 24,14 e que provavelmente é o avô de Beseleel, o artista encarregado de realizar o projeto do santuário (Ex 31,2-5; 35,30).

Mas o maior interesse reside na forma de apresentar a superação do conflito. Temos a impressão de que o relato primitivo era formado pelos versículos 8-9 e 13-16: diante do ataque de Amalec, Moisés opta por uma decisão militar (contra-atacar) e confia em sua vara milagrosa (v. 8-9); de fato, Josué consegue derrotar os amalecitas, registra-se este feito por escrito e constrói-se um altar (v. 13-16).

Um autor posterior quis dar uma abordagem diferente ao episódio: o essencial para a vitória não é a atividade militar nem a vara milagrosa (muito próxima da magia), mas sim a oração de Moisés, expressa com o gesto de erguer as mãos a Deus. Sem dúvida, a tradição antiga deixava claro que o artífice da vitória era Deus. Mas agora isso fica ainda mais evidente.

c) *A visita de Jetro* (capítulo 18). No capítulo, percebem-se duas cenas muito diferentes. A primeira (1-12) está centrada na visita de Jetro, personagem que se torna símbolo da reação de um pagão diante da notícia da libertação. Preste atenção nos versos 8-12, que resumem o que aconteceu nos capítulos anteriores do ponto de vista da ação de Deus e da gratidão e louvor devidos a ele.

A segunda cena (13-27) concentra-se na origem da instituição dos juízes; diante do enorme trabalho que é julgar o povo, Jetro aconselha Moisés a escolher pessoas para ajudá-lo nessa tarefa, e Moisés segue o conselho de seu sogro. Essa imagem de Moisés seguindo o conselho de outro homem (ainda que seja sacerdote de Madiã) é bastante curiosa; o Livro do Deuteronômio oferece uma tradição paralela sobre a origem dos juízes (Dt 1,9-18), mas lá Jetro não intervém; a decisão é tomada por Moisés e pelo povo conjuntamente.

2. Os temas

O relato bíblico oferece nesses poucos capítulos um paradigma dos diversos problemas que afligirão o povo em sua marcha para a terra prometida. São fáceis de imaginar. Caminhar pelo deserto significa enfrentar a sede, a fome, os inimigos, coisas que podem provocar reações negativas e dúvidas de fé. Supõe também a possibilidade de encontrar amigos. E é lógico que se faça necessária a distribuição de tarefas e responsabilidades. Este é o esquema lógico que encontramos na sucessão dos episódios.

– *A sede* (15,22-27). Sem dúvida é o primeiro tema, porque é a grande ameaça do deserto. O narrador afirma sem rodeios: "Caminharam três dias pelo deserto sem encontrar água" (v. 22). Chegando a Mara, "não puderam beber a água, porque era amarga" (v. 23). A alegre exceção acontece em Elim, onde encontraram "doces fontes de água e setenta palmeiras" (v. 27). Mas, prosseguindo na direção de Sin, "o povo não encontrou água para beber" (17,1).

– *A fome* (cap. 16). Outro problema normal, que faz o povo recordar o Egito, quando "sentado junto à panela de carne, comia pão com fartura" (16,3).

– *A crise de fé*. As provas anteriores supõem um sério problema para a confiança do povo em Deus. Mas vai ser a falta de água que provoca a crise mais forte, quando se duvida que Deus esteja presente no meio do povo (17,1-7).

– *O inimigo*. Aqui representado pelos amalecitas (17,8-16). É outro dos perigos habituais no deserto, que põe em risco a existência do povo e a possibilidade de chegar à terra prometida.

– *O amigo*. Neste caso, Jetro, sacerdote de Madiã e sogro de Moisés. Sua amizade se revela na alegria que sente pelos benefícios que Javé fez a Israel e pela fé que demonstra ter em Deus e que ao povo faltou até agora (18,1-12).

– *O poder*. Na perspectiva dos narradores, começam a aparecer os problemas que serão frequentes séculos mais tarde. Concretamente, a necessidade de repartir o poder e as tarefas, para que ninguém fique sobrecarregado. Surge assim, por conselho de Jetro, uma instituição nova, a dos juízes (18,13-27).

Os restantes capítulos narrativos sobre a viagem podem ser lidos com esta mesma perspectiva, já que recorrem os mesmos temas:

– *A fome e a sede* tornamos a encontrar em Nm 11,4-35; 20,1-13; 21,5, provocando queixas cada vez mais fortes entre o povo.

– *A crise de fé* se reflete em todas as passagens anteriores e alcança sua expressão mais forte em Nm 14,2-4.11, quando se pensa em escolher um chefe para comandar a volta ao Egito; essa atitude supõe "desprezo e descrédito de Javé, apesar de todos os prodígios que fez em favor de Israel" (14,11).

– *O inimigo* adquire aspectos bem distintos. Umas vezes se trata dos habitantes de Canaã, tão fortes que parecem invencíveis (Nm 13,28-33). Outras vezes são reis que impedem a caminhada do povo rumo à terra prometida: Edom (20,14-21), Seon e Og (21,21-35), Balac (22-24), Moab (25).

– *O amigo*. O caso de Jetro não se repete nas tradições posteriores, mas há um personagem que podemos classificar como tal: Balaão, contratado para amaldiçoar Israel, termina abençoando-o em nome de Deus (Nm 22–24). Fora do Pentateuco, no Livro de Josué, a prostituta Raab cumpre uma função amistosa e relevante na conquista de Jericó.

– *O poder*, com o peso que supõe e os conflitos que provoca, é o tema nas controvérsias entre os descendentes de Aarão e de Levi ou nas pretensões dos profetas (Nm 11,11-12.14-17.24b-30; 12,1-6; 17). O debate mais duro temos em Nm 16, quando acontece a rebelião de Datã, Coré e Abiram. Embora muitos desses textos apenas queiram justificar privilégios posteriores, é interessante lê-los com a perspectiva de um grupo humano que vai sentindo a necessidade de organizar e distribuir o poder.

3. Os protagonistas

A *atitude do povo* se caracteriza pela queixa (15,24; 16,2-3; 17,2-3), a desconfiança (17,7), a desobediência (16,28) e o medo da liberdade (manifestado no desejo de voltar ao Egito: (16,3). Note-se o forte contraste com a atitude de Jetro (18,9-11).

A postura do povo não mudará nos capítulos seguintes: a desconfiança diante do futuro adquire força especial em Nm 13–14, quando se está na iminência de voltar ao Egito (14,1-10). A todos esses pecados, um novo se acrescentará, o de idolatria (Ex 32; Nm 25). Essas tradições nos mostram Israel da forma como era visto pelos profetas: um povo de "dura cerviz", obstinado, que não aceita os planos de Deus.

Atitude de Moisés: clama a Deus (16,25), dá ao povo leis e mandamentos (16,25), se queixa do povo (17,4), intercede durante a batalha (17,8-15), resolve os problemas do povo (18,13). É o grande intermediário entre Deus e o povo.

As tradições posteriores darão maior desenvolvimento aos temas do intercessor (Ex 37,7-14; Nm 11,2; 12,13; 16,22; 17,9-11; 14,11-19) e do legislador (Sinai, Deuteronômio). No final do Pentateuco aparece também como intérprete da história (Dt 32).

Atitude de Deus: soluciona pacientemente os problemas, cura, alimenta, dá de beber, protege. Prova Israel, mas com paciência. Do ponto de vista legal a relação com Ele se expressa em 15,26 (obediência), 16,28s. (sábado), 18,13-26 (administração da justiça).

Os capítulos posteriores incluem os aspectos de Deus que purifica e salva ou abençoa[26]. Todavia, o tema da paciência irá aos poucos se transformando, e as reiteradas transgressões do povo provocarão seu castigo[27]. A maior pena consistirá justamente em não poder entrar na terra prometida: todos, com exceção de Caleb e Josué, morrerão no deserto. Serão os filhos que receberão a promessa. Isto demonstra, ao mesmo tempo, que Deus permanece fiel e que a bênção supera o castigo que o povo mereceu com seus pecados.

---

26. Cf. Nm 15: depois da grande crise; Nm 22–24: oráculos de Balaão; Nm 32; Dt 33: bênçãos de Moisés.

27. Ex 32,15-35: bezerro de ouro; Nm 11,1-3: incêndio; Nm 11,31-35: codornizes; 14,20-30.36–38.40-45; 20,12: ameaça contra Moisés e Aarão; 20,22-29: morte de Aarão; 21,4-9: serpentes; 25,4-5: Baal de Fegor.

10
As leis de Israel

1. Importância e dificuldade do tema

O leitor – como eu – provavelmente não tem muita noção de Direito. Cumpre as leis que conhece e procura ler bem os contratos, para não se deixar enredar por alguma cláusula capciosa. Até admite a necessidade das leis, mas nunca com grandes entusiasmos. Este capítulo pretende descobrir o aspecto profundamente humano, quase apaixonante e por vezes divertido, da legislação de Israel.

Dois motivos nos obrigam a dedicar um capítulo a este tema. Do ponto de vista literário, o Pentateuco recolhe tal quantidade de leis, que ocupam mais de um terço dos livros (Ex 20–40, Lv e Dt 12–26). Precisamente seu nome hebraico, *"a lei"*, *"a lei de Moisés"*, é uma referência à importância deste material jurídico.

De um ponto de vista teológico, o Pentateuco narra a formação do povo de Israel. Um povo sem leis carece de algo essencial. As normas que regem as relações entre os homens e destes com Deus são tão importantes como o dom da liberdade e o da terra prometida.

Não é fácil, porém, entrar neste mundo legal do Pentateuco, pela imagem bastante caótica que oferece. Há códigos, como o Decálogo, que se repetem (Ex 20 e Dt 5). Certas seções misturam leis e narrações (Ex 20–34). Outras juntam leis e exortações (Dt). Há mudanças bruscas de assunto, e maneiras bem diferentes de formular os mesmos preceitos.

Por isso o melhor modo de entrar na matéria é procurar descobrir o aspecto profundamente humano e que está latente nessas normas. As leis de Israel, como as de qualquer povo, não surgem de mentes vulcânicas, em busca de problemas teóricos. Respondem a necessidades vitais. É o que demonstra a breve história que segue.

2. O touro de Zacarias

Zacarias foi o último a chegar ao terreiro. Não ia de boa vontade àquela reunião, convocada para resolver o problema de seu touro. "Gedeão" sempre tinha sido um animal pacífico, que se limitava a olhar de soslaio os pequeninos. Os maiores lhe tinham um pouco mais de respeito, mas nunca investira contra ninguém. E naquela maldita tarde, há uma semana, atacou "Luzeiro", o touro de João, deixando-o semimorto. Poucos dias depois "Luzeiro" acabou morrendo. Zacarias tentou resolver amistosamente, mas João estava irredutível: queria "Zacarias" no lugar de "Luzeiro". O jeito foi reunir a assembleia dos anciãos da aldeia.

Betadon era uma pequena aldeia nas serranias de Efraim. Pouco mais de duzentos pacíficos habitantes. O pleito entre João e Zacarias tinha criado polêmica, e naquela manhã ninguém faltava à reunião. Inclusive Aquimelec, o levita, homem culto, que já havia estado no mar ocidental e em Meguido. Alguns diziam que sabia ler. Mas ninguém o tinha visto com papiro ou tabuinha nas mãos.

– Já sabeis do problema – começou João. Zacarias está disposto a pagar-me o preço do touro. Mas isso não me serve para nada. Não preciso de dinheiro, mas de um touro. Para conseguir outro, eu teria de ir muito longe. A única coisa que peço é o touro de Zacarias no lugar do meu.

– Eu lhe pago o touro – respondeu Zacarias. Mas "Gedeão" não lhe dou. Faz anos que o tenho, e ele me faz falta. Aliás, nem sabemos quem começou a briga.

– Em Siquém aconteceu o mesmo há alguns anos – interveio José, um ancião que entendia de touros e de homens. Como não se punham de acordo, venderam o touro vivo e dividiram entre si o dinheiro e o touro morto.

– A gente de Siquém é muito bronca. Isso certamente desagradou aos dois e aposto como o touro vivo foi comprado pelo chefe da sinagoga.

Alguns riram da tirada de Joaquim. Já conheciam este rapaz, sempre do contra, que em todas as assembleias propunha organizar uma caçada aos filisteus.

– Aos dois não – insistiu José. O dono do touro vivo foi castigado, e o dono do touro morto foi ressarcido.

Zacarias saltou da pedra onde se assentava:

– Por que querem castigar-me, deixando-me sem touro? Já não basta a pena de eu ter de pagar o morto?

– Sim, mas amanhã estás de volta ao campo com o touro. E eu, com que trabalho? Com as cabras?

Os anciãos da aldeia não lembram exatamente como terminou a discussão, mas ninguém esqueceu o silêncio curioso do levita. Dizem que Zacarias ficou com seu touro, mas com a condição de o vigiar atentamente. E assim o fez, ou pelo menos tentou. Quinze dias mais tarde, porém, "Gedeão" aprontou mais uma, e o caso foi muito mais grave. Investiu contra Elcana e deixou a pobre Susana viúva e com cinco filhos.

Desta vez Zacarias foi o primeiro a chegar no terreiro, protegido por alguns homens, para que não fosse morto pela família do defunto. A discussão foi tensa. Joaquim, que gostava de usar palavras raras, mesmo sem conhecer-lhes o significado, falou de "premeditação e aleivosia". José não recordava nenhum caso parecido em Siquém. Alguns diziam que "Gedeão" tinha um espírito maligno e era preciso matá-lo. Outros consideravam Zacarias réu de morte.

Foi então, depois de mais de duas horas de discussão, que interveio Aquimelec. Sua condição de levita lhe dava muito prestígio entre todos. Falou pausado, como se recitasse um salmo durante o sacrifício.

– A primeira vez que se colocou o problema, José disse o que tinham feito em Siquém. Alguns levaram na brincadeira. Mas é muito bom que saibamos como se decide em outros lugares, sobretudo se é uma decisão sensata. Só assim conseguiremos ter umas leis comuns, que valham para todos os filhos de Israel. José disse que hoje não pode aconselhar-nos nada. Eu, sim. Há muitos touros em Israel. E não é a primeira vez que um touro mata. Durante anos, muito antes até que os israelitas sentissem o problema, o caso já estava legislado. Fiz uma longa viagem para trazer estas leis. Vale a pena que as escutemos com atenção.

Todos olharam com assombro e respeito a folha de papiro que Aquimelec tinha tirado de sua larga e espaçosa manga. Nela, escritas com símbolos estranhos, estavam as "leis do touro que chifra". A voz do levita se elevou sobre todos:

Se algum touro chifrar homem ou mulher e causar sua morte, o touro seja apedrejado e não se coma de sua carne; mas o dono do touro será absolvido. Se o touro, porém, já antes marrava e o dono foi avisado, e não o guardou, o touro será apedrejado e seu dono será morto. Se lhe for exigido resgate, dará então como resgate da sua vida tudo o que lhe for exigido. Que tenha chifrado um filho, que tenha chifrado uma filha, esse julgamento lhe será aplicado. Se o boi ferir um escravo ou uma serva, serão dados trinta siclos de prata ao senhor destes, e o boi será apedrejado. Se o touro de alguém ferir o touro de um outro, e o touro ferido morrer, venderão o touro vivo e repartirão o seu valor; e dividirão o touro morto. Se, porém, o dono sabia que o touro marrava já havia algum tempo e não o guardou, pagará touro por touro; mas o touro morto será seu (Ex 21,28-29.35-36)[28].

Assim, fruto de casos concretos, de experiências geralmente tristes, foram surgindo as leis de Israel. Uma outra vez coube a Natã. Estava muito contente com sua nova casa, quando seu filho pequeno caiu do terraço. Desde aquele dia ficou decidido que todos os terraços tivessem parapeito (Dt 22,8). Em outra ocasião foi o rebanho de Acab, que destruiu toda a colheita do campo vizinho. Teve de restituir com o melhor da sua (Ex 22,4). Ou o que se passou com Josué, que cavou um poço e esqueceu de cobri-lo, e nele caiu o boi de Jeroboão. Teve de pagá-lo e ficou com o boi morto, sem saber o que fazer com tanta carne (Ex 21,33-34). Mais delicado foi o problema de Simeão. Um dia amanheceu com uma mancha na pele. Não lhe deu importância. Ao cabo de uma semana, o pelo junto à mancha estava branco e se tinha formado uma chaga. Levaram-no ao sacerdote, que o declarou impuro. Desde esse dia anda pelos campos com vestes rasgadas e cabelos desgrenhados, cobrindo a barba e gritando a quem se lhe aproxima: "Impuro! Impuro!" (Lv 13,9-11.45-46).

3. Onde surgem as leis?

Nem tudo eram questões civis e penais. Um lugar importantíssimo em Israel ocupou a legislação sagrada, que regulava o culto em seus mínimos detalhes. Naturalmente foram os sacerdotes os responsáveis por ela.

---

28. Estas leis parecem inspiradas no Código de Hammurabi, n. 250-252, porém são mais duras. Os textos podem ser consultados em LARA, F. *Código de Hammurabi*. Madri, 1982. Sobre a legislação mesopotâmica, ver SANMARTÍN, J. *Códigos legales de tradición babilónica*. Barcelona, 1999.

a) Originariamente, as leis nascem *na família, no clã ou na tribo.* Muitas vezes se limitam a copiar normas dos povos vizinhos. A norma aplicada pela primeira vez em uma aldeia ou tribo podia criar jurisprudência para outras.

b) Mais tarde ocupariam um lugar importante *os santuários* (Guilgal, Betel etc.). As reuniões anuais que se faziam neles permitiam intercambiar a prática jurídica e resolver novos problemas. Ao mesmo tempo, se tratavam questões estritamente cultuais (sacrifícios, oferendas etc.).

c) A partir de Davi (século X), *a corte* adquire grande importância. O rei tem obrigação de julgar (1Sm 15,1-4; 1Rs 3,16-28; 2Rs 8,4-6). Segundo 2Cr 19,5-11, Josafá de Judá (870-848) estruturou a administração da justiça em todo o país.

d) Por último, *o Templo de Jerusalém.* Já que os sacerdotes desempenhavam também uma função judicial, não se deve estranhar que legislassem sobre numerosos casos, alguns até bem distantes do que poderíamos imaginar: animais comestíveis, enfermidades da pele, matrimônios lícitos e ilícitos etc.

4. Por que se multiplicam as leis?

Sem querer esgotar o assunto, em Israel parece que houve três grandes causas:

a) *Insuficiência dos grandes princípios.* Uma lei tão genérica como "não matarás" (Ex 20,13) exige na prática muitas distinções. Que acontece com quem mata sem intenção? (Ex 21,12-15). E se alguém mata um ladrão em flagrante? É a mesma coisa matá-lo de noite e de dia? (Ex 22,1-2). E se alguém ferir o seu escravo com uma vara e este vier a morrer? (Ex 21,20). Também pode acontecer que não se mate ninguém, mas se deixe em alguém graves lesões físicas (Ex 21,18-19.22-25.26-27).

b) *Novos problemas e diferentes situações.* Enquanto os israelitas eram pastores seminômades, sem terras cultiváveis, não havia muitos problemas que só mais tarde, quando se converteram em agricultores, foram aparecer. Então se fez necessário legislar sobre o poço que se deixou de cobrir (Ex 21,33-34), um campo arrasado pelo rebanho alheio (Ex 22,4), o fogo ateado por descuido sobre a messe do vizinho (Ex 22,5). O problema do empréstimo e a usura, inconcebíveis numa sociedade patriarcal, obriga a promulgar normas sobre o tema (Ex 22,24-26; Dt 24,10-13). Séculos mais tarde, o aumento do número de famílias sem-terra, dependentes da jornada de trabalho, obriga a legislar sobre o salário (Dt 24,14).

c) *Distintas concepções teológicas*. Como veremos mais adiante, o código deuteronômico representa em Israel uma ampla legislação de espírito humanista e cordial. Alguns pensam que os sacerdotes de Jerusalém não o viam com muito entusiasmo. Pelo menos pensaram que era possível redigir leis com um espírito um tanto diferente. Eles se inspiram na teologia do Deus "santo", inacessível ao homem. Não pretendem aproximar a palavra de Deus ao homem, mas elevar o homem até Deus mediante a fidelidade às prescrições tradicionais.

5. Como se formulam as leis?

Sem descer a detalhes complicados, devemos distinguir dois grupos fundamentais: as leis "apodíticas" e as "casuísticas". As primeiras mandam ou proíbem algo. As segundas apresentam um caso geral – com muitas variantes – ou um caso concreto que começa por "quando..." ou "se...".

a) *Apodíticas proibitivas*: "Não matarás", "não furtarás"... Talvez as mais antigas. Usam a segunda pessoa do singular (o uso do plural é suspeito e tardio). Originariamente são muito breves. Posteriormente se acrescentam algumas motivações. "Não afligirás o estrangeiro nem o oprimido, pois vós mesmos fostes estrangeiros no país do Egito" (Ex 22,20; cf. Dt 22,5; 23,19). Em algumas ocasiões se acrescenta uma ameaça: "Não molestarás nenhuma viúva ou órfão, porque, se o fizerdes e eles clamarem por mim, eu os escutarei; minha ira se acenderá e vos fará perecer pela espada..." (Ex 22,21-23).

b) *Apodíticas imperativas*: "Honra teu pai e tua mãe". Usam também a segunda pessoa do singular. A brevidade inicial cedeu lugar mais tarde a ampliações de caráter diverso: explicações, motivos etc. "O primogênito de teus filhos, tu mo darás; farás o mesmo com os teus bois, e com as tuas ovelhas; durante sete dias ficará com a mãe, e no oitavo dia mo darás" (Ex 22,29; cf. tb. 23,10-12). A lei apodítica também pode ser formulada mediante o particípio hebraico, equivalente em português a uma oração relativa: "Quem ferir de morte a outro, será morto" (Ex 21,12; outros exemplos em 21,15-17; 22,18).

c) *Casuísticas sem variantes*. Apresentam um caso concreto e emitem sentença. "Se um fogo, alastrando-se, encontrar espinheiros e atingir as medas ou a messe, ou o campo, aquele que ateou o fogo pagará totalmente o que tiver queimado" (Ex 22,5; cf. tb. 23,4-5).

d) *Casuísticas com variantes*: "quando... se... se... se..." São mais frequentes do que as anteriores. "Quando comprares um escravo hebreu, seis anos ele servirá; mas no sétimo sairá livre, sem nada pagar. *Se* veio só, sozinho sairá; *se* era casado, com ele sairá a esposa; *se* o seu Senhor lhe der mulher, e esta der à luz filhos e filhas, a mulher e seus filhos serão do Senhor, e ele sairá sozinho" (Ex 21,2-4.7-11.28-32 etc.).

6. Compilação das leis

Naturalmente as leis não podiam ficar soltas. Era preciso coligi-las em blocos mais ou menos sistemáticos.

a) Um recurso elementar era agrupá-las em *séries de dez preceitos (Decálogo)*, para facilitar sua aprendizagem com a ajuda dos dedos das mãos. Os mais famosos são o "decálogo ético" – os Dez Mandamentos (Ex 20; Dt 5) e o "decálogo cultual" (Ex 34). Também é muito provável que existisse um decálogo "para a administração da justiça"[29].

b) Em outro caso temos uma *série de doze preceitos*, promulgados em Siquém, e que por isso é conhecido como "dodecálogo siquemita".

c) Às vezes serviu de critério uma *formulação semelhante* (Ex 21,12-18).

d) Em outras vezes os compiladores se guiaram pelo *conteúdo*: relações sexuais ilícitas (Lv 18,6-23), peregrinações anuais (Ex 23,14-19) etc.

e) Quando se trata de códigos bastante extensos, temos a impressão de que as normas são coligidas de forma um tanto caótica. Por exemplo, o "código da aliança" (Ex 21–23), o "código deuteronômico" (Dt 12–26) e a "lei de santidade" (Lv 17–26). No entanto, alguns estudos – muito complexos

---

29. Sobre este Decálogo, cf. SICRE, J. L. *Con los pobres de la tierra – La justicia social en los profetas de Israel*. Madri, 1984, p. 60s. Auerbach fala de outros possíveis decálogos em Ex 23,10-19; Dt 27,15-24; Ex 21,2-11; 21,12-26; 22,17-30; 22,4-14; Lv 19,26-36; 18,7-18; 19,3-14; 21,1-9; 15,3b-13; 15,19-28; 25,13-31; 25,39-54. Entretanto, para conseguir estas séries de dez preceitos muitas vezes se vê obrigado a omitir muitos versículos – às vezes com razão – e a mudar a ordem de outros. Sua teoria é interessante, mas nem todos os exemplos que dá são convincentes. Cf. AUERBACH, R. "Das Zehngebot – Allgemeine Gesetzes-Form in der Bibel". *VT*, 16, 1966, p. 255-276.

para que deles nos sirvamos agora – descobrem uns princípios de organização que passam despercebidos à primeira vista[30].

7. Pequena história da legislação de Israel

Ainda que muitas vezes nos movamos em terreno de meras hipóteses, é interessante reconstruir em grandes linhas como foi se formando a legislação em Israel. *Quem não dispuser de muito tempo, pode limitar-se aos parágrafos dedicados a Moisés e ao código deuteronômico.*

7.1 Época patriarcal

Se aceitamos que os patriarcas eram pastores seminômades, isso significa que não possuíam um código escrito nem se apresentavam problemas jurídicos próprios de sociedades mais estruturadas. Eles se regem pelo chamado "código do deserto", que compreende duas normas fundamentais: hospitalidade e vingança.

A *lei da hospitalidade* é uma necessidade da vida do deserto, que se converte em virtude. O homem que percorre etapas intermináveis sem uma gota d'água nem aldeias onde comprar provisões vive exposto à morte de sede ou de inanição. Quando chega a um acampamento de pastores, não é um intruso nem um inimigo, mas um hóspede digno de atenção e respeito, que pode gozar da hospitalidade durante três dias; ao partir ainda recebe proteção durante outros três dias (uns 150 quilômetros). Esta lei de hospitalidade a encontramos no Antigo Testamento: Abraão acolhe os três homens que passam perto de sua tenda em Mambré (Gn 18,1-8); Labão recebe com honras o servo de Abraão (Gn 24,28-32); Ló introduz em sua casa os dois anjos (Gn 19,1-8). A norma continua em vigor em tempos posteriores, como demonstra o relato de Jz 19,16-24. Era tão importante, que Ló e o ancião de Gabaá estão dispostos a sacrificar aos hóspedes a honra de suas filhas.

A *lei da vingança* se baseia no princípio da solidariedade tribal. A honra ou desonra de cada membro repercute em todo o grupo (Gn 34,27-31). Por

---

30. Com relação ao código da aliança, cf. o estudo de OTTO, E. "Rechtsgeschichte der Redaktionen im Kodex Esnunna und im 'Bundesbuch'". *OBO*, 85. Friburgo/Gotinga, 1989. Descobre nele dois blocos organizados quiasticamente.

isso se protegem especialmente os membros mais fracos (órfãos e viúvas). As lutas entre famílias ciganas, que provocam às vezes numerosas mortes, refletem muito bem a sobrevivência desta lei em certas culturas. Esta norma, que o canto de Lamec (Gn 4,23-24) atribui às origens da humanidade, continuará em vigor muitos séculos mais tarde: Joab mata Abner para vingar a morte de seu irmão Asael (2Sm 2,22-23; 3,22-27). Absalão mata Amnon para vingar a desonra de sua irmã Tamar (2Sm 13). Mas a vingança de sangue não se praticava dentro do grupo; o assassino era expulso da comunidade, como no caso de Caim.

Junto a essas duas leis fundamentais, alguns autores põem uma terceira: *a pureza da raça*. Os matrimônios devem celebrar-se dentro da família. Assim o relato de Gn 24, no qual Abraão diz a seu criado mais velho: "Jura-me pelo Senhor que não tomarás para meu filho uma mulher entre as filhas dos cananeus, no meio dos quais eu habito. Mas irás à minha terra, à minha parentela, e escolherás uma mulher para meu filho Isaac" (Gn 24,3-4). Não parece, todavia, que esta lei tivesse muita relevância em tempos antigos. Moisés se casa com uma madianita; os clãs de Judá se misturam com cananeias; Salomão tem uma esposa egípcia, outra amonita etc. A pureza racial só vai adquirir grande importância em Israel em fins do século V, com a reforma de Neemias.

7.2 Moisés

Segundo a tradição bíblica, o grande legislador de Israel foi Moisés. Logo pensamos no Decálogo. Mas todos os códigos do Pentateuco lhe são atribuídos, o que nos deixa com um sério problema histórico. Basta recordar o que já se disse anteriormente, para advertir que muitas normas do Pentateuco carecem de sentido no deserto, quando Moisés guia o povo para a terra prometida. Pertencem a uma cultura sedentária, agrícola. Claro, Moisés poderia ter previsto futuras necessidades do povo, mas essa explicação parece um tanto ingênua. As leis são posteriores. São atribuídas a Moisés para receberem maior autoridade.

Sem dúvida, Moisés teve de resolver muitos problemas durante a etapa do deserto. Mas o que o tornou famoso foi o Decálogo, conservado em duas versões (Ex 20,1-17; Dt 5,6-21). Ainda que coincidam quase ao pé da letra, há algumas diferenças notáveis entre ambas.

Se você se diverte com palavras cruzadas, charadas e enigmas, faça este simples exercício: leia as duas redações do Decálogo (Ex 20 e Dt 5) e descubra pelo menos duas diferenças. Faça-o antes de continuar a leitura deste livro. Tirará muito proveito disso se o fizer por sua conta.

Por exemplo, o mandamento sobre a observância do sábado tem justificação histórica diferente: Em Ex 20 se invoca a criação, lembrando que Deus descansou no sétimo dia; em Dt 5 se apela para a saída do Egito, dando um matiz social ao preceito.

Mais interessante ainda é comparar as diferentes versões do último mandamento. Em Ex 20,17 se diz: "Não cobiçarás os bens do teu próximo; não desejarás a mulher do teu próximo, nem seu escravo, nem sua escrava, nem seu boi, nem seu jumento, nem coisa alguma que lhe pertença". A mulher aparece como um entre os bens do homem, ao lado do boi e do jumento. Embora ainda não existisse em Israel um movimento feminista, a formulação do preceito fora um tanto infeliz. Por isso, Dt 5,21 propõe uma versão distinta: "Não cobiçarás a mulher do teu próximo; nem desejarás para ti a casa do teu próximo, nem o seu campo, nem o seu escravo, nem a sua escrava, nem o seu boi, nem o seu jumento, nem coisa alguma que lhe pertença". A mulher adquire um lugar de honra, à frente e à margem dos bens materiais. Por outro lado, note-se que Dt 5,21 fala de "casa e campo", ausentes em Ex 20,17.

Se ambas as versões são atribuídas a Moisés, qual é a autêntica? Poderíamos dizer: as duas. O próprio Moisés retocou a primeira. Nesse caso, o lógico seria que, uma vez retocada, se rasgasse a primeira. As coisas não são tão simples assim.

Além dessas diferenças de conteúdo, há ainda diferenças na maneira de formular os preceitos. Dez mandamentos não são muitos. Não seria difícil dar-lhes a mesma formulação. Mas isso não acontece. Enquanto alguns são enunciados concisamente, sem justificação alguma ("não matarás", "não furtarás" etc.), outros contêm um comentário explicativo (20,4.17), uma motivação (20,7) ou uma promessa (20,12); destacam-se por sua extensão os referentes às imagens e ao sábado. Em uns, Deus fala na primeira pessoa (20,2.5-6), em outros se fala dele na terceira pessoa (20,7.11.12), em outros não aparece para nada. O preceito sobre o sábado é o único formulado de maneira positiva: "guardarás", "lembra-te", ao lado das formulações negativas dos outros.

Essas irregularidades significam que o Decálogo sofreu retoques, alterações e comentários através dos séculos, por motivos pastorais e catequéticos. Por conseguinte, a forma atual do texto não pode ser atribuída a Moisés. Isso não significa que não tenha nada a ver com ele. Hoje em dia muitos autores defendem certa relação do Decálogo e de outras normas com a figura de Moisés[31].

Mais importante é fixar-se no conteúdo e no espírito dessas leis. O Decálogo abarca dois aspectos fundamentais, que levaram os judeus posteriores a dividi-los em duas tábuas: os preceitos que se referem a Deus, e os que se referem ao próximo.

Estes últimos podem parecer uma consagração do direito à propriedade, especialmente da classe mais afluente que dispõe inclusive de escravos e escravas. Na realidade, o que o Decálogo pretende inculcar é o respeito absoluto ao próximo; sua vida, sua intimidade matrimonial, sua liberdade ("não furtarás" provavelmente significava "não sequestrarás"), seus direitos na comunidade jurídica, suas posses[32]. Para compreender o Decálogo é preciso situar-se no contexto de uma sociedade que luta para estabelecer esses valores como norma essencial de convivência. É a Carta Magna da liberdade e da justiça, do respeito à pessoa, marcada pelo supremo ato de justiça e libertação realizado por Deus no Egito. É a forma concreta de impedir que o povo volte a cair numa escravidão maior e pior que a anterior.

---

31. Volz, Rowley, Eichrodt, entre outros, o atribuem a Moisés. Alt, Noth, Nielsen, Hossfeld etc. o consideram antigo, não, porém, mosaico. Segundo Fohrer, o atual Decálogo é resultado da mistura de pelo menos três séries de preceitos. Da época de Moisés podem ser apenas os três primeiros: Não terás outros deuses. Não farás imagens de Deus. Não invocarás o nome de Deus para fazer o mal. Também poderiam remontar a Moisés preceitos sobre os sacrifícios de crianças, magia e sodomia.

32. Muitos destes valores eram reconhecidos pelos povos do Antigo Oriente. No Código de Hammurabi encontramos paralelos com os preceitos sobre o falso testemunho, rapto de pessoa, roubo, adultério, respeito aos pais (cf. PRITCHARD, J. B. *La sabiduría del Antiguo Oriente*, p. 164s.). Também nas confissões de inocência de textos egípcios (cf. PRITCHARD, J. B. *Ancient Near Eastern Texts relating to the Old Testament*, p. 34s.). Os interessados em conhecer a preocupação ética e social dos povos vizinhos a Israel podem consultar SICRE, J. L. *Con los pobres de la tierra*, p. 19-47.

Antes, porém, dos direitos do próximo, estão os de Deus, defendidos nos primeiros mandamentos. São de uma tremenda originalidade. Sobretudo as ideias de um culto a um só Deus e de não utilizar imagens contrastam com o que sabemos de todas as religiões antigas.

O primeiro mandamento não se pode interpretar em sentido monoteísta, como se os israelitas estivessem convencidos desde o princípio de que só existia um deus. Admitiam muitos deuses, como o demonstram Jz 11,24 e 1Sm 26,19. O que manda o primeiro mandamento é que somente Javé signifique algo para o povo, somente nele busquem ajuda e proteção. Pouco a pouco, os israelitas irão progredindo até o reconhecimento de um só Deus.

O segundo mandamento também é das contribuições mais genuínas de Israel: proíbe construir imagens. Primitivamente quis referir-se a imagens de Javé; mais tarde se aplicou a deuses estrangeiros ou a qualquer ente celeste ou terrestre que o homem pudesse venerar. Por que tal preceito provocou rios de sangue, inclusive dentro da Igreja?

Antes de tudo, se discutem sua antiguidade e seu sentido. Se o remontamos ao tempo de Moisés, deveríamos reconhecer que deixou de ser observado muito cedo. O uso de imagens está claramente atestado no culto público e privado de Israel: a serpente de bronze (Nm 21,8s.; 2Rs 18,4), o ídolo de Micas, entronizado mais tarde no santuário de Dã (Jz 17), os bezerros de ouro de Jeroboão I (1Rs 12,28s.). Temos a impressão de que essas imagens não eram malvistas no princípio. No caso dos bezerros de ouro, o Profeta Elias, fervoroso javista, não diz nada contra eles um século depois de terem sido instalados. Só no século VIII encontramos uma dura crítica no Profeta Oseias. Por outro lado, o fato de que nunca se fale de imagens de Javé em tempos antigos nos faz pensar que o preceito não surgiu em épocas posteriores, e sim que foi mais tarde que o levaram às últimas consequências.

Quanto ao sentido e justificação do preceito, a teoria mais em voga afirma que pretende evitar a manipulação de Deus através de uma imagem que se pode premiar ou castigar. Se ele se comporta bem e concede o que lhe pedimos, enfeitamos sua imagem e lhe oferecemos perfume e comida. Caso contrário, o privamos de tudo. Outros autores o justificam como intenção de salvaguardar a transcendência de Javé. A obra de Bohlen[33] sustenta que as raízes objetivas da

---

33. BOHLEN, C. *Das Bilderverbot. Seine Entstehung und seine Entwicklung im Alten Testament*, BBB, 62, 1985.

proibição de imagens devem ser buscadas na forma de religião sem iconografia dos grupos (semi)nômades de que se originou o posterior povo de Israel. Mas a luta contra as imagens não faz parte dos elementos primitivos; é consequência do primeiro mandamento. A luta contra os deuses e cultos pagãos era impossível se não se proibissem também seus símbolos e imagens.

Não esqueçamos, porém, o mais importante. Todas essas normas referentes a Deus e ao próximo começam com esta frase capital: "Eu sou o Senhor, teu Deus, que te tirei do Egito e te livrei da escravidão" (Ex 20,2; Dt 5,6). O Deus que legisla é o Deus libertador, o mesmo que escutou o clamor de seu povo oprimido. Seus mandamentos não pretendem uma nova escravidão, não procedem de um espírito sádico que intenta amargar a consciência e a vida do povo. Nascem do amor a Israel, buscam seu bem. Ao mesmo tempo, os israelitas devem cumprir esses preceitos como resposta ao Deus que os amou primeiro e que com eles estabeleceu uma aliança.

7.3 O Decálogo cultual (Ex 34)

Em Ex 34, depois que Moisés havia destruído as tábuas da lei, indignado com a idolatria do bezerro de ouro, Javé lhe diz: "Faze outras duas tábuas de pedra, como as primeiras, sobe a meu encontro na montanha, e eu escreverei as mesmas palavras que estavam gravadas nas tábuas que quebraste" (34,1). No fim do capítulo se diz que "nas tábuas escreveu as cláusulas da aliança, os Dez Mandamentos" (v. 28). Mas o que encontramos no meio não é o conhecimento do decálogo ético, e sim um outro de caráter cultual, que se atribui ao autor javista. Embora se apresente como "Dez Mandamentos", este Decálogo de Ex 34 contém mais de dez preceitos:

1. Não adorarás deuses estranhos, porque o Senhor é um Deus zeloso.
2. Não farás aliança com os moradores da terra, porque se prostituem com os seus deuses...
3. Não farás para ti deuses de metal fundido.
4. Guardarás a Festa dos Ázimos...
5. Todo o que sair primeiro do seio materno é meu...
6. Não comparecerás diante de mim de mãos vazias.
7. Seis dias trabalharás e no sétimo descansarás.
8. Guardarás a Festa das Semanas...

9. Três vezes por ano se apresentarão todos os varões ao Senhor...

10. Não oferecerás o sangue do meu sacrifício com pão levedado.

11. Trarás o melhor das primícias para o Templo do Senhor, teu Deus.

12. Não cozerás o cabrito no leite de sua própria mãe.

Mesmo que se considere o n. 2 como explicitação do preceito n. 1, é difícil chegar ao número 10; alguns autores descobrem 14. Este "decálogo" é muito antigo, embora não se possa fazê-lo remontar à época do deserto, como pretendem outros autores. Entre outras coisas, porque revela a forma de vida de um povo agrícola.

Seu maior interesse reside na importância que dá ao culto e à observância de certas normas sacrificais para uma correta relação com Deus.

7.4 O dodecálogo siquemita (Dt 27,15-26)

Trata-se de um conjunto de doze preceitos que devem ser recitados por levitas diante de todo o povo, em Siquém, entre os montes Ebal e Garizim. De acordo com o v. 10, estes preceitos procedem também de Deus por meio de Moisés.

Sem dúvida nos encontramos diante de uma ficção literária. As tribos nunca estiveram unidas em tempos de Moisés, nem os levitas tinham a importância que o texto lhes atribui. Mas este dodecálogo representa uma tradição antiquíssima. Segundo Von Rad, é a série mais antiga de proibições de todo o Antigo Testamento e reflete o espírito primitivo da fé e ética javistas.

Em geral, é sempre o mesmo estilo, com idêntica construção de frase. Somente nos versículos 15 e 20 temos breves motivações. Mais do que de preceitos, trata-se de "maldições". A ideia de fundo consiste em que, quem violar estas normas, será amaldiçoado por Deus. O povo responde "amém", manifestando seu acordo com a vontade de Deus e sua disposição de cumprir a maldição como instrumento divino.

Comparando esta série com o Decálogo, vemos que contém os preceitos sobre as imagens, o respeito aos pais e, dentro de seu espírito, os de não roubar e não matar. Mas as diferenças são notáveis.

– Faltam o primeiro, o terceiro e o quarto.

– O "não roubar" se transforma exclusivamente em não deslocar as fronteiras do vizinho, pois estamos numa cultura agrária.

– O âmbito sexual tem muita importância (quatro maldições), mas não se trata do adultério, apenas de diversas possibilidades de incesto e bestialidade.

– O "não matar" se restringe concretamente a não ferir às escondidas e a não aceitar suborno para matar um inocente.

– Há duas maldições referentes a pessoas fracas física ou socialmente: cegos, emigrantes, órfãos, viúvas. A do cego compreendemos melhor lendo Lv 19,14: "Não amaldiçoarás um mudo e não porás obstáculos diante de um cego, mas temerás a teu Deus". Ofender o fraco é ofender a Deus.

– Por último, é interessante notar que este dodecálogo se dirige contra práticas ocultas (Dt 27,15.24). Mesmo quando o homem se considera sozinho, a vontade de Deus e a comunidade estão presentes, condenando o malfeito.

7.5 O código da aliança (Ex 20,22–23,19)

O decálogo ético e o dodecálogo siquemita não bastavam para regular toda a vida de Israel. Indicam uma série de atitudes fundamentais, mas não consideram toda a complexidade da vida diária. Já vimos como isso suscitou a criação de novas normas. Uma ampla compilação dessas primeiras leis a temos atualmente no Livro do Êxodo, num lugar de honra, depois do Decálogo. Embora se discuta muito a antiguidade dessas leis[34], é provável que tenham nascido no tempo dos juízes (século XII) e sofrido alterações até o século IX.

Podemos esquematizar seu conteúdo da seguinte forma:

– Introdução (20,22-23).
– Lei sobre o altar (20,24-26).
– Leis sobre a escravidão (21,1-11).
– Legislação criminal (21,12-17).
– Casuística criminal (21,18-36).
– Leis sobre a propriedade (21,37–22,16).

---

34. Alguns autores as atribuem, ao menos basicamente, a Moisés; p. ex., Caspari, Cazelles, Sellin e Welch. Outros as situam no período dos juízes (Jepsen, Ringgren, Noth, Sellin-Rost, Von Rad, Weiser e Procksch). Outros ainda as relacionam com Elias e seus grupos proféticos (Morgenstern), com a reforma de Jeú (Menes), ou com a de Josafá de Judá (Reuss).

– Legislação apodítica (22,17-30).

– Legislação judicial (23,1-9).

– Sábado e ano sabático (23,10-13).

– Restrições cultuais (23,14-19).

Mais importante, porém, é o espírito do código, muito bem descrito por Georges Auzou:

> Surpreendidos, mas também enlevados pelo sabor de arcaísmo, folclore e simplicidade rural [...], dificilmente haverá leitores que não se tenham impressionado pela delicadeza de espírito que anima a maioria desses enunciados quase jurídicos e pelo respeito à pessoa humana que se observa neles [...]. Tal sentido do homem, e do homem na presença de Deus, é absolutamente excepcional.
>
> O ambiente humano do código é um mundo de pessoas modestas: senhores e servos, proprietários e endividados. Mas as diferenças entre uns e outros não são grandes, já que todos compartilham o mesmo gênero de vida simples e pobre.
>
> O código da aliança é um conjunto de prescrições, medidas, disposições justas, sadias e sólidas que solucionam as dificuldades, explicam alguns princípios e ordenam a conduta dos homens nas situações comuns e variadas da condição humana. Este conjunto não é somente um formulário de moral social e religiosa de ótima lei, mas a tradição de Israel o colocou na aliança como seu grande e necessário contexto. E o considera à luz da aliança e segundo suas perspectivas. O código mostra, com exemplos, como se pode realizar a comunhão com Deus na existência dos simples e humildes de Israel[35].

Quanto ao conteúdo, enormemente interessante, e até divertido, lembro que esse código sempre chamou a atenção por seu profundo sentido social: preocupação pelos mais fracos, pela correta administração da justiça e pelo problema do empréstimo[36].

7.6 O código deuteronômico (Dt 12–26)

Passaram-se os anos, e a legislação do código da aliança ficou ultrapassada em certos pontos. Foi preciso atualizá-la e completá-la. Surgiu um

---

35. AUZOU, G. *De la servidumbre al servicio – Estudio del libro del Exodo*. Madri, 1969, p. 317-322.

36. Sobre este tema pode-se consultar SICRE, J. L. *Con los pobres de la tierra*, p. 59-62.

conjunto de leis que formam hoje o núcleo básico do Deuteronômio (capítulos 12–26). Seu processo de formação é muito complexo e não podemos deter-nos nele. Parece que a primeira redação do novo código teve lugar no Reino do Norte (Israel). Quando este desapareceu, no ano 720, um grupo de fugitivos o levou para o Reino do Sul (Judá). Ali, um século mais tarde, se concluiu e se completou sua redação.

> Indico pistas de leitura para quem deseje conhecer os trechos mais famosos. Leia-se pelo menos a lista, porque nestas leis encontram-se coisas muito curiosas e interessantes.

12,1-16: Lei da *centralização do culto*. Proíbe o culto a Deus fora do lugar por Ele escolhido. Supõe a intenção de centralizá-lo em Jerusalém. Embora os motivos originários não sejam religiosos – unificar o culto e livrá-lo de contaminações pagãs –, também puderam influir motivos políticos – acentuar o prestígio da capital – e econômicos – maior receita para os sacerdotes hierosolimitas. Os Livros dos Reis utilizam esta lei como princípio básico para julgar os monarcas: os do Reino do Norte são todos maus, porque prestam culto fora de Jerusalém; os do Reino do Sul são bons, regulares ou maus, conforme o grau de fidelidade a esta norma. Jesus acaba com esta lei ao dizer à samaritana que a Deus não se adora "nem neste monte (Garizim) nem em Jerusalém, mas em espírito e verdade".

12,23-25: Proibição de *comer sangue*. Texto básico para as Testemunhas de Jeová.

14,1-20: Curiosa lista de *animais comestíveis e não comestíveis*. Coincide com a nossa prática; se as senhoras não estão de acordo, digam-me, por favor. Os que têm uma ideia muito "tradicional" da inspiração, já imaginaram como Deus ditou esta lista a Moisés?

15,1-11: Sobre a *remissão das dívidas a cada sete anos*. É uma tentativa, talvez utópica, de solucionar os problemas sociais. Parte do sentimento de fraternidade e de uma fé profunda na recompensa de Deus para quem faz o bem aos pobres. Note-se o curioso contraste entre o versículo 4 e o 11.

17,14-20: *Como deve ser o rei.*

21,22-23: *Lei do condenado*. Lembre-se do que fizeram com Jesus depois de morto.

22,5: *Contra o travestismo.*

24: Leis diversas, algumas de grande alcance social.

25,1-3: *Quarenta açoites menos um.*

25,5-10: A famosa *lei do levirato.*

Insisti nas leis que representam uma novidade com respeito ao código da aliança. É muito interessante fixar-se nas que adaptam ou atualizam normas anteriores, mas isso exige um trabalho mais minucioso.

7.7 A lei de santidade (Lv 17–26)

Dizem alguns comentaristas da Bíblia que os sacerdotes de Jerusalém não aceitaram o código deuteronômico por vir do Norte e por seu espírito humanista e cordial. Essa interpretação me parece injusta e em desacordo com os dados que possuímos. Quando o código chegou a Jerusalém, ficou guardado no Templo. E acabou no esquecimento durante anos, não por culpa dos sacerdotes, mas pela política paganizante do Rei Manassés. Quando essa crise passou, foi um sumo sacerdote, Helcias, quem descobriu o *Livro da Lei* e o comunicou imediatamente ao monarca (2Rs 22,8-13).

O que se pode dar como certo é que os sacerdotes vinham legislando desde tempos antigos e que o espírito de suas leis era diferente do que presidira o código deuteronômico. Eles se inspiram na teologia tradicional do Deus "santo", inacessível ao homem. Não pretendem aproximar a Palavra de Deus ao homem, mas elevar o homem até Deus pela fidelidade às prescrições tradicionais. Por outro lado, muitas de suas preocupações – pessoas sagradas, ritual dos sacrifícios – caíam fora do âmbito civil.

Um dos produtos típicos da abundantíssima legislação sacerdotal é a chamada *lei de santidade* (Lv 17–26), que recebe esse nome por insistir na ideia: "Santificai-vos e sede santos, porque eu, o Senhor, sou vosso Deus" (Lv 20,7); "Eu sou o Senhor, que vos santifico" (20,8; 21,8); os sacerdotes "devem ser santos" (21,7); "Eu sou o Senhor que os santifica" (22,16) etc.

O material recolhido neste novo código é variado: fala do sangue dos animais, das relações sexuais, das relações humanas, dos cultos proibidos, das pessoas, tempos e lugares sagrados, do nome sagrado, do ano jubilar. Como os códigos anteriores, este também não foi redigido de uma só vez.

Percebe-se pelas repetições e pela mudança de estilo. Como exemplo de temas repetidos podemos citar:

– as relações sexuais em 18,6-23 e 20,11-21;

– o sábado em 19,3; 19,30 e 26,2;

– a nigromancia em 19,26.31 e 20,6.27;

– o sacrifício do filho em 18,21 e 20,2-5.

Quanto à mudança de estilo, o caso mais claro está em 24,10-23, quando se interrompem as normas para contar uma história.

Por conseguinte, o que havia no princípio era uma série de leis soltas, algumas muito antigas, agrupadas por temas. Durante o exílio da Babilônia (século VI), um autor as uniu de forma que parecessem ditadas por Deus a Moisés. A fórmula "O Senhor falou a Moisés" se repete dezesseis vezes: 17,1; 18,1; 19,1; 20,1; 21,1.16; 22,1.17.26; 23,1.9.23.26.33; 24,1; 25,1. Ao mesmo tempo, foi intercalando exortações (18,24-30; 20,22-24; 25,18). E termina o conjunto com uma série de bênçãos e maldições (26,3-38) e uma perspectiva histórica (26,39-46).

O que é mais original nesta lei? Do ponto de vista civil, a legislação sobre o ano jubilar (25,8-17), que procura evitar o empobrecimento definitivo das famílias modestas, e a legislação sobre os bens imóveis (25,23-34). É especialmente famosa e discutida a lei sobre a venda da terra (25,23).

Do ponto de vista religioso-cultural, a legislação sobre os sacerdotes, que tanta influência terá em certas épocas da história da Igreja. Aconselho a leitura de 21,1-3.10-11.16-20.

***

Assim, durante séculos, nos ambientes mais diversos, respondendo às necessidades de cada dia, foram surgindo as leis de Israel. Por fim todas elas acabaram no Pentateuco. A maior parte incluída na grande revelação de Deus no Monte Sinai, para dar-lhe maior autoridade. Outras, na estepe de Moab, antes da entrada na terra prometida. Não é um lugar tão privilegiado, mas também aparecem na boca de Moisés.

A "lei", então, se converte para os judeus no maior dom de Deus a seu povo, e os livros que a contêm são os mais estimados. Inevitavelmente, a lei, inclusive a divina, corre o perigo de provocar uma atitude legalista, na qual a norma se situa acima da misericórdia e do amor ao próximo. É o que Jesus combaterá em seus enfrentamentos com os escribas e fariseus. Mas esse perigo não nos deve fazer esquecer o enorme valor humano e religioso dessas normas recolhidas no Pentateuco.

8. Bibliografia

Sobre as leis do Antigo Oriente: GARCÍA CORDERO, M. *Biblia y legado del Antiguo Oriente*. BAC 390. Madri, 1977, p. 311-352; SEUX, M.-J. *Leyes del Antiguo Oriente*. Cuadernos en torno a la Biblia 15. Estella: Verbo Divino, 1987.

Sobre as leis bíblicas em geral: OTTO, E. "Del Libro de la Alianza a la Ley de Santidad. La reformulación del derecho israelita y la formación del Pentateuco", *Estudios Bíblicos* 52, 1994, p. 195-217; SKA, J. L. *Introducción a la lectura del Pentateuco*, p. 65-80; LASSERRE, G. *Synopse des lois du Pentateuque*. SVT 59. Leiden, 1994; LEVINSON, B. M. *Theory and Method in Biblical and Cuneiform Law. Revision, Interpolation and Development*. JSOTS 181. Sheffield, 1994.

O Decálogo ético: GARCÍA LÓPEZ, F. *El Decálogo*. Cuadernos Bíblicos 81. Estella: Verbo Divino, 1994 (nele pode-se encontrar mais bibliografia); LOZA, J. *Las palabras de Yahvé. Estudio del decálogo*. Biblioteca Mexicana 4. México: Universidad Pontificia, 1989; BOTTERWECK, G. J. "El Decálogo. Estudio de su estructura e historia literarias", *Concilium* 1,5, 1965, p. 62-87.

A bibliografia é enorme em outras línguas. Seleciono alguns títulos mais recentes: AARON, D. H. *Etched in stone: the emergence of the Decalogue*. Nova York/Londres, 2006; GRAUPNER, A. "Vom Sinai zum Horeb oder vom Horeb zum Sinai? Zur Intention der Doppelüberlieferung des Dekalogs". In: *Verbindungslinien* 2000, p. 85-101; IDEM, "Die zehn Gebote im Rahmen alttestamentlicher Ethik. Anmerkungen zur gegenwärtigen Stand der Forschung". In: REVENTLOW, H. G. (ed.). *Weisheit, Ethos und Gebot*. Neukirchen, 2001, p. 61-95; HIMBAZA, I. *Le Décalogue et l'histoire du texte: Études des formes textuelles du Décalogue et leurs implications dans l'histoire du texte de l'Ancient Testament*. Gotinga, 2004; KÖCKERT, M. *Die Zehn Gebote*. Munique, 2007; MILLER, P. D. *The Ten Commandments*. Louisville, 2009; VEIJOLA, T. *Moses Erben: Studien zum Dekalog, zum Deuteronomismus und zum Schriftgelehrtentum*. BWANT 149. Stuttgart, 2000; WÉNIN, A. "Le décalogue: Approche contextuelle, théologie et anthropologie". In: FOCANT, C. (ed.). *La Loi dans l'un et l'autre Testament*. LD 168. Paris, 1997, p. 9-43.

O código da aliança: Apareceram obras bastante extensas nas últimas décadas: OTTO, E. *Rechtsgeschichte der Redaktionen im Kodex Esnunna und im Bundesbuch: Eine Redaktionsgeschichtliche und rechtsvergleichende Studie zu altbabylonischen und altisraelitischen Rechtsüberlieferungen.* OBO 85. Gotinga, 1989; SCHWIENHORST-SCHÖNBERGER, L. *Das Bundesbuch. Studien zu seiner Entstehung und Theologie.* BZAW 188. Berlim, 1990; OSUMI, Y. *Die Kompositionsgeschichte des Bundesbuches Exodus 20,22b–23,33.* OBO 105. Friburgo, 1991; MARSHALL, J. W. *Israel and the Book of the Covenant: An Anthropological Approach to Biblical Law.* SBL Diss. Ser. 140. Atlanta, 1993; SPRINKLE, J. M. *"The Book of the Covenant": A Literary Approach.* JSOTSS 174. Sheffield, 1994; HOUTMAN, C. *Das Bundesbuch: Ein Kommentar.* Leiden, 1997; VAN SETERS, J. *A Law Book for the Diaspora – Revision in the Study of the Covenant Code.* Oxford: Oxford University Press, 2003.

O decálogo cultual: KOSMALA, H. "The So-Called Ritual Decalogue", *Annual of the Swedish Theological Institute* 1, 1962, p. 31-61; MORGEN-STERN, J. "The Oldest Document of the Hexateuch", *Hebrew Union College Annual* 4, 1927, p. 1-138; PFEIFFER, R. H. "The Oldest Decalogue", *Journal of Biblical Literature* 43, 1924, p. 294-310; ROWLEY, H. H. "Moses and the Decalogue". In: *Men of God.* Londres, 1963, p. 1-36 = *Bulletin of the John Rylands Library* 34, 1951-1952, p. 81-118; SCHARBERT, J. "Formgeschichte und Exegese von Ex 34,6f und Seiner Parallelen", *Biblica* 38, 1957, p. 130-150; WILMS, F. E. "Das jahwistische Bundesbuch in Ex 34", *Biblische Zeitschrift* 16, 1972, p. 24-25; IDEM, *Das jahwistische Bundesbuch in Exodus 34.* SANT 32. Munique, 1973.

Tema III

A História Deuteronomista

Este tema pretende colocar o leitor em contato com a obra histórica mais importante do Antigo Testamento, a *História Deuteronomista*, que recebe este nome por ter-se inspirado nos princípios teológicos do Deuteronômio. Seu estudo nos fará conhecer os livros de Josué, Juízes, Samuel e Reis.

O capítulo 11 introduz o complexo processo de formação e redação desses livros. Para esse fim inventei uma *História em quatro atos*. Espero que agrade. É de leitura fácil. Talvez se sinta a falta das citações bíblicas dos episódios a que vou me referindo. Não é preciso se preocupar: vão aparecer mais à frente.

O capítulo 12 oferece, antes de tudo, esclarecimentos sobre a *História em quatro atos*, para que o leitor saiba separar o que nela há de ficção e de realidade. Segue a história das pesquisas bíblicas sobre o tema. Se não se dispõe de muito tempo, pode-se passar adiante. Mas é conveniente que se dê uma vista d'olhos nos títulos.

O capítulo 13 é o principal. Tem duas partes bem distintas. A primeira oferece uma seleção dos textos principais, com sugestões mínimas de leitura. A segunda se detém na análise mais detalhada da *História da ascensão de Davi ao trono*, com pistas para sua leitura em nível literário, político e teológico.

Resumindo. O importante é que se fique com uma ideia clara da complexa formação destes livros (capítulo 11) e que se conheçam os textos principais (capítulo 13, primeira parte).

11
Uma história em quatro atos

Certamente o leitor já ouviu falar do combate de Davi com Golias, da queda das muralhas de Jericó, de Elias, de Eliseu, da conquista de Jerusalém pelos babilônios. Talvez o que não saiba é que esses relatos fazem parte de uma longa história de Israel, que vai desde o século XIII até o ano 561 a.C. Atualmente dá-se-lhe o nome de *História Deuteronomista*, porque se baseia nos princípios teológicos do Deuteronômio. Sua formação, porém, foi lenta e laboriosa. No fundo, o que vou contar-lhe de forma simples e agradável é a origem dos livros do Deuteronômio, Josué, Juízes, Samuel e Reis. É uma história em quatro atos.

1. A longa história de um livro

I ato

(A ação se desenvolve em Jerusalém, no palácio real, durante a primavera e o verão do ano 622 a.C.)

Lembranças de um dia de festa

O Rei Josias tinha motivos para estar contente. O dia fora estafante, mas valera a pena. Nem se lembrava mais a quem devia a ideia de celebrar a Páscoa. O fato acontecera poucos meses antes, numa grande reunião de que participaram o sacerdote Helcias, o cronista Safã, os ministros Aicam, Acobor, Asaías, Joás e outros muitos de que não lembrava mais. E, sobretudo, a Profetisa Hulda. O caso era muito sério. Era preciso uma voz autorizada, um oráculo de Deus. Inclusive o sumo sacerdote Helcias estava de acordo que era preciso consultá-la.

A Rainha Hamital se revolveu no leito, enquanto a lua cheia iluminava um rosto extenuado por um dia de festa.

É curiosa a vida, pensou Josias. Seis anos de trabalho penoso, tentando renovar Judá e Jerusalém, destruindo ermidas pagãs, eliminando nigromantes e adivinhos, convencendo o povo a prestar culto somente ao Deus verdadeiro. Com o respaldo moral de fazer o que devia. Não sem forte oposição do povo, apegado a longos anos de ritos inúteis. E a oposição de muitos levitas, à frente de santuários locais, que ficaram sem função e sem ganha-pão. Foram anos duros, mas se sentia realizado.

De repente, naquela manhã, tudo mudara. Safã tinha vindo para uma visita de protocolo, para prestar contas do dinheiro arrecadado para a restauração do Templo. Ao sair, quase inadvertidamente, comentou:

– O sacerdote Helcias me deu um livro.

Conhecia muito bem Safã, para saber que ele o havia lido e o considerava interessante. Do contrário não lhe teria dito nada. Tomou o livro de suas mãos.

– Não creio que tenha acabado de escrevê-lo. Está coberto de pó.

– E tinha muito mais há algumas horas. Encontraram-no nas escavações do Templo, durante as obras de restauração. É o Livro da Lei.

Josias ficou imóvel. Pela primeira vez tinha diante dos olhos esse livro de que tanto falavam os anciãos do Norte, as leis reveladas por Deus a Moisés, pouco antes de morrer, na estepe de Moab. Quando era criança, tinha ouvido muitas histórias de israelitas que chegaram a Jerusalém fugindo dos assírios, um século antes, no tempo de seu bisavô Ezequias. Trouxeram muitos livros, relatos maravilhosos de heróis e patriarcas. E também suas leis.

– Não é de espantar que tenha acumulado tanto pó – comentou Safã. Teu avô Manassés não era um santo. Muito pouco lhe interessaria esse livro.

– Lê para mim – ordenou o rei.

Foi depois de ouvir a leitura que decidiu convocar a grande reunião com a presença da Profetisa Hulda. O livro deixava claro que a política religiosa seguida havia seis anos era a adequada. Muito ainda havia por fazer. Sobretudo convencer o povo de que a religião autêntica podia ser tão atraente ou mais do que os cultos pagãos. Foi quando surgiu a ideia de celebrar a Páscoa. Ninguém mais se lembrava dessa antiga festa. Estava, porém, ali no livro, perfeitamente descrita e determinada. Não seria uma simples festa de família. Todos se reuniriam em Jerusalém, e a coroa arcaria com os gastos necessários para que se celebrasse com a maior solenidade.

A Rainha Hamital tornou a se mexer. Olhou-a com inveja. Ele não conseguia dormir.

Foi um grande dia, pensou. E o povo respondeu magnificamente, como nunca. Oxalá não o esqueça. Conhecer seu passado melhor, para abandonar tantas absurdas novidades assírias e babilônicas, é disso que o povo precisa.

O rei deseja outro livro

Finalmente o sono o venceu. Naquela noite Josias sonhou com o livro, mas não o da lei.

— Safã, deverias escrever a história do nosso povo.

O cronista do palácio olhou para o rei com certa apreensão. Sentia-se feliz pela festa do dia anterior, mas ainda não tinha acabado de digerir tanto cordeiro.

— Outro livro, majestade? Para quê? O povo não lê.

— Não lê, mas escuta. Sobretudo se lhe contamos as façanhas de nossos heróis, as histórias dos profetas, a grandeza de nosso passado. Quantas vezes me deixaste embevecido, enquanto lias a história de Davi, seu combate com Golias, a guerra contra os filisteus, a formação de seu império? Quem não gosta de histórias assim?

Safã ficou em silêncio. O rei tinha razão. O momento era ideal para um empreendimento desse tipo. Depois de um século de submissão aos assírios, pagando-lhes fortes impostos, tinham conseguido a independência. Tinham uma consciência nacional, sentiam-se um grande povo.

— Não será fácil, majestade. Dai-me algum tempo para pensar.

A busca do material

Uma semana mais tarde ocorreu a primeira reunião de trabalho. Ministros, sacerdotes, secretários, todos os capazes de ler e escrever — não eram muitos, por certo — tinham sido convocados.

— O primeiro passo — começou Safã — consiste em reunir todos os documentos importantes que se encontrem nos arquivos do palácio e do Templo.

Disponho de duas histórias muito interessantes, que todos conheceis. Uma sobre os primeiros anos da vida de Davi até que se tornou rei. Outra sobre seu reinado, com todos os problemas familiares que influíram na sucessão ao trono. Tenho também as crônicas dos reis de Judá. Mas deve haver muitos outros documentos.

– No arquivo do Templo há uma história de sua construção, com todos os pormenores. Na realidade, é uma história do reinado de Salomão, mas essa parte é a mais extensa e importante. Também há uma crônica da reforma religiosa do Rei Ezequias.

– Se formos às aldeias, certamente os anciãos nos poderão contar outras histórias – indicou Aicam. Poderíamos recolhê-las.

– E das tradições do Norte, que tendes?

A pergunta de Josias provocou um profundo silêncio. Somente Helcias, com sua autoridade moral de sumo sacerdote, se atreveu a quebrá-lo.

– Majestade, quereis que incluamos também as tradições do reino de Israel?

– É fundamental. São nossos irmãos, formamos um só povo. Não recordais de Davi? Safã me falou dele muitas vezes. Davi foi por sete anos rei apenas de Judá, até que as tribos do Norte lhe pediram que reinasse também sobre elas. Quero ser um segundo Davi. Agora que se livraram dos assírios, devem pedir-nos a união. Não pretendo impô-la à força. Desejo que se lembrem dos grandes momentos do reino unido e voltem para nós.

– Nem sempre foi bom para eles – comentou Acobor. Salomão foi muito duro, e Roboão provocou a divisão com suas estúpidas exigências.

– Nós o reconheceremos – disse Josias. Não falsearemos a história em nenhum momento. Deixaremos também claro que depois foi muito pior para eles. Seguiram uma política funesta, entremeada de conjurações e assassinatos de reis. A prova está na independência perdida faz um século. Nós, bem ou mal, a conservamos.

– Se incluirmos as tradições do Norte, o material se enriquece enormemente – reconheceu Helcias. Há muitas histórias preciosas sobre seus profetas, especialmente sobre Elias e Eliseu.

– E o *Livro dos libertadores*. E as crônicas de seus reis. E uma história das conquistas de Josué.

– Os do Norte sempre escreveram muito – admitiu Safã. Não sei de onde tiravam tanto tempo.

– Tendes três meses para recolher o material – ordenou Josias. Quero dispor do livro no começo do verão.

Foi uma árdua tarefa. Muitos documentos estavam à mão. Outros foi muito difícil consegui-los. Os do Norte tinham trazido seus livros para Jerusalém quando fugiram dos assírios. Mas foi preciso visitar aldeia por aldeia, recolhendo todas as histórias possíveis, copiando-as fielmente.

— E agora, que mais? – perguntou Asaías.

Era um mormacento dia de junho, e a reunião começava com um misto de satisfação e incerteza. O grande número de documentos empilhados diante do rei demonstrava o êxito da tarefa. Mas o resultado era extremamente heterogêneo.

Discussões iniciais

— Passei estes meses todos pensando nesse tema – indicou Safã. De saída, não se trata de copiá-los um depois do outro. Antes de mais nada devemos escolher o tipo de história que queremos escrever. Uma vez decidido, selecionaremos o material que nos interessa.

— Selecionar? Não vamos usá-los todos?

Acobor tinha empalidecido. Recordava as viagens intermináveis, as pesquisas minuciosas para não perder nada interessante. Só faltava agora não utilizar tudo isso.

— Se aceitais meu critério, não usaremos tudo. Não quero alongar demais a história dos reis, nem de Judá nem de Israel. E nem incluiremos os relatos anteriores a Moisés.

— Nem isso? São histórias preciosas.

— Sem dúvida. Mas as deixaremos de fora. A história começará com o Livro da Lei.

— Com o Livro da Lei? Ninguém passará da segunda página!

— Já veremos o modo de torná-lo interessante.

— Como assim?

— Escreveremos uma história que sirva de propaganda política e religiosa. Falei com sua majestade a respeito, e estamos de acordo. Será uma obra que entusiasme a todos, os do Norte e os do Sul, com a ideia da unidade. E que os anime a servir a Javé, nosso Deus, renunciando a toda e qualquer forma de idolatria.

Foram duas sessões de trabalho. O primeiro problema consistiu em agrupar as tradições em ordem cronológica. O período da monarquia estava claro, mas os séculos anteriores mereceram uma atenção especial. Foi necessária uma grande dose de paciência e imaginação para chegar a uma sequência aceitável. Mais difícil ainda foi unir critérios de seleção e interpretação.

Etapa de Moisés

— Começaremos, como já disse, com o Livro da Lei, procurando interessar o leitor por esses mandamentos, ajudando-o a descobrir-lhes a importância. Asaías já compôs um longo discurso que atribuirá a Moisés e que, aliás, ficou muito bom. Mas ainda acho que seria necessária uma introdução de outro tipo.

— Se vamos escrever uma história, é natural que comecemos contando algo.

— Sem dúvida, mas a solução consiste em escrever outro discurso de Moisés, em que ele repasse toda a história desde o Sinai até aquele momento.

— Outro discurso de Moisés? Não é demasiado?

— É um recurso interessante. Sobretudo porque Moisés goza de muito prestígio entre o povo. Tudo o que pusermos em seus lábios será lido com atenção. Além de que teremos um começo muito homogêneo.

A proposta foi aceita com unanimidade.

— O importante – acrescentou Safã – é que essa primeira parte deixe claro os princípios com que interpretaremos toda a história. Especialmente os teológicos. Israel tem um só Deus e deve prestar-lhe culto em um só lugar. Assim se justificará a política religiosa de Josias de destruir os santuários e as ermidas fora de Jerusalém.

Dias mais tarde, Aicam e Acobor compareceram cheios de satisfação, prontos para mostrar o fruto de suas pesquisas. Mas se lhes adiantou Safã.

Josué e a conquista

— A etapa depois de Moisés é a de Josué e a conquista. Suponho que não se tenha dúvidas sobre isso. Asaías me trouxe um documento muito interessante sobre os fatos, escrito no Reino do Norte. Servirá de base. Apresentaremos a conquista como uma operação conjunta de todas as tribos, inclusive as da Transjordânia.

Acobor, que tinha viajado tanto, não estava convencido da exatidão da proposta. Tinha a impressão de que cada tribo se instalara por sua conta e com ingentes dificuldades.

— Tenho aqui todos os dados, tribo por tribo: lugares onde lutaram, onde acamparam e onde fracassaram. Muito me custou esse trabalho. Cada tribo agiu sozinha. Somente Simeão e Judá lutaram juntos.

— Sinto muito, Acobor. O importante é inculcar a ideia da unidade. Essa lista não nos interessa. Tampouco falaremos da repartição da terra. Vamos supô-la simplesmente.

— Como vamos supô-la? — interrompeu Aicam. Tenho aqui umas listas com os limites das tribos e os nomes dos povos mais importantes. Estavam nos arquivos do palácio.

— Sinto muito. Trata-se de escrever a história do povo e não de fazer o leitor dormir.

— Mas estas listas são interessantes. Inclusive poderiam resolver conflitos territoriais que ainda continuam entre as tribos.

— Que continuem discutindo. Esquece as listas. Outra questão importantíssima é apresentar Josué lutando contra a idolatria. Se conquistou a terra, é porque se manteve fiel a Deus e pôde dispersar os povos pagãos: cananeus, jebuseus, heteus, amorreus...

— Isto não é certo — interrompeu Acobor. Todos esses povos continuaram convivendo com os israelitas, e alguns até muito bem.

— Esquece tua maldita objetividade histórica, Acobor. Já te disse que não se trata de contar as coisas tal como ocorreram. As ideias é que nos interessam. Queremos que o nosso povo se convença de que os nossos antepassados conquistaram a terra porque não aceitaram, em nenhum momento, a idolatria nem os idólatras, e, se agora sucumbirem a essa tentação, a perderão. Isso está escrito no Livro da Lei, e vamos ser fiéis a seus princípios.

— E como fica esta etapa?

— Muito simples. Os relatos da conquista procedentes do Norte e dois discursos.

— Dois discursos?

– Sim. Um no princípio, de Deus a Josué, assegurando-lhe a vitória e animando-o a observar a lei. Outro no fim, quando terminam as operações militares. Josué falará ao povo desenvolvendo as mesmas ideias e insistindo no perigo da idolatria. Assim preparamos a etapa seguinte.

– E qual será essa?

– A dos juízes.

Os juízes

Talvez tenha sido culpa do simum, o cálido vento do deserto. Mas a reunião dos juízes tampouco foi fácil. Como base foi aceito um documento do Norte, o *Livro dos libertadores*, esplêndidos relatos de antigos heróis que sucederam a Josué e libertaram o povo de seus inimigos. Depois começaram as dissensões.

– Aqui no Sul, no território de Dã, entre a montanha e o mar, encontrei histórias estupendas de um tal de Sansão. Foi um grande inimigo dos filisteus e se encaixaria muito bem neste momento.

– Já as li – cortou secamente o sacerdote Helcias. Não as vejo com o mesmo interesse. Sansão era um mulherengo e não manteve seu voto de consagração ao Senhor.

– Ninguém é perfeito. E foi um grande herói.

– Foi um sem-vergonha.

Acobor fixou Aicam com um misto de compreensão e ironia.

– Dá-me a história de Sansão. Vou guardar o material descartado. Da próxima vez ide vós recolher tradições.

Safã ignorou a ironia.

– Precisamos de um juiz do Sul. Pensei em Otoniel.

– Sua única conquista parece ter sido Cariat-Sefer. Isso não é suficiente para alçá-lo à altura dos outros.

– Vamos atribuir-lhe uma grande vitória contra o rei da Síria.

– Contra o rei da Síria? Nunca se encontraram em toda a vida!

– Não importa. Foi um grande inimigo. E Otoniel, como primeiro juiz do Sul, deve se apresentar como modelo. Outros o seguirão. Mas uma coisa deve ficar clara: não há Norte nem Sul. Todos os juízes governam e salvam o povo de Israel. Voltaremos depois a este tema. Que temos ainda?

– Encontrei uma lista do que poderíamos chamar "juízes menores". Mas só fala do número de filhos, concubinas e jumentos que tiveram. Grande contribuição teológica e histórica!

– Pelo menos serviria para rechear essas histórias, do contrário ficarão muito breves. Dividiremos a lista em duas partes, para que não chame tanta atenção. Mais alguma coisa?

A voz de Acobor se levantou triunfante.

– Duas histórias explosivas. Uma sobre a fundação do santuário de Dã e outra sobre uma guerra entre as tribos, por causa do assassinato da mulher de um levita. Nenhuma delas menciona os juízes, mas estou convencido de que procedem dessa época.

– São as que me deste ontem? – interrompeu Helcias.

– Sim.

– Não acho que devam ser incluídas. A história da mulher do levita é muito escandalosa, e a do santuário de Dã é inaceitável. Diz que sempre foi dirigido por sacerdotes descendentes de Moisés. Se quisermos unificar e fortalecer o culto em Jerusalém, não podemos admiti-la.

– Poderíamos retocá-la, ridicularizá-la – sugeriu Asaías.

– Prefiro esquecê-la. Além disso, como disse Acobor, não menciona nenhum juiz. Ficaria uma tradição perdida no meio de um bloco homogêneo sobre os juízes.

– Que sobrou, então? – O tom de Acobor parecia o mais inocente.

– Muita coisa. Os relatos de Otoniel, Aod, Débora, Barac, Gedeão, Abimelec, Jefté, as listas dos juízes menores e, sobretudo, Samuel. Mas falta o mais importante.

Os olhares de Aicam e Acobor se cruzaram maliciosa e divertidamente.

– Sei o que vai dizer Acobor: que esses "juízes" eram cada um de uma tribo e que nunca saíram de seu pequeno território. Apesar disso, o *Livro dos libertadores* os apresenta governando todo o povo de Israel. E essa ideia é tão pertinente como o anel para o dedo. Nós a manteremos, ainda que se trate de uma época distinta. Essas gerações não são como a de Josué. Estão continuamente caindo na tentação da idolatria. Deus se vê forçado a castigá-las. Somente quando o povo se converte é que o Senhor o salva, enviando-lhe um libertador.

– Sempre o mesmo esquema?

– Sempre, no início de cada juiz. Mesmo que pareça pesado.

– Quem sabe assim não se acaba com essa supersticiosa idolatria.

– Pode não acabar, mas pelo menos deixaremos claro que é preciso converter-se.

Início da monarquia

O calor começava a tornar-se insuportável, pressagiando um duro verão. Mas não arredava Safã de seus planos. As origens da monarquia e os reinados de Saul, Davi e Salomão estavam muito bem-documentados. Dispunham de duas extensas obras sobre Davi, as que Safã mencionara no primeiro dia: uma sobre como o simples pastor chegou a ser rei, e outra sobre os anos posteriores. Havia também uma obra sobre Salomão, sua sabedoria, suas construções – com especial atenção ao Templo –, a prosperidade de seu reinado.

– Há um problema a respeito das origens da monarquia – indicou Aicam. Umas tradições a veem como algo querido por Deus. Outras a consideram um atentado contra a realeza de Deus e um perigo de opressão para o povo. Qual delas vamos escolher?

– As boas – prontamente sugeriu Asaías. Imagino que as más vêm do Norte. Não tinham muitos motivos para se entusiasmarem com seus reis nem com a monarquia.

– Não penso que a coisa seja tão fácil. A monarquia foi uma mudança muito profunda. Deve ter provocado reações pró e contra desde o princípio.

– E, então, o que sugeres?

– Que mantenhamos todas, misturando-as.

– O leitor vai ficar desnorteado.

– De outro modo ele não terá uma ideia real do que ocorreu.

Saul

– Estamos de acordo – Safã não queria alongar a discussão. Que temos de Saul, o primeiro rei?

– Na primeira história de Davi se falava muito dele. Também há outros relatos dispersos. Mas em nenhum ele se sai muito bem. Tenho a impressão de que Saul foi vítima de dois grupos distintos: dos partidários de Davi, ao Sul, e dos inimigos da monarquia, ao Norte.

– É isso mesmo. Daí essa figura estranha, grandiosa e patética ao mesmo tempo. De qualquer forma, não vamos quebrar a cabeça por isso. Escrevei o que for possível, ainda que em poucas páginas, e juntemos com Davi. Aqui não há problemas. Há muito o que contar.

– Por demais. Há tradições soltas que não se encaixam muito bem.

– De que tratam?

– De tudo um pouco: como a família de Saul foi eliminada por Davi com a ajuda dos gabaonitas; episódios sobre a guerra dos filisteus; um oráculo; uma lista de seus heróis mais famosos; o recenseamento do povo, que provocou um castigo de Deus e que se reparou com a construção de um altar na eira de um jebuseu, Areúna.

– Poderíamos dividi-las por lugares distintos.

– Parece-me impossível. A história de Davi já está escrita há muito tempo. Basta juntar as duas obras que temos e pronto. Estas tradições atrapalham. Uma delas, inclusive, diz que quem matou Golias não foi Davi, mas Elcanã. Eu as deixaria de lado.

Até Acobor concordou, não sem antes guardar esses papiros.

– Algum outro problema? – perguntou Safã.

Somente o sacerdote Helcias interveio.

– Desaprovei as histórias de Sansão e da mulher do levita, porque me pareciam imorais. Nas de Davi acontecem, às vezes, coisas parecidas. O adultério com Betsabeia e o assassinato de Urias não são menos imorais. E, sobretudo, o relato do incesto de Amnon com Tamar.

– Essas histórias todo o mundo as conhece e seria absurdo ocultá-las. O Rei Josias insiste em que as mantenhamos. Aliás, se eliminarmos o incesto, não se explica a revolta de Absalão.

– Se se deve suprimir alguma coisa – sugeriu Acobor –, podemos tirar bastante da construção do Templo. Ninguém resiste à leitura da lista de bacias, incensórios, aspersórios, candelabros, painéis, capitéis, colunas, côvados para lá, côvados para cá...

– Da construção do Templo não se tira nada.

A voz de Helcias não admitia contestação. Safã interveio em tom conciliador.

– Essas páginas não são apaixonantes, é certo. Mas eu já disse mais de uma vez que a nossa história tem um claro enfoque religioso. A construção do Templo será o momento culminante da história de Israel. Essas listas ajudarão a sublinhar sua importância.

Os dois reinos

Todos acolheram com alegria a convocação do que seria a última reunião do verão. Etapa programada: da morte de Salomão até Josias.

– Falamos de todos os reis? Poderíamos suprimir quinze ou vinte, para abreviar.

As ironias de Acobor já não causavam nenhum efeito.

– Manteremos todos, os do Norte e os do Sul, intercalando uns aos outros.

– Como assim? Aicam parecia assustado.

– Não contaremos a história de Judá primeiro e logo depois a história de Israel, mas as duas ao mesmo tempo.

– Isso é impossível, Safã. Tens ideia da trabalheira que isso vai dar?

– Acobor e tu, que tanto apreciais as listas, poderíeis já ir calculando os anos de cada reinado e pondo cada rei no seu lugar. Uma coisa deve ficar clara: suas façanhas, batalhas, reformas judiciais, construções pouco interessam. Quem as quiser com mais detalhes, pode procurar nos *Anais dos reis de Judá e de Israel*. Pelo contrário, muito nos interessa a atitude que adotaram diante dos cultos pagãos, permitindo ou proibindo o culto fora de Jerusalém.

– O culto fora de Jerusalém sempre foi permitido.

– Mas nós o proibimos. Ou melhor, o *Livro da Lei* o proíbe. E, além disso, alguns reis, como Ezequias, já tentaram suprimi-lo.

– Então, todos os reis do Norte foram maus.

– É isso aí.

– E como vamos convencê-los a se unirem a nós?

– Depende de como contaremos os fatos. Centraremos a grande batalha contra Jeroboão, responsável pelo cisma do Norte, depois da morte de Salomão. Ficará claro que suas reformas religiosas provocaram o crescimento da superstição e da idolatria, e daí todas as más consequências.

– Ainda não me parece muito claro.

– Pergunta aos profetas do Norte, desde Elias até Oseias, e observa atentamente os fatos. Durante dois séculos foi uma sucessão de conspirações, assassinatos, guerras civis, até que os assírios os destruíram.

– Os do Norte vão pensar que julgamos ruim tudo o que é deles.

– Tudo não. Seus profetas brilharão maravilhosamente. Vão constituir a maioria das histórias desta época.

– E aí os do Sul é que vão reclamar.

– Também falaremos dos profetas do Sul.

– Nosso querido sumo sacerdote Helcias estaria disposto a falar do Profeta Miqueias, que vaticinou a destruição de Jerusalém e do Templo?

– Não diremos nada de Miqueias. De Isaías, sim, temos algumas histórias curiosas.

– Isaías tampouco se perdia em divagações.

– Não me refiro à coleção de seus oráculos, mas a algumas tradições sobre o assédio de Senaquerib a Jerusalém. O profeta disse que ele não conquistaria a cidade, e assim foi. O importante é não dar a impressão de que só os do Norte é que tiveram profetas.

– Só Isaías é insuficiente, numa comparação com tantos profetas do Norte.

– Incluiremos a Profetisa Hulda.

– Mas ela é do nosso tempo. Parece que nos tempos antigos os do Sul não tivéssemos tido profetas.

– Um momento – interveio Helcias. No tempo de Roboão já aparece o Profeta Semeías, que é do Sul.

– Mas só diz quatro palavras. Não o compares com Elias.

– Poderíamos inventar alguns profetas do Sul.

– Isso. Com nome e sobrenome... Como se o povo fosse bobo e não tivesse ouvido falar de seus profetas.

– Seria um profeta anônimo.

– E o que faria?

– Se quisermos dar-lhe importância, teria de dizer algo relevante.

Por exemplo, condenar o Rei Jeroboão por sua idolatria.

– E, para não faltar-lhe imaginação, poderia inclusive anunciar o nascimento de Josias.

– E depois sermos ridicularizados por historiadores futuros.

– Estou meio perdido – acudiu Asaías. Combinamos que Acobor e Aicam iriam intercalar sucessivamente reis do Norte com reis do Sul e ficamos de acordo sobre os reis do norte: todos maus por prestarem culto a Deus fora de Jerusalém.

– Por prestarem culto fora de Jerusalém e por prestarem culto aos deuses cananeus.

– Certo. E o que acontece com os reis do Sul?

– Depende. Se permitiram o culto aos deuses pagãos, foram maus. Se se limitaram a permitir o culto a Javé nas ermidas de Judá, foram regulares.

– Nenhum realmente bom?

– Ezequias, responsável por uma grande reforma religiosa. Temos farta documentação sobre ela.

– E Josias – acrescentou Acobor. Não deixou ermida em pé. Digo com todo o respeito. Safã, nem sempre estamos de acordo, mas reconheço que de tolo não tens nada. Falaste de uma história de propaganda política e religiosa, e ela está pronta e perfeita.

Discursos e reflexões

– Tu também és muito esperto, Acobor. Desde o começo sabias aonde eu queria chegar. Resta uma questão muito importante, para a qual chamo a atenção de todos, apesar do cansaço estampado em todos os rostos. Já temos os documentos que vamos incluir na história e decidimos sobre as linhas gerais que vão costurar os fatos. Mas deve ficar absolutamente claro que esta história é um convite à conversão, ao serviço exclusivo de Javé, sem admitir outros deuses. Agora compreendereis para que servem os discursos redigidos por Asaías. Sempre que dispusermos de um grande personagem do passado, poremos em sua boca palavras que animem o povo a converter--se para Deus. Esses discursos serão momentos fundamentais da história, sobretudo na passagem de um período para outro. Já temos os discursos de Josué, Samuel e Davi. Para Salomão escrevemos uma extensa oração, a fim de que a pronuncie durante a cerimônia de dedicação do Templo. Para o momento atual dispomos do que disse ao rei a Profetisa Hulda.

– O problema – interveio Asaías – era o começo da época dos juízes e o final do Reino do Norte. Não dispúnhamos de um grande personagem. Em vez de escrever um discurso, resolvi escrever umas reflexões pessoais que façam o leitor perceber a importância do tema.

Safã deu por terminada a última sessão do verão.

— Por enquanto, é tudo.

— Queres dizer que é o começo. Vamos ver como é que fica.

— Ficará bem.

De fato, ficou bem. Um conjunto bastante harmônico, um pouco diferente no enfoque de cada etapa, mas que se lia com interesse. Uma história religiosa, com clara tendência política em favor da reforma de Josias. Após alguns anos, Safã já a sabia quase de cor, de tanto lê-la ao rei.

II ato

(Passaram-se mais de cinquenta anos. A ação agora se desenvolve durante o período do exílio na Babilônia, por volta do ano 560 a.C.)

— E depois, que aconteceu?

Safatias fechou o volume e olhou para seu filho. Depois seu olhar se fixou no horizonte.

— Foram anos difíceis. Meu avô me contou muitas vezes. Tudo começou com a morte de Josias. Alguns o aconselharam a que não fosse lutar contra os egípcios em Meguido. Mas não conseguiram convencê-lo. Respirava-se um clima de guerra, e o povo confiava em seu poderio militar. Foi uma catástrofe terrível. Dali para frente, tudo foi de mal a pior. Primeiro ficamos sob a tutela dos egípcios, depois dos babilônios. Como nos rebelamos, eles nos deportaram. Tornamos a nos rebelar, e nova deportação. Isso eu já vivi.

— Deverias contá-lo.

— Sim, mas teria de mudar tantas coisas… Nada voltou a ser como antes.

— Por que terias de mudar tantas coisas? Basta que acrescentes o que te contou teu avô e o que tu mesmo viveste. Não precisarias de muito tempo.

— Não é tão fácil. Essa história foi escrita num momento de otimismo. Agora tudo caiu por terra. Eu teria de explicar esse fracasso.

— Nem tudo é negativo. O Rei Joaquim acaba de sair da prisão, come à mesa de Evil Merodac, que lhe garantiu uma pensão pelo resto da vida bancada pelo rei da Babilônia.

– Achas maravilhoso porque não conheceste o anterior. Sinto-me velho e com poucas ilusões sobre o futuro. O que me preocupa e angustia é o passado, por que nos aconteceu tanta desgraça.

– E tens a resposta?

– Sim. É dura de aceitar, mas a tenho. Foi culpa nossa. Di-lo essa história. Ainda que escrita em tempos de otimismo, insiste continuamente na conversão. Não nos convertemos, e aqui estamos.

– Nem todos pensam como tu. Até alguns profetas dizem que a culpa é dos babilônios. Convertidos ou não, eles nos teriam atacado e deportado.

– Terias de ler Jeremias. Ele, sim, viu com clareza a loucura da guerra. Até o último instante insistiu para que nos rendêssemos ao rei da Babilônia.

– E isso teria evitado a deportação?

– Sem dúvida. Nabucodonosor não era tão cruel como às vezes o apresentam. Teria-se contentado com mais alguns impostos. Continuaríamos em nossa terra, e nossos reis não perderiam seu trono. De qualquer forma, há algo que não entendo.

– O quê?

– Como é possível, depois de toda a reforma de Josias, que Deus nos castigasse de forma tão terrível? Só me ocorre uma resposta: os pecados de Manassés. Foram tão grandes, que não bastou a piedade de Josias para nos livrar do castigo.

– Tu vês as coisas de uma forma muito rara.

– E tu és muito jovem para pensar. Deus não castiga sem mais nem menos. É preciso que algo muito grave tenha acontecido. Estou convencido de que foi por culpa de Manassés.

– Não creio que com isso ajudes muito às pessoas. Podes dizê-lo. Mas deves completar a história.

– Mesmo com essa mensagem tão pessimista?

– Acho que sim. Cada qual a lerá como bem lhe aprouver.

– Assusta-me um pouco o trabalho. Levaria muito tempo. Teria de retocar algumas passagens e escrever tudo de novo. Tua mãe diz que vou ficar cego de tanto escrever, e o papiro custa caro.

– Aqui há judeus que vivem muito bem. Como o conseguiram, não sei, mas poderiam ajudar-te economicamente.

Safatias se deixou convencer. Depois de tudo, não teve de mudar muito. Gostava daquela história do jeito como a conhecia desde menino. Foi acrescentando uma frase aqui outra ali, sublinhando as ameaças em caso de infidelidade a Deus, incluindo até o anúncio do exílio, com séculos de antecipação, para um país distante, se o povo se deixasse seduzir pela idolatria. Carregou nas tintas com que pintou Manassés. E as palavras proferidas pela Profetisa Hulda diante de Josias tornaram-se um vaticínio evidente da desgraça que aconteceria anos mais tarde. Foi triste recordar a morte do grande rei: "Nem antes nem depois houve um rei como ele, que se convertesse ao Senhor com todo o coração, com toda a alma e com todas as suas forças". Ficou pensativo um momento. E logo, com dor e raiva, acrescentou: "Não obstante tudo, o Senhor não aplacou seu furor contra Judá, pelo muito que lhe havia irritado Manassés".

– Eis a razão de tudo, meu filho. Repetirei mais adiante, quando falar do Rei Joaquim, para que fique claro.

Não restava muito o que contar. Poucos reis, pobres homens. Joacaz deportado para o Egito com apenas três meses de reinado. Joaquim, assaltado por povos tão diversos e levado para a Babilônia, por culpa de Manassés. Joaquim, que aos três meses de governo também sofreu na própria carne a primeira deportação para a Babilônia. Sedecias, que provocou a catástrofe definitiva com sua estúpida rebelião. A queda de Jerusalém, o assassinato de Godolias e a fuga de um pequeno grupo para o Egito remataram a obra. Não quis incluir suas lembranças pessoais.

– Israel termina onde começou: no Egito, sem terra, sem rei, sem liberdade.

– É um final triste demais – comentou seu filho. Deverias pelo menos acrescentar a libertação de Joaquim. Basta umas quatro linhas a mais.

– És mais chato que tua mãe.

– Um pouco de esperança nunca faz mal.

III ato

(Um século depois. Estamos de novo em Jerusalém.)

– Não entendo como puderam escrever uma história de nosso povo excluindo tantos relatos interessantes e tantos dados curiosos.

A irritação de Merari era evidente. Josafá estranhou um pouco.

– Não gostou?

– Claro que gostei. Mas faltam muitas coisas. Há anos que venho reco-lhendo documentos antigos, todos os que se puderam salvar do incêndio de Jerusalém. Os que escreveram essa história certamente tiveram conhecimen-to deles. Não tinham o direito de omiti-los.

– Talvez não lhes interessassem.

– Aí está o erro. Um historiador não pode contar só o que lhe agrada.

– E o que encontraste?

– De tudo. A história de um tal Sansão, que lutava contra os filisteus. Além de divertida, contém uma mensagem religiosa.

– Se tu o dizes... E o que mais?

– A história de um levita que brigou com sua mulher. Ela foi-se embora, para a casa de seu pai, em Belém. O levita foi atrás e a convenceu a voltar. No caminho, os homens de Gabaá a violentaram.

– Os homens ou um homem?

– Todos.

– Muito edificante. Por isso não quiseram recordar essa história.

– É importantíssima para a compreensão da época. Foi isso que provo-cou uma guerra de todas as outras tribos contra os benjaminitas. E há uma outra história sobre a fundação do santuário de Dã. Entendo por que não a incluíram, uma vez que o relaciona com a família de Moisés. Mas vou fazer--lhe umas alterações, para pôr o santuário em ridículo.

– Vais escrever outra história?

– Não. Apenas vou completar esta com alguns detalhes esquecidos. Ain-da que te pareça estranho, penso em manter-me fiel à mentalidade de seus autores.

– O que vais fazer com o santuário de Dã não o demonstra.

– Às vezes o autor deve ter um pouco de liberdade. Eu também estou farto dos samaritanos e de seus santuários.

Merari lhe mostrou outras poucas folhas.

– E ainda deixaram de fora algumas tradições de Davi. Não sei onde encaixá-las. Só se o fizer antes de sua morte, entre a rebelião de Absalão e o golpe de Adonias para chegar ao trono.

– Vai parecer uma emenda.

– Em algum lugar devem ficar. Esquecê-las é que não podemos.

– Poderias incluir também as listas com os limites territoriais das tribos e suas cidades mais importantes. Amenizaria um pouco.

– Já pensei nisso, mas também não sei onde deixá-las. Nem sei de que época procedem. Às vezes me parecem do tempo de Salomão. Outras vezes me inclino a situá-las no reinado de Josias.

– Sejam do tempo de Josué, e o assunto está encerrado!

– Tu levas tudo na brincadeira.

– Asseguro-te que não. É o lugar mais lógico. Depois da conquista vem a divisão. Com todos os detalhes. Ficará perfeito. Para torná-las mais interessantes, é bom que intercales de vez em quando alguma historieta divertida. Se não, poucos as aguentarão.

E assim surgiu a terceira edição ampliada de nossa história. As tradições descartadas por Safã e mais algumas outras acabaram incluídas. Crescendo em volume, a dividiram em livros independentes, para que se tornassem mais maneáveis. Ficaram muito parecidos com nossos livros atuais do Deuteronômio, Josué, Juízes, Samuel, Reis. Temos de reconhecer que na divisão por livros erraram um pouco. Outra introdução foi inserida na época dos juízes. As tradições de Samuel ficaram unidas às das origens da monarquia. Falhas inevitáveis para aqueles tempos. Mas não acabaram aqui as vicissitudes de nossa história.

IV ato

(Alguns anos mais tarde, em fins do século V, no Templo de Jerusalém.)

Esdras, escriba da lei do Deus do céu, ocupou seu lugar na presidência da reunião. Estava consciente dos plenos poderes outorgados pelo Rei Artaxerxes da Pérsia para as questões religiosas. O ancião que se pôs de pé também parecia contente e orgulhoso, porém por outros motivos.

– Eu, Meluc, filho de Hasabias, filho de Amasias, filho de Helcias...

– Basta, Meluc. Já sabemos que és levita de raça pura.

Meluc agradeceu o elogio de Esdras. Mas não gostou de não ter podido prosseguir com sua genealogia, que ia dar em Caat, filho de Levi, filho de Jacó, filho de Isaac, filho de Abraão.

– Eu, Meluc, levita, venho comunicar-te que terminei o trabalho. Aqui está.

Todos olharam com interesse e admiração para a enorme pilha de papiros depositados entre Meluc e Esdras.

– Já estão reunidas todas as tradições, devidamente marcadas cronologicamente, como é de nosso feitio. Comecei com o relato da criação que nossos antepassados escreveram na Babilônia. Combinei a antiga tradição do dilúvio com a nossa versão. Juntei um novo relato da aliança de Deus com Abraão, outra vocação de Moisés, algumas pragas do Egito que faltavam, e incluí no Monte Sinai toda a legislação sacerdotal, para que também seja atribuída a Moisés. Com exceção de algumas glosas dispersas, segui atentamente tuas indicações e sugestões.

Esdras contemplou prazerosamente o esforço de tantos meses de trabalho. A voz de Meluc o despertou de sua admiração.

– Há um detalhe que me desaponta. A obra termina falando da herança das filhas de Salfaad. Não me parece um final muito solene.

– Por quê?

– Não vejo como harmonizar uma história que começa com a criação do mundo e termina dizendo que cinco moças se casaram com seus primos.

Ouviram-se risadas de aprovação.

– Não te sobra nenhuma outra tradição de Moisés com que concluir?

– Já estão todas.

– Muda a ordem e coloca um episódio mais interessante no fim.

– Voltar a escrever a última parte? Sabes quanto trabalho isto supõe? E o papiro está o olho da cara!

A voz de Esdras interrompeu as sugestões.

– Não te preocupes, Meluc. Há alguns dias, quando me falaste destas páginas finais, comecei a pensar numa solução. E ocorreu-me uma ideia tão revolucionária, que não quis comunicar-te antes de consultar a assembleia.

Todos se fixaram em Esdras com curiosidade. Alguns com inveja. Com o respaldo do imperador, qualquer um pode ter ideias revolucionárias.

– Vamos roubar um livro e colocá-lo no final da obra.

– E de quem o vais roubar? Do governador Neemias? A amizade de Aquitob com Esdras lhe permitia certas brincadeiras.

– Vou roubá-lo da história de Israel e de Judá!

Não estavam preparados para aquele susto. Foi difícil para Esdras serenar a excitação geral.

– Essa história é importante, sem dúvida. Mas esta que agora lhes apresento será mais ainda. Artaxerxes da Pérsia é quem recomendará. Até os samaritanos terão de aceitá-la. Não se trata apenas de um passado de lutas e fracassos. Estarão também o passado glorioso dos patriarcas, a história da formação do povo, a libertação do Egito, a aliança no Sinai, a caminhada para a terra prometida. Aqui está a nossa identidade como povo.

A voz de Esdras reverberou desafiante.

– Tudo o que se disse de Moisés tem de estar incluído nesses livros.

Conta um desconhecido rabino que, ao ouvir essas palavras, Safã se estremeceu no túmulo. Mas os mortos não podem nada contra os vivos. Sobretudo se o vivo é Esdras. E assim, segundo parece, nasceu o Pentateuco. Atentando contra a propriedade intelectual da história anterior, roubando-lhe sua primeira parte, sua grande introdução legal e teológica, o Deuteronômio.

Os sacerdotes, porém, não se contentaram com isso. Antes ou depois da reunião que acabo de mencionar, queixosos por não ocuparem um lugar de destaque nesses livros, foram introduzindo suas próprias tradições. Na divisão das terras, na travessia do Jordão, na conquista de Jericó, quando os filisteus devolveram a arca... Pequenas glosas, por vezes ingênuas e xenófobas, que entorpecem a leitura de nossa querida história.

Até que por fim, sem que ninguém saiba quando, decidiram deixá-la em paz. Ninguém mais tocaria no texto. Procurariam transmiti-lo com a maior fidelidade possível. Tantos retoques e interpolações prejudicaram a unidade primitiva. O povo continuava falando do Livro de Josué, do Livro dos Juízes, do Livro de Samuel e do Livro dos Reis. E assim durante séculos e séculos, entre judeus e cristãos.

2. Ficção e realidade

A leitura das páginas anteriores terá provocado no leitor uma pergunta inevitável: O que é fictício e o que é realidade em tudo isso? É uma reconstrução baseada nos estudos mais recentes sobre a *História Deutero-nomista*, que apresentarei no próximo capítulo.

2.1 No l ato

São reais todos os nomes: Josias, Safã, Acobor, Aicam, Helcias, Asaías. Trata-se de personagens famosos da corte, começando pelo rei. Safã tinha um lugar privilegiado porque era o cronista da época. Mas atribuir-lhe toda a tarefa de redigir a história é pura ficção.

Mas, na hora de apresentar as origens desses livros de forma novelesca ficou mais fácil introduzir os diversos personagens para que discutissem os problemas entre si. E me pergunto se a ciência bíblica fez bem em descartar muito depressa o fato de uma possível colaboração. Explicaria muitos deta-lhes curiosos desta obra.

Quanto ao *número de edições*, é uma questão muito debatida. Noth admitia uma fundamental, no exílio, completada mais tarde. Cross e sua escola defendem uma primeira edição no tempo de Josias e uma segunda durante o exílio, sem tampouco descartar acréscimos posteriores. Smend e seus discípulos postulam três edições, todas durante o exílio ou logo depois dele. Basicamente segui a teoria de Cross.

Por outro lado, é bastante aceitável a teoria de uma série de *documentos prévios,* escritos com até dois ou três séculos de anterioridade: relatos sobre Josué (Js 2–11), o *Livro dos libertadores* (Jz 3–4 e 6–9), história de Samuel e as origens da monarquia, aí incluindo a história da arca (1Sm 1–15); his-tória da eleição de Davi ao trono (1Sm 16 até 2Sm 7); história da sucessão ao trono de Davi (2Sm 9–20; 1Rs 1–2); história de Salomão (1Rs 3–10), histórias de Elias, Eliseu e outros profetas do Norte (nos capítulos que vão desde 1Rs 17 até 2Rs 13); os *Anais dos reis de Israel e de Judá* (citados com frequência) etc. Naturalmente ainda se discutem extensão e mensagem de cada um destes documentos, mas a ideia básica de sua existência prévia é condividida por quase todos os autores. (Quanto às tradições e documentos que cito, todos estão comprovados. Não invento nenhum.)

Alguns têm afirmado que esses documentos já haviam sido reunidos an-tes de Josias para formar uma história seguida. É a teoria de Campbell e de

Provan, recentemente defendida por Hutton[37]. Contudo, outros se opõem com muita força à ideia de uma obra histórica antes do exílio (Person, Römmer, sobre os quais logo falaremos).

Também se admite que os autores deuteronomistas não se limitaram a compilar e juntar documentos. Deram-lhes *unidade literária e teológica.* Para isso o expediente de pôr na boca de personagens famosos de cada época um discurso oportuno nos momentos-chave: Moisés no Deuteronômio; Josué antes de morrer (Js 23); Samuel quando cede o lugar ao novo rei, Saul (1Sm 12); Davi em seu leito de morte (1Rs 2,2-9); Salomão ao consagrar o Templo (1Rs 8). Quando não dispõem de um personagem de relevo, substituem o discurso por reflexões pessoais. É o que acontece no início do período dos juízes (Jz 2,6-19) ou no momento do desaparecimento do Reino do Norte (2Rs 17). Pode até ser que alguns destes discursos tenham sido redigidos muito antes. Mas eles os retocaram para inculcar sua luta contra a idolatria e a favor do serviço exclusivo ao Senhor.

Quanto à *finalidade da obra*, existe um amplo debate. Noth pensava que seu autor tinha apenas uma mensagem pessimista: pecamos e por isso temos de aceitar o castigo de Deus. Von Rad, ao contrário, via na libertação de Joaquim uma mensagem final de esperança. Wolff, equidistante do pessimismo de Noth e do otimismo de Von Rad, interpreta a obra como um chamado à conversão. Cross, com sua teoria de duas edições principais, fala de finalidades distintas: a primeira edição, como disse Wolff, é um chamado à conversão, sem esquecer o aspecto de propaganda política; a segunda edição, a do desterro, tem, de fato, esta visão pessimista que lhe atribuía Noth. Como já percebeu o atento leitor, mais uma vez, preferi a opinião de Cross.

2.2 No II ato

Como autêntico podemos aceitar que a obra deuteronomista foi completada e atualizada no exílio. A ideia que culpa Manassés pelo fracasso é também de Cross, o que parece evidente. Para não cansar o leitor com excessivos detalhes, dou por suposto que esta segunda edição tenha sido trabalho de um só autor. Não seria raro. Mas, como já disse, outros pensam que, durante o

---

37. HUTTON, J. M. *The Transjordanian Palimpsest. The Overwritten Texts of Personal Exile and Transformation in the Deuteronomistic History.* BZAW 396. Berlim, 2009.

exílio, houve duas edições sucessivas, uma feita com mentalidade profética, outra com influência levítica (Jepsen). Desta influência levítica falei também no final, sem fixá-la em nenhum momento preciso.

2.3 No III Ato

Ainda que o situe em Jerusalém, quase um século depois da segunda edição, poderíamos datá-lo de muito antes. Resta evidente que alguém ou alguns tentaram acrescentar tradições transcritas superficialmente em edições anteriores. Tal como o apresento, é obra de fabricação caseira. Não me parece absurdo e creio que ajude a compreender a complexa formação do texto.

2.4 No IV ato

A ideia fundamental, que o Deuteronômio foi separado da *História Deuteronomista* para fazer parte do Pentateuco, procede de Noth e tem larga aceitação. Também se aceita que o Pentateuco adquire sua forma definitiva no tempo de Esdras (a quem alguns autores atribuem a redação final) e que, graças à autoridade persa, foi admitido por judeus e samaritanos. Certamente, Maluc (ou Maloc) existiu, e sua genealogia exata está em 1Cr 6,30, mas ninguém garante que vivesse no tempo de Esdras nem que se dedicasse ao trabalho que lhe atribuo.

Esse relato simples quis colocar em relevo a complexa formação dessa esplêndida história.

12

A investigação sobre a História Deuteronomista

1. A tradição antiga

Judeus e cristãos leram durante séculos esses livros como obras independentes, escritas por autores distintos, geralmente contemporâneos dos eventos que relatam. O Livro de Josué foi escrito pelo próprio Josué. O de Juízes, pelo Profeta Samuel, que também escreveu os livros que levam seu nome. Os Livros dos Reis são atribuídos a Jeremias. Naturalmente, os rabinos admitem que alguns redatores às vezes completaram essas obras. Mas mantém-se uma clara distinção entre o Pentateuco, obra de Moisés, e os "Primeiros Profetas" (Josué-Juízes-Samuel-Reis), que são obras independentes.

Pentateuco Gn - Ex - Lv - Nm - Dt		Js	Jz	Sm	Rs

Antes de continuarmos, vamos nos fazer duas perguntas que ajudarão a entender a história posterior.

Pergunta 1: É justo separar os "Primeiros Profetas" do Deuteronômio?

Ao ler Josué-Juízes-Samuel-Reis, às vezes temos a impressão de que esses livros estão aplicando as ideias do Deuteronômio ou colocando em prática as normas nele contidas. Vamos analisar alguns casos.

O Livro da Lei: obrigação e garantia de sucesso

Em Dt 31,26 Moisés ordena aos levitas que peguem o *Livro da Lei* e o coloquem ao lado da arca da aliança. A este livro Deus se refere quando fala com Josué: "Que *o livro dessa lei* não se aparte da tua boca; medita-o dia e noite, para pores em prática todas as suas cláusulas; assim prosperarão teus projetos e *terás sucesso*" (Js 1,8). E Davi, em seu leito de morte, incute a mesma ideia a Salomão: "Guarda as ordenanças do Senhor, teu Deus, caminhando por suas sendas, guardando seus preceitos, mandamentos, decretos e normas, conforme estão escritos *na Lei de Moisés*; para que *tenhas êxito* em todos os teus empreendimentos, aonde quer que vás" (1Rs 2,3). Este *Livro da Lei* seria encontrado pelo sumo sacerdote Helcias nos dias do Rei Josias (2Rs 22,8).

O extermínio dos povos pagãos de Canaã

No Deuteronômio, Moisés ordena aos israelitas que, quando entrarem na terra prometida, "consagrem sem piedade ao extermínio" os povos pagãos de Canaã (Dt 7,1-2). E mais adiante, nas "leis da guerra", volta-se ao tema: "Nas cidades desses povos cuja terra o Senhor teu Deus te dá por herança, *não deixarás vivo nenhum ser humano*: dedicarás ao extermínio os hititas, os amorreus, os cananeus, os ferezeus, os heveus e os jebuseus, como o Senhor te ordenou" (Dt 20,16-17).

Isso foi o que Moisés fez durante a campanha contra Og: "O Senhor nosso Deus também nos entregou Og, rei de Basã, com todo o seu exército, e os derrotamos *sem deixar nenhum com vida*" (Dt 3,3). E sua conduta é estritamente imitada por Josué na campanha de Hai: "Israel os derrotou *sem deixar nenhum sobrevivente nem fugitivo*" (Js 8,28) e na campanha do Sul: "Naquele dia, Josué tomou Maceda. Ele a passou a fio de espada, consagrando ao extermínio seu rei e todos os seus habitantes. *Não restou nenhum sobrevivente*" (Js 10,28). Essas palavras são repetidas como um refrão após a conquista de cada cidade (v. 30.33.37.39.40) e também se aplicam à campanha do Norte (11,8).

Obras são amores

As palavras mais famosas do Deuteronômio são, sem dúvida: "Amarás ao Senhor, teu Deus, com todo o coração, com toda a alma, com todas as forças" (Dt 6,4). Mas esse amor precisa ser demonstrado na prática: "Amarás ao Senhor, teu Deus; guardarás os seus mandamentos e ordenanças, os seus decretos e preceitos, enquanto durar tua vida" (Dt 11,1). Como vimos antes, isso é o que Davi incute em Salomão antes de morrer: "Guarda as instruções do Senhor, teu Deus, caminhando por suas sendas, guardando seus estatutos, mandamentos, decretos e normas" (1Rs 2,3).

A centralização do culto

Diante da pluralidade de santuários cananeus espalhados por todo o país, o Deuteronômio ordena adorar a Deus em um único lugar: "Ireis visitar a morada do Senhor, o lugar que o Senhor vosso Deus escolheu para si em uma de suas tribos" (Dt 12,5). O autor ou autores do Livro dos Reis identificam este lugar como Jerusalém; e, aplicando a norma anterior, condenam todos os reis do Norte (porque adoraram fora de Jerusalém) e todos reis do Sul que toleraram o culto em locais sagrados fora de Jerusalém.

As cidades de refúgio

Um dos maiores problemas entre os antigos israelitas era a vingança sangrenta: se alguém matasse um membro de sua família, você tinha a obrigação grave de matar o culpado. Mas poderia acontecer que o culpado não fosse tão culpado. Simplesmente, o machado poderia ter escapado de sua mão enquanto trabalhava, com tão má sorte que acabou batendo e matando outra pessoa. Essa pessoa não merecia a morte. Como resolver o dilema? Escolhendo algumas cidades onde o homicida pudesse se refugiar: ele ficava a salvo, e o parente do falecido ficava livre da obrigação de matá-lo. Assim é estipulado no Deuteronômio: "Separarás três cidades na terra que o Senhor te dará como posse. Medirás bem as distâncias e dividirás em três zonas a terra que o Senhor, teu Deus, te dará em herança, como refúgio para os homicidas" (Dt 19,1ss.). E esta norma é posta em prática por Josué (Js 20).

O corpo do executado

Provavelmente você reconhece as palavras do Evangelho segundo João no final do relato da paixão: "Os judeus, para os cadáveres não ficassem na cruz no sábado, pediram a Pilatos que lhes quebrassem as pernas e os retirassem" (Jo 19,31). Isso responde à norma contida no Deuteronômio:

"Se um sentenciado a pena capital é executado e pendurado em uma árvore, seu cadáver não ficará na árvore de noite; tu o enterrarás naquele mesmo dia, porque Deus amaldiçoa aquele que está pendurado em uma árvore, e não deves contaminar a terra que o Senhor, teu Deus, te dará em herança" (Dt 21,22-23). E esta norma é levada em consideração por Josué depois de executar os cinco reis que se uniram contra os gabaonitas e os israelitas: "Ao pôr do sol, [Josué] ordenou que os tirassem das árvores e os lançassem na caverna onde haviam se escondido" (Js 10,27).

Poderíamos multiplicar os exemplos. No entanto, estes são suficientes para notar que não é justo separar drasticamente os "Primeiros Profetas" do Deuteronômio (sem mencionar agora a relação que às vezes refletem com todo o Pentateuco).

Pergunta 2: É justo considerar os livros de Josué a Reis como obras independentes, de autores diferentes, sem relação entre eles?

Respondendo à pergunta anterior, vimos que esses livros compartilham às vezes uma linguagem e ideias provenientes do Deuteronômio. Mas também encontramos referências cruzadas a ideias ou fatos anunciados em um livro e cumpridos ou mantidos em outro. Indico três exemplos:

Punição para quem reconstruir Jericó

No Livro de Josué, depois da destruição da cidade, Josué diz: "Maldito seja diante do Senhor aquele que reedificar esta cidade [Jericó]. Que as fundações custem, para ele, a vida de seu primogênito e que as portas, a vida de seu filho menor" (Js 6,26). E o Livro dos Reis conta que, nos dias do Rei Acab, "o betelita Hiel reconstruiu Jericó. Ao preço de Abiram, seu primogênito, colocou os alicerces dela, e ao preço de Segub, seu filho menor, levantou as portas dela, conforme a palavra que o Senhor anunciara por intermédio de Josué, filho de Nun" (1Rs 16,34).

Punição à família do sacerdote Eli

Este sumo sacerdote de Silo, que não repreendia devidamente a má conduta de seus filhos, foi condenado por Deus pelo Profeta Samuel: "Com efeito, dias virão em que cortarei teu braço e o braço da casa de teu pai: não haverá um ancião em tua casa" (1Sm 2,31). Passam-se os anos, um descendente de Eli se opõe ao Rei Salomão e este o expulsa de Jerusalém. E comenta o autor do Livro dos Reis: "Salomão afastou Abiatar de sua função de sacerdote do Senhor, cumprindo-se, assim, a palavra que o Senhor tinha pronunciado contra a casa de Eli, em Silo" (1Rs 2,27).

A promessa a Davi

Um dos momentos cruciais do Antigo Testamento é quando Deus promete a Davi a continuidade de sua dinastia: "Quando tiveres chegado ao fim de tua vida e estiveres descansando com teus antepassados, *estabelecerei depois de ti um descendente teu*, nascido de tuas entranhas, e consolidarei seu reino. [...] Tua casa e teu reino durarão para sempre em minha presença; teu trono permanecerá para sempre" (2Sm 7,12.16).

Esta promessa é lembrada por Davi quando se despede de Salomão e o exorta a agir corretamente "para que o Senhor cumpra a promessa que me fez: 'Se teus filhos souberem comportar-se, procedendo sinceramente de acordo comigo, com todo o coração e com toda a alma, *não te faltará um descendente no trono de Israel*'" (1Rs 2,4).

E esta promessa é a que justifica que Deus, em várias ocasiões, perdoe o reino de Judá "por amor a Davi" (1Rs 11,11-13; 15,3-5; 2Rs 8,19).

2. Os precursores

As ideias anteriores não são facilmente percebidas em uma leitura rápida. É necessário ler muito esses livros, e atentamente. Por isso, olhando para o passado a partir do século XXI, admiramos a sabedoria e intuição de alguns autores, que é mais do que justo lembrar.

No século XVI, Andrés Masius (1514-1573) observa que nesses livros há uma série de elementos comuns (como acabamos de indicar) e defende que foram compilados por Esdras durante o período persa (século V a.C.). Portanto, não são contemporâneos dos eventos que narram.

Um século depois, o genial Baruch Spinoza (1632-1677) propõe em 1670 que o Pentateuco e os "Primeiros Profetas" (Josué-Juízes-Samuel--Reis) formam uma unidade. Mas o mais interessante para nós é sua afirmação de que o Deuteronômio oferece a chave teológica para interpretar a história posterior (demos alguns exemplos no ponto anterior).

E, outro século depois, François-Marie Arouet (Voltaire) (1694-1778) dá um passo adiante. Com seu típico espírito independente, ele se atreve a dizer que o Deuteronômio não tem relação com os livros anteriores (Gênesis--Êxodo-Levítico-Números), destruindo o dogma do Pentateuco. Além disso, o Deuteronômio não teria sido escrito por Moisés, mas composto no tempo do Rei Josias (final do século VII a.C.).

Gn - Ex - Lv - Nm	Dt - Js - Jz - Sm - Rs

No início do século XIX (em 1805), Wilhelm M. L. de Wette (1780-1849), com apenas 25 anos, fundamenta a ideia de Voltaire sobre o Deuteronômio e abre novos caminhos: este livro teria sido composto para justificar as decisões de Josias em questões políticas e religiosas.

Mas bastam poucos anos para que a situação mude completamente. Se Voltaire e De Wette "roubaram" o Deuteronômio do Pentateuco, quarenta anos depois Heinrich Ewald (1803-1875) vai devolvê-lo, adicionando-lhe, como compensação, o Livro de Josué[38]. Unir Josué ao Pentateuco não é uma loucura ou um capricho: no Gênesis, é prometida aos patriarcas uma terra, e Êxodo-Números narram o caminho para essa terra; é lógico que a história termine com a conquista e repartição dessa terra (Josué). Portanto, Ewald fala de duas grandes obras históricas: "As origens" (Gênesis a Josué) e "Os reis" (Juízes, Rute, Samuel, Reis).

As origens	Os reis
Gn - Ex - Lv - Nm - Dt - Js	Jz - Rt - Sm - Rs

Mas Ewald também tem uma intuição que será retomada por Cross cem anos depois: a segunda obra, "Os reis", teve duas edições: a primeira durante o reinado de Josias (por volta de 620 a.C.), e a segunda durante o exílio na Babilônia (por volta de 560 a.C.).

No entanto, no final do século XIX, os "Primeiros Profetas" não interessam muito à ciência bíblica. Todos os autores estão obcecados com o

---

38. Em sua *Geschichte des Volkes Israel*, 1843-1859; 3ª ed., 1864-1868.

Pentateuco e a nova proposta de Julius Wellhausen sobre as fontes J, E, P e D, das quais falamos em um capítulo anterior.

3. A primeira metade do século XX

Durante esses anos, podemos falar de duas tendências principais.

A primeira defende a *origem independente de Josué, Juízes, Samuel e Reis*. Se agora apresentam elementos comuns, é porque por volta do ano 622 a.C. (na época de Josias) foram unidos e revisados por um grupo de autores imbuídos da mentalidade do Deuteronômio (os deuteronomistas). Anos mais tarde, durante o exílio, ocorreu uma segunda edição com pequenas mudanças e adições.

A segunda é vítima do entusiasmo pelas fontes e aplica a esses livros os critérios em voga para o Hexateuco. Juízes, Samuel e Reis são o resultado da união das fontes Javista (J) e Eloísta (E), com algumas adições do documento Sacerdotal (P). Esses documentos, que começavam com a criação do mundo ou com Abraão, não terminavam com a morte de Moisés; também contavam o que acontecera nos séculos seguintes. A verdade é que os autores não entravam em acordo. Segundo alguns, essas fontes do Pentateuco terminam em Josué e falam, portanto, de uma história em seis livros (Hexateuco: Gênesis-Êxodo-Levítico-Números-Deuteronômio-Josué); outros as prolongam até Juízes e falam de sete livros (Heptateuco); aqueles que as estendem até Samuel, de oito (Octoteuco); e aqueles que admitem unidade desde Gênesis até Reis falam de nove livros (Eneateuco). O único ponto em que essa hipótese coincide com a anterior é que o toque final foi dado pelos autores deuteronomistas.

4. Martin Noth entra em cena

O ano de 1943 não estava sendo muito bom para a Alemanha. Fevereiro tinha começado com a capitulação do VI Exército em Estalingrado. Meses mais tarde se rendia o Afrika Korps. Enquanto os aliados desembarcavam na Sicília, os russos avançavam pelo outro lado, com um estrago terrível de armas de guerra e de vidas humanas. Poucos imaginavam que aquilo era o princípio do fim. Inclusive Martin Noth tinha motivos para sentir-se satisfeito. Tinham acabado de publicar sua última obra. O título já lhe dava certo orgulho: tinha conseguido utilizar trinta e cinco letras em apenas duas palavras! *Überlieferungsgeschichtliche Studien*. Soava como um blindado Panzer penetrando nas estepes russas, um submarino U-2 submergindo nas frias águas da ciência bíblica.

Aqueles *Estudos sobre a história da tradição* dedicavam partes iguais às duas grandes obras históricas da Bíblia: a Deuteronomista e a Cronista. A primeira parte, que agora nos interessa, supunha uma autêntica novidade na interpretação dos livros de Josué, Juízes, Samuel e Reis.

Opondo-se às duas tendências vigentes, defende que antes do exílio não existiam livros independentes nem tampouco documentos do estilo de J e E que falassem sobre o longo período que vai desde os juízes à monarquia. Só existiam fragmentos isolados e pequenas obras (por isso recebe o nome de "hipótese dos fragmentos"), que um autor exílico (Dtr = autor deuteronomista) utilizou para compor sua história, a História Deuteronomista.

Ao estudar o bloco Josué-Reis, é preciso distinguir:

a) tradições recolhidas pelo autor deuteronomista sem reelaboração;

b) fragmentos ou versículos reelaborados pelo autor deuteronomista;

c) fragmentos originais do autor deuteronomista;

d) fragmentos acrescentados depois que o autor terminou sua obra.

Para não acumular dados muito minuciosos, nos limitaremos aos essenciais.

a) Entre as *tradições recolhidas pelo Dtr sem reelaboração* se encontram:

– grande parte do Dt (4,40–30,20);

– relatos da conquista (Js 2–11);

– narrações sobre diversos "juízes" (Jz 3,7–12,15, com exceção de alguns versículos próprios do deuteronomista);

– infância de Samuel (1Sm 1,1–4,1a, excluindo 2,25b.34-35);

– história da arca (1Sm 4,1b–7,1);

– tradições de Saul e Davi (1Sm 9,1–10,16; 10,27b–11,15);

– continuação de Saul-Davi e tradições de Davi (1Sm 13 até 2Sm 20;

– 1Rs 1–2);

– história de Salomão (1Rs 3–11, excetuando alguns versículos e passagens);

– tradições proféticas e dados sobre os reis de Israel e Judá; entre elas têm especial importância as de Elias e Eliseu, a revolução de Jeú (2Rs 9–10), a intervenção de Isaías durante o assédio de Jerusalém por Senaquerib (2Rs 18,17–20,19), o achado do *Livro da Lei* (2Rs 22,3–23,3).

(Até o momento em que o autor deuteronomista recolheu este material, as diversas tradições tinham tido vida própria, com enfoque e intenção muitas vezes distintos do que ele pretendeu.)

b) Entre os *fragmentos ou versículos reelaborados* estão 1Sm 12,1-25 (dirigido atualmente contra a monarquia), 1Rs 2,2-4,27b (testamento de Davi a Salomão em seu leito de morte) e 1Rs 4,1–5,8 (lista dos empregados de Salomão).

c) Mas o autor deuteronomista não se limitou a recolher antigas tradições ou a reelaborar alguns fragmentos. Segundo Noth, também completou este material com *dados próprios*. Por exemplo, no começo do Deuteronômio (1,1–3,29 e diversas passagens do capítulo 4), e no final do mesmo livro (nos capítulos 31 e 34). Diferentes capítulos ou episódios em Josué (1,1-6.10-18; 12; 23), Juízes (2,6-16.18.19; 3,7-11.12-15a; 6,30-35; 10,6-16 etc.), Samuel (1Sm 12,1-25 etc.), Reis (1Rs 8,14-66; 11,1-13.41-43; 2Rs 17,7-33a.41; 21,2-16; 25,1-26 etc.)

Entretanto, o mais importante não é que o autor deuteronomista tenha completado o material anterior com novos dados e interpretações, e sim que ele tenha levado a cabo uma *autêntica obra de composição*, harmonizando coerentemente os dados prévios e dando ao conjunto um toque muito pessoal.

d) Apesar de todo o seu trabalho, os livros de Josué a Reis não ficaram definitivamente prontos. *Outros textos foram inseridos mais tarde:*

– canto e bênção de Moisés (Dt 32 e 33);

– divisão da terra (Js 13–22);

– aliança em Siquém (Js 24);

– primeira introdução de Juízes (Jz 1,1–2,5);

– história de Sansão e apêndices (Jz 13,2–21,25);

– apêndices sobre Davi (2Sm 21–24).

Resumindo, *os pontos mais revolucionários da teoria de Noth* são os seguintes:

1. A História Deuteronomista é obra de um só autor, não de uma escola.

2. Este autor viveu e trabalhou durante o exílio, redigindo sua obra na Província da Samaria e não na Babilônia, como pensavam outros comentaristas.

3. A História Deuteronomista representa a primeira tentativa séria de historiografia dentro de Israel; antes do exílio não existiu uma produção que merecesse esta classificação, apenas intenções mais ou menos realizadas. Isso vai contra a opinião tão divulgada de que a historiografia em Israel começa durante o apogeu político e cultural de Davi e, sobretudo, de Salomão (século X).

4. Esta obra histórica começava com uma grande introdução teológica, o Livro do Deuteronômio, que oferecia as chaves de interpretação e avaliação da história: fé em um só Deus e aceitação de um só lugar para o culto. Mais tarde, o Deuteronômio se separou de Josué-Reis. Mas sua função originária não era encerrar os quatro primeiros livros da Bíblia (Tetrateuco), mas abrir teologicamente os seguintes.

O que pretendeu este judeu do século VI com seu enorme trabalho? A resposta de Noth é terrivelmente pessimista: "Ele não escreveu sua obra para aliviar o tédio ou satisfazer o interesse pela história nacional, mas para ensinar o sentido genuíno da história de Israel, desde a conquista da terra até o desaparecimento do antigo Estado; e esse sentido se resume para ele no reconhecimento de que Deus teve uma atuação palpável nesta história, exortando e castigando as deficiências constantes e crescentes do povo; e, finalmente, quando tudo se revelou inútil, com a destruição total" (p. 100). Diante da perspectiva do exílio, quando Judá perdeu tudo (terra, Templo, rei, liberdade), a palavra do deuteronomista é seca e cortante: tudo isto é consequência de nossos pecados e só nos cabe aceitar o castigo de Deus. Não resta esperança para o futuro.

5. Reações à teoria de Noth

É natural que a teoria de Noth não tenha encontrado plena aceitação, nem sequer parcial, entre todos os comentaristas. Alguns, como Jepsen, Engnell ou Boecker, a aprovam e a defendem com novos argumentos. Outros cada vez mais a rejeitam[39]. Não faltam os que a aceitam com reservas. Seria absurdo trazer à tona o emaranhado de argumentos contra e a favor.

---

39. A lista é muito grande. Basta citar o autor mais recente: NOLL, K. L. "Deuteronomistic History or Deuteronomic Debate? (A Thought Experiment)", *JSOT* 31, 2007, p. 311-345.

Apenas indicarei por onde se orientou a investigação no que diz respeito a três temas: autor, elementos prévios e finalidade da obra.

5.1 Um autor, dois, três ou uma escola?

A situação atual está longe de ser a concebida por Noth. Ele via a História Deuteronomista como uma obra unitária, composta de um único autor (embora reconhecesse que mais tarde foram adicionados muitos capítulos). Desta ideia passou-se para a de dois ou três autores, para recentemente se desintegrar na de uma escola.

a) Dois autores: um anterior ao exílio e outro posterior

O principal representante desta teoria é Frank Moore Cross, em seu artigo "Os temas do Livro dos Reis e a estrutura da História Deuteronomista"[40]. Seus discípulos Nelson[41] e Friedman[42] seguem-no, e é defendida por muitos outros, o último entre eles Geoghegan (2006)[43].

Cross concorda com Noth na existência de fragmentos anteriores, mas não aceita que a redação final da obra tenha sido feita por um único autor e durante o desterro. Para Cross, na História Deuteronomista, existem três fatos estranhos que requerem explicação:

1. Quando Jerusalém cai nas mãos dos babilônios, não encontramos uma reflexão teológica sobre esta terrível desgraça. Isso é muito estranho, especialmente se lembrarmos a extensa digressão do Dtr após a queda da Samaria (2Rs 17).

2. Durante o reinado de Manassés, Deus condena totalmente Judá por causa dos pecados deste rei. No entanto, o reinado de seu neto, Josias,

---

40. "The themes of the Book of Kings and the structure of the Deuteronomistic History". In: *Canaanite Myth and Hebrew Epic*, Cambridge, 1973, p. 274-289.

41. NELSON, R. D. *The Double Redaction of the Deuteronomistic History*. JSOT Suppl. Ser. 18. Sheffield, 1981.

42. FRIEDMAN, R. E. The Exile and Biblical Narrative. The Formation of the Deuteronomistic and Priestly Works. HSM 22. Chico, 1981.

43. GEOGHEGAN, J. C. *The Time, Place, and Purpose of the Deuteronomistic History: The Evidence of "Until This Day"*. Brown Judaic Studies 347. Providence, 2006.

é visto com grande otimismo. Isso representa um anticlímax na história que caminha para o seu final.

3. Se situarmos a História Deuteronomista no desterro (como Noth pretende), ela contrasta fortemente com as outras obras desta época (o escrito Sacerdotal, Dêutero-Isaías etc.), pois falta-lhe a profunda esperança que se respira nestas últimas. A melhor forma, ou a única, de explicar estes fatos é admitir duas edições distintas: uma anterior ao desterro, durante o reinado de Josias, e outra no exílio. A primeira edição é caracterizada por um marcado viés de propaganda religiosa e política, convidando à conversão de Judá, mas também das tribos do Norte, com o objetivo de restaurar o antigo reino davídico. A segunda edição, de tom pessimista, limita-se a justificar a catástrofe.

b) Três autores (ou edições), todos do exílio

Enquanto Noth trabalhava em seus *Estudos*, Alfred Jepsen também se dedicava ao estudo das fontes dos Livros dos Reis[44]. A guerra impediu que ele publicasse seus resultados, que só apareceram em 1951. Essa obra não pode ser interpretada como uma reação ao estudo de Noth, pois Jepsen desconhecia seus resultados.

Jepsen concebe a formação da obra da seguinte maneira. Existiam dois documentos principais: 1) uma crônica que abrangia até o reinado de Ezequias (finais do século VIII), que ele designa com a sigla S; 2) alguns Anais sobre o Templo e o culto, talvez da época de Manassés (primeira metade do século VII), que ele denomina com a sigla A.

Esses dois documentos independentes foram unidos por volta do ano 580 por um primeiro redator sacerdotal (R¹), que acrescentou a eles um comentário crítico sobre a história do culto e exigiu um culto adequado. Esta seria a primeira edição, pré-exílica.

S	A	R¹
Crônica até Josias	Anais do Templo	Une os dois documentos. Acrescenta um comentário crítico

A primeira edição de Jepsen (R¹), por volta do ano 580.

44. JEPSEN, A. *Die Quellen des Königsbuches*. Halle, 1951.

Por volta do ano 550, um segundo redator, de mentalidade profética (R[II]), adiciona à obra numerosos capítulos (a história da sucessão, lendas de Isaías, tradições sobre profetas, tradição benjaminita sobre a conquista e a época pré-monárquica). Dessa forma, a obra cresce enormemente, até duplicar as dimensões da anterior. Mas o mais importante é que este segundo redator dá especial destaque a quatro ideias teológicas (eleição, lei, apostasia, castigo) e transforma toda a sua obra em um apelo à conversão.

UTILIZA R[I]	ACRESCENTA História da sucessão Lendas de Isaías Tradições proféticas etc.	IDEIAS Eleição Lei Apostasia Castigo

A segunda edição de Jepsen (R[II]), por volta do ano 550.

No final do século VI, um terceiro redator, levita (R[III]), faz pequenas adições para justificar as pretensões de seus irmãos.

A teoria das três redações exílicas também é defendida por Rudolph Smend[45]. Suas ideias, simplesmente esboçadas no artigo de 1971, foram seguidas e aprofundadas por seus discípulos Dietrich[46] e Veijola[47]. Aproveitando esses trabalhos, Smend retoma o tema em 1978 e propõe a seguinte ideia:

Um historiador deuteronômico (DtrH), baseando-se em diversas fontes, escreveu uma história que começava em Dt 1,1 e terminava em 2Rs 25,30. Esta obra pressupõe a libertação de Jeconias e não poderia ter surgido antes de 550 a.C.

Um Deuteronomista profético (DtrP) introduziu nos livros de Samuel e Reis uma série de narrativas proféticas e estruturou o curso da história

---

45. SMEND, R. "Das Gesetz und die Völker: Ein Beitrag zur deuteronomistischen Redaktionsgeschichte", em *Homenaje a G. von Rad*. Munique, 1971, p. 494-509.

46. DIETRICH, W. *Prophetie und Geschichte. Eine redaktionsgeschichtliche Untersuchung zum Dtr. Geschichtswerk*. FRLANT 108. Gotinga, 1972.

47. VEIJOLA, T. *Die ewige Dynastie. David und die Entstehung seiner Dynastie nach der deuteronomistischen Darstellung*. AASF B/193. Helsinque, 1975; IDEM, *Das Königtum in der Beurteilung der deuteronomistischen Historiographie. Eine redaktionsgeschichtliche Untersuchung*. AASF B/198. Helsinque, 1977.

de acordo com o esquema de "predição-cumprimento" (o que é anunciado acaba se cumprindo, mesmo que leve séculos).

Um Deuteronomista nomista (DtrN, assim chamado por seu amor à Lei, *nómos* em grego) comentou as duas redações inspirando-se nas leis deuteronômicas. Este resultado final é o que podemos chamar de "Obra histórica deuteronomista". Mas as marcas de DtrN se estendem também ao Tetrateuco. Por isso, é possível que DtrN seja quem uniu o Tetrateuco e a História deuteronômica, formando uma grande obra literária.

c) Não autores, mas sim uma escola

Esta é a teoria proposta no início do nosso século por Person e Römer.

De acordo com Person[48], a História deuteronômica não é obra de um, dois ou três autores; e, sobretudo, não foi concluída durante a época do exílio. O trabalho foi muito mais duradouro, estendendo-se até a época persa, e foi realizado pela escola deuteronomista que surgiu entre os escribas exilados na Babilônia. Lá, eles produziram a primeira redação da História Deuteronomista, utilizando fontes escritas anteriores. Essa escola retornou do exílio com Zorobabel e esteve a serviço da administração persa. Seu trabalho consistiu principalmente na revisão dos textos antigos e na criação de novos.

Quanto a Römer[49], ele começa analisando Dt 12,2-18, no qual detecta três camadas: 1) a mais antiga (v. 13-18) é dirigida aos proprietários ricos do final do século VII; 2) a seguinte (v. 8-12) reflete a situação do exílio babilônico; 3) a última (v. 2-7) vem do primeiro século do período persa (século V a.C.), como demonstra a obsessão em se separar dos pagãos.

Essas três camadas também podem ser observadas em outros textos, como Js 7–8; 1Sm 8–12; 1Rs 8; 2Rs 22–23. Sem dúvida, é possível que os escribas tenham editado um livro ou uma seção apenas. Mas a melhor hipótese de trabalho é distinguir na História Deuteronomista três redações correspondentes a três contextos diferentes do ponto de vista social, político e histórico: neoassírio, neobabilônico e persa.

---

48. PERSON, R. F. *The Deuteronomic School – History, Social Setting, and Literature*. Atlanta, 2002.

49. RÖMER, T. C. *The So-Called Deuteronomistic History – A Sociological, Historical and Literary Introduction*. Londres, 2005.

A tabela a seguir reflete como as ideias têm evoluído e as principais diferenças entre as diversas teorias.

	CROSS	SMEND	PERSON	RÖMER
MONARQUIA	Dtr 1			Leis Conquistas Reis
EXÍLIO	Dtr 2	DtrG DtrG + DtrP DtrG + DtrP + DtrN	História Dtr	História Dtr
PERÍODO PERSA			Revisão e ampliação	Revisão com três temas

5.2 Elementos prévios

A ideia de que os deuteronomistas utilizaram "fragmentos" prévios a admitem muitos autores atuais. Grande parte da investigação dos últimos anos focalizou o estudo desses fragmentos: história da arca, subida de Davi ao trono, história da sucessão, tradições de Elias e Eliseu etc.

Alguns inclusive falam de uma obra histórica muito ampla, redigida bastante cedo, que teria sido utilizada pelo autor ou autores deuteronomistas. Por exemplo, Campbell[50] descobriu nos livros de Samuel e nos dez primeiros capítulos de 1 Reis um documento do século IX, de origem profética, centrado no importante período que vai desde as origens da monarquia até a divisão do reino. Esta ideia parece estranha em nossa época, quando tendemos a datar os livros bíblicos de bastante tarde (a partir do século V a.C.). No entanto, curiosamente, algo semelhante é defendido na obra mais recente que conheço; Hutton argumenta em 2009 que as tradições contidas de 1Sm 9 até 1Rs 2 foram redigidas no final do século IX ou início do século VIII a.C.[51]

No fundo, este fato não modifica seriamente a teoria de Noth. Ele o teria aceito tranquilamente. O que não admite é que os documentos clássicos (Javista e Eloísta) continuem em Josué.

---

50. CAMPBELL, A. F. *Of Prophets and Kings – A Late Ninth-Century Document (1 Sam 1–2 Kings 10)*. Washington, 1986 [CBQ Monographs Series, 17].

51. HUTTON, J. M. *The Transjordanian Palimpsest. The Overwritten Texts of Personal Exile and Transformation in the Deuteronomistic History*. BZAW 396. Berlim, 2009.

5.3 Finalidade da obra

Noth nos deixa com um gosto amargo na boca. A história do Dtr só pretende demonstrar o justo juízo de Deus, que castiga os contínuos pecados do povo. Não há esperança para o futuro. Esta visão tem sido criticada de diferentes perspectivas. Atualmente, com o aumento do número de edições e revisões contínuas da história, torna-se cada vez mais difícil falar sobre seu propósito. Mas há anos atrás foram propostas algumas opiniões que ainda valem a pena ser consideradas.

a) Gerhard von Rad: otimismo messiânico

Poucos anos depois da publicação da obra de Noth, exprime seu ponto de vista num breve mas importante artigo sobre "A teologia deuteronomística da história nos Livros dos Reis"[52]. Von Rad detecta na historiografia deuteronomista uma correspondência entre a palavra do Senhor e a história, no sentido de que a palavra pronunciada por Deus alcança sua meta, se cumpre. Este esquema "vaticínio-cumprimento" se encontra pelo menos onze vezes nos Livros dos Reis, geralmente castigando. É o que advertimos no destino do Reino do Norte (Israel), por causa de culpas que vêm desde o primeiro rei, Jeroboão.

Mas no reino de Judá não parece acontecer o mesmo. Deus se mostra mais indulgente. A que se deve isso? A resposta é evidente: "em consideração a Davi" (cf. 1Rs 11,13.32.36; 15,4; 2Rs 8,19), ideia que se baseia na promessa de Natã (2Sm 7; cf. tb. 1Rs 2,4; 8,20.25; 9,5) e que leva o deuteronomista a converter este rei num personagem modelo[53].

Desse modo, na História Deuteronomista a Palavra de Deus atua de duas formas: como lei, julgando e aniquilando; como evangelho, perdoando e salvando. Qual dessas duas palavras se impôs por fim? A resposta vem na libertação de Joaquim (2Rs 25,27-30). "Esta passagem deve ser entendida

---

52. Publicado em 1947. Encontra-se em *Estudios sobre el Antiguo Testamento*. Salamanca, 1975, p. 177-189.

53. Cf. 1Rs 3,3: 9,4; 11,4.6.33.38; 14,8; 15,3.5.11; 2Rs 14,3; 16,2; 18,3; 21,7; 22,2. Segundo Von Rad, o deuteronomista não podia basear-se na história da sucessão para converter a Davi em modelo, já que esta o apresenta de forma muito humana, com grandes falhas. O deuteronomista recolhe uma tradição messiânica que se encontra já no Sl 132 e em Isaías.

como uma indicação de que os descendentes de Davi não haviam chegado a um fim irrevogável" (p. 189).

b) Hans Walter Wolff: chamado à conversão

Anos mais tarde, em 1961, Hans Walter Wolff voltava ao tema, em seu famoso artigo "O querigma da obra histórica deuteronomista"[54]. Contrariamente a Noth, não crê que o autor deuteronomista tenha tido tanto trabalho somente para dizer a seus contemporâneos que tudo estava acabado. Mas também não está de acordo com Von Rad na interpretação tão otimista dos versículos finais (2Rs 25,27-30) como uma mensagem incondicional de salvação. Para Wolff o deuteronomista não pretende destruir a esperança nem a estimular incondicionalmente, mas chamar à conversão.

De fato, o esquema de toda a obra é o mesmo que aparece com frequência no Livro dos Juízes, com seus ciclos de pecado/castigo/conversão/salvação (cf. Jz 3,7-9). Aparentemente, este esquema não volta a ser usado no resto da obra. Mas esta impressão é falsa. Todo o período monárquico, de Saul a Sedecias, constitui o primeiro passo (pecado) de um novo ciclo; a destruição de Jerusalém e o desterro é o segundo (castigo). O autor pretende que seus contemporâneos deem agora o terceiro (conversão), para que Deus realize o quarto (salvação). Wolff demonstra que o verbo "converter-se" está presente em passagens decisivas como 1Sm 7,3; 2Rs 17,13; 23,25 e, sobretudo, no momento capital da oração de Salomão na dedicação do Templo (1Rs 8,46-53).

c) Frank Moore Cross: dupla finalidade

Quem mantém a ideia de duas edições da História Deuteronomista, uma antes e outra depois do exílio, encontrará um enfoque bastante adequado na teoria de Cross. Certamente elas foram marcadas por espíritos completamente distintos. Não é a mesma coisa escrever a história do povo num momento de otimismo e euforia nacional, e fazê-lo quando todas as esperanças desapareceram.

---

54. WOLFF, H. W. "Das Kerygma des deuteronomistischen Geschichtswerks". *ZAW*, 73, 1961, p. 171-186.

A primeira edição desenvolve dois temas principais, que podem ser sintetizados nestas duas frases: "Esse modo de proceder fez cair em pecado a casa de Jeroboão e provocou sua ruína e seu extermínio da face da terra" (1Rs 13,34). "Por consideração ao meu servo Davi e a Jerusalém, cidade que escolhi" (1Rs 11,13).

> Por conseguinte, o historiador deuteronomista contrasta dois temas: o pecado de Jeroboão e a fidelidade de Davi, que culmina em Josias. Jeroboão levou Israel à idolatria e à destruição, como tinham anunciado os profetas. Em Josias, que purificou o Templo fundado por Davi e interditou o santuário fundado por Jeroboão; em Josias, que buscou o Senhor de todo o coração, deveriam cumprir-se todas as promessas feitas por Deus a Davi [...]. Estes dois temas parecem refletir dois princípios teológicos, um procedente da antiga teologia deuteronômica da aliança, que considera a destruição da dinastia e do povo como consequência inevitável da apostasia, e outro tomado da ideologia régia de Judá: as eternas promessas feitas a Davi [...]. De fato, a justaposição dos dois temas, ameaça e promessa, proporcionam a plataforma para a reforma de Josias. A História Deuteronomista, na medida em que estes temas refletem seus principais interesses, pode ser considerada uma obra de propaganda da reforma de Josias e um programa imperialista. O documento fala em particular ao Norte, convidando Israel a unir-se a Judá e a Jerusalém, único santuário legítimo de Javé, afirmando as pretensões da antiga dinastia davídica sobre todo Israel. E fala também, com igual ou maior ênfase, a Judá. A restauração da antiga grandeza depende de que a nação volte à aliança com Javé e o rei se entregue de todo o coração à imitação de Davi, o servo do Senhor[55].

Durante o exílio, este grupo de livros foi reelaborado. A situação tinha mudado muito com relação à época de Josias. A esperança de voltar aos tempos gloriosos de Davi se tinha desvanecido. O ideal de conversão e de observância do pacto com Deus extinguira-se na Batalha de Meguido (ano 609). E sobreveio a catástrofe. Um autor do exílio se sentiu obrigado a justificar este terrível castigo de Deus e a tirar as últimas lições da história.

Com esta finalidade reelaborou a obra anterior. Antes de tudo, *adicionou* os dados posteriores ao reinado de Josias (2Rs 23,31–25,29) e a notícia da morte deste rei (2Rs 23,29-30).

---

55. CROSS, F. M. "The Themes of the Book of Kings and the Structure of the Deuteronomistic History". In: *Canaanite Myth and Hebrew Epic*. Cambridge, 1973, p. 274-289, cf. p. 284.

Em segundo lugar, *reelaborou certas passagens*, sobretudo o capítulo referente a Manassés (2Rs 21). Nos versículos 10-15 lemos palavras que, indubitavelmente, foram escritas dentro de uma perspectiva do exílio: "Farei recair sobre Jerusalém e sobre Judá uma desgraça tal, que fará retinir os ouvidos de todos que dela ouvirem falar". Também em outros momentos da história se introduziram claras referências ao desastre e ao exílio; por exemplo em Dt 4,27-31; 28,36s.63-68; 29,27; 30,1-10; Js 23,11-13.15s.; 1Sm 12,25; 1Rs 2,4; 6,11-13; 8,25b.46-53; 9,4-9; 2Rs 17,19; 20,17s.

Trata-se de retoques leves, mas com uma importante mudança de enfoque. A segunda edição, a do exílio, carece de esperança. Os textos que falam de conversão (pressupondo com ela o perdão), esses textos em que se baseia Wolff para sua teoria, são praticamente todos da primeira edição, anterior ao exílio.

Com as opiniões destes três autores não ficam esgotadas todas as possibilidades. Há muitos outros pontos de vista. Mas estas ideias são as mais importantes e as que mais podem ajudar-nos a aprofundar a História Deuteronomista.

6. Bibliografia

As teorias até 1995 expus extensamente em meu artigo: SICRE, J. L. "La investigación sobre la historia deuteronomista. Desde Martin Noth a nuestros días". *Estudios Bíblicos* 54, 1996, p. 361-415. Posteriormente apareceram as seguintes obras, que tratam do tema com muito detalhe:

DE PURY, A.; RÖMER, T.; MACCHI, J.-D. (eds.). *Israël construit son histoire. L'historiographie deutéronomiste à la lumière des recherches récentes.* Le monde de la Bible 34. Genebra, 1996; tradução inglesa *Israel Constructs its History. Deuteronomistic Historiography in Recent Research.* JSOTSS 306. Sheffield, 2000.

KNOPPERS, G. N.; MCCONVILLE, J. G. (eds.). *Reconsidering Israel and Judah: Recent Studies on the Deuteronomistic History.* Winona Lake, 2000.

RÖMER, T. C. *The So-Called Deuteronomistic History – A Sociological, Historical and Literary Introduction.* Londres, 2005.

HUTTON, J. M. *The Transjordanian Palimpsest. The Overwritten Texts of Personal Exile and Transformation in the Deuteronomistic History.* BZAW 396. Berlim, 2009, p. 79-165.

13
Lendo a história

Os capítulos anteriores eram necessários para ter uma ideia da complexa formação da história que conta o passado de Israel desde o século XIII até o ano 561. Estávamos afinando a orquestra. Já está na hora do concerto começar. Inclusive há quem pense – não sem certa razão – que começa com bastante atraso.

Efetivamente, o essencial é ler o texto bíblico. Mas, neste caso, não se trata de uma tarefa fácil. Os livros de Josué, Juízes, Samuel e Reis, dependendo da edição bíblica que se utiliza, somam em média umas 250 páginas. Por isso, na primeira parte deste capítulo vou oferecer-lhes umas pistas de leitura dos episódios mais importantes, de forma que possam ter uma ideia de conjunto da obra. Na segunda parte oferecerei os dados para uma leitura mais detalhada de uma seção muito interessante: a chamada "História da subida de Davi ao trono". Se não se dispõe de tempo para tudo, leia-se a primeira parte. Mas não se deixe de passar uma vista pela segunda, na qual se ensina um método simples de ler a fundo estes relatos.

1. Textos selecionados da História Deuteronomista

1.1 O Livro de Josué

Leia o capítulo 1. Contém um discurso de Deus a Josué (v. 1-9), uma ordem de Josué aos oficiais da administração (v. 10-11) e um diálogo de Josué com as tribos da Transjordânia (v. 12-18). Atente para os detalhes: no discurso de Deus, a importância que tem a observância e o estudo do *Livro da Lei*. No diálogo de Josué com as tribos da Transjordânia, a ideia da unidade de todo Israel; trata-se de uma operação conjunta, inclusive os que já conseguiram território próprio devem colaborar com seus irmãos.

Leia por alto os capítulos 2–11, onde se narra a conquista. Podemos dividi-los em duas grandes partes: os preparativos (capítulos 2–5) e a conquista (capítulos 6–11).

Os preparativos incluem: missão dos espiões em Jericó (capítulo 2), passagem do Jordão (capítulo 3–4), outros episódios como a circuncisão em Guilgal e a celebração da Páscoa (capítulo 5). O episódio dos espiões é muito interessante porque o Livro da Lei proíbe fazer pactos com os habitantes do país; mas a meditação da lei faz com que se aceitem exceções, como no caso de Raab. Na leitura da passagem do Jordão, observe-se a confusão provocada pelas diversas tradições que se foram acumulando, sobretudo de origem sacerdotal (arca, levitas).

A conquista (capítulo 6–11) segue um esquema muito simples; primeiro se conquista o centro, em parte através de uma campanha militar (Jericó, Hai), em parte por um tratado com os gabaonitas (capítulo 9). Segue-se a conquista do Sul (capítulo 10), em seguida do Norte (capítulo 11). O episódio mais famoso – não o mais importante – é o de Josué detendo o sol (Js 10,12-14). *Leia pelo menos os capítulos 6–8.*

Salte ao capítulo 21, versículos 43-45. Na conquista se reconhece que Deus cumpriu suas promessas. E leia logo o capítulo 23: discurso de despedida de Josué, animando o povo a servir a Deus e a evitar parentescos com as nações pagãs. Lembre-se de que os discursos são importantíssimos para conhecer a mentalidade do autor (ou autores) deuteronomista(s).

Assim se tem uma ideia clara do que pode ter sido a seção correspondente a Josué na primeira edição da História Deuteronomista: um discurso inicial de Deus, relatos da conquista, despedida de Josué.

1.2 O Livro dos Juízes

Comece lendo 2,6-17. Estes versículos fazem parte da segunda introdução do livro e se casam com o discurso de despedida de Josué. Atente especialmente para 2,11-17. Sublinham umas ideias que reaparecerão antes de cada juiz: o povo peca seguindo outros deuses, Deus castiga enviando inimigos à vizinhança, Deus salva suscitando um juiz.

Leia o episódio de Otoniel (3,7-11). Não é muito ameno, mas é interessante. Ali temos o esquema típico desta época: pecado (idolatria), castigo (domínio do rei da Síria), conversão ("clamaram ao Senhor") e salvação (Otoniel). Aqui há um elemento novo, o da conversão, que se repetirá adiante.

E chegamos aos personagens mais famosos: Aod, Débora e Barac, Gedeão, Abimelec, Jefté, Sansão. Aponto algumas linhas de conteúdo, para que se leia de acordo com o próprio apetite.

– A história de Aod conta de forma divertida – com cruel realismo – como um benjaminita canhoto mata o gordo rei moabita, Eglon (3,12-30).

– A façanha de Débora e Barac, completada pelo assassinato de Jael (capítulo 4), é a melhor maneira de entender o canto da vitória (capítulo 5). Se você é fã de poesia, não deixe de ler este capítulo, considerado o texto mais antigo da Bíblia. Leia pelo menos 5,24-31, magnífica descrição do assassinato de Jael, que contrasta com a angústia da mãe de Sísara.

– Os relatos de Gedeão abarcam episódios bem distintos, e todos se leem com prazer (6,11–8,35). É interessante 8,22-23, porque supõe a primeira tentativa histórica de instaurar um sistema de chefia hereditária, semelhante à monarquia.

– A história de Abimelec (capítulo 9) contém um dos mais duros manifestos antimonárquicos da literatura universal, o apólogo de Joatão (9,8-15). Não o deixe de ler, ainda que não compartilhe sua opinião.

– Jefté é famoso pelo voto que o obriga a sacrificar sua própria filha, porém a tradição contém outros dados (capítulo 11,1–12,6).

– Sansão (capítulos 13–16). Note-se que os capítulos 15 e 16 terminam com a mesma frase: "Sansão foi juiz em Israel na época dos filisteus, durante vinte anos". Isso demonstra que a tradição se foi ampliando, mas o protagonista não melhora de conduta. São das tradições mais divertidas e famosas. Não deixe de notar que Dalila só aparece no capítulo 16; nos capítulos 14–15 são outras mulheres...

Deu para notar que são tradições populares, capazes de divertir o público mais exigente: não faltam sexo nem violência. Mas não se esqueça dos seguintes dados:

– Todos os relatos se enquadram no esquema teológico pecado/castigo/conversão/salvação.

– Todos os protagonistas oferecem alguma característica que, em princípio, prejudica o seu desempenho de salvadores do povo: Aod é canhoto;

Débora, uma mulher; Barac, covarde; Gedeão, descrente e desconfiado; Jefté, filho de uma prostituta; Sansão, um mulherengo. A ideia bíblica de que Deus salva através de instrumentos frágeis está muito evidente na história desses "libertadores".

– O autor ou autores quiseram apresentar a época como muito diferente do tempo de Josué. O povo cai continuamente no pecado de idolatria e não aprende a lição dos castigos divinos. Nesse sentido, são fundamentais os dois episódios em que não aparecem juízes (6,1-10, e 10,6-16). O primeiro contém a intervenção de um profeta anônimo; o segundo, uma liturgia penitencial. A função deles é chamar a atenção para o agravamento da situação à medida que os anos passam.

– Onde se enraíza o mal de fundo? Lendo esses relatos, na obstinação do povo. Mas no Livro dos Juízes entraram mais tarde tradições que oferecem outro ponto de vista. A culpa de tudo é do sistema político: não havendo rei em Israel, "cada um fazia como bem entendia" (Jz 11,6; 18,1; 19,1; 21,25). Estes capítulos finais (a história do santuário de Dã e a violação e o assassinato da mulher do levita) rematam a descrição de uma época caótica. Só a instauração de um novo sistema político – a monarquia – pode trazer a solução.

1.3 Os Livros de Samuel

O título é muito infeliz, porque Samuel só desempenha um papel importante na primeira parte do primeiro livro. Falam dos últimos anos da época dos juízes (1Sm 1–7), das origens da monarquia com Saul (1Sm 8–15), da história da escolha de Davi para o trono (1Sm 16–2Sm 7) e da história da sucessão de Davi (2Sm 9–20; 1Rs 1–2).

Aconselho a leitura dos relatos sobre a infância de Samuel (1Sm 1–3) e os referentes às origens da monarquia, pelo menos 1Sm 8–11. Note-se que tradições pró-monarquistas e antimonarquistas se misturam aqui. No começo desta nova etapa, apesar de toda incerteza, temos o importante discurso de Samuel (1Sm 12). Leia os versículos 6-16; a garantia do êxito estará na obediência a Deus e na observância de seus mandamentos.

A história da subida de Davi ao trono será analisada mais adiante.

Por último, a chamada "História da sucessão" (outros preferem chamá-la "História de Davi e sua família") foi considerada pelo grande historiador

Eduard Meyer como a maior obra historiográfica não só de Israel, mas de todo o mundo antigo. Começa em 2Sm 9 e termina em 2Rs 2 (basta omitir os capítulos 2Sm 21–24, que foram inseridos mais tarde). Nela se contam os episódios famosos do adultério de Davi e o assassinato de Urias (2Sm 11), o incesto de Amnon com Tamar (2Sm 13), a rebelião de Absalão e sua morte (2Sm 15–19), as intrigas finais da sucessão, até a posse de Salomão (1Rs 1–2). Pelo menos, não deixe de ler 2Sm 11, atentando para a finíssima análise psicológica do protagonista, e a história da rebelião de Absalão. São joias da literatura universal.

1.4 Os Livros dos Reis

Começam com a história de Salomão (1Rs 3–11). Com sua morte, o reino é dividido (2Rs 12). A partir de então, temos a história "sincrônica" de Israel (Norte) e Judá (Sul). O centro de interesse, todavia, não está nos reis, mas nos profetas. As tradições mais famosas são as de Elias e Eliseu, distribuídas entre 1Rs 17 e 2Rs 13. Quando desaparece o reino de Israel, no ano 722, a história se concentra, logicamente, em Judá.

Dentro da história de Salomão, os capítulos mais famosos são o 3 e o 10. Se se deseja, porém, conhecer a mentalidade da *História Deuteronomista*, convém ler com atenção a oração que o rei pronuncia por motivo da dedicação do Templo (1Rs 8,22-53). Presentes estão também aqui o tema da conversão (8,33-40) e a claríssima referência ao exílio (8,46-51). As consequências do não cumprimento da lei são expostas no capítulo 11.

É muito importante 1Rs 12, onde se conta a divisão do reino e as medidas religiosas adotadas por Jeroboão no Norte. No capítulo 13 está a história do profeta anônimo do Sul que os deuteronomistas inventaram, vaticinando inclusive o nascimento de Josias.

As tradições de Elias são todas importantíssimas. Numa época de idolatria e injustiça, o profeta luta para salvar a verdadeira religião. 1Rs 17–19 descreve a grande seca, castigo de Deus pelo culto a Baal, deus cananeu da fertilidade. Em 1Rs 21 temos o famoso episódio do assassinato de Nabot, com intervenção posterior do profeta. Em 2Rs 1 volta a intervir contra a idolatria do monarca.

Eliseu é famoso por seus milagres. Leia ao menos 2Rs 4–7. Esses capítulos não têm desperdício. Deles é tirado o provérbio: "Verás, mas não provarás".

Dada a mentalidade deuteronomista de luta contra a idolatria, é lógico que se desse destaque à sangrenta revolução de Jeú, que massacrou os partidários de Baal e destruiu seu templo. Jeú foi como Pinochet. Seu golpe de Estado é descrito de forma esplêndida (2Rs 9–10).

Não passe por cima de 2Rs 17. Desaparece da história o Reino do Norte. Os deuteronomistas não têm um personagem importante a quem atribuir um discurso, por isso deixam suas reflexões sobre a catástrofe. O texto está um tanto confuso – cada um foi acrescentando o que achou conveniente –, mas é fundamental para conhecer a mentalidade destes autores.

Ezequias organizou uma grande reforma religiosa. Por isso lhe dedicam bastante espaço (2Rs 18–20). Se não estiver muito cansado, leia o capítulo 18.

Preste atenção em Manassés, um autêntico canalha, último responsável pelo desaparecimento do reino de Judá. Suas "proezas" se contam em 2Rs 21,1-18.

Josias já ficou conhecido na novelinha que inventei. Se quiser conhecê-lo um pouco mais, leia 2Rs 22–23. Os deuteronomistas lhe ficarão muito gratos.

Os últimos anos de Judá, de 609 a 586, poderíamos definir com um título de Eugene O'Neill, *Viagem de um longo dia para a noite – De desgraça em desgraça.* Se não puder ler todo 2Rs 23,31–25,26, leia pelo menos o capítulo 25, onde se fala da queda de Jerusalém.

2. História da subida de Davi ao trono (1Sm 16–2Sm 9)

De 2Sm 16 até 1Rs 2, a história é dominada pela figura de Davi. Continuam presentes personagens importantes, como Samuel, Saul, Absalão, mas o pastorzinho convertido em rei é quem monopoliza a atenção por completo. No seu conjunto, estamos diante das melhores páginas narrativas da Bíblia.

A ciência bíblica contemporânea costuma distinguir nesses capítulos duas grandes obras, que teriam sido utilizadas pelos historiadores deuteronomistas: História da ascensão de Davi ao trono (1Sm 16–2Sm 7) e a História da sucessão (2Sm 9-20; 1Rs 1–2). Ficariam de fora as tradições de 2Sm 8 (sobre uma série de campanhas de Davi) e as contidas em 2Sm 21–24. Convém reconhecer desde já, porém, que a divisão em duas grandes obras não é tão evidente como sugerem muitos comentários e artigos; há capítulos da História da sucessão que parecem escritos pelo mesmo autor da História da ascensão. De qualquer modo, parece bastante sensato distinguir duas partes essenciais. Entre outros motivos, porque correspondem a duas etapas radicalmente distintas da vida de Davi: antes e depois de tornar-se rei de Judá e Israel.

Dedicaremos as próximas páginas à primeira delas, analisando-a de três pontos de vista: literário, político e teológico.

> Como sempre, comece lendo o texto. É longo, mas à medida que o conhecer saberá entender e apreciar a análise que ofereço. Se você não dispõe de muito tempo, leia pelo menos o que digo sobre a leitura política e teológica, sem preocupar-se com as citações.

2.1 Leitura literária

Do ponto de vista narrativo, minha análise mereceria muito mais atenção do que de fato vou oferecer. Vou me contentar com uma série de detalhes externos, apesar de saber que não serão suficientes para revelar todo o valor literário de alguns desses capítulos.

a) Delimitação da obra: divisão e conteúdo

Trata-se de um problema muito complexo[56]. Para não nos perdermos em hipóteses, tomemos como ponto de partida 1Sm 16,1-14, primeira cena em que Davi aparece.

Um pouco mais complicado é o final. A maioria dos comentaristas o coloca em 2Sm 5,12, quando Davi consolida seu reino. Weiser, porém, diz que estes versículos não contêm, na realidade, uma legitimação de Davi; esta se encontra nos capítulos 2Sm 6 (transladação da arca para Jerusalém) e 2Sm 7 (profecia de Natã). Em 2Sm 7,8-11 temos um resumo de toda a história, o

---

56. Alguns autores põem o começo em 1Sm 16,14 (Wellhausen, Alt, Noth); outros em 1Sm 16,1 (Weiser, Nübel, Rendtorff); Gronbaek em 1Sm 15; Mildenberger em 1Sm 13. É evidente a relação entre o final de 1Sm 15 e o que se conta em 1Sm 16; em que se deve dar razão a Gronbaek. Mas onde parece estar o verdadeiro começo da história de Davi é em 1Sm 17,12 (Langlamet).

que prova que este capítulo 7 é o final. Como Weiser pensam também Nübel e Mildenberger.

Em qualquer hipótese, a delimitação de 1Sm 16 a 2Sm 7 é a que melhor coincide com a primeira etapa da vida de Davi, desde sua juventude até que chega ao trono, translada a arca para Jerusalém e recebe de Deus a promessa de que sua dinastia será eterna. Seguindo Roland de Vaux, podemos dividir a obra assim:

1. Davi na corte (1Sm 16,1–19,7).
2. Fuga de Davi (1Sm 19,8–21,16).
3. Davi, chefe de bando (1Sm 22–26).
4. Davi com os filisteus (1Sm 27–2Sm 1).
5. Davi, rei de Judá (2Sm 2–4).
6. Davi, rei de Judá e Israel (2Sm 5–7).

b) Diversidade de materiais

Quem melhor estudou este tema foi Rendtorff, ainda que se tenha limitado às partes narrativas. Já que sua exposição pode ficar um pouco difícil de entender, indico apenas alguns dos materiais com que contou o autor da história, para que se observe como foi complicada sua tarefa.

Nesses capítulos encontramos:

– lendas, como a unção de Davi quando jovem (1Sm 16,1-14);
– sagas de heróis, como o combate com Golias (1Sm 17);
– relatos etiológicos, como o de Saul entre os profetas (1Sm 10);
– notícias históricas, como a da morte de Saul (1Sm 31);
– história novelesca, como a de Micol;
– comentários do autor (1Sm 18,14-16; 18,28-29; 2Sm 5,10-12);
– elegias por Saul e Jônatas (2Sm 1) e por Abner (2Sm 3,33-34).

c) Duplicações e falhas no relato

Ao longo da história veem-se muitas cenas repetidas:

– Saul atira a lança contra Davi (18,1-11 e 19,9-10);
– proposta de matrimônio (18,17-19 e 18,20-23);

– Davi e Jônatas (19,2-3 e capítulo 20);

– Davi perdoa a Saul e poupa-lhe a vida (capítulos 24 e 26);

– chegada de Davi a Gat (21,11-16 e 27,1-6);

– notícia da morte de Samuel (25,1 e 28,3).

Há duas maneiras de explicar estas repetições: 1) existiam dois ou três documentos distintos sobre a história de Davi (J, E, e talvez outro), que o autor quis respeitar, apesar de suas diferenças; 2) não havia documentos prévios; as diferenças se explicam pela tradição oral. Em qualquer hipótese, note-se que a maioria das duplicações serve para salientar o ódio de Saul a Davi e a paciência e a bondade deste.

Esta diversidade de tradições – escritas ou orais – explica também as falhas, algumas até graves:

1. Em 16,14-23 Davi entra para o serviço de Saul como músico; todavia, pouco depois, no combate contra Golias, Saul não o conhece (17,55-58).

2. Em 18,5 Davi é promovido a chefe dos soldados, e em 18,10 continua tocando a harpa "como de costume".

3. Em 18,5 e 18,13 se diz que Saul promoveu Davi, mas, num caso, porque o estima; no outro, porque quer afastá-lo de sua presença.

4. Em 20,18s. Jônatas repete a Davi o que este lhe havia dito antes (20,5-7).

5. É normal que Jônatas pratique arco e flecha acompanhado por um servo. Mas o papel que este desempenha em 20,35-39 parece totalmente desnecessário.

A maioria destas falhas é compreensível e inevitável numa época em que escrever era tarefa infinitamente mais difícil e laboriosa do que hoje. A sensação que deve prevalecer é a de uma importante obra literária composta com base em elementos e tradições muito diferentes. O autor urdiu toda a história de modo a veicular *dois temas capitais*, como nos indicou Weiser: a ideia de que Deus guia Davi e o anúncio de que será rei.

O fato de que *Deus guia Davi*, está com ele e legitima suas aspirações, encontra-se numa série de observações (1Sm 16,13.18; 18,12.14.28) e na boca de diferentes personagens (17,37; 20,13.23; 22,3; 23,12.14 etc.). Os textos que falam de consultar o oráculo de Deus (23,2.4.9-11; 2Sm 2,1; 5,19-23) põem em relevo o mesmo tema. E a aparição totalmente imprevista do Profeta Gad (1Sm 22,5) é para dizer-nos que Davi não vai a Judá por iniciativa própria, mas por ordem do próprio Deus.

A segunda linha que atravessa toda a história é a *promessa do reino*. Este tema, que vai crescendo de forma dramática, se encontra na boca de vários personagens: admite-o de má vontade Saul (18,8; 20,31); Jônatas se entusiasma com a ideia (20,15; 23,15-17); Saul o reconhece positivamente mais tarde (24,21; 26,25); supõem-no como evidente os filisteus (21,12), Abigail (25,30), Abner (2Sm 3,9-10.18-19) e as tribos de Israel (2Sm 5,2). Diga-se de passagem, porém, que o reino que se anuncia para Davi não é o futuro império, que abrangerá diversos povos estrangeiros, nem o reino de Judá, mas o de Israel (as dez tribos do Norte).

O autor não se limitou, entretanto, a entrelaçar as narrações com os temas indicados. Fez uma seleção e um resumo. Não recolheu e ordenou indiscriminadamente todos os dados, mas os julgou e modificou antes de incorporá-los à sua obra. Um exemplo bastante claro o temos em 2Sm 2,4, onde se conta a unção de Davi como rei de Judá de forma tão breve quanto estranha; isto só se explica, como diz Alt, pela intenção do autor de centrar--se em Israel.

2.2 Leitura política

Se nos lembrarmos das estranhas circunstâncias em que Davi se converteu em rei de Judá e Israel – sem ser descendente de Saul, e depois da morte deste e de vários de seus filhos –, não nos admiraremos de que circulassem muitas fofocas a seu respeito. As acusações se concentram em três pontos: a) conspirou para ser rei; b) passou para o lado dos filisteus; c) colaborou no extermínio da casa de Saul. Mais adiante veremos os fundamentos para estas intrigas e as respostas que nos oferece o autor.

Primeira acusação: conspirou para ser rei

Textos: 1Sm 18,3; 20,14; 23,17 (cf. tb. 2Sm 16,8).

Saul parece consciente do fato: 1Sm 20,31; 22,7-8.

A resposta do autor se move em três níveis: histórico, psicológico e teológico.

Em *nível histórico*: deixa claro que Davi nunca se atreveu a atentar contra a vida do ungido (1Sm 24 e 26); não tomou parte na Batalha de Gelboé; não se alegrou com a morte de Saul e Jônatas, como o demonstra a elegia que compôs em sua honra (2Sm 1); mandou matar o suspeito do assassinato de Saul (2Sm 1).

Em *nível psicológico*: a culpa da rivalidade entre Davi e Saul recai sobre este, que se mostra invejoso (18,8s.), tenta matá-lo (18,10-11; 19,1), persegue-o continuamente (18,19; capítulos 24 e 26). A prova é que em certos momentos reconhece sua culpa (24,18-22; 26,21-25). Saul é desequilibrado, enfermo e vingativo (22,17-19), pecador abandonado por Deus (16,14), pratica a nigromancia (capítulo 28), é covarde, não luta contra Golias (capítulo 17). Davi, pelo contrário, é valente, temente a Deus e humilde (18,23), querido pelo povo e até pelos filhos de Saul, Micol e Jônatas. Sem malícia, sempre perdoando.

Em *nível teológico*: o autor não tem dúvidas de que, se Davi chegou a rei, não foi conspirando contra Saul, mas porque Deus o havia escolhido e sempre esteve do seu lado.

Definitivamente, a opinião defendida pelo autor desta história é muito clara: o único que conspirou contra Saul foi Deus, ofendido por suas desobediências. Davi mantém a todo momento uma atitude correta diante de Saul, limitando-se a fugir para não ser assassinado.

Segunda acusação: passou para o lado dos filisteus

É um fato indiscutível que Davi, perseguido por Saul, formou uma tropa de 600 homens e mais tarde se pôs a serviço do Rei Aquis de Gat. É algo tão conhecido que o autor não pode omiti-lo. E isto representa uma séria acusação contra Davi, já que os filisteus foram os piores inimigos naqueles tempos. Mas o autor situa este dado em seu contexto para responder ao ataque.

1. Davi foi desde o princípio o maior adversário dos filisteus. Prova disso são as frequentes campanhas contra eles e a morte de Golias[57] (18,27; 19,8; 23,1-5).

---

57. Segundo 2Sm 21,19, quem matou Golias foi Elcanã, filho de Jair, de Belém. Esta parece a tradição mais autêntica. 1Cr 20,5 tentou harmonizar as tradições dizendo que Elcanã matara "Lami, que era filho de Golias de Gat".

2. Foi para os filisteus fugindo de Saul, como último recurso para salvar sua vida (21,11-16; 27,1-12).

3. Esteve a serviço dos filisteus, mas os enganava (27,7-10).

4. Não participou da Batalha de Gelboé, porque os chefes filisteus não confiavam nele. Aproveita para combater os amalecitas no Sul (capítulo 30; cf. 31,1).

Terceira acusação: colaborou no extermínio da casa de Saul

Antes de entrar na defesa do autor, é preciso recordar alguns fatos. À morte de Saul, Judá escolhe Davi para rei, enquanto Israel se mantém às ordens de Isbaal, filho de Saul, dirigido militarmente por seu homem forte, Abner. Mas Abner é assassinado por Joab (general de Davi), e mais tarde assassinam também Isbaal. Desamparados, os do Norte acodem a Davi, para que reine também sobre eles, quando já vinha reinando em Judá há sete anos.

Contra esta rápida reconstrução está o dado de 2Sm 2,10: "Isbaal reinou dois anos". Se foi nomeado rei imediatamente depois da morte de Saul, como é o mais provável, isto significa que de sua morte até o pedido das tribos para que Davi reine sobre elas passam cinco anos. Num primeiro momento, tentam solucionar os problemas sozinhas. Mas, diante das dificuldades e vendo a melhor situação dos irmãos vizinhos, decidem recorrer a Davi.

De qualquer forma, o que nos interessa ter presentes são os seguintes dados: 1) Davi não teria chegado a rei de Israel se Abner e Isbaal tivessem permanecido vivos; 2) ambos morreram assassinados em circunstâncias muito estranhas; 3) a tradição mantém como dado indiscutível que "a guerra entre as famílias de Saul e de Davi foi prolongada: enquanto Davi crescia em poder e prestígio, a família de Saul ia se desmoronando" (2Sm 3,1); 4) uma tradição fora do âmbito desta história, 2Sm 21,1-14, atribui a Davi a ordem de matar os sete descendentes de Saul.

A postura do autor é clara. Descarta este último dado, talvez por pertencer a uma época posterior ou porque lhe teria causado alguma dificuldade. Relata apenas os assassinatos de Abner e Isbaal. Em nenhum dos dois Davi tomou parte. O responsável pela morte de Abner é Joab, que terminará pagando por isso (1Rs 2,5), e Davi lamenta profundamente o ocorrido, entoando uma elegia pelo general do Norte (2Sm 3,33-34) e negando-se a comer naquele dia. "Assim souberam todos, *e o soube todo Israel*, que o assassino de Abner, filho de Ner, não tinha sido o rei" (2Sm 3,37). O assassinato de Isbaal foi produto de rixas internas, e Davi, ao sabê-lo, manda matar os assassinos.

A última prova de que Davi não conspirou contra a casa de Saul é que não pretendeu tornar-se rei de Israel. Foram os israelitas que vieram fazer--lhe a proposta (2Sm 5,1-5).

Todos estes dados confirmam que a história da subida tem um enorme teor político. É impossível compreender esses capítulos se não os lemos nesta perspectiva. Duas questões ficam merecendo uma resposta: Consegue o autor salvar Davi da suspeita? E quando foi necessário fazer esta defesa?

A primeira se presta a diferentes interpretações, por ser muito subjetiva. A figura de Davi em muitos livros de História Sagrada, e também na mentalidade popular, prova que o autor conseguiu seu propósito: inocentar completamente a Davi. A postura do historiador, porém, deve ser mais profunda, e sempre lhe cabe a suspeita de que alguns dados tenham sido interpretados em favor do rei. Por exemplo, em 2Sm 3,21 fica claro que Davi e Abner fazem um pacto para que reine sobre os israelitas, embora Isbaal ainda viva. Se o plano falha, é pela morte prematura de Abner. Também a tradição de 2Sm 21,1-14 (que o autor da História da subida não inclui em sua obra) deixa Davi em maus lençóis. Por tudo isso, parece que Davi ambicionou o Reino do Norte também. Terá tomado algumas medidas, estimulando o enfraquecimento da casa de Saul? É mais difícil provar, embora alguma suspeita fique. Cada leitor, tendo em conta as tradições posteriores, deverá fazer um juízo pessoal.

Um pouco mais complicada é a segunda pergunta: Quando foi preciso defender Davi destas acusações? Talvez durante o seu reinado, ou durante o de Salomão. Alguns autores situam a composição da obra séculos mais tarde. Em qualquer hipótese, certamente Davi não teve de defender-se diante dos judeus, seus súditos, mas diante dos israelitas do Norte. Em qualquer momento de conflito entre Israel e Judá esta história pode ter vindo à tona, sobretudo no século VII, durante a política de reunificação dos reinos. Para consegui-la foi necessário e fundamental eliminar todo e qualquer mal-entendido. Por isso, ainda que a obra tenha sido escrita no século X, como pensam alguns (cada vez menos), sua mensagem permanecia em vigor séculos mais tarde.

2.3 Leitura religiosa e teológica

Depois do que se disse acima, cabe perguntar se se justifica este terceiro nível de leitura. A resposta é, indiscutivelmente, sim. Pelo menos para os cristãos. Ainda que o autor tenha querido fazer apenas uma defesa política de Davi, estes capítulos nos foram conservados como "Sagrada Escritura" por motivos mais profundos.

Não esqueçamos um detalhe importante: antes que se formasse o cânon judeu, os Livros das Crônicas já existiam. Eles oferecem uma visão de Davi bem diferente, livre de fraquezas e pecados, completamente dedicado ao culto e ao louvor de Deus. Os que elaboraram o cânon judeu (acolhido depois pelos cristãos) poderiam ter ficado apenas com esta versão da história do rei, esquecendo a antiga ou não a considerando "canônica". Entretanto, mantiveram as duas, certamente por causa da valiosa mensagem também religiosa e teológica desta primeira versão.

Através dessas páginas bíblicas querem nos deixar comportamentos e atitudes exemplares. A capacidade de perdoar de Davi, que atinge limites extremos. A constante preocupação com seus pais, no meio das maiores adversidades. A necessidade para um futuro rei de manter-se de mãos limpas, sem manchas de sangue, ainda que seja por culpa de um estúpido como Nabal. O sincero sentimento de pesar diante da morte de Saul, por mais que tenha sido perseguido por ele.

Mas a lição mais importante desta história da ascensão é a relação entre política e teologia, ou entre Deus e a história. Nesses capítulos, que podem parecer um tanto parciais, vai ficando clara (ou intuímos) uma imagem de Deus. A do Deus que se compromete com o homem até as últimas consequências, apesar de todas as suas falhas e pecados, e de suas constantes manipulações. Para exaltar Davi e destruir Saul, o autor não duvida em introduzir Deus sempre que o acha conveniente. Temos a impressão de que o colocou a serviço dos vencedores. E Deus se deixou manipular, para misteriosamente realizar seus planos mais adiante. Dentro de uma concepção ateia da história, o que acabamos de dizer não tem nenhum sentido. Um historiador veria aqui uma simples manipulação política da ideia de Deus, baseada nos interesses do autor e na ingenuidade dos leitores. O cristão não pode interpretar os fatos desta forma. Ainda que admita todas as manipulações possíveis, deve descobrir por trás dos acontecimentos a mão desse Deus que conduz a história até sua manifestação plena em Jesus Cristo. A história de Davi se converte, assim, num caso típico de reflexão sobre as relações entre Deus e nosso mundo e nossa história, para alimentar a fé e a esperança no meio de acontecimentos que parecem ocultar a face de Deus.

Ao lado dessa grande mensagem, o autor quis também transmitir outras ideias capitais dentro da teologia bíblica: Deus escolhe o pequeno, o menor dos filhos de Jessé (1Sm 16,1-14); Deus salva com o pequeno, como acontece no combate a Golias (1Sm 17); Deus guia e protege; a vingança é de Deus.

Sem dúvida, o capítulo mais importante é 2Sm 7. Estes oráculos de Natã a Davi tiveram a maior repercussão na história política e religiosa do povo de Deus. Politicamente, asseguraram a continuidade da dinastia davídica em Judá. Enquanto o Reino do Norte, Israel, amargava contínuas conspirações e assassinatos para instaurar novas dinastias, a do Sul se manteve sempre. Do ponto de vista religioso, a transcendência do capítulo foi ainda maior. Quando desapareceu a monarquia judaica, no ano 586, certos grupos mantiveram a firme esperança de que a promessa de Deus era eterna. Podiam até ficar sem rei, mas, algum dia, haveria de surgir um descendente de Davi, para resgatar sua herança e salvar seu povo. Esta esperança contra toda esperança permaneceu ao longo dos séculos. E o rei esperado foi adquirindo traços cada vez mais grandiosos. Não seria já um simples descendente de Davi. Seria o salvador definitivo, o Ungido por antonomásia, o Messias. Os grupos que alimentavam uma esperança messiânica em Israel, entre eles os primeiros cristãos, tinham suas raízes neste importante oráculo.

3. Bibliografia

3.1 Introdução

ALONSO SCHÖKEL, L. "Arte narrativa en Josué-Jueces-Samuel-Reyes", *Estudios Bíblicos* 48, 1990, p. 145-169.

CAMPOS SANTIAGO, J. et al. *Historia, Narrativa, Apocalíptica*. Estella: Verbo Divino, 2009.

GONZÁLEZ LAMADRID, A. *Las tradiciones históricas de Israel*. Estella: Verbo Divino, 1993.

3.2 Introdução e comentários a alguns destes livros bíblicos

Comentários breves, mas interessantes, a todos esses livros podem ser encontrados em ALONSO SCHÖKEL, L. *Biblia del Peregrino*, edição de estudo I; LEVORATTI, A. (ed.). *Comentario Bíblico Latinoamericano*. Estella: Verbo Divino, 2005; LA CASA DE LA BIBLIA. *Comentario al Antiguo Testamento* I. Estella: Verbo Divino, 1997.

Josué: Como introdução, ABADIE, Ph. *El libro de Josué: crítica histórica*, Cuadernos Bíblicos 134. Um comentário técnico e extenso, mas acessível a qualquer leitor: SICRE, J. L. *Josué*. Estella: Verbo Divino, 2002. Antiquado em alguns pontos, mas muito agradável e interessante: AUZOU, G. *El don de una conquista – Estudio del libro de Josué*. Madri: Fax, 1967. Para o especialista, a informação mais completa sobre a investigação se encontra em NOORT, E. *Das Buch Josua – Forschungsgeschichte und Problemfelder*. Darmstadt: 1998.

Juízes: AUZOU, G. *La fuerza del espíritu – Estudio del libro de los Jueces*. Madri: Fax, 1968. Em alemão acaba de surgir o monumental comentário de GROSS, W. *Richter*. Friburgo, Herder, 2009. Em uma linha muito diferente da habitual e apaixonante, o comentário de GUNN, D. M. *Judges*. Blackwell Publishing, 2005, oferece a história da interpretação de cada seção do livro desde a Antiguidade até nossos dias, levando em conta também a interpretação dos artistas gráficos.

Samuel: Introdução: GIBERT, P. *Los libros de Samuel y de los Reyes*, Cuadernos Bíblicos 44; WÉNIN, A. *Samuel: Juez y profeta. Lectura narrativa*, Cuadernos Bíblicos 89. Comentários: AUZOU, G. *La danza ante el arca. Estudio de los libros de Samuel*. Madri: Fax, 1971; CARTLEDGE, T. W. *1 & 2 Samuel*. Macon, 2001; o mais recente sobre 1 Samuel, com enfoque diferente, BODNER, K. *1 Samuel: a narrative commentary*. Sheffield, 2008. Para a história da investigação: DIETRICH, W. et al. *Die Samuelbücher*. Darmstad, 1995.

Reis: Introdução: GIBERT, P. *Los libros de Samuel y de los Reyes*, Cuadernos Bíblicos 44; BUIS, P. *El libro de los Reyes*, Cuadernos Bíblicos 86. Comentários: BUIS, P. *Le livre des Rois*. Paris: Gabalda, 1997; COGAN, M.; TADMOR, H. *II Kings*. AB 11. Garden City, 1988; LONG, B. O. *2 Kings*. Grand Rapids, 1991; PROVAN, I. W. *1 and 2 Kings*. Peabody, 1995; WALSH, J. T. *1 Kings*. Collegeville, 1996.

3.3 Sobre a história da subida de Davi ao trono

COSTACURTA, B. *Con la cítara y con la honda – La subida de David hacia el trono*. Bilbao: Desclée de Brouwer (original italiano de 1994). A bibliografia, muito abundante, está quase toda em alemão e inglês. O interessado poderá encontrá-la em VERMEYLEN, J. *La loi du plus fort. Histoire de la redaction des récits davidiques de I Samuel 8 à 1 Rois 2*. BETL 154. Lovaina, 2000.

Tema IV

Os profetas

Entramos nos livros mais atuais e mais difíceis do Antigo Testamento.

O capítulo 14 apresenta "a complexa imagem do profeta". Não será leitura fácil e espero que sirva para esclarecer algumas ideias.

O capítulo 15 focaliza "a palavra profética". Tema obrigatório, já que os profetas são porta-vozes de Deus. A primeira parte o ajudará a entender como uma palavra tão clara e dura para seu tempo termina frequentemente incompreensível para o nosso tempo. Entro em seguida em questões mais técnicas, que talvez não lhe interessem tanto. Passe-as rapidamente, mas não deixe de apreciar o esforço destes homens para anunciar, da forma mais diversa, a mensagem que Deus lhes encomenda.

O capítulo 16 estuda os livros proféticos e seu processo de formação. Diante de uma mentalidade simplista, que atribui cada livro a um só autor (Isaías, Jeremias etc.), se coloca a incessante atividade que os produziu. Talvez lhe ajude fazer um breve resumo das distintas etapas.

Os capítulos 17–19 oferecem uma panorâmica do movimento profético em três etapas: antes de Amós, de Amós até o desterro, e a partir daí. São capítulos de consulta, caso lhe interesse saber alguma coisa de um determinado profeta. Sentirá a ausência de Oseias, profeta importante, porque não quis estender-me demasiadamente. Aconselho a leitura pelo menos do que digo sobre a evolução da profecia (capítulo 17), Amós e Jeremias (capítulo 18), Ezequiel (capítulo 19). Como não se trata de aprender nada de memória, seria muito bom que lesse tudo.

Para quem quiser aprofundar o tema dos profetas, sobretudo sua mensagem, recomendamos nossa obra *Profetismo em Israel*. 3. ed. Petrópolis: Vozes, 2008.

14
A complexa imagem do profeta

Por mais que pareça estranho, não é fácil definir ou descrever um profeta. E a dificuldade provém das próprias tradições bíblicas e dos dados que nos oferecem os livros proféticos. Não se trata de pessoas talhadas pelo mesmo padrão, uniformes em todos os aspectos de sua personalidade, sua atividade ou sua mensagem.

1. Diferenças entre os profetas

Chamamos profetas a Isaías, Jeremias, Eliseu, Abdias, Naum... Mas existem notáveis diferenças entre eles. E, ainda que não sejam suficientes para negar os vínculos que os unem, é conveniente tê-las presentes para captar a complexidade da tarefa. Tais diferenças aparecem sobretudo:

– No *tempo que dedicam à atividade profética*. A de Isaías durou muito provavelmente uns quarenta anos, e, mesmo que em alguns momentos nada saibamos do que fez, podemos dizer que durante toda a sua vida exerceu o "ofício" de profeta. Algo parecido acontece com Jeremias e Ezequiel. Abdias está no extremo oposto: são-lhe atribuídos 21 versículos (e os três últimos provavelmente não são seus). Para compor e proclamar esta breve mensagem bastam algumas horas.

– No *modo de entrar em contato com Deus*. Muita gente imagina que o profeta estabeleça esta relação de forma íntima, como sugerem algumas passagens de Jeremias, ou mediante manifestações surpreendentes da divindade, como acontece no capítulo 6 de Isaías. "Visões" e "audições" são os termos mais frequentes utilizados pelos profetas para se referirem aos canais de comunicação com o Senhor. Mas existe outro meio bem diferente, pelo menos nos tempos antigos: o transe, provocado pela música e pela dança (1Sm 10,10; 19,23-24). Nossa sensibilidade aceita facilmente que o

Espírito Santo venha sobre Zacarias e o faça profetizar entoando o "Bene-dictus", mas nos desconcerta que o mesmo espírito de Deus invada Saul e o ponha a dançar (1 Sm 10,10), chegando até a despir-se e atirar-se por terra, totalmente nu (1 Sm 19,23-24).

– No *modo de transmitir a mensagem*. O modo mais comum é a palavra, utilizada nos mais diversos gêneros da sabedoria tribal e familiar, do culto, do âmbito judicial, da vida cotidiana. Em certas épocas adquirem grande im-portância as ações simbólicas, que tornam a mensagem acessível aos olhos. Mas o mais surpreendente é que alguns profetas se expressam com tremen-da sobriedade, sem concessões ao auditório nem a eles mesmos, enquanto outros parecem atores de teatro, compenetrados de seu papel, que usam os gestos mais desconcertantes. Ezequiel, protótipo desta forma de atuar, bate palmas e dança ao mesmo tempo em que fala (cf. 6,11), recordando o transe dos antigos grupos proféticos.

– Na *função que desempenham na sociedade*. Os estudos mais recentes sobre o profetismo se concentraram no aspecto sociológico deste movimen-to, distinguindo dois tipos principais: o profetismo central e o periférico. Esta distinção, sobre a qual falaremos daqui a pouco, tem seu fundamento na tradição bíblica e é muito importante para perceber as diferenças existen-tes entre os profetas.

O que hoje dizemos com um só termo, "profeta" (de origem grega), os antigos designavam com vários: "homem de Deus", "vidente", "visionário", "profeta". Esta diferença terminológica revela algo mais sério do que pode parecer à primeira vista: diferentes concepções do profetismo, conforme o papel desempenhado pelo protagonista dentro da sociedade.

2. Diversas imagens do profeta

Estas diferenças inegáveis não anulam a unidade do movimento profético, mas destroem uma concepção monolítica, que não leve em consideração as nuanças. E assim se explica por que, ao longo da história das investigações, se tenham proposto diferentes imagens do profeta que, sem serem falsas, provocam uma visão limitada e unilateral quando pretendem exclusividade. Essas imagens seriam a do adivinho, do anunciador do Messias, do solitário, do reformador social, do funcionário. Uma palavra sobre cada um deles.

– Para a maioria das pessoas, o profeta é um homem que "prediz" o futuro, uma espécie de *adivinho*. Esta difundida concepção tem dois fundamentos:

um falso, de tipo etimológico; outro, parcialmente justificado, de caráter histórico. Prescindo do primeiro, para não cansar com questões filológicas[58]. Quanto ao segundo, não resta dúvida de que certos relatos bíblicos apresentam o profeta como um homem capacitado para conhecer coisas ocultas e adivinhar o futuro: Samuel consegue encontrar as jumentas que o pai de Saul havia perdido (1Sm 9,6-7.20); Aías, já cego, sabe que a mulher que o vai visitar disfarçada é a esposa do Rei Jeroboão e prediz o futuro de seu filho enfermo (1Rs 14,1-6); Elias anuncia a morte iminente de Ocozias (2Rs 1,16-17); Eliseu sabe que seu criado, Giezi, ocultamente aceitou dinheiro do ministro sírio Naamã (2Rs 5,20-27), indica ao rei o lugar do acampamento dos arameus (2Rs 6,8s.) etc.

Inclusive no tempo do Novo Testamento perdurava esta ideia, como o demonstra o diálogo de Jesus com a samaritana. Quando lhe diz que tinha tido cinco maridos e que o atual não era o seu, a mulher reage espontaneamente: "Senhor, vejo que és um profeta". E na novela de *José e Asenet*, escrita provavelmente no século I, diz-se: "Levi percebeu a intenção de Simeão, pois ele era profeta e via antecipadamente tudo o que iria acontecer" (23,8).

Esta mentalidade se encontra difundida também nos ambientes cultos. O autor do Eclesiástico escreve a propósito de Isaías: "Com o poder do espírito ele viu o fim dos tempos, consolou os aflitos de Sião. Revelou o futuro até a eternidade e as coisas ocultas antes que sucedessem" (48,24-25). E o grande historiador judaico do século I, Flávio Josefo, ao falar de João Hircano, diz que ele possuía as três coisas que fazem o homem mais feliz: a realeza, o sacerdócio e a profecia. Este último dom explica-o do modo seguinte: "Com efeito, a divindade tinha tanta familiaridade com ele, que ele não ignorava nada das coisas futuras; inclusive previu e profetizou que seus dois filhos maiores não permaneceriam à frente do governo"[59].

Trata-se, pois, de uma concepção muito divulgada, com certo fundamento, mas que devemos superar[60]. Os exemplos citados de Samuel, Aías, Elias,

---

58. Basicamente o erro consiste em interpretar a partícula "pro" de *prophetes* em sentido temporal (o que *pre-diz*). Na realidade, deve-se interpretar em sentido local (o que fala *em público*).

59. *Bellum Judaicum*, 1,2,8. Sobre o tema, cf. AUNE, D. E. "The use of prophêtês in Josephus". *JBL*, 101, 1982, p. 419-421.

60. A relação entre profetismo e adivinhação a desenvolvo amplamente no 1º capítulo de *Profetismo em Israel*. Petrópolis: Vozes, 1996.

Eliseu remontam à primeira época do profetismo israelita, anterior ao século VIII a.C. Lendo os livros de Amós, Isaías, Oseias, Jeremias advertimos que o profeta fala com frequência do futuro, do castigo que se avizinha ou da salvação que terminará triunfando. Mas as referências ao futuro brotam de um contato íntimo com o presente, como resposta aos problemas inquietantes do momento histórico vivido. De qualquer modo, ainda que concedêssemos uma importância preponderante à ideia do futuro nos profetas, isso não tem nada a ver com a concepção dos mesmos como adivinhos.

– Em ordem cronológica, a imagem de adivinho cedeu o lugar à do profeta como *anunciador do Messias*. No fundo, é uma versão atualizada da ideia anterior. O profeta continua voltado para o futuro, mas uma só coisa monopoliza sua atenção: a vinda de Jesus e a formação do novo povo de Deus. É a imagem proposta por São Jerônimo para Isaías, que a maioria dos cristãos considera válida para todos os profetas. Não nos deve causar estranhamento, porque até o Evangelista Mateus, por exemplo, vê cumpridas já na infância de Jesus quatro profecias (Is 7,17; Mq 5,1; Os 11,1; Jr 31,15), remontando aos profetas inclusive o sobrenome de Jesus: "Assim se cumpriu o que disseram os profetas, que se chamaria Nazareno" (Mt 2,23). Também o aparecimento de João Batista cumpre uma antiga profecia de Isaías, como também a manifestação de Jesus na Galileia (Mt 4,15-16). Em Lucas os profetas ajudam a explicar o misterioso desígnio de Deus que se manifesta na morte e ressurreição de Jesus (Lc 24,17; At 8,26-35). E a vinda do Espírito em Pentecostes supõe o cumprimento do que foi anunciado por Joel (At 2,17-21). Todavia, por mais profunda ou justificada que pareça, essa imagem é tão limitada ou mais do que a anterior. A maioria dos profetas não anunciou nada sobre o Messias. Seus livros contêm mais palavras sobre Moab, uma pequena cidade desaparecida há séculos, do que sobre o salvador dos últimos tempos.

– A imagem anterior se manteve em vigor durante séculos, e ainda não desapareceu completamente. Mas no século XIX surge uma nova, romântica como a época, que apresenta o profeta como um *solitário*. Para tanto, não faltam argumentos. Jeremias, em colóquio com Deus, diz de si mesmo que "nunca me assentei num grupo de gente alegre para me divertir, forçado por tua mão me assentei sozinho" (15,17). E o que neste caso pode parecer retórica torna-se trágica realidade em Elias, que já desde o princípio aparece escondido na torrente de Carit (1Rs 17,3) e se vê transportado pelo Espírito nos momentos mais inesperados (1Rs 18,12). Poucas vezes terá existido um profeta com auditório tão numeroso e qualificado como Elias no Monte Carmelo: o rei, quatrocentos e cinquenta profetas de Baal e o povo (1Rs 18). Todavia é um momento de solidão suprema diante de todos, que alcança seu ponto culminante na fuga posterior para o Horeb, quando por duas vezes diz ao Senhor: "Fiquei somente eu, e procuram tirar-me a vida" (1Rs 19,10-14)[61].

O essencial nesta concepção romântica não é, naturalmente, a solidão física, por mais sugestiva que pareça ser, mas sim essa vivência espiritual que situa o profeta muito acima de seus contemporâneos, introduzindo uma nova ideia de Deus e de religião. Numa cultura como a do século XIX, marcada em grande parte pela dialética hegeliana e pelo evolucionismo darwiniano, não é raro que o profeta seja considerado como o ponto culminante da evolução religiosa da humanidade, atingindo uma meta tão alta que o separa radicalmente de todos e o isola em sua mesma grandeza.

Desde que se divulgou esta imagem do profeta, a situação mudou muito. Ninguém mais se atreveria a falar dele como um solitário que descobre no íntimo de seu coração a ideia mais sublime de Deus e do bem. Hoje o profeta aparece enraizado numa tradição, filho de uma cultura e de uma época, marcado, no bem e no mal, pela linguagem, gostos e instituições do momento em que vive. Sem dúvida, muitos deles foram geniais e é impossível supervalorizar sua contribuição para a história religiosa da humanidade. Também é certo que determinados momentos de sua vida foram vividos em profunda solidão, diante de Deus, como revela o trágico oráculo do Vale da Visão (Is 22,1-14), ou podemos supor dos meses de Jeremias na prisão. Mas a imagem do profeta como um solitário faz demasiadas concessões aos gostos e ideias de uma época para que a possamos considerar válida.

– O *reformador social*. Muito ligada à imagem anterior, também esta é do século XIX e tem sido muito difundida em nossos dias, povoados de "revolucionários sociais". É fácil compreender sua difusão. Já as tradições mais antigas fizeram Natã enfrentar Davi, por causa do assassinato de Urias e do adultério com Betsabeia (2Sm 12). Elias recrimina Acab por ter-se apoderado da vinha do assassinado Nabot (1Rs 21). E esta luta pela justiça, sem medo

---

61. Não foi à toa que um dos maiores compositores românticos, Félix Mendelssohn, tenha dedicado uma de suas obras de maior envergadura a este personagem.

dos poderosos, é o princípio motor dos profetas Amós, Miqueias, Oseias, Jeremias e Ezequiel, cada um a partir de perspectivas e pressupostos diversos.

Consciente ou inconscientemente, nesta valorização do profeta como "reformador" ou "revolucionário" social está latente o desejo de muitos cristãos de justificar determinadas opções políticas e ataques à instituição eclesiástica que, tanto nas igrejas católicas quanto nas protestantes, lhes parece carente de espírito crítico e, sobretudo, dessa valentia evangélica e opção radical pelos mais pobres que deveria caracterizá-la.

Nestas circunstâncias, o que chama a atenção do profeta não são as previsões futuras, nem tampouco (e até menos) seu caráter de homem solitário. O profeta é um gigante admirável, não por se retirar para a solidão que o coloca em contato com as ideias mais sublimes, mas porque se compromete plenamente com a sociedade de seu tempo e luta por transformá-la.

Dadas as implicações atuais e políticas desta imagem, não se deve estranhar que tenha sido combatida com a mesma energia com que outros a defendem. Nos autores protestantes de corte mais pietista se produziu uma verdadeira rebelião contra ela. O mesmo podemos dizer de certos setores católicos. Convém apontar, desde já, os dois riscos desta imagem de profeta: esquecer ou silenciar a profunda experiência religiosa destes homens, convertendo-os em meros líderes sociais ou políticos; e, em segundo lugar, provocar contrapropostas muito perigosas. Não creio que nenhum dos defensores desta imagem deseje que se repita em nosso tempo o que, segundo a tradição bíblica, fez o Profeta Eliseu: conferiu a unção real a Jeú, uma usurpação do poder tão cruel e absurda como a de Pinochet.

– O *funcionário*. Se o século XIX brilha pelo romantismo, o século XX se distingue pela burocracia. Talvez por isso se tenha proposto agora uma imagem bem diferente das anteriores, que converte o profeta num funcionário do culto. A ideia se espalhou a partir dos estudos de Mowinckel sobre os Salmos. Este autor norueguês nota que certos salmos contêm não somente palavras do indivíduo ou do povo que vai ao templo para rezar. Em determinados momentos se encontra também um oráculo divino, a resposta do Senhor que dá tranquilidade e esperança. Este elemento profético não pode ser explicado como simples imitação literária, mas responde a uma finalidade cultual: a comunidade ou o indivíduo faz uma pergunta e espera que a pessoa dotada do dom da profecia lhe transmita a resposta divina. Por conseguinte, a liturgia israelita reservava um lugar capital para os profetas.

Certos dados da tradição bíblica sugerem que a atitude dos profetas diante do culto não é de pura e radical oposição, como muitas vezes foi dito. Isaías tem uma visão de sua vocação (ou de sua missão durante a Guerra Siro-efraimita) no Templo de Jerusalém. Jeremias intervém em determinadas celebrações litúrgicas, por exemplo num dia de jejum por motivo da seca (Jr 14), ainda que suas palavras não sejam as que se desejariam de um "profeta cultual". Ezequiel aparece profundamente interessado pelo Templo, sofre ao vê-lo profanado por toda sorte de injustiças e idolatrias, e lhe concede lugar especial no seu plano de salvação definitiva. Na mesma linha, Ageu e Zacarias dão muita importância à sua reconstrução. A vinculação de um profeta ao culto ainda ocorre em Joel de forma muito clara. E Malaquias reage indignado diante do desinteresse pelos sacrifícios.

Os defensores mais sensatos desta teoria reconhecem que não se podem vincular todos os profetas ao culto, e distinguem os profetas cultuais dos profetas escritores. Somente Joel e Habacuc pertenceriam ao primeiro grupo. Outros autores, porém, convertem todos os profetas em funcionários do Templo, com a única missão de distribuir oráculos em estado de êxtase.

Esta imagem do profeta tem a vantagem de ver suas relações com o culto de forma mais objetiva do que se vinha fazendo, mas só podemos aceitá-la em suas versões mais moderadas, para não deformarmos por completo os dados da tradição.

Na exposição anterior evitei intencionalmente citar nomes, porque é tão sucinta e esquemática que não reproduz com exatidão a opinião de nenhum autor. Por outro lado, tomadas em si mesmas, isoladamente, são "caricaturas", deformações da realidade. Ninguém estaria disposto a afirmar que os profetas reproduzem uma só destas imagens. Só quero deixar claro a complexidade da figura do profeta, que se presta a interpretações as mais variadas.

3. Os traços essenciais do profeta

É possível detectar um substrato comum que se possa aplicar a todos os profetas? Se por comum entendermos algo que apareça de forma indiscutível em todos eles, a resposta é "não". As tradições sobre alguns profetas são tão escassas e limitadas que não permitem afirmações de nenhum tipo. Mas, aplicando a alguns como hipótese o que em outros é plena certeza, podemos falar de umas linhas de força comuns ao movimento profético. Estas linhas as resumiria nos seguintes pontos:

– O profeta é um *homem inspirado* no sentido mais estrito da palavra. Ninguém em Israel teve uma consciência tão clara de que era Deus quem lhe falava e de ser porta-voz do Senhor como o profeta. E esta inspiração lhe vem de um contato pessoal com ele, que começa no momento da vocação. Por isso, quando fala ou escreve, o profeta não recorre a arquivos e documentos, como os historiadores; tampouco se baseia na experiência humana geral, como os sábios de Israel. Seu único ponto de apoio, sua força e sua fraqueza, é a palavra que o Senhor lhe comunica pessoalmente, quando quer, sem que ele se possa negar a proclamá-la. Palavra que às vezes se assemelha ao rugido de um leão (Am 1,2), e em outras ocasiões é "gozo e alegria íntima" (Jr 15,16). Palavra com frequência imprevista e imediata, mas que em momentos decisivos chega muito tarde (Jr 42,1-7). Palavra dura e exigente em muitos casos, que se converte em "fogo ardente e devorador, encerrado nos ossos" (Jr 20,9), que é preciso suportar e proclamar. Palavra de que muitos gostariam de fugir, como Jonas, mas que termina impondo-se e triunfando.

Este primeiro traço pode parecer desconcertante para muita gente. A segurança com que o profeta afirma "palavra de Deus", "oráculo do Senhor", incomoda o homem contemporâneo. Infere-se uma comunicação direta, quase física, entre o profeta e o Senhor. Mas, se evitarmos a literalidade, suas fórmulas expressam uma verdade profunda e bastante compreensível. Pensemos naqueles que são considerados profetas do nosso tempo: Martin Luther King, Oscar Romero[62] etc. Estavam convencidos de que comunicavam a vontade de Deus, de que diziam o que Deus queria em determinado momento histórico. Por isso não podiam recuar, ainda que lhes custasse a vida. Se lhes tivéssemos podido perguntar: "Foi Deus quem lhe falou esta noite?", teriam que responder: "Certamente, Deus me falou; não em sonho ou em visões, mas de forma indiscutível através dos acontecimentos, das pessoas que me rodeiam, do sofrimento e da angústia dos homens". E esta palavra externa logo se converte em palavra interior, "encerrada nos ossos", como diria Jeremias, que não se pode suportar. O homem moderno poderá duvidar desta certeza do profeta. Dirá que tudo provém de seus desejos ou fantasias. O profeta, porém, sabe que não é assim, e age de acordo com sua convicção.

---

62. Cf. SOBRINO, J. *Monseñor Oscar Romero verdadero profeta*. Bilbao: Desclée, 1982.

– O profeta é um *homem público*. Seu dever de transmitir a Palavra de Deus o coloca em contato com os demais. Não pode retirar-se para um lugar sossegado de estudo ou reflexão, nem limitar-se ao espaço reduzido do templo. Seu lugar é a rua e a praça pública, lá onde o povo se reúne, onde a mensagem é mais necessária e a problemática mais aguda. O profeta se acha em contato direto com o mundo que o rodeia; conhece as maquinações dos políticos, as intenções do rei, o descontentamento dos camponeses pobres, o luxo dos poderosos, a despreocupação de muitos sacerdotes. Nenhum setor lhe é indiferente porque nada é indiferente para Deus.

Contudo, estas afirmações, por mais corretas que pareçam, precisam de matização. Poderiam causar a impressão de que todos os profetas estão em contato com todos os problemas e grupos sociais, desde o rei até o último peão, das alianças políticas às rogações ou ladainhas pela chuva ou contra a praga de gafanhotos. Somente uma personalidade excepcionalmente rica (Jeremias, Isaías) poderia transitar por tantos ambientes e interessar-se por tal diversidade de questões. Não é a norma.

Este aspecto, evidente nas tradições bíblicas, foi posto em relevo pelos últimos estudos sobre a sociologia do profetismo. Aune[63], por exemplo, distingue quatro tipos de profetas no antigo Israel: (1) profetas xamãs (Samuel, Elias, Eliseu); (2) profetas cultuais e do templo; (3) profetas da corte (Gad, Natã); (4) profetas livres.

Petersen[64], depois de analisar os diversos títulos aplicados aos profetas no Antigo Testamento, chega às seguintes conclusões:

– O "vidente" (*ro'eh*) aparece como um personagem urbano, que presta seus serviços e é recompensado por eles. O exemplo típico é Samuel na tradição das jumentas de Saul.

– O "homem de Deus" (*'îs 'elohîm*) e os "filhos dos profetas" (*benê nebi'îm*) são exemplos do que Lewis chama "profecia periférica", com suas mesmas características: (1) surge em tempos de crise, motivada por problemas como fome, seca, pobreza, guerra, tensões políticas e sociais; (2) os

63. AUNE, D. E. *Prophecy in Early Christianity and the Ancient Mediterranean World*. Grand Rapids, 1983.

64. PETERSEN, D. L. *The Roles of Israel's Prophets*. Sheffield, 1981 [*JSOT* Suppl., series 17]. Sobre a sociologia do profetismo é também essencial WILSON, R. R. *Prophecy and Society in Ancient Israel*. Filadélfia, 1980.

indivíduos que aparecem com o título "homem de Deus" estão oprimidos ou se relacionam com membros periféricos da sociedade (Elias, Eliseu); (3) a maneira pela qual eles desempenham seu papel implica uma atividade de grupo (Eliseu se relaciona com os "filhos dos profetas"); (4) o Deus da profecia periférica é, nos raros exemplos durante o século IX, um Deus periférico e amoral; (5) seu traço predominante não é a bondade, mas o poder[65].

– Os outros títulos (*hozeh* e *nabî'*) estão ligados à "profecia central". Suas características são as seguintes: (1) surge por pressões que vêm de fora e que a sociedade percebe como um todo (p. ex., a ameaça da invasão assíria); (2) o profeta central normalmente legitima ou sanciona a moralidade pública; não se trata de moralidade individual, mas de algo básico para toda a sociedade; (3) a profecia central se limita a poucos indivíduos e não está aberta a grupos muito amplos, ainda que os profetas tenham discípulos; pelos dados que temos, raras vezes havia mais de um profeta no mesmo espaço e tempo; quando isso acontecia, o conflito era inevitável e um deles ficava como falso (é o que ocorre no caso de Ananias e Jeremias); (4) o Deus da profecia central é previsível e moral: Javé sempre responde ao mal da mesma forma. Segundo Petersen, a diferença de títulos dentro da profecia central se deve à preferência do Norte (Israel) por *nabî'*, e à do Sul (Judá) por *hozeh*. A diferença de títulos implica também outras diferenças, já que eram legitimados de modo distinto. Em Israel, o *nabî'* era porta-voz da aliança, enquanto no Sul o *hozeh* era arauto do conselho divino (Is 6; 1Rs 22).

A análise de Petersen é interessante e ajuda a esclarecer vários pontos das tradições proféticas, mas temos de fazer algumas ressalvas. Por exemplo, a propósito das forças que provocam a aparição da profecia periférica ou central, diz que no primeiro caso se trata de forças internas, percebidas por um setor da sociedade, enquanto no segundo são forças externas, percebidas pela sociedade como um todo. Contudo, em ambos os casos confluem simultaneamente forças internas e externas. No tempo de Elias e Eliseu temos períodos de fome e de seca, que afetaram especialmente o setor mais pobre, mas também as guerras contra os arameus. E Amós, o que mais ameaçava com uma invasão estrangeira, vê a raiz dos males num conflito interno: a falta de justiça. Por isso, mais do que problemas internos ou externos, pesam

---

65. Lembrem-se as ursas que matam os meninos na tradição de Eliseu, ou o assassinato dos quatrocentos e cinquenta profetas de Baal.

os sofrimentos de um setor da sociedade ou de toda ela; no primeiro caso, surgiria facilmente o fenômeno da profecia periférica; no segundo, a central (embora ambas possam concorrer ao mesmo tempo).

Quanto à amoralidade de Deus da profecia periférica, é bom ter presente que o episódio da vinha de Nabot (1Rs 21) situa Elias na mesma linha dos grandes profetas da justiça (Amós, Isaías, Miqueias). Por outro lado, as tradições sobre os profetas centrais não falam de castigo com ursas, mas ameaçam com penas terríveis tanto os indivíduos quanto o povo.

Estas conclusões dos estudos sociológicos ajudam a compreender a complexidade do movimento profético e a valorizar sua inserção na sociedade.

– O profeta é um *homem ameaçado*. Muitas vezes sentirá o que Deus disse a Ezequiel: "Dirigem-se a ti em bando, sentam-se na tua presença e ouvem tua palavra, mas não a põem em prática [...]. Tu és para eles como uma canção suave, bem cantada ao som de instrumentos de corda: eles ouvem as tuas palavras, mas não as praticam" (Ez 33,31-33). É a ameaça do fracasso apostólico, de perder-se numa causa que não encontra eco nos ouvintes. Mas isso é o mínimo que lhes pode acontecer. Há situações muito mais duras. Oseias é chamado de "louco", "néscio"; Jeremias é acusado de traidor da pátria. E se chega também à perseguição, ao cárcere e à morte. Elias deve fugir do rei em muitas ocasiões; Miqueias termina na prisão; Amós é expulso do Reino do Norte; Jeremias passa na prisão vários meses de sua vida; Urias é apedrejado e jogado na fossa comum (Jr 26,20-23). Estas perseguições não vêm somente de reis e poderosos, mas também de sacerdotes e falsos profetas. E até o povo se volta contra eles, os critica, despreza e persegue. No destino dos profetas fica prefigurado o de Jesus de Nazaré.

Silenciaríamos um detalhe importante se não disséssemos que a ameaça vem de Deus também. Muda-lhes a orientação da vida, arranca-os de sua atividade normal, como acontece com Amós (7,14s.) ou com Eliseu (1Rs 19,19-21); pede-lhes uma mensagem muito dura, quase inumana algumas vezes, tendo em conta a idade e as circunstâncias em que se encontram. É o caso de Samuel. Ainda menino, deve transmitir ao sacerdote Eli, que o tinha criado desde pequeno, sua condenação pessoal e a de seus filhos (1Sm 3). Com razão diz o narrador que, na manhã seguinte, Samuel "não se atrevia a contar a Eli sua visão" (v. 16). Ou o caso de Ezequiel, que nem sequer no momento da morte de sua esposa a pode chorar tranquilamente; mais importante do que sua dor é a Palavra de Deus, que o força a transmiti-la por meio de uma dolorosa ação simbólica (Ez 24,15-25). Estes exemplos, que poderíamos multiplicar, bastam para demonstrar que a existência do profeta não é ameaçada apenas por seus contemporâneos, mas até por Deus. Não nos admira que alguns deles, como Jeremias, chegaram a rebelar-se contra esta coação em certos momentos.

– Por último, convém recordar que a profecia é um *carisma*. Como tal, rompe todas as barreiras. A do sexo, porque em Israel existem profetisas, como Débora (Jz 7) ou Hulda (2Rs 22). A da cultura, porque não são necessários estudos especiais para transmitir a Palavra de Deus. A das classes sociais, porque pessoas vinculadas à corte, como Isaías, pequenos proprietários, como Amós, ou simples camponeses, como Miqueias, podiam ser chamados por Deus. As barreiras religiosas, porque não é preciso ser sacerdote para ser profeta; mais ainda: podemos dizer que muitos profetas não foram sacerdotes. E até a barreira da idade, porque Deus confia sua palavra tanto a adultos como a jovens.

4. Bibliografia

ÁBREGO, J. M. *Los libros proféticos*. Estella: Verbo Divino, 1993.

ALONSO SCHÖKEL, L.; SICRE, J. L. *Profetas*. 2 vols. Madri: Cristiandad, 1982.

BARRIOCANAL, J. L. *Diccionario del profetismo bíblico*. Burgos: Monte Carmelo, 2008.

REDDIT, P. L. *Introduction to the Prophets*. Grand Rapids: Eerdmans, 2008.

SICRE, J. L. *Profetismo en Israel*. Estella: Verbo Divino, 1992.

15
A palavra profética

1. Força e fraqueza da palavra profética

Os livros proféticos são talvez os mais difíceis de todo o Antigo Testamento. Para compreender uma mensagem tão encarnada na realidade de seu tempo é preciso conhecer as circunstâncias históricas, culturais, políticas e econômicas em que tais palavras foram pronunciadas. Os profetas, além disso, usam com frequência uma linguagem poética, e todos sabemos que a poesia é mais densa e mais difícil do que a prosa.

Desse modo, intervenções que em seu tempo provocaram calafrios, de tão blasfemas, hoje parecem insignificantes para muitos leitores. E palavras de profunda significação humana e religiosa passam despercebidas para muitos cristãos. Imagino como soariam interessantes esses textos em nossos ouvidos se os antigos profetas ressuscitassem. Com esta intenção, ofereço algumas adaptações de textos proféticos. Podem suscitar escândalo e mal-estar, parecer estúpidas e utópicas. Mas têm duas vantagens: podem ajudar-nos a entender a forma em que se expressaram e os motivos por que foram perseguidos ou passaram por iludidos.

Comecemos com um pequeno e simples texto de Amós:

> Entrai em Betel e pecai! Em Guilgal, e multiplicai os pecados!
> Oferecei, pela manhã, os vossos sacrifícios,
> e ao terceiro dia os vossos dízimos!
> Queimai pão fermentado como sacrifício de louvor,
> proclamai vossas oferendas voluntárias,
> porque assim é que gostais, filhos de Israel,
> oráculo do Senhor (Am 4,4-5).

Se lermos esse texto numa Eucaristia ou num ato penitencial, quase ninguém entenderá seu conteúdo. A maioria das pessoas não sabe o que é Betel, muito menos Guilgal; desconhecem a expressão "oferecer sacrifícios" (só ouviram falar de "sacrificar-se" ou "mortificar-se"); ignoram o que são os ázimos e os dons voluntários; e, quanto ao dízimo, talvez lembrem que um antigo catecismo mandava "pagar dízimos segundo o costume". Um autêntico fracasso. Expressão plena da fraqueza da palavra profética, fraca por ter-se encarnado até as últimas consequências. Mas agora tentemos ressuscitá-las. Soariam mais ou menos assim:

> Ide a Aparecida e pecai!
> Ao Santuário do Bom Jesus e multiplicai os pecados!
> Ide à missa todos os dias,
> oferecei vossas velas e esmolas;
> correi às romarias e procissões,
> às bênçãos e às novenas, rosários e celebrações,
> porque disso é que gostais, católicos –
> oráculo do Senhor.

Antes de tudo, percebemos a clareza da linguagem. Não é um mundo – ao menos neste caso – de grandes abstrações, mas plástico e concreto. Ao mesmo tempo, chamam a atenção sua brevidade e concisão. O profeta, sobretudo nesses primeiros momentos do século VIII, foge do palavreado. Também são patentes a dureza e a ironia com que se expressa. Amós não usa um gênero profético, mas a "instrução" típica com que os sacerdotes exortam os fiéis às práticas cultuais. Mas Amós emprega este gênero para criticar o que eles pedem, ridicularizando outras instruções parecidas. Por isso, mais do que imaginá-lo trovejando estas palavras, deveríamos escutá-lo num tom adocicado, esfregando suavemente as mãos de contente pelos bons conselhos que finge dar. Não foi por outro motivo que o sumo sacerdote de Betel, Amasias, terminou por expulsá-lo.

Vejamos o mesmo Amós num contexto diferente. Agora na Samaria, a próspera e luxuosa capital do Reino do Norte, onde uma classe privilegiada desfruta de todo o conforto às custas dos pobres. Desta vez sua palavra será retumbante e potente. O tempo desgastou-a e a tornou quase incompreensível:

> Ouvi esta palavra, vacas de Basã,
> que estais sobre o monte da Samaria,

que oprimis os fracos, esmagais os pobres
e dizeis aos vossos maridos: "Trazei-nos o que beber!"
O Senhor jurou por sua santidade:
virão dias sobre vós em que vos carregarão com ganchos,
e, aos vossos filhos, com arpões.
E saireis pelas brechas que cada um tem diante de si
e sereis empurrados na direção do Hermon –
oráculo do Senhor (Am 4,1-3).

O caso não é tão grave como no exemplo anterior, mas ainda há algumas coisas um tanto obscuras. Provavelmente, o simples começo, "vacas de Basã", fará com que o ouvinte moderno se desligue do texto. Vejamos uma versão para o nosso linguajar:

Ouvi esta palavra, matronas da Candelária,
que veraneais em Angra dos Reis e no Guarujá,
que oprimis vossos servos e explorais vossos trabalhadores,
e somente vos interessais pela cotação da bolsa e do dólar. Virá um
dia em que vos rodearão com fuzis e metralhadoras,
e a vossos filhos com baionetas e granadas,
e os farão subir em vagões de animais,
a caminho do desterro –
oráculo do Senhor.

O conteúdo será discutível. A alguns incomodará, a outros lhes parecerá uma estupidez (duas reações típicas diante dos profetas). Mas a linguagem restará diáfana.

De qualquer maneira, o profeta não se preocupa somente em transmitir uma mensagem inteligível. Esforça-se também para exprimir-se com beleza. Às vezes mediante jogos de palavras, que divertem o auditório, como neste novo exemplo de Amós:

Assim falou o Senhor à casa de Israel:
Procurai-me e vivereis!
Mas não procureis Betel,
não entreis em Guilgal
e não passeis por Bersabeia;
pois Guilgal será deportada e Betel se tornará uma iniquidade!
Buscai o Senhor e vivereis! (Am 5,4-5).

Uma vez mais o esforço do profeta terminará inútil para um leitor moderno que não tenha acesso ao texto hebraico. Tentemos revivê-lo:

> Assim diz o Senhor aos católicos:
> Interessai-vos por mim e vivereis!
> Mas não procureis apenas Aparecida,
> nem as escadarias da Penha;
> nem vos escondais em Angra dos Reis.
> Porque Aparecida desaparecerá,
> a Penha se despenhará por entre pedras,
> e Angra dos Reis se converterá em Angra dos réus.
> Buscai o Senhor e vivereis!

No exemplo de Amós há dois jogos de palavras: o primeiro é um caso típico de aliteração em hebraico (*kî gilgal galó yiglé*, "Guilgal será deportada"), enquanto o segundo é um jogo de palavras ("Betel se tornará Beta-wen"), isto é, "Casa de Deus se tornará Casa do Mal"). A minha adaptação não é um paralelo perfeito, pois apenas me interessa sublinhar o esforço de formulação do profeta[66].

Outras vezes, este esforço não se mostra no nível das palavras ou das expressões bem-escolhidas, mas nas imagens provocantes. Assim Amós, tentando comunicar o inestimável valor da justiça e o pouco valor que lhe dão as autoridades de Israel, formula estas simples perguntas:

> Correm, por acaso, cavalos sobre a rocha?
> Ou ara-se o mar com bois?
> Pois vós transformastes o direito em veneno,
> e o fruto da justiça em absinto (Am 6,12).

Em linguagem mais próxima a nós:

> Acaso se anda de Lamborghini pelos campos?
> Acaso se usa Mercedes para arar?
> Pois estais envenenando o direito
> e jogando fora a justiça.

Qualquer estudioso do Antigo Testamento sabe a quantidade enorme de obras que se publicam cada ano – artigos e livros – para esclarecer seus numerosos problemas. Em muitíssimos casos se trata de problemas secundários, que se prestam a intermináveis discussões, ainda que o sentido global do texto seja claro. É o que ocorre com Mq 6,1-8. A referência sobre estes poucos versículos, especialmente sobre os últimos, é abundantíssima. O que

---

66. O elemento sonoro é essencial na poesia. Mas poucas vezes se atinge o vértice da perfeição alcançado pelos clássicos da literatura internacional.

o profeta diz – num diálogo fictício entre ele, o povo e Deus – é, mais ou menos, algo tão simples como o que segue:

Deus

> Escutai, montes, o juízo do Senhor, prestai atenção, plataformas de concreto;
> o Senhor entra em litígio com seu povo
> e questiona sua Igreja.
> Povo meu, que mal te fiz?
> Em que te cansei?– Responde-me.
> Livrei-te do paganismo,
> da escravidão te resgatei,
> enviando-te meu próprio Filho.
> Lembra-te de meus inumeráveis favores
> e não te esqueças da salvação de Deus!

O povo

> Como poderemos agradar ao Senhor,
> aproximar-nos do Deus altíssimo?
> Serão nossas luminosas procissões,
> ou nossas cansativas romarias?
> Não lhe agradam, porventura, nossas velas e ex-votos,
> sacrifícios, privações e novenas de devotos?
> Mandarei meu filho para o seminário?
> Minha filha para o noviciado,
> para expiar minha ingratidão?

O profeta

> Já sabes, ó homem, o que é bom,
> o que Deus deseja de ti:
> simplesmente que pratiques a justiça,
> que ajas com misericórdia
> e que te mostres humilde diante de Deus!

Estes poucos exemplos demonstram a força e a fraqueza da palavra profética. Fraca, porque ficou amarrada a uma linguagem, uma história, uma cultura que não é a nossa. Forte, porque resplandece com todo o vigor quando a livramos da pátina do tempo. É essencial que se percebam essa potência e essa beleza dos textos primitivos. Embora nos livros proféticos encontremos oráculos de categoria literária inferior, formulações pouco precisas e enfadonhas, abundam também textos de extraordinária beleza poética. Num tempo como o nosso, quando se criticam o consumismo e o imperialismo das grandes multinacionais com suas múltiplas ofertas, engranzadas nos discursos mais vulgares de propaganda, convém reler o magnífico oráculo de Ezequiel contra Tiro, a grande potência comercial de seu tempo (Ez 27, suprimindo os versículos 12-24). Percebe-se que o profeta não só tem algo importante a dizer, como luta e se esforça para dizê-lo bem.

2. Os gêneros literários

Muitos poderão pensar que os profetas comunicam sua mensagem mediante um discurso ou sermão, que são os gêneros mais habituais entre os oradores sacros do nosso tempo. Às vezes o fazem, mas geralmente empregam uma grande variedade de gêneros literários, extraídos de ambientes os mais diversos. Elenco aqui alguns exemplos, para que o leitor faça uma ideia da riqueza e da vitalidade da pregação profética.

2.1 Gêneros derivados da sabedoria tribal e familiar

Desde tempos muito antigos, a família, o clã e a tribo empregaram os recursos mais variados para inculcar o bom comportamento, para refletir sobre a realidade que rodeia crianças e adultos: exortação, interrogação, parábola, alegoria, bênçãos e maldições, comparações. De todos eles há exemplos nos profetas.

Quando Natã vai denunciar o Rei Davi pelo adultério com Betsabeia e o assassinato de Urias não aborda o tema diretamente, mas começa com uma *parábola* (2Sm 12,1-7). Quando Ezequiel acusa o rei de Judá porque, depois de ter prometido fidelidade ao rei da Babilônia, violou o juramento e procurou aliança com os egípcios, o faz mediante uma *alegoria* (Ez 17,1-9). Ao ambiente sapiencial pertencem também *a bênção e a maldição* que encontramos em Jr 17,5-8. Outro gênero frequente entre os sábios, a comparação, aparece em Jr 17,11. A *pergunta* é uma forma de questionar, refletir e inculcar uma conclusão inevitável; Amós a emprega em 3,3-6.

2.2 Gêneros derivados do culto

Podemos classificar aqui: hinos, orações, instruções e, talvez, os oráculos de salvação.

Em Amós encontramos um fato curioso. Ao longo do livro há sinais do que nos parecem fragmentos de um *hino* ao poder de Deus (4,13; 5,8-9; 9,5-6). É possível que não tenha sido composto por Amós, mas por ele utilizado e distribuído ao longo do livro, em momentos-chave, para sublinhar a onipotência divina. Em Isaías encontramos um hino de primeira mão, composto pelo profeta ou pelo redator do livro (Is 12).

A *instrução* é um gênero típico do culto. É usada pelo sacerdote para solucionar problemas concretos apresentados pelos fiéis. Os profetas também a utilizam, ainda que – como no caso de Amós – o façam com intenções distintas, em tom irônico (Am 4,4-5).

Como exemplo de *oração*, citarei o de Jeremias, quando compra o campo de seu primo Hanameel. Em momentos difíceis, quando Jerusalém é assediada pelo exército babilônico, o profeta compreende que esta compra absurda, o pior investimento econômico, é vontade de Deus. Depois de assinar o contrato, reza ao Senhor, pedindo-lhe a explicação do mistério (Jr 32,16-25). A resposta de Deus vem mais adiante (32,43).

Mais discutível é o *oráculo de salvação*, que alguns não consideram próprio do culto, mas de um contexto de guerra, quando um sacerdote ou profeta anunciava a vitória em nome de Deus e injetava ânimo e coragem nas tropas. Este gênero é muito usado pelo Dêutero-Isaías (p. ex., Is 41,8-16).

2.3 Gêneros derivados do ambiente judicial

Às vezes os profetas empregam o discurso acusatório, a formulação casuística, ou alguns elementos destes gêneros, para inseri-los num contexto mais amplo. Por exemplo, Ez 22,1-16 contém as acusações típicas do fiscal num processo.

Neste contexto judicial se situa também a enumeração de uma série de comportamentos justos, que termina com a declaração da inocência de quem vive de acordo com eles (Ez 18,5-9). E este espírito jurídico, tão acentuado em Ezequiel, é o que o leva a outros exemplos de formulações casuísticas (Ez 18,10-17).

Entre os gêneros tomados do âmbito judicial, um dos que mais interessaram os comentaristas é o do requisitório profético (*rîb*).

2.4 Gêneros derivados da vida diária

Incluo aqui uma série de cantos que surgem nas mais diversas situações da vida: amor, trabalho, morte... O famoso "cântico da vinha" de Isaías é uma *canção de amor* (Is 5,1-7). Ezequiel oferece um exemplo de *canção do trabalho* doméstico, realizado por uma dona de casa, que lhe servirá para comparar com o futuro de Jerusalém (Ez 24,3-5.9-10). Em outra ocasião pronuncia um oráculo que pode se chamar de *canto da espada* (Ez 21,13-21).

Entre estes cantos que surgem em diferentes momentos da vida, o mais importante e mais frequente é a *elegia*, composta por ocasião da morte de um ente querido, e que os profetas utilizam para descrever a trágica situação do povo no presente ou no futuro. A mais antiga e concisa está em Amós (5,2-3). Elementos elegíacos e alegóricos se unem em outro texto de Ezequiel para falar da situação dos últimos reis judeus (Ez 19,1-9).

Muito relacionados com a elegia são os *"ais"*. "Ai!" "Ai!" são os gritos preferidos pelas carpideiras no acompanhamento de cortejos fúnebres. Os profetas os utilizam para indicar que determinadas pessoas – ou grupos – se encontram às portas da morte, por causa de seus pecados (Is 5,7-10.20; Hab 2,7-8).

2.5 Gêneros estritamente proféticos

Dois casos merecem especial atenção: o oráculo de condenação dirigido a um indivíduo e o oráculo de condenação contra uma coletividade. Ambos constam de diversos elementos, mas são essenciais a *denúncia do pecado* e o *anúncio do castigo*. Nas tradições de Elias há exemplos significativos do oráculo de condenação contra um indivíduo. Quando o Rei Acab se apodera da vinha de Nabot, depois de assassiná-lo, o profeta vai ao seu encontro e o interpela:

> Mataste e ainda por cima roubas! Por isso, diz o Senhor: no mesmo lugar em que os cães lamberam o sangue de Nabot, os cães lamberão também o teu (1Rs 21,19).

Em outra ocasião, o Rei Ocozias, enfermo, manda consultar um deus pagão. Elias intervém de novo:

Porventura não há um Deus em Israel, para mandares consultar a Baal Zebub? Por isso, diz o Senhor: não descerás do leito ao qual subiste, mas com certeza morrerás (2Rs 1,3-4).

Esta formulação tão sucinta a encontramos também em Amós quando enfrenta o sumo sacerdote de Betel, Amasias:

Tu dizes: "Não profetizarás contra Israel!" Por isso, assim diz o Senhor: Tua mulher se prostituirá na cidade, teus filhos e tuas filhas cairão pela espada, e tua terra será dividida com a trena e tu morrerás em terra pagã (Am 7,16-17).

Nesses casos, embora as situações sejam distintas, usa-se sempre a mesma estrutura. *Denúncia* ("assassinar e roubar", "consultar Baal Zebub", "proibir profetizar") e *anúncio do castigo* (que sempre é a pena de morte), precedido pela chamada *fórmula do mensageiro* ("assim diz o Senhor").

Do que se disse até aqui não se pode deduzir que o profeta, ao condenar um indivíduo, siga sempre este esquema, sem variantes. Às vezes recorre a metáforas para anunciar o castigo, como faz Isaías em seu oráculo contra o mordomo do Palácio Sobna (Is 22,15-18).

O oráculo de condenação individual é breve, direto e pronunciado na presença do interessado. O oráculo de condenação contra uma coletividade se dirige a todo o povo, ou a um grupo, ou ainda às nações estrangeiras, e se desenvolve como o anterior, apenas com um horizonte mais amplo.

A *acusação* abrange um grande número ou uma série de faltas. Geralmente consta de dois membros: o primeiro denuncia de forma geral, o segundo ataca um pecado concreto. Por exemplo:

Por três crimes de Damasco, e por quatro, não a perdoarei; porque esmagou Galaad com debulhadoras de ferro (Am 1,3).

O *anúncio do castigo* também tem duas partes: intervenção de Deus e consequências. No exemplo seguinte, os três primeiros versículos descrevem a ação de Deus; o último, as consequências:

Quebrarei os ferrolhos de Damasco, exterminarei os habitantes do "Val-delitos" e o chefe da "Casa do Prazer", e o povo sírio será desterrado para Quir (Am 1,5).

O oráculo individual é vivo, imediato; o coletivo se torna mais literário, extenso e livre. A criatividade do poeta produz mudanças na estrutura fundamental. Por exemplo, não é raro que inverta a ordem dos elementos, situando o anúncio do castigo antes da acusação, ou as consequências antes da intervenção de Deus. Esta mesma criatividade leva o profeta a ampliar o esquema primitivo, a tal ponto que em Jeremias e Ezequiel, às vezes, fica quase irreconhecível.

3. Bibliografia

3.1 Sobre a leitura literária

Quem desejar aprofundar o tema da leitura literária, deve ler o extenso livro de L. Alonso Schökel sobre a poesia hebraica (*Hermenéutica de la Palabra*. Madri: Cristiandad, 1987), onde também há outros artigos seus que analisam textos proféticos deste ponto de vista.

3.2 Sobre os gêneros literários

SICRE, J. L. *Profetismo em Israel*. 3. ed. Petrópolis: Vozes, 2008, cap. 6, com abundante referência sobre cada um deles.

16
Os livros proféticos

Os capítulos anteriores nos fizeram entrar em contato com a personalidade e a linguagem deste grupo tão extraordinariamente interessante dos profetas. Sobra vontade de começar a leitura de sua obra, que constitui uma quarta parte do Antigo Testamento. Mas antes, como fizemos com a História Deuteronomista, vamos falar desses livros e do complexo problema de sua formação.

1. A busca e captura dos livros proféticos

Quando se trata dos livros proféticos, ao abrir uma Bíblia, o primeiro problema é encontrá-los. Se você usar a *Bíblia de Jerusalém* terá de ir para o final do Antigo Testamento, depois dos livros sapienciais. Em contraste, se usar a *Biblia del Peregrino*, no original em espanhol, ou a *Tradução Ecumênica da Bíblia* (TEB) os encontrará depois dos livros históricos e antes dos sapienciais.

Mas, depois de encontrá-los, se você decidir comparar diferentes edições da Bíblia, pode ter duas surpresas: 1) uma Bíblia tem mais livros proféticos do que outra; 2) eles são apresentados em uma ordem diferente.

Quanto ao número de livros, o cânon hebraico fala apenas de *quatro*: Isaías, Jeremias, Ezequiel e os Doze. Em contraste, a tradição grega contém *sete*, pois aos quatro anteriores adiciona as Lamentações (atribuídas a Jeremias), o Livro de Baruc (secretário de Jeremias) e a Carta de Jeremias (Br 6). (Na verdade, nem Jeremias escreveu as Lamentações, nem o Livro de Baruc foi escrito por Baruc, mas isso não importa agora.)

Por outro lado, o cânon judaico coloca primeiro os Profetas Maiores e depois os Doze. A tradição dos LXX começa com os Doze. Portanto, as principais diferenças seriam estas:

Texto hebraico	LXX
Isaías Jeremias Ezequiel	Doze Profetas Menores
Doze Profetas Menores	Isaías Jeremias *Lamentações* *Baruc* *Carta de Jeremias* Ezequiel

Se as coisas não estivessem já complicadas o suficiente, alguns editores católicos decidiram incluir o Livro de Daniel entre os livros proféticos, colocando-o entre os Profetas Maiores, depois de Ezequiel. Por isso, para pessoas com algum conhecimento bíblico, quando perguntam sobre os principais profetas, respondem: Isaías, Jeremias, Ezequiel e Daniel. Mas outros editores seguem a tradição judaica e grega, excluindo Daniel dos livros proféticos.

Isso não resolve todos os problemas, porque o livro dos Doze inclui os escritos atribuídos a Oseias, Joel, Amós, Abdias, Jonas, Miqueias, Naum, Habacuc, Sofonias, Ageu, Zacarias e Malaquias. E a tradição judaica e a grega discordam novamente sobre a ordem de apresentação dos seis primeiros.

Texto hebraico	LXX
Oseias	Oseias
Joel	Amós
Amós	Miqueias
Abdias	Joel
Jonas	Abdias
Miqueias	Jonas
Naum	Naum
Habacuc	Habacuc
Sofonias	Sofonias
Ageu	Ageu
Zacarias	Zacarias
Malaquias	Malaquias

Ainda bem que todos os editores católicos (que eu saiba) decidiram seguir neste caso o cânon judaico.

Em última análise, a melhor maneira de encontrar um livro profético é olhar o índice da Bíblia, na esperança de que a editora não o tenha suprimido (como acontece em algumas, cujo nome omito).

2. A formação dos livros proféticos

A questão é tão complexa que poderíamos dedicar muitas páginas a apenas um livro. Para maior clareza, começarei oferecendo uma síntese dos diversos passos. Em seguida, alguns dados detalhados sobre certos livros.

Nós nos acostumamos a atribuir a um só autor uma determinada obra literária, sobretudo se no princípio nos dá seu nome, como ocorre com os livros proféticos. Neste caso, porém, não quer dizer que todo o livro proceda da mesma pessoa. Podemos começar recordando o exemplo mais simples: Abdias. Este profeta não escreveu um livro nem um folheto; uma só página com vinte e um versículos resume toda a sua pregação. O normal seria que todas estas linhas lhe fossem atribuídas. Não obstante, os comentaristas coincidem em dizer que os versículos 19-21, escritos em prosa, foram adicionados posteriormente; o estilo e a temática os diferenciam dos anteriores. Quem enxertou estas palavras? Não sabemos. Talvez um leitor que viveu vários séculos depois de Abdias.

Se a mensagem mais curta de toda a Bíblia traz problemas insolúveis, imaginem a paciência de que vamos precisar para estudar os sessenta e seis capítulos de Isaías, os cinquenta e dois de Jeremias ou os quarenta e oito de Ezequiel. Limitando-nos a ideias gerais, e simplificando muito, podemos indicar as seguintes etapas na formação dos livros proféticos.

2.1 A palavra original do profeta

Normalmente, o primeiro seria a palavra falada, proferida diretamente diante do público, e que depois seria documentada por escrito. Às vezes, entre a proclamação da mensagem e sua redação podem ter passado vários anos, como indica o capítulo 36 de Jeremias, o mais sugestivo sobre os primeiros passos na formação de um livro profético. Depois de situar-nos no ano 605 a.C. – "no ano quarto de Joaquim, filho de Josias, rei de Judá" –, nos diz que o profeta recebeu a seguinte ordem do Senhor:

> Toma um rolo e escreve nele todas as palavras que te dirigi a respeito de Israel, Judá e todas as nações, desde o dia em que comecei a falar-te, no tempo de Josias, até hoje [...]. Então Jeremias chamou Baruc, filho de Nerias, que escreveu num rolo, conforme o ditado de Jeremias, todas as palavras que Javé lhe dirigira (36,1-4).

O homem moderno pode estranhar que se deixe passar tanto tempo entre a pregação e a redação. Se Jeremias recebeu sua vocação no ano 627, como parece o mais provável, é curioso que só receba ordem de escrever o conteúdo essencial de sua mensagem vinte e dois anos mais tarde. A mentalidade da época era bem diferente. Jesus, séculos mais tarde, por exemplo, não deixará uma só palavra escrita.

Voltando a Jeremias, o volume redigido tem um destino fatal. Depois de ser lido na presença de todo o povo e de altos dignitários, termina jogado ao fogo pelo Rei Joaquim. Deus não se dá por vencido e ordena ao profeta: "Toma outro rolo, escreve nele todas as palavras que estavam no primeiro rolo, que Joaquim, rei de Judá, queimou" (Jr 36,28). O capítulo termina com este dado interessante:

> Jeremias tomou outro rolo e deu ao escriba Baruc, filho de Nerias, que nele escreveu, ditadas por Jeremias, todas as palavras do livro que Joaquim, rei de Judá, tinha queimado. E ainda foram acrescentadas muitas palavras com estas (Jr 36,32).

Entre o primeiro volume e o segundo já existe uma diferença. O segundo é mais extenso. Contém o núcleo básico do futuro Livro de Jeremias. Os comentaristas tentaram de todos os modos saber quais dos capítulos atuais se encontravam naquele volume primitivo. Não existe acordo entre eles, e não faz sentido, agora, perder-se em hipóteses. O importante é perceber que o Livro de Jeremias é fruto de uma atividade pessoal do profeta.

Algo parecido deve ter ocorrido com Isaías, Amós, Oseias etc. É provável que a palavra falada desse lugar a uma série de folhas soltas, que mais tarde se reuniam em pequenas coleções: o ciclo das visões de Amós na sua forma primitiva, o "Memorial sobre a Guerra Siro-efraimita" (Is 6,1–8,14), o "Livrinho da consolação" (Jr 30–31), os oráculos "À casa real de Judá" (Jr 21,11–23,6), "Aos falsos profetas" (Jr 23,9-32), "Sobre a seca" (Jr 14) etc.

Ciclo das visões de Amós (Am 7–9)

(Atenção: as quatro primeiras seguem o mesmo esquema.)

Isso me mostrou o Senhor:

Preparava-se o gafanhoto quando a erva começava a crescer (a erva que brotava depois da ceifa do rei); e quando terminava de devorar a grama da terra.

Eu disse:

– Senhor, perdoa! Como poderá resistir Jacó se ele é tão pequeno?

Com isso, o Senhor se compadeceu e disse:

– Não acontecerá.

Isso o Senhor me mostrou:

O Senhor convocava um julgamento pelo fogo que devorava o grande Oceano e devorava

a propriedade:

Eu disse:

– Senhor, cessa! Como poderá resistir Jacó se ele é tão pequeno?

Com isso, o Senhor se compadeceu e disse:

– Também isso não acontecerá.

Isso o Senhor me mostrou:

Eu estava de pé junto ao muro com um prumo na mão.

O Senhor me perguntou:

– O que vês, Amós?

Respondi:

– Um prumo.

Ele me explicou:

– Vou lançar o prumo no meio do meu povo, Israel; não passarei mais adiante; as colinas de Isaac ficarão desoladas, as cabanas de Jacó serão arruinadas; empunharei a espada contra a dinastia de Jeroboão.

Isso o Senhor me mostrou:

Um cesto de figos maduros.

Ele me perguntou:

– O que vês, Amós?

Respondi:

– Um cesto de figos maduros.

Ele me explicou:

– Maduro está meu povo, Israel, e não passarei mais adiante. Naquele dia – oráculo do Senhor –, lamentarão as cantoras do palácio: Quantos cadáveres espalhados por todos os lados. Psss!

Vi o Senhor de pé junto ao altar, que dizia:

Golpeia os capitéis e trepidarão os umbrais;

arrancarei todos os capitães

e matarei com espada seu séquito;

não escapará nenhum fugitivo,

não se salvará nenhum evadido.

Até agora nos fixamos na palavra profética que foi redigida depois de ser pronunciada oralmente. Não nos esqueçamos, porém, de que em certos casos o processo é inverso: primeiro se escreve um texto, que em seguida é proclamado. Aqui adquirem relevo especial os relatos de vocação (Jr 1,4-10; Ez 1–3), as chamadas "Confissões" de Jeremias, os relatos de ações simbólicas não realizadas, certos relatos de visões. E até podemos admitir que alguns profetas foram mais escritores do que pregadores. Este é o caso, por exemplo, dos capítulos 40–55 de Isaías ("Dêutero-Isaías"): muitos comentaristas creem que seu autor foi um grande poeta que primeiro escreveu sua obra, e somente depois a comunicou oralmente. Também o grande ciclo das visões de Zacarias parece mais obra literária do que redação posterior de uma palavra falada.

2.2 A obra dos discípulos e seguidores

Com o anterior não ficaram terminados, nem de longe, os atuais livros. Faltava-lhes muito caminho a percorrer. O seguinte passo será dado por um grupo muito complexo que, na falta de termo mais preciso, chamo de discípulos e seguidores. Utilizo uma expressão bastante ambígua para não induzir ao erro o leitor. Estamos acostumados a uma relação muito direta entre o mestre e o discípulo: contato físico, anos de companhia e aprendizagem.

Esta relação direta entre mestre e discípulo pode ter havido, talvez, com alguns profetas. Mas, na redação dos livros, intervirão não só este tipo de discípulos como também pessoas muito afastadas temporalmente do profeta, embora dentro de sua influência espiritual.

Discípulos e seguidores contribuíram especialmente em três direções: 1) redigindo textos biográficos sobre o mestre; 2) revisando alguns de seus oráculos; 3) criando novos oráculos.

Textos sobre a vida do mestre

Do primeiro temos um exemplo notável no episódio do conflito de Amós com o sumo sacerdote de Betel, Amasias (Am 7,10-17); o relato não foi escrito pelo profeta, já que se fala dele na terceira pessoa. O caso mais importante e extenso, porém, é o dos capítulos 34–35 de Jeremias, procedam ou não de seu secretário Baruc.

Um discípulo conta a vocação de Amós (7,12-15)

Amasias ordenou a Amós:

– Vidente, vai-te, foge para o território de Judá; lá ganharás a tua vida, lá profetizarás; mas em Betel não voltes a profetizar, porque é o templo real, é o santuário nacional.

Amós respondeu a Amasias:

– Eu não era profeta nem pertencia a um grupo de profetas; eu era pastor e cultivava figueiras. Mas o Senhor me tirou do meu rebanho e me mandou ir profetizar ao seu povo, Israel.

Revisão de oráculos antigos

Este trabalho pode acontecer em épocas muito distintas, até a séculos de distância do profeta primitivo. Às vezes basta uma pequena glosa final para que um antigo oráculo de condenação adquira um matiz de esperança e consolo.

Um exemplo iluminará este procedimento. Lá pelo ano 725 a.C., o Reino do Norte (Israel) decidiu rebelar-se contra a Assíria. Para Isaías se trata de uma loucura que custará caro ao povo. Assim o diz em 28,1-4.

O texto requer uma breve explicação prévia. Samaria, capital do Reino do Norte, estava construída sobre uma colina, e o profeta a apresenta como uma "coroa orgulhosa", "flor caduca" dos "bêbados de Efraim", que a estão levando à ruína. Ainda que o texto não fale expressamente de rebeliões nem de revoltas, dá a entender que o imperador assírio ("um homem forte e vigoroso") acabará com o esplendor da cidade:

> Ai *da coroa luxuosa dos ébrios de Efraim*,
> e **da flor efêmera, joia de seu adorno**,
> que está na cabeça *dos fartos de vinho*!
> Eis que o Senhor tem um forte e poderoso,
> como tempestade de granizo, devastadora tempestade,
> como turbilhão de águas impetuosas e transbordantes,
> com a mão Ele derruba ao chão e com os pés pisa
> *a coroa luxuosa dos ébrios de Efraim*
> e **a flor efêmera, joia de seu adorno**,
> que está na cabeça do vale fértil.
> Será como figo precoce, que quem o vê primeiro,
> mal o agarra, o devora.

Este oráculo se cumpriu logo depois. No ano 725, a Samaria foi assediada, conquistada em 722, deportada em 720. Mas esta não era a última palavra de Deus, que permanece fiel a seu povo. E um discípulo adiciona mais tarde dois versículos (5-6), recorrendo às metáforas da coroa e da flor, embora lhes dê um novo sentido:

> Naquele dia, o Senhor dos exércitos é que será
> uma *coroa de esplendor e uma grinalda magnífica*
> para o resto do seu povo,
> e um espírito de justiça para **aquele que exerce o julgamento**,
> e a força **daqueles que repelem o ataque na porta**.

Agora dirige aos israelitas do Norte uma palavra de consolo. O texto já não fala de "embriagados de vinho", mas de homens responsáveis, capazes de julgar e defender seu povo. E seu timbre de glória não é uma cidade, mas o próprio Senhor, "coroa de esplendor e grinalda magnífica".

Neste exemplo anterior, a revisão não afetou diretamente o texto primitivo. Respeita-o em sua literalidade, ainda que o acréscimo modifique ou complete seu sentido. O mesmo ocorre com outro exemplo, o magnífico poema de Is 14,4b-21 sobre a derrota do tirano. Alguns pensam que esta terrível sátira foi escrita contra um rei assírio. Mais tarde, quando este império desapareceu da história, um "discípulo" achou conveniente atualizar seu sentido aplicando-o aos reis babilônicos. Para tanto, antes e depois do poema situa alguns versículos alusivos a esta nova potência (14,3-4a e 14,22-23):

> Quando o Senhor te der descanso de tua aflição e medo,
> e da dura escravidão em que serviste,
> entoarás esta sátira contra o rei da **Babilônia**:
> "Como acabou o tirano, cessou sua agitação"!
> O Senhor quebrou o cetro dos ímpios, a vara dos dominadores,
> aquele que golpeava furiosamente os povos com golpes incessantes
> e oprimia irado as nações com opressão implacável.
> A terra inteira repousa tranquila, exultando de alegria.
> [...]
> Como caíste do céu, estrela da manhã,
> e estás prostrado por terra, agressor das nações!
> Tu, que dizias:
> "Escalarei os céus, sobre os astros divinos levantarei meu trono
> e me assentarei no Monte da Assembleia,
> no cume da montanha celeste;
> escalarei as nuvens, me igualarei ao Altíssimo".
> Ai, caíste no abismo, no fundo do abismo!
> [...]
> Preparai a matança de seus filhos, por causa da culpa de seus pais,
> para que não se levantem e tomem posse da terra
> e cubram o mundo de ruínas.
>
> Eu me levantarei contra eles – oráculo do Senhor dos Exércitos – e exterminarei da **Babilônia** a posteridade e o nome, a descendência e a prole – oráculo do Senhor; a transformarei em morada de corujas, em água estagnada, varrendo-a completamente, até que desapareça – oráculo do Senhor dos Exércitos.

Outras vezes, a revisão introduz umas poucas palavras no texto anterior. Podem ser *simples esclarecimentos*, que orientam o leitor. Por exemplo, em Is 8,7 diz o profeta que Deus fará subir contra Judá "as águas torrenciais e impetuosas do Eufrates". A metáfora era clara para seus contemporâneos. Não assim séculos mais tarde, e um glosador acrescentou: "O rei da Assíria com todo o seu exército". Assim fica claro o sentido do crescimento ameaçador do Rio Eufrates: não se trata de uma catástrofe natural (de resto impossível do ponto de vista geográfico), mas de uma invasão militar.

> **Glosa explicativa**
> …o Senhor fará com que sejam submersos pelas águas do Eufrates, torrenciais e impetuosas
> (o rei da Assíria, com todo o seu exército);
> elas ultrapassarão as margens, transbordarão pelas ribeiras…

Em outras ocasiões, estas glosas têm uma *intenção mais profunda*. Citarei como exemplo o discutido caso de Is 7,15. O profeta, falando do Rei Acaz, dá-lhe o famoso sinal do nascimento do Emanuel:

"Eis que a jovem concebeu e dará luz um filho	*Nascimento*
e pôr-lhe-á o nome de Emanuel.	*Nome*
Ele se alimentará de coalhada e de mel até que saiba	*Dieta*
rejeitar o mal e escolher o bem.	
Antes que o menino saiba	*Explicação do nome*
rejeitar o mal e escolher o bem,	
a terra, por cujos dois reis tu te apavoras,	
ficará reduzida a um ermo" (Is 7,14-16).	

Prescindindo de alguns intricados problemas de tradução na última frase, há algo que chama a atenção nesse texto. Os temas que desenvolve são os seguintes: nascimento e imposição do nome (v. 14), dieta do menino (v. 15), explicação do nome (v. 16). Parece claro que as frases relativas à dieta do menino (v. 15) interrompem a sequência lógica e foram acrescentadas mais tarde. Ao menos, assim pensam muitos comentaristas. Quando nos deparamos com casos como este não basta detectar a glosa, é preciso descobrir seu sentido. Neste exemplo concreto, parece que pretende sublinhar as características portentosas do menino, já que se alimentará com uma dieta paradisíaca.

Rastrear as numerosas reelaborações do texto é uma tarefa interminável, que infelizmente se presta a muito subjetivismo. É fácil atribuir a um autor posterior o que na realidade procede do primeiro profeta.

Criação de novos oráculos

Em terceiro lugar, este complexo grupo de pessoas contribui criando novos oráculos, muito mais numerosos do que caberia imaginar. Esta ideia era impensável até poucos anos para os católicos. Se no começo do Livro de Isaías se diz: "Visão de Isaías, filho de Amós, sobre Judá e Jerusalém..." (Is 1,1), a consequência lógica para nossos antepassados era que todo o livro, do capítulo 1 ao 66, procedia do Profeta Isaías. Quem o negasse, negava a verdade da Palavra de Deus.

Hoje vemos as coisas de maneira diferente. A Palavra de Deus é uma realidade dinâmica, e se torna secundário que todos os textos procedam de Isaías ou somente alguns capítulos. Uma obra é importante em si mesma, prescindindo de quem a tenha escrito. Este trabalho de criação de novos oráculos foi amplo e prolongado, chegando até pouco antes da redação definitiva dos livros. E, como é lógico, muitas vezes não tinham relação com a mensagem do profeta a que foram atribuídos. Novas preocupações e problemas entraram em jogo, novos pontos de vista teológicos. Para muitos comentaristas, períodos de especial criatividade foram o reinado de Josias, a etapa do exílio e os séculos posteriores. Definitivamente, nunca cessaram de aparecer novos oráculos que se juntaram aos textos já existentes.

2.3 O agrupamento de coleções

Junto com as três tarefas anteriores, este grupo se dedica também a colecionar e reunir os oráculos primitivos e os que foram sendo acrescentados. Já vimos que as "coleções" têm provavelmente sua origem nos mesmos profetas. Admite-se geralmente para os casos de Amós, Oseias, Isaías e Jeremias, embora fossem um tanto reduzidos. Foram crescendo nos anos seguintes, de uma forma meio desordenada. O critério cronológico não os preocupou minimamente. Os primeiros capítulos de Isaías (1–5) parecem conter a mensagem do início de sua atividade, e 28–33 de seus últimos anos. Algo parecido poderíamos dizer de Ezequiel, 1–24 (primeira etapa do profeta) e 33–48 (segunda). As exceções, todavia, são tantas que seria melhor excluir o critério cronológico. Parece que a ordem pretendida pelos redatores foi mais temática e, dentro desta, de acordo com os destinatários ou auditório. Em linhas gerais, este é o resultado:

– oráculos de condenação dirigidos contra o próprio povo;

– oráculos de condenação dirigidos contra países estrangeiros;

– oráculos de salvação para o próprio povo;

– seção narrativa.

Não convém, porém, absolutizar o esquema. As exceções superam de muito as regras. O livro que melhor se adapta à estrutura proposta é o de Ezequiel. Bastante o de Jeremias, na ordem dos LXX que é distinta da usada na Bíblia hebraica. O caso de Isaías e de outros escritos é mais complexo, ainda que as ideias acima sejam úteis para entender sua formação. Entretanto, não convém esquecer a importância capital dos redatores. Seu trabalho não foi mecânico, de simples coleta e seleção de textos. Em alguns casos foi muito laborioso e sutil, costurando poemas com fios quase invisíveis, que reaparecem ao longo de toda a obra. Analisar o Livro de Isaías deste ponto de vista, como uma obra gigantesca com diversos temas que se entrecruzam e se repetem, é uma tarefa apaixonante.

2.4 As adições posteriores

Ainda depois das etapas que temos descrito, os livros proféticos continuaram abertos a retoques, acréscimos e inserções. Tomando como exemplo Isaías, é possível que, depois de estar estruturado em seu bloco inicial, se tenham acrescentado os capítulos 40–66. Para alguns, inclusive, o último a entrar no texto de Isaías foi a "Escatologia" (capítulos 24–27). Este processo se repete no Livro de Zacarias, onde distinguimos o "Proto-Zacarias" (capítulos 1–8) e o "Dêutero-Zacarias" (capítulos 9–14), sem excluir a possibilidade de que este último seja obra de outros autores.

Mas podemos assegurar que em torno do ano 200 a.C. os livros proféticos já tinham a redação em que os possuímos atualmente. Assim se deduz da citação do Eclesiástico e das cópias encontradas em Qumran.

Sobre a formação de cada um dos livros e seus problemas conexos, confira o capítulo 8 de J. L. Sicre, *Profetismo em Israel*. 3. ed. Petrópolis: Vozes, 2008.

17

História do movimento profético (I): das origens a Amós

Este capítulo e os dois seguintes dedicaremos à história do profetismo em Israel. Podem parecer um amontoado de nomes e dados insuportáveis. Não se assuste. O importante não é reter todos os detalhes, mas dispor de um material de consulta, para quando quiser saber algo elementar sobre um determinado profeta ou sobre uma determinada etapa do profetismo israelita. A divisão em três capítulos pretende deixar claras as três etapas principais. Os nomes mais famosos se encontram nos seguintes. Ao final, resumo em uma só página as etapas, nomes e textos principais.

1. Houve profetas desde o começo de Israel?

Se lêssemos a Bíblia sem o menor sentido crítico, deveríamos afirmar que Israel teve profetas desde as suas origens, já que seu pai no sangue e na fé, Abraão, é honrado em Gn 20,7 com o título de profeta. Mais tarde, Moisés será o grande intermediário entre Deus e o povo, aquele que transmite a palavra do Senhor e se converte em modelo de todo autêntico profeta. Até sua irmã, Míriam, é profetisa (Ex 15,20)[67]. E, durante a caminhada pelo deserto, setenta anciãos são invadidos pelo Espírito de Deus e entram em transe profético (Nm 11,16-17.24-29).

Numa época como a nossa, em que toda a situação de Israel antes da monarquia está sujeita a profunda revisão[68], é natural que as afirmações

---

67. ACKERMAN, S. "Why Is Miriam also among the Prophets? (And Is Zipporah among the Priests?)", *JBL* 121, 2002, p. 47-80.
68. Ver no capítulo 23: "Breve história de Israel".

anteriores se interpretem também com espírito crítico. Mais do que refletir a realidade histórica sobre os primeiros profetas, esses textos querem projetar a mentalidade posterior sobre certos aspectos do profetismo[69].

Abraão, ao interceder, aparece como modelo do que deve ser um verdadeiro profeta. Míriam, entoando um canto de vitória, depois da passagem do Mar dos Juncos, lembra-nos a relação essencial dos profetas com os acontecimentos históricos e, de forma especial, com a política. *Os setenta anciãos* refletem a importância que certos grupos posteriores concedem à possessão do espírito[70].

Moisés é caso à parte, ainda que fique muito difícil separar o personagem histórico da projeção das gerações posteriores. Provavelmente, o texto mais antigo em que Moisés aparece como profeta é o de Os 12,14: "Por meio de um profeta, o Senhor tirou Israel do Egito e por meio de um profeta, o guardou". Oseias, tão amante das referências históricas, não parece estar inventando nada de novo. Na sua época, devia ser opinião generalizada entre as tribos do Norte que Moisés era um profeta (*nabî'*). E o curioso do texto é que sua função específica é a libertação do povo e a sua condução pelo deserto. O profeta é o homem da ação, mais precisamente, da libertação[71].

Tradições posteriores (ou quem sabe contemporâneas a Oseias) sublinharão o lugar especial de Moisés entre os profetas. Em Nm 12,1-16 temos uma interessante tradição, centrada na queixa de Míriam a Aarão[72]: "Falou o Senhor somente a Moisés? Não falou também a nós?" Sem entrar em mais detalhes, recordemos a resposta de Deus: "Se há entre vós um profeta, é em visão que me revelo a ele, é em sonho que lhe falo. Assim não se dá com

---

69. Com razão R. R. Wilson (*Prophecy and Society in Ancient Israel*) estuda estas tradições, e as de Balaão, não como dados históricos, mas como reflexo da mentalidade eloísta (efraimita), projetada nos primeiros tempos de Israel.

70. LEVISON, J. R. "Prophecy in Ancient Israel: The Case of the Ecstatic Elders", *CBQ* 65, 2003, p. 503-521.

71. É interessante advertir, como indica Perlitt, que o mesmo dado o encontramos séculos mais tarde, quando os discípulos de Emaús falam de Jesus: "um profeta poderoso em obras e palavras […] nós esperávamos que Ele fosse o libertador de Israel" (Lc 24,20-21).

72. É provável que inicialmente só falasse de Míriam. Pelo menos ela é a única a ser castigada.

meu servo Moisés, a quem toda a minha casa está confiada. Falo-lhe face a face, claramente e não em enigmas, e ele vê a forma de Javé" (v. 6-8). Neste caso, o específico de Moisés como profeta é o dom que Deus lhe concedeu de falar-lhe face a face[73].

Este aspecto da comunicação direta com Deus e da transmissão de sua palavra é talvez o mais importante para a história da profecia. O texto programático sobre os profetas em Dt 18,9-20 apresenta Moisés como o mediador entre o povo e o Senhor, quando Israel tem medo de escutar a Deus diretamente (Ex 20,19).

Ambos os aspectos, o da ação e do contato com Deus, vêm sublinhados no juízo com que se encerra a vida deste grande homem: "E os filhos de Israel lhe obedeceram, agindo conforme Javé tinha ordenado a Moisés. E em Israel nunca mais surgiu um profeta como Moisés – a quem Javé conhecia face a face –, seja por todos os sinais e prodígios que Javé o mandou realizar na terra do Egito, contra o faraó, contra todos os seus servidores e toda a sua terra, seja pela mão forte e por todos os feitos grandiosos e terríveis que Moisés realizou aos olhos de todo Israel!" (Dt 34,9-12).

Não se deve esquecer que estas passagens não significam informações sobre fatos históricos, mas uma interpretação de gerações posteriores.

Podemos imaginar as bases em que assentaria o profetismo posterior. Lods, por exemplo, estabelece um paralelismo com os árabes e afirma que, "junto aos sacerdotes, os hebreus deviam ter, desde os tempos pré-mosaicos, outros 'homens de Deus' [...]. Em Israel, na época histórica, estes privilegiados investidos de poderes e conhecimentos extraordinários somavam três classes, claramente distintas em teoria: os inspirados, os intérpretes de sinais e os magos"[74]. Com isso, fica difícil aceitar que as primeiras manifestações do profetismo em Israel tenham surgido no contato com os cananeus. A investigação atual, que estabelece uma relação entre o profetismo hebreu e o de Mari, lhe daria razão. A falta de tradições fidedignas, porém, deixa-nos apenas com a sugestão desta probabilidade.

---

73. Este dado o mantém a tradição sacerdotal (P), mesmo sem dar a Moisés o título de profeta: "O Senhor falava com Moisés face a face, como fala um homem com um amigo" (Ex 33,11).

74. LODS, A. *Israel*, p. 334. O tema é tratado nas p. 334-339. Dos primeiros profetas fala nas p. 493-500.

2. A época dos juízes

Os textos desta época nos põem em contato com uma profetisa (Débora), um profeta anônimo (Jz 6,7-10), Samuel e uns grupos proféticos.

Débora. A tradição lhe atribui – equivocadamente – um dos poemas mais antigos e mais belos da Bíblia, o canto de vitória de Jz 5. Mais tarde, como marco narrativo para explicar as circunstâncias históricas, redigiu-se o capítulo 4. Neste aparece Débora governando Israel: seu ofício principal é resolver questões jurídicas e remover dificuldades de convivência comunitária. Mas igualmente se apresenta como profetisa (*nebî'â*). Em geral, os comentaristas não veem muito claro por que ela recebe este título, e muitos o consideram uma glosa de autores deuteronomistas. Segundo Jz 4,6-7, comunica a Barac um oráculo, mas ficamos sem saber se teve outras comunicações divinas. De qualquer maneira, há uma relação muito interessante entre profetismo e política, a profetisa como mediadora entre Deus e o povo, a relação – ainda que seja ficção posterior – dos profetas com a música.

Samuel. Aparece na tradição bíblica com traços muito diversos: herói na guerra contra os filisteus, juiz de Israel, vidente em relação às jumentas de Saul. Exerce também funções sacerdotais, oferecendo sacrifícios de comunhão e holocaustos. O que mais vem sublinhado, porém, na tradição bíblica é seu caráter profético: é o homem que transmite a Palavra de Deus. Este dado aparece já no capítulo sobre sua vocação (1Sm 3): notamos um contato novo e especial com Deus por intermédio de sua palavra, com uma missão tipicamente profética: anunciar o castigo da família sacerdotal de Eli. E para deixar bem claro, o resumo final ainda confirma: "Todo Israel soube, desde Dã até Bersabeia, que Samuel estava confirmado como profeta de Javé" (1Sm 3,20).

Outra característica profética de Samuel é sua intervenção na política, ungindo o Rei Saul. A tradição o faz ungir também Davi, quando criança (1Sm 16), mas talvez isso careça de fundamento histórico. De qualquer modo, a unção de Saul lembra o que fará Natã com Salomão (1Rs 1,11s.), a missão que Elias recebe com respeito a Jeú (1Rs 19,16), que Eliseu, por meio de um discípulo, cumprirá (2Rs 9), e outras tradições semelhantes.

Por último, e ainda mais profética, é sua denúncia do rei. Em duas ocasiões Samuel enfrenta Saul. A primeira, por motivo da Batalha de Macmas (1Sm 13,7-15); a segunda, depois da guerra contra os amalecitas (1Sm 15,10-23). Embora ambos os fatos deixem insolúveis sérios problemas históricos, parece claro que os autores bíblicos interpretaram Samuel como o primeiro grande profeta.

Os grupos de profetas (*hebel nebi'îm*). São lembrados em 1Sm 10,5-13 e 19,18-24, com a seguinte imagem: vivem em comunidades, presididos às vezes por Samuel; pelo menos numa ocasião caminham precedidos por saltérios, tambores, flautas e cítaras; descem de um monte sagrado (*bamâ*), o que faz supor um interesse pelo culto. Se lhes aplicamos o que se diz de Saul em 1Sm 19,24, às vezes se despojam das vestes e se prostram por terra em transe. Como se vê, o quadro é muito vago por causa da falta de dados.

Alguns autores completam a imagem com outros detalhes que sabemos de Samuel (p. ex., suas intervenções em tempos de guerra) e os apresentam como fervorosos patriotas que acompanham os soldados à batalha. É muito provável, embora não se possa demonstrar. Foi-lhes atribuído também o uso de incisões durante o êxtase, mas esta prática só aparece na Bíblia em relação com os profetas de Baal (1Rs 18,26s.). Alguns pensam que se tratava de escolas proféticas fundadas por Samuel, onde os jovens se preparavam para uma possível escolha divina ou se convertiam em doutores religiosos em Israel[75].

É preferível reconhecer que sabemos muito pouco. Poderíamos admitir que façam parte do movimento extático-divinatório que aparece na Síria-Palestina durante o século XI. A comparação que faz Hölscher com os dervixes árabes é interessante e esclarecedora, mas não se enquadra por completo na realidade destes grupos.

Que relação têm com o profetismo clássico de Israel? Menos do que poderíamos pensar. Segundo González Núñez, não são profetas, mas "testemunhas" da presença do Senhor e auxiliares dos profetas. Na realidade, não falam em nome de Deus, não anunciam o futuro, não são videntes, não são intermediários entre Deus e o povo. Simplesmente cumprem funções religiosas e levam um gênero de vida que as facilitam. Precisamente este fervor religioso foi de grande ajuda a Samuel num momento de grandes dificuldades, quando a arca estava nas mãos dos filisteus, o sacerdócio de Silo tinha desaparecido e a religião dos cananeus ameaçava o javismo. Samuel pôde ver neles uma força para superar a crise religiosa e política de Israel. Por isso os encontramos no momento da unção de Saul, no começo

---

75. Sobre as escolas proféticas cf. LEMAIRE, A. "Les écoles et la formation de la Bible dans l'Ancien Israel". *OBO*, 39. Friburgo, 1981, esp. p. 50-52 e 70-71.

da monarquia (1Sm 10,5-13), e protegendo Davi das perseguições do rei (1Sm 19,18-24).

3. Das origens da monarquia até Amós

Dada a impossibilidade de tratar com detalhes cada um dos profetas posteriores, indicarei as principais linhas de evolução do profetismo até o século VIII a.C., quando a profecia toma um rumo novo. Nesses séculos, que vão desde a instauração da monarquia até a aparição de Amós, podemos distinguir três etapas, muito ligadas à atitude que o profeta tem diante do rei.

1. A primeira pode se definir como *proximidade física e distanciamento crítico com relação ao monarca*. Os representantes mais famosos dessa primeira época são Gad e Natã.

Gad intervém em três ocasiões: aconselhando Davi que volte a Judá (1Sm 22,5), acusando-o de ter realizado o recenseamento (2Sm 24,11s.) e ordenando-lhe que edificasse um altar na eira de Areúna (2Sm 24,18s.). Portanto desempenha uma função de conselheiro militar, uma função judicial e uma função cultual. É importante advertir que nunca se dirige ao povo; sempre está em relação direta com Davi.

Natã tem mais importância. É o profeta principal da corte em três momentos decisivos da vida de Davi: quando pretende construir o templo (2Sm 7), quando comete adultério com Betsabeia e manda assassinar Urias (2Sm 12), e quando Salomão sobe ao trono (1Rs 1,11-48).

Considerá-los profetas da corte não é acusá-los de servilismo, pois nunca se venderam ao rei. Por isso podemos definir sua postura como proximidade física e distanciamento crítico.

2. A segunda etapa se caracteriza por uma *distância física* que se vai alargando sempre mais entre o profeta e o rei, ainda que aquele só entre em ação em assuntos relacionados com este. Um exemplo significativo é o de Aías de Silo, do qual se conservam dois relatos (1Rs 11,29-39 e 14,1-8). Em ambos os casos se dirige – direta ou indiretamente – a Jeroboão I de Israel. A primeira vez para prometer-lhe o trono; a segunda, para condená-lo por sua conduta. Isto demonstra que o compromisso do profeta não é com o rei, mas com a Palavra de Deus. É interessante

também observar que Aías não vive na corte nem perto do rei, como Gad e Natã na etapa anterior. A primeira vez vai ao encontro do monarca no caminho, a segunda é a esposa de Jeroboão quem vai buscá-lo.

Aqui podemos incluir também Miqueias, filho de Jemla, que só aparece em 1Rs 22, quando Acab de Israel se une a Josafá de Judá para lutarem contra os sírios. Discutem os comentaristas se se trata de um personagem real ou ideal[76]. De qualquer maneira, o texto é muito interessante pela confrontação entre verdadeiros e falsos profetas. Estes aparecem vagando com o rei, sempre torcendo por ele e falando a favor dele. Miqueias não está presente e é preciso mandar buscá-lo. Não se compromete com nada, somente a "dizer o que lhe ordenar o Senhor" (v. 14).

3. A terceira etapa *concilia o afastamento progressivo da corte com a aproximação cada vez maior do povo*. O exemplo mais patente é o de Elias. Nos casos de Aías e Miqueias, quando o rei busca o profeta, o encontra. Com Elias não acontece assim. Como diz Abdias: "Não há nação nem reino aonde meu amo não tenha mandado te procurar... mas quando eu me apartar de ti, o espírito de Javé te transportará não sei para onde, eu irei informar Acab e ele, não te achando, me matará!" (1Rs 18,10.12). Efetivamente, Elias nunca pisa no palácio de Acab. Uma vez vai ao seu encontro "na vinha de Nabot" (1Rs 21). Numa outra ocasião se aproxima dele – por expressa ordem do Senhor –, mas exige a presença de todo o povo (1Rs 18,19).

Suas relações com Ocozias não foram diferentes: ninguém pode obrigá-lo, nem à força, a apresentar-se diante do rei; o fará voluntariamente para anunciar-lhe a morte (2Rs 1). Por outro lado, Elias se aproxima do povo, como demonstra o episódio da viúva de Sarepta (1Rs 17,9-24) e o julgamento no Monte Carmelo (1Rs 18). Estes tímidos passos serão seguidos por Eliseu, o profeta mais "popular" do Antigo Testamento.

A partir de agora, os profetas se dirigirão predominantemente ao povo. Não deixam de falar ao rei, já que este ocupa um lugar fundamental na

---

76. Würthwein concede que o embasamento do capítulo é histórico, não os traços concretos: "Miqueias não é interessante como pessoa, mas como tipo do verdadeiro profeta" (WÜRTHWEIN, E. "Zur Komposition vom 1 Reg 22,1-38". *BZAW*, 105. Berlim, 1967, p. 245-254; cf. esp. p. 253). O caráter ideal da figura de Miqueias é posto em relevo também em HALEVY, R. "Miqueias ben Yimlá, o profeta ideal" [em hebraico]. *Beth Miqrá*, 12, 1966s, p. 102-106.

sociedade e na religião de Israel, e de sua conduta dependem numerosas questões. Mas foi estabelecido um ponto de contato entre o movimento profético e o povo, e ambos irão estreitando seus laços cada vez mais.

4. Elias e Eliseu[77]

Os profetas da terceira etapa merecem um pouco mais de atenção.

Elias. Sua atividade atravessa os reinados de Acab e Ocozias, isto é, pelos anos 874 a 852, no Reino do Norte. É um profeta itinerante, sem vinculação a nenhum santuário, que aparece e desaparece de modo imprevisível. De certa forma, Elias é um novo Moisés. E sua vida repete em parte o itinerário daquele grande homem: fuga para o deserto, refúgio em país estrangeiro, sinais e prodígios, viagem ao Horeb (Sinai), que culmina na manifestação de Deus. Como Moisés, Elias desaparece na Transjordânia. Sem dúvida, há uma intenção premeditada por parte dos narradores em apresentá-lo dessa forma. Se Moisés foi o fundador da religião javista, Elias será seu maior defensor nos momentos de perigo.

De fato, a política de Amri e de Acab, especialmente a aliança com Tiro, provocou uma difusão anormal da religião cananeia. Tanto que os israelitas se acostumaram a prestar culto a Javé e a Baal. Esta atitude sincretista havia começado muitos séculos antes, se dermos crédito à história de Gedeão (Jz 6,25s.). Mas é agora que se converte num perigo sério. A principal missão de Elias consistirá em defender o javismo em toda a sua pureza, com a confissão de que somente Javé é o Deus de Israel. E esta confissão tem repercussões não somente no âmbito do culto, como também no social, como demonstra o episódio da vinha de Nabot.

O ciclo de Elias se encontra em 1Rs 17–19; 21; 2Rs 1 (2Rs 2 parece mais justo atribuí-lo ao ciclo de Eliseu). "A narração é muito artística, uma obra-prima do melhor período da prosa norte-israelita, escrita em hebraico puríssimo"[78]. Segundo Fohrer, o ciclo foi composto a partir de seis relatos

---

77. Para um estudo mais amplo, cf. BRIGHT, J. *História de Israel*, p. 327-337. VON RAD, G. *Teología del AT*, II, p. 30-49. ROBERT, A.; FEUILLET, A. *Introdução à Bíblia*, I, p. 442-450.

78. SCHELD, C. *Geschichte des Alten Testaments*, IV. Innsbruck, 1962, p. 50. Geralmente se admite que é obra de um discípulo do profeta, redigida no final do século IX (De Vaux), ou em torno do ano 800 (Kittel, Scheld).

originais e independentes (anúncio da chuva, fuga para o Horeb, julgamento no Monte Carmelo, vocação de Eliseu, vinha de Nabot, Elias e Ocozias), que o redator final uniu com outras tradições milagrosas[79].

O leitor moderno indaga espontaneamente pela historicidade destas histórias, mas qualquer possível resposta deve basear-se em análises tão minuciosas – e inevitavelmente hipotéticas – que não podemos nos deter nelas. Duas coisas parecem fora de dúvida: Elias foi uma personalidade extraordinária, de grande influência sobre o povo (pelo menos nos círculos proféticos posteriores), que salvou o javismo num momento crítico, vivendo de acordo com o conteúdo programático de seu nome: "Javé é o meu Senhor".

Eliseu. Discípulo e continuador de Elias, se apresenta com dois traços dominantes: "Um é o santo milagroso, especializado em milagres aquáticos; o outro é o profeta que dirige os movimentos políticos, trocando dinastias. Em número de milagres, ganha de Elias e de qualquer outro personagem do Antigo Testamento; o que não engrandece sua figura, antes parece dissipá-la. Tal acumulação minuciosa pode se debitar aos círculos proféticos em que atuou. À margem da política internacional, há todo um anedotário pitoresco, que enaltece os poderes de Eliseu sem delinear-lhe a figura"[80].

Seu ciclo se encontra em 2Rs 2; 3,4-27; 4,1–8,15; 9,1-10; 13,14-21. Atualmente os diversos episódios estão separados às vezes por notícias sobre os reis de Israel e Judá. Começa com um relato que fala de Elias e Eliseu (2Rs 2), mas o tema principal é a transmissão do espírito de Elias a seu discípulo. As narrações seguintes formam dois grupos, de acordo com os aspectos dominantes a que acabamos de nos referir[81]:

1. *Histórias milagrosas e populares*, comparadas amiúde com os "fioretti" de São Francisco: a água de Jericó, os meninos de Betel, a viúva, a sunamita, a panela, a multiplicação dos pães, a cura de Naamã, o machado perdido, a ressurreição de um morto ao contato com o cadáver de Eliseu.

2. *Relatos de caráter diverso*, mas relacionados com a política: guerra de Jorão contra Mesa de Moab (2Rs 3,4-27), guerra com a Síria, pondo em

---

79. Cf. FOHRER, G. *Geschichte der israelitischen Religion*, 229s., onde resume os resultados de sua obra *Elia*. 2. ed., 1968.

80. ALONSO SCHÖKEL, L. *Reys*, p. 171s.

81. C. A. Canosa ("Panorama crítico del ciclo de Eliseo". *EstBíb*, 23, 1964, p. 217-234) distingue três classes de relatos: anedotas proféticas, relatos sobre Elias, relatos políticos.

destaque o milagroso (6,8-23), Eliseu e Hazael de Damasco (8,7-15), assédio da Samaria e fome na cidade (6,24–7,2), unção de Jeú como rei de Israel (9,1-10), anúncio da vitória contra a Síria (13,14-20). Dentro destes relatos é curioso que alguns o veem em boas relações com o Rei Jorão (6,8-23), outros em más (3,4-27), e ainda outros o deixam mais ou menos (6,24–7,2). É quase certo que Eliseu interveio na rebelião de Jeú contra a dinastia de Amri.

Muito relacionados com Eliseu são os "filhos dos profetas" (*benê nebi'îm*). Esta curiosa expressão, que não se deve entender em sentido físico, aparece dez vezes no Antigo Testamento, nove das quais em torno de Eliseu. Há mais notícias sobre eles do que sobre os "grupos proféticos" do tempo de Samuel. Encontram-se em localidades ao sul de Israel, ainda dentro do Reino do Norte, ligadas a santuários (Betel, Jericó, Guilgal). Alguns eram casados (2Rs 4,1), mas levavam certa vida comunitária (2Rs 2; 4,38-41); ao menos uma vez ou outra se reuniam para escutar o mestre (2Rs 4,38; 6,1). Parecem pessoas de baixo nível social: vivem da caridade pública (4,8), alguns tinham grandes dúvidas (4,1s.), Eliseu divide com eles a comida que recebe (4,38-41).

Apesar da escassez dos dados, estes grupos se prestaram a numerosas hipóteses e discussões[82]. Alguns os quiseram ver como continuadores dos grupos proféticos do tempo de Samuel e dos que existiram em séculos posteriores[83]. Prefiro aceitar a opinião de Porter, que ele mesmo resume assim: "A expressão *ben hannebi'îm* não se refere a associações proféticas em geral, mas a uma organização profética concreta, limitada a um período histórico e a uma área geográfica bem precisos. Surgiu em oposição a certas inovações teológicas da dinastia de Amri, alcançou seu apogeu sob a liderança de Eliseu, e quando, ainda sob seu impulso, se derrubou a dinastia e se eliminou o culto ao deus estrangeiro Baal, terminou sua obra e desapareceu da história. O Antigo Testamento não nos oferece dados para encontrá-los antes ou

---

82. Ver a interessante nota de PORTER, J. R. *"benê hannebi'îm"*, *Journal of Theological Studies* 32, 1981, p. 423-429.

83. O argumento mais forte nesse sentido é a aparição de uma fórmula semelhante em Amós, um século mais tarde. Enfrentando o sacerdote de Betel, Amós afirma que ele não é "profeta nem filho de profeta (*ben-nabî*)". Contudo, a expressão é diferente, como indica Porter.

depois do período em que temos testemunhos diretos de sua existência"[84]. Creio, todavia, que Porter é muito unilateral ao valorizar exclusivamente os aspectos religiosos que deram vida a estas comunidades. Devido a seu pobre nível de vida e às dificuldades sociopolíticas dos anos que precederam a rebelião de Jeú, é muito provável que tenham entrado em jogo também fatores econômicos e políticos, como supõem Von Rad e outros.

5. Bibliografia

Um ótimo estudo é o de GONZÁLEZ NÚÑEZ, A. *Profetas, sacerdotes y reyes en el antiguo Israel*. Madri, 1962. O livro de MONLOUBOU, L. *Profetismo y profetas*. Madri, 1971, é uma obra irregular. Muito sugestivas são as ideias de LODS, A. *Israel – Desde los orígenes a mediados del siglo VIII (a. de J.C.)*. Barcelona, 1941, p. 334-339 e 493-500, e as de ALBRIGHT, F. W. *De la Edad de Piedra al cristianismo*. Santander, 1959, p. 237-243.

DIETRICH, W. *David, Saul und die Propheten. Das Verhältnis von Religion und Politik nach den prophetischen Überlieferungen vom frühesten Königtum in Israel*. BWANT 122. Stuttgart, 1987 [estuda as figuras de Samuel, Natã e Gad]; HERRMANN, S. "Ursprung und Funktion der Prophetie im alten Israel". In: *Geschichte und Prophetie. Kleine Schriften zum Alten Testament*, BWANT 157, 2002, p. 121-172; PORTER, J. R. "The origins of prophecy in Israel". In: COGGINS, R. et al. (ed.). *Israel's Prophetic Tradition. Essays in Honour of P. Ackroyd*. Cambridge, 1982, p. 12-31; RAMLOT, L. "Prophétisme", *DBS* VIII, especialmente 1.012-1.036; R. R. Wilson, "Early Israelite Prophecy", *Interpretation* 32, 1978, p. 3-16.

Moisés: Ver JOHNSTONE, W. "The Portrayal of Moses as Deuteronomic Archetypal Prophet in Exodus and its Revisal". In: *The Elusive Prophet*. OTS 45. Leiden: 2001, p. 159-174; PERLITT, L. "Mose als Prophet", *Evangelische Theologie* 31, 1971, p. 588-608; PETERSEN, D. L. "The Ambiguous Role of Moses as Prophet". In: *Israel's Prophets and Israel's Past*. JSOTSS 446. Nova York, 2006, p. 311-324.

Samuel: Abundante bibliografia em MOMMER, P. *Samuel. Geschichte und Überlieferung*. WMANT 65. Neukirchen, 1991; KESSLER, R. *Samuel, Priester und Richter. Königsmacher und Prophet*. Leipzig, 2007.

---

84. Art. cit., p. 429.

Gad: HAAG, H. "Gad und Nathan". In: *Archäologie und Altes Testament*, Fs. K. Galling, p. 135-143. Do capítulo de 2Sm 24, tão importante para as tradições desse profeta, trata em pormenores SCHENKER, A. *Der Mächtige im Schmelzofen des Mitleids. Eine Interpretation von 2 Sm 24.* OBO 42. Gotinga, 1982.

Natã: A obra mais recente e extensa é a de JONES, G. H. *The Nathan Narratives.* JSOT Sup Ser 80. Sheffield, 1990; embora seja injusto resumir em duas linhas quase duzentas páginas, a ideia básica é que Natã é um profeta da corte ou conselheiro privado jebuseu, que se esforça para defender os interesses de seus concidadãos, promovendo o sincretismo entre as tradições da cidade e as dos conquistadores israelitas.

Elias e Eliseu: CARENA, O. *La comunicazione non-verbale nella Bibbia – Un approcio semiotico al ciclo di Elia ed Eliseo.* Turim, 1981. OVERHOLT, T. H. "Elijah and Elisha in the Context of Israelite Religion". In: *Prophets and Paradigms.* JSOTSS 229. Sheffield, 1996, p. 94-111.

Elias: HAUSER, A. J.; GREGORY, R. *From Carmel to Horeb: Elijah in Crisis.* JSOT Sup Ser 85. Sheffield, 1990; ALBERTZ, R. *Elia. Ein feuriger Kämpfer für Gott.* Leipzig, 2006; HUGO, P. *Les deux visages d'Élie, Texte massorétique et Septante dans l'histoire la plus ancienne du texte de 1 Rois 17–18.* OBO 217. Friburgo, 2006.

Eliseu: BERGEN, W. J. *Elisha and the End of Prophetism.* JSOTSS 286. Sheffield, 1999.

18

História do movimento profético (II): de Amós ao exílio

Como indiquei no começo do capítulo anterior, entramos agora nas etapas principais da profecia de Israel. As páginas que se seguem querem somente oferecer um roteiro elementar sobre a época, a vida e a mensagem de alguns dos profetas mais importantes.

1. A novidade do século VIII

Nesse século ocorre um fenômeno totalmente novo dentro da profecia de Israel: a aparição de profetas que deixam sua obra por escrito. Por isso são conhecidos como "profetas escritores", ainda que o termo não seja muito adequado.

Que sentido tem a documentação escrita da mensagem profética? Em princípio, poderíamos atribuí-la à difusão cada vez maior da escrita[85]. Numerosos autores, porém, pensam que a causa é mais profunda, embora não estejam de acordo ao defini-la (ver quadro).

---

85. Esta difusão se acha confirmada por um número importante de inscrições e óstracos. A. Lemaire ("Les écoles et la formation de la Bible dans l'Ancien Israel". *OBO*, 39. Friburgo, 1981) relaciona estes fatos com a criação e o desenvolvimento das escolas no século XX.

Por que a mensagem dos profetas foi colocada por escrito?
Diversas explicações

Gunneweg atribui isso à ligação dos profetas com os santuários, onde há interesse em preservar por escrito as obras importantes; ao mesmo tempo, a palavra escrita tem uma força quase mágica[86].

Millard argumenta que a profecia é essencialmente uma mensagem divina sobre o futuro; só pode ser verificada se houver uma consignação exata, que demonstre sua verdade e a do mensageiro que a transmite[87].

Hardmeier encontra a explicação na oposição enfrentada pelos profetas por parte dos poderosos de sua época quando criticavam a política interna e externa desastrosa que estavam conduzindo; a experiência de que seus contemporâneos não querem ouvir nem entender, sendo que até mesmo os rejeitam e perseguem, leva a uma espécie de literatura de oposição, que serve ao profeta e a seus seguidores como elemento de reflexão e identificação[88].

Zimmerli indica diferentes motivos[89]: 1) Em alguns casos, escreve-se para que seus contemporâneos não apenas ouçam sua mensagem, mas também para que possam *vê-la e lê-la* (cf. Is 8,1; Hab 2,1-4); 2) em outras ocasiões, para que o escrito *sirva como testemunho e acusação* contra um povo que não quer se converter; quando a desgraça ocorrer, ninguém poderá dizer que não ouviu a mensagem ou que Deus não falou (Is 8,16; visões de Amós); 3) outras vezes, a palavra escrita pretende *sacudir o povo* (Jr 36); não é consignada por mero interesse arqueológico, por conservar o que foi dito no passado, mas como um ataque ao presente.

Sobre este tema, dedicaram-se JEREMIAS, J. "Die Anfänge der Schriftprophetie", *ZTK* 93, 1996, p. 481-499; NISSINEN, M. "How Prophecy Became Literature", *SJOT* 19, 2005, p. 153-172.

---

86. GUNNEWEG, A. H. J. *Mündliche und schriftliche Tradition der vorexilischen Prophetenbücher als Problem der neueren Prophetenforschung*. FRLANT 75. Gotinga,1959.

87. MILLARD, A. R. "La prohétie et l'écriture – Israel, Aram, Assyrie". *Revue d'Histoire des Religions*, 202, 1985, p. 125-145.

88. HARDMEIER, C. "Verkündigung und Schrift bei Jesaja. Zur Entstehung der Schriftprophetie als Oppositionsliteratur im alten Israel". *Theologie und Glaube*, 73, 1983, p. 119-134.

89. ZIMMERLI, W. "Vom Prophetenwort zum Prophetenbuch". *Theologische Literaturzeitung*, 104, 1979, p. 481-496.

Sem nos perdermos em discussões, podemos dizer que, se a mensagem dos profetas a partir de Amós se conservou por escrito, foi devido à funda impressão que sua palavra causou nos ouvintes. Haviam escutado algo novo, totalmente diverso do anterior, que não poderia ser esquecido. Esta "novidade" consistirá na rejeição do "reformismo" para dar lugar à "ruptura total" com as estruturas vigentes.

Expliquemos melhor. Os profetas anteriores a Amós eram reformistas. Admitiam a estrutura em vigor e pensavam que as falhas concretas podiam ser corrigidas sem abandoná-la. A partir de Amós a situação muda. Este profeta adverte que todo o sistema está pobre, que Deus não voltará a perdoar seu povo. É um cesto de frutas maduras, maduras para seu fim. Ou, como dirá Isaías, uma árvore que deve ser cortada rente ao solo. Única solução é a catástrofe, da qual possa surgir, com o passar do tempo, uma semente santa (Is 6,13).

Esta ruptura radical com a pregação dos profetas anteriores teria motivado a Amós a documentação escrita de sua mensagem, para que, quando acontecesse a desgraça, ninguém dissesse que Deus não a havia anunciado. E é possível que a partir dele este costume tenha vingado entre os profetas posteriores, sem esquecer que às vezes é o próprio Deus quem lhes ordena escrever seus oráculos (Is 30,8-10; Jr 36,1-3.27-32).

Outro dado que impressiona na profecia do século VIII é a acumulação, no breve espaço de meio século, de quatro profetas de grande calibre: Amós, Oseias, Isaías e Miqueias. Sem dúvida, é a época de ouro da profecia em Israel. Antes de falar de cada um deles, sintetizarei a problemática dentro da qual se movem, destacando três aspectos fundamentais: social, político e religioso.

A problemática social, com suas diversas cambiantes, está presente nos quatro profetas. Amós e Miqueias são os mais preocupados com o tema. Ao primeiro incomoda sobretudo a situação dos marginalizados sociais; a Miqueias, a opressão dos latifundiários e das autoridades de Jerusalém sobre os camponeses da planície. Isaías dá a impressão de viver na capital e de perceber os problemas de outro ponto de vista, fixando-se não somente na opressão dos pobres, mas também na corrupção dos ricos.

Esta importância tão grande dos problemas sociais não tem nada de estranho no século VIII. Tanto o Reino do Norte como o do Sul tinham passado rapidamente de uma situação trágica, de grande pobreza, para um poderio econômico só comparável com o do reinado de Salomão. Mas este desenvolvimento da agricultura e da indústria só foi conseguido às custas dos mais pobres. É verdade que sempre existiram desigualdades no antigo Israel, mas agora adquirem proporções alarmantes. O abismo entre ricos e pobres cresce sem cessar, e Amós não duvida em dividir a população da Samaria em dois grandes grupos: os "oprimidos" e "os que amontoam opressão e rapina" (Am 3,9-12).

A problemática religiosa tem duas vertentes. Por um lado, encontramos o culto aos deuses estrangeiros, especialmente a Baal. Os israelitas, ao se instalarem na Palestina para se dedicarem à agricultura, não pensavam que Javé pudesse ajudá-los neste novo tipo de atividade. Concebem-no como um Deus guerreiro e vulcânico, capaz de derrotar o faraó e lançar raios e trovões do cimo do Sinai. Mas não sabe nada sobre a agricultura. Por isso se recomendam a Baal, deus cananeu da fecundidade, das chuvas e das boas estações, a quem atribuem "o pão e a água, a lã e o linho, o vinho e o azeite" (Os 2,7). E surge a luta religiosa mais exasperada da história de Israel, que adquire tintas trágicas no tempo de Elias, com o massacre de quatrocentos sacerdotes de Baal, e na revolução de Jeú (2Rs 10). Oseias não pretende solucionar o problema com as armas, inclusive critica duramente Jeú por ter tentado purificar o culto à base de sangue. O que o profeta deseja é que o povo tenha um melhor conhecimento de Deus e se converta.

A segunda vertente do problema religioso é mais grave e aparece nos quatro profetas do século VIII. Trata-se da falsa ideia de Deus, fruto de um culto vazio, de uma piedade sem raízes e de uma doutrina mal-interpretada. Uma tentativa de manipular a Deus, eliminando suas exigências éticas em troca de oferendas, sacrifícios de animais, peregrinações e rezas. O Deus da justiça, que quer um povo de irmãos e não tolera a opressão dos fracos, converte-se para a maioria do povo num deus como outro qualquer, satisfeito com o culto que o homem lhe oferece em seu Templo. Os quatro profetas reagem valentemente contra esta perversão da ideia de Deus.

A problemática política é também fundamental nesta época, devido às graves circunstâncias nacionais e internacionais. Oseias e Isaías se distinguem neste aspecto. A fagulha que detonará a bomba é a subida ao trono da Assíria de Teglat-Falasar III (745 a.C.). Sua política imperialista e a de seus sucessores (Salmanasar V, Sargon II, Senaquerib) transformaram o Antigo Oriente num campo de batalha, onde a Assíria tenta impor sua hegemonia sobre povos pequenos e tribos dispersas.

Diante dela, o Egito aparece como a única potência capaz de oposição. E assim surgirão em Israel e Judá dois partidos contrários, um a favor da Assíria e outro a favor do Egito, que farão oscilar a política de um extremo para o outro. Típica de Isaías e Oseias é a defesa da neutralidade, opondo-se radicalmente tanto às rebeliões contra a Assíria quanto às alianças com o Egito. Alguns acusaram estes profetas, especialmente Isaías, de "políticos de utopia". Outros os defendem como homens de grande intuição e prudência política. O certo é que fracassaram. Nem as autoridades nem o povo lhes deram atenção.

2. Amós

2.1 A época

Na metade do século VIII, depois de longos anos de vassalagem e humilhação, o Reino do Norte entra num período de prosperidade. Este bem-estar, porém, esconde uma *decomposição social*. A sorte dos cidadãos modestos era extremamente adversa, e o Estado pouco ou nada fazia para mudar a situação de tremendas injustiças e de contraste brutal entre ricos e pobres. O pequeno agricultor se achava amiúde à mercê dos atravessadores e das incontroláveis calamidades (seca, pragas, quebra de safra), que o expunham à hipoteca e à escravidão.

Este sistema, duro em si mesmo, piorava pela ambição dos ricos e comerciantes, que aproveitavam dos empréstimos aos pobres para aumentar suas riquezas e suas propriedades: falsificavam pesos e medidas, recorriam a armadilhas legais e subornavam os juízes. E, como estes não se distinguiam pelo amor à justiça, a situação dos pobres foi ficando cada vez mais insuportável.

Esta decomposição social se unia à corrupção religiosa. Embora os grandes santuários estivessem em plena atividade, repletos de adoradores e magnificamente adornados, a religião não se conservava em sua pureza. Muitos santuários eram abertamente pagãos, fomentando os cultos de fertilidade e a prostituição sagrada. Outros, a maioria, embora se apresentassem como santuários javistas, cumpriam uma função totalmente negativa: aplacar a divindade com ritos e sacrifícios que garantiam a tranquilidade de consciência e o bem-estar do país.

A isso se acrescentava ainda uma visão totalmente errônea da religião israelita. Os benefícios de Deus no passado (eleição, libertação do Egito, aliança do Sinai etc.) não favoreciam a generosidade, mas a segurança e o complexo de superioridade. A aliança com Deus se converteu em letra morta, lembrada apenas nas celebrações litúrgicas, mas sem a menor influência na vida diária. Apesar de tudo, o povo esperava "o dia do Senhor", uma intervenção maravilhosa de Deus a favor de Israel, para colmá-lo de benefícios e situá-lo à cabeça das nações.

2.2 A pessoa

De Amós possuímos poucos dados. Não sabemos em que ano nasceu e morreu. Só conhecemos seu lugar de origem e sua profissão. Nasceu em Técua, cidade pequena mas importante, a dezesseis quilômetros ao sul de Jerusalém. Por conseguinte, ainda que pregasse no Reino do Norte, era judeu.

Quanto à sua profissão, o título do livro a apresenta como pastor (*noqed*), e ele mesmo se considera "vaqueiro" (*bôqer*) e cultivador de sicômoros (7,14)[90]. O termo *noqed*, que aparece somente aqui e em 2Rs 3,4, se aplica neste último caso ao Rei Mesa de Moab, "que pagava ao rei de Israel um tributo de cem mil cordeiros e a lã de cem mil ovelhas". Isto fez muitos autores pensarem que Amós fosse um homem rico ou, pelo menos, um pequeno proprietário, com um pouco mais do necessário para viver. Outros, todavia, opinam que os rebanhos não eram de Amós, mas lhe tinham sido confiados; ele, então, teria sido de classe humilde e pobre. A questão é importante, porque, se Amós era um rico proprietário, não o poderiam acusar de defender seus interesses pessoais quando condenava as injustiças. Infelizmente não é possível uma decisão categórica em nenhum sentido[91].

A compra e venda de animais e o cultivo de sicômoros o obrigavam a frequentes viagens. De fato, ao ler seu livro encontramos um homem informado sobre certos acontecimentos dos países vizinhos, que conhece a fundo

---

90. Sobre a profissão do profeta, ver STEINER, R. C. *Stockmen from Tekoa, Sycomores from Sheba*. CBQ MS 36. Washington, 2003.

91. Sobre o tema, ver RAMÍREZ, G. "The Social Location of the Prophet Amos in Light of the Group/Grid Cultural Anthropological Model". In: *Prophets and Paradigms*. JSOTSS 229. Sheffield, 1996, p. 112-124.

a situação social, política e religiosa de Israel. Parece também ser um homem inteligente. Não gosta de abstrações, mas capta os problemas em profundidade e os ataca em suas raízes. Sua linguagem é dura, enérgica e concisa; merece mais apreço do que lhe manifestou São Jerônimo, ao decidir que Amós não sabia se expressar bem (*imperitus sermone*).

Este homem, sem nenhuma relação com a profecia ou com os grupos proféticos, é enviado por Deus para profetizar em Israel. Trata-se de uma ordem imperiosa, a que não se pode resistir: "Um leão rugiu, quem não temerá? O Senhor falou, quem não profetizará?" (3,8). Não sabemos com exatidão nem o lugar nem o tempo do chamado de Amós; a maioria dos autores o situa entre os anos 760-750. Wolff, baseando-se na dureza e concisão de sua linguagem, diz que devia ser jovem. Isto coincidirá com o que sabemos de Isaías e Jeremias; mas trata-se de mera hipótese.

A duração de sua atividade profética é discutida. Entre os 14 anos que lhe atribuía Fürst e a opinião de Morgenstern, para o qual ela se limita a um só discurso de vinte a trinta minutos, cabem muitas opções. O mais provável é que pregasse durante algumas semanas ou meses, e em diversos lugares: Betel, Samaria, Guilgal. Até que se choca com a oposição dos dirigentes. O sacerdote Amasias, escandalizado com os ataques de Amós ao Rei Jeroboão e com o anúncio do desterro do povo, o denuncia e o expulsa de Israel (7,10-13). Muitos autores pensam que com isso terminou a atividade do profeta; outros a prolongam no Reino do Sul.

2.3 A mensagem: o castigo e suas causas

O início do livro, com sua referência a um terremoto, prenuncia as desgraças que aparecerão ao longo do livro: "Eu os esmagarei até o chão, como se pisa a palha" (2,13); "haverá lamento em todos os pomares quando eu passar por meio de ti" (5,17); "quantos cadáveres espalhados por todos os lados!" (8,3). E esta breve cena, aparentemente enigmática, mas que ganha sentido quando pensamos em um forte tremor de terra: "E, quando um parente, ao retirar os cadáveres de uma casa para incinerá-los, perguntar a quem estiver escondido ali: 'Há mais alguém contigo?' e este responder: 'Não', então aquele lhe dirá: 'Cala-te! Pois não é o momento de mencionar o nome do Senhor'" (6,10-11).

Anos após o terremoto, quando o Reino do Norte foi derrotado pelos assírios e desapareceu da história, essa catástrofe militar foi vista como um novo castigo divino, em continuidade com o anterior; ao longo do livro percebemos um ataque inimigo e podemos reconstruir a sequência de devastação, ruína, morte e deportação (cf. 6,14; 3,11; 5,9; 6,11; 6,8b-9; 5,27; 4,2-3).

Nesse contexto, as visões assumem uma importância especial (7,1–9,6), pois refletem a profunda experiência que Deus fez o profeta vivenciar e a atitude que ele adotou em sua pregação.

Percebemos nelas uma progressão crescente. Nas duas primeiras (7,1-6), Deus manifesta sua vontade de punir o povo com uma praga de gafanhotos e uma seca. O profeta intercede, e o Senhor se compadece e perdoa. Amós concentra sua atenção na punição, sem questionar se é justa ou injusta, e, vendo o povo tão pequeno, pede perdão por ele, perdão que Deus concede.

1ª visão (7,1-3)	2ª visão (7,4-6)
Isso me mostrou o Senhor: Preparava-se o gafanhoto quando a erva começava a crescer (a erva que brotava depois da ceifa do rei); e quando terminava de devorar a grama da terra.	Isso o Senhor me mostrou: O Senhor convocava um julgamento pelo fogo que devorava o grande Oceano e devorava a propriedade:
Eu disse: "Senhor, perdoa! Como poderá resistir Jacó se ele é tão pequeno?"	Eu disse: "Senhor, cessa! Como poderá resistir Jacó se é tão pequeno?"
Com isso, o Senhor se compadeceu e disse: "Não acontecerá".	Com isso, o Senhor se compadeceu e disse: "Tampouco isso acontecerá".

Todavia, na visão terceira e na quarta a situação muda. Deixando de lado como devem ser interpretadas, fica claro que Deus não está disposto a perdoar ("não passarei mais adiante").

3ª visão (7,7-9)	4ª visão (8,1-2)
Isso o Senhor me mostrou:	Isso o Senhor me mostrou:
Eu estava de pé junto a um muro de estanho com estanho na mão.	Um cesto de figos maduros.
O Senhor me perguntou: "O que vês, Amós?"	Ele me perguntou: "O que vês, Amós?"
Respondi: "Estanho".	Respondi: "Um cesto de figos maduros".
Ele me explicou: "Vou lançar estanho no meio do meu povo, Israel; não passarei mais adiante".	Ele me explicou: "Meu povo, Israel, está maduro, e não passarei mais adiante".

A quinta desenvolve essa mesma ideia com uma imagem diferente, a do terremoto, que dá lugar a uma catástrofe militar e a uma perseguição do próprio Deus.

> Eu vi o Senhor de pé junto ao altar, que dizia:
> "Golpeia os capitéis e os umbrais tremerão;
> arrancarei todos os líderes e matarei com a espada os seus seguidores;
> não escapará nenhum fugitivo, não se salvará nenhum evadido" (9,1-2).

Amós não se limita, porém, a anunciar o castigo. Ele explica às pessoas o que o motivou. Por isso denuncia uma série de pecados concretos, entre os quais se destacam quatro: o luxo, a injustiça, o falso culto a Deus e a falsa segurança religiosa.

Um dos pecados mais criticados por Amós é o *luxo* da classe alta, que se observa sobretudo em seus magníficos palácios e em sua forma de vida. Amós ataca como nenhum outro profeta a vida luxuosa dos ricos, em casas suntuosas e cheias de objetos valiosos; e, como se ainda fosse pouco, essa gente se permite também ter uma casa de verão (3,15) e passa o dia de festa em festa, com toda a sorte de comodidades:

> Vós deitais em leitos de marfim, estendidos em sofás,
> comendo cordeiros do rebanho e bezerros do estábulo;
> bebeis vinho em taças, vos ungis com perfumes requintados
> e não vos importais com a desgraça de José (6,4.6).

Como diz Von Rad, esta crítica tem raízes mais profundas: "O que Amós nota que falta nas classes superiores é algo muito íntimo; não se trata da transgressão de determinados mandamentos, já que nenhum preceito proibia jazer em leitos luxuosos ou ungir-se de perfumes custosos, como nenhum obrigava a compadecer-se das desgraças de José. Há, pois, uma atitude global de que se queixa Amós, por senti-la ausente nos ricos: a compaixão solidária com os acontecimentos do povo de Deus"[92].

As injustiças[93]. O pior de tudo é que esta situação só é possível às custas do pobre, oprimido e esquecido pelos ricos. O tema é tratado com toda a clareza nos primeiros capítulos do livro. Após denunciar os pecados cometidos por sete povos vizinhos (um pecado em cada caso), o profeta ataca Israel, revelando nele sete pecados:

> ...vendem o inocente por dinheiro
> e o pobre por um par de sandálias;
> revoltam no pó o desamparado
> e distorcem o julgamento do necessitado.
> O dono da casa e seu pai abusam da serva, profanando meu santo nome;
> deitam-se sobre roupas deixadas como penhor junto a qualquer altar,
> bebem vinho adquirido através de multas no templo de seu Deus.

O oráculo permite ver um povo dividido em dois grandes grupos: poderosos e fracos, ricos e pobres, opressores e oprimidos. Do ponto de vista de Amós, o que atesouraram os ricos em seus palácios não são "arcas de marfim" (3,15), nem "divãs de Damasco" (3,12), mas "violências e crimes" (3,10). Suas riquezas foram adquiridas "oprimindo os pobres e maltratando os miseráveis" (4,1), "desprezando o pobre e cobrando-lhe o tributo do trigo" (5,11), "esmagando o pobre e eliminando os miseráveis" (8,4), vendendo gente inocente como escrava (2,6), falsificando as medidas e aumentando os preços (8,5).

O culto. Apesar de tudo, os habitantes do Reino do Norte pensam que esta situação de desigualdade social, de opressão e injustiça, é compatível com uma vida religiosa. Há peregrinações a Betel e a Guilgal, todas as manhãs se oferecem sacrifícios, entregam-se os dízimos, organizam-se rezas e atos de ação de graças, fazem-se votos e celebram-se festas. Creem que isso baste para agradar a Deus. Mas Ele o rejeita através de seu profeta. As visitas aos santuários só servem para aumentar o número de pecados (4,4); as outras práticas não

---

92. *Teología del Antiguo Testamento*, II, p. 175.
93. Sobre a mensagem social de Amós, ver SICRE, J. L. *"Con los pobres de la tierra"*, 87-168.

atendem à vontade de Deus, mas ao beneplácito do homem (4,5). O Senhor não quer oferendas, holocaustos e cantos, mas direito e justiça:

> Detesto e recuso vossas festas,
> não me aplacam vossas reuniões litúrgicas;
> por muitos holocaustos e ofertas que me tragais,
> não os aceitarei nem olharei para vossas vítimas gordas.
> Retirai de minha presença o tumulto de vossos cânticos,
> não quero ouvir a música da cítara;
> que flua como a água o direito
> e a justiça como um riacho perene (5,21-24).

Por último, Amós ataca *a falsa segurança religiosa*. O povo se sente seguro porque é "o povo de Deus", que o libertou do Egito (3,1) e o escolheu entre todas as famílias da terra. Considera-se numa situação privilegiada e pensa que nenhuma desgraça lhe pode acontecer (9,10). Mais ainda: espera a chegada do "dia do Senhor", um dia de luz e esplendor, de triunfo e bem-estar. Amós destrói toda esta concepção religiosa. Israel não é melhor do que os outros reinos (6,2). A saída do Egito não é um privilégio especial, porque Deus também tirou os filisteus de Cáftor e os arameus de Quir (9,7). E, se benefício especial houve, não é motivo para sentir-se seguro, e sim mais responsável diante de Deus. Os privilégios passados, que o povo não quis aproveitar, convertem-se em acusação e causa de castigo. "Só a vós eu escolhi entre todas as famílias da terra, por isso vos castigarei por todas as vossas faltas" (3,2). Assim, quando chegar o dia do Senhor, ele será terrível, tenebroso e trágico (5,18-20; 8,9-10). E com isso voltamos ao tema inicial do castigo que Amós devia anunciar e justificar.

2.4 Os responsáveis pela situação

A simples leitura dos textos anteriores não deixa claro quem são os culpados desta situação. Desde o início do livro os pecados aparecem como sendo de todo Israel. Naturalmente, essa não é a mentalidade do profeta. Mais do que pecados de todo Israel, são pecados que são cometidos em Israel. Porque, enquanto alguns oprimem, outros são oprimidos; alguns acumulam riquezas, e outros empobrecem; alguns vendem, e outros são vendidos; alguns se beneficiam das fianças e tributos, outros devem pagá-los. Consequentemente, a maior parte de Israel não é culpada, mas sim vítima.

No entanto, não é suficiente dizer que os culpados são os ricos e poderosos. Alguns textos destacam a responsabilidade de três instituições: o culto, a monarquia e a judicatura. As duas primeiras aparecem já no início do livro.

> Quando eu exigir contas a Israel por seus delitos,
> exigirei contas dos altares de Betel:
> os salientes do altar serão arrancados e cairão no chão;
> derrubarei a casa de inverno e a casa de verão,
> as arcas de marfim serão perdidas, os ricos baús se desfarão –
> oráculo do Senhor – (3,14-15).

O versículo 14 responsabiliza os altares de Betel (o santuário nacional) pelos delitos de Israel. O versículo 15 fala das residências do monarca e de seus objetos luxuosos[94]. A mesma ideia é encontrada na terceira visão, quando Deus anuncia:

> Os montes altos de Isaac ficarão desolados,
> as ermidas de Jacó serão destruídas;
> empunharei a espada contra a dinastia de Jeroboão (7,9).

A referência ao culto é aqui mais abrangente; não se trata apenas do santuário de Betel, mas de todos os montes altos e ermidas espalhados pelo país; enquanto a referência à monarquia se concentra na pessoa e na dinastia de Jeroboão. Não é de surpreender que seja o sumo sacerdote de Betel quem denuncie Amós por conspirar contra o rei (e contra o culto).

Mas também há outro grupo especialmente responsável pelas injustiças: os juízes. Eles, com sua venalidade, "transformam a justiça em amargura e lançam o direito por terra" (5,7); "odeiam os que acusam e detestam os que falam com franqueza" (5,10), "aceitam subornos e cometem injustiças contra o pobre no tribunal" (5,12).

2.5 É possível salvar-se?

Impõe-se uma pergunta: Existe para Amós a possibilidade de evitar esta catástrofe? Parece fora de dúvida que sim. No centro do livro (5,4-6), no

---

94. A referência à monarquia é baseada nos seguintes argumentos: a) "casa de inverno e casa de verão" refere-se aos dois palácios do rei; b) a expressão "arcas de marfim" é encontrada apenas em 1Rs 22,39 em relação ao Rei Acab; é irrelevante se são arcas, placas para decorar as paredes ou material de adorno.

meio deste ambiente de desolação e morte, encontramos uma oferta de vida: "Buscai-me e vivereis!" Estes versículos só indicam negativamente em que não consiste a busca de Deus: em visitar os santuários famosos:

> Assim diz o Senhor à casa de Israel:
> "Buscai-me e vivereis,
> mas não me busqueis em Betel,
> nem vos dirijais a Guilgal,
> nem entreis em Bersabeia;
> pois Guilgal será levada cativa
> e Betel se tornará em nada.
> Buscai ao Senhor e vivereis" (5,4-6).

Pouco depois se percebe que tal sobrevivência está ligada à busca do bem, à implantação da justiça:

> Buscai o bem, não o mal, e vivereis,
> e assim estará convosco, como dizeis,
> o Senhor, Deus dos exércitos.
> Odiai o mal, amai o bem,
> estabelecei a justiça no tribunal (5,14-15).

Lutar por uma sociedade mais justa é a única maneira de escapar do castigo. Entretanto, temos a impressão de que o povo não escutou este conselho, tomando o castigo inevitável.

Neste ponto reside um dos principais problemas da reconstrução da mensagem dos profetas. Mesmo que o Amós histórico considerasse o castigo como algo inevitável, os redatores finais do livro acreditavam que a última palavra de Deus era de perdão e salvação para o povo de Israel, deixando isso claro na adição final (9,14-15).

3. Isaías

3.1 A época

Conhecer a época de Isaías supõe um esforço notável, já que sua atividade profética abrange quarenta anos no mínimo (740-701), em que se alternam tempos de tranquilidade e tempos turbulentos, momentos de independência política e de dependência da Assíria, com um horizonte internacional carregado de problemas políticos, sociais e religiosos de grande envergadura.

Na política internacional, o acontecimento mais importante da segunda metade do século VIII é a rápida e crescente expansão do Império Assírio, de quem serão vítimas tanto Israel quanto Judá.

Basta recordar os seguintes dados: 1) nos primeiros anos de Isaías, Judá gozava de liberdade e prosperidade; 2) no ano 734, a Síria e Efraim (Reino do Norte) se aliam contra Judá; este pede socorro ao rei da Assíria, o que significa ter de pagar-lhe tributo no futuro; 3) anos mais tarde, o desejo de libertar-se desse jugo provocará uma rebelião que terminará com trágicas consequências no ano 701.

3.2 A pessoa

São também poucos os dados que temos da vida íntima de Isaías. Deve ter nascido por volta de 760. Seu pai se chamava Amós (não o profeta). O lugar do nascimento, ainda que não tenhamos certeza, deve ter sido Jerusalém. Isaías demonstra uma cultura que dificilmente poderia ter conseguido fora da capital. Esta origem hierosolimitana é importante porque o futuro profeta crescerá no meio de tradições religiosas que condicionarão sua mensagem: a eleição divina de Jerusalém e da dinastia davídica. Duas realidades, a capital e a monarquia, com as quais Deus se havia comprometido desde tempos antigos.

Ainda bastante jovem recebeu sua vocação profética, provavelmente no ano 740/739, quando contava uns 20 anos de idade. A experiência da vocação o abre para um mundo novo. Das verdades tradicionais, da piedade juvenil, ele passa a compreender o grande plano de Deus com relação ao seu povo. Seguindo o fio do relato (Is 6), podemos concretizar essa experiência em quatro pontos: a santidade de Deus, a consciência do pecado (tanto pessoal quanto coletivo), a necessidade de punição e a esperança de salvação. Esses quatro temas, juntamente com as tradições de Sião e da dinastia davídica, devem ser considerados para entender a pregação de Isaías. Alguns comentaristas tentam eliminar a esperança de salvação como algo adicionado posteriormente e que está fora da perspectiva isaiana. Parece ser uma abordagem injustificada, que mutila a mensagem do profeta.

Pouco depois deve ter contraído matrimônio. Desconhecemos o nome de sua mulher, a quem chama simplesmente de "profetisa" (8,3). Desse matrimônio nasceram pelo menos dois filhos, aos quais impôs nomes simbólicos:

Sear Yasub ("um resto voltará")[95] e Maher Salal Has Baz ("pronto para o saque, rápido para o butim").

Nada mais podemos dizer de sua vida íntima. Nem sequer conhecemos a data de sua morte, que deve ter sido depois de 701. A tradição judaica recolhida no Talmud diz que foi assassinado pelo Rei Manassés, que mandou serrá-lo ao meio; embora essa tradição tenha sido aceita por Justino, Tertuliano e Jerônimo, carece de fundamento.

O caráter de Isaías se revela suficientemente em sua obra. É um homem decidido, sem falsa modéstia, que se oferece voluntariamente a Deus no momento da vocação. Essa mesma energia o demonstrou anos mais tarde, quando teve de enfrentar reis e políticos, quando fracassou em suas contínuas tentativas de converter o povo. Nunca se deixou abater, e, se silenciou durante alguns anos, não foi por desânimo. Essas mesmas qualidades o fazem parecer às vezes quase insensível, mas o mais adequado seria falar de paixão controlada.

Foi dito de Isaías que era um personagem aristocrático, politicamente conservador, inimigo de revoltas e mudanças sociais profundas. Talvez a suposta natureza aristocrática dele tenha sido influenciada pela tradição que o apresenta como sobrinho do Rei Amasias. Mas nada disso tem um fundamento sério. É evidente que o profeta é inimigo da anarquia e a considera como um castigo (cf. 3,1-9). Mas isso não significa que ele apoie a classe alta. Desde seus primeiros poemas até os últimos oráculos, os ataques mais severos são direcionados aos grupos dominantes: autoridades, juízes, latifundiários, políticos. Ele é terrivelmente duro e irônico com as mulheres da classe alta de Jerusalém (3,16-24; 32,9-14). E, quando defende alguém com paixão, não são os aristocratas, mas sim os oprimidos, órfãos e viúvas (1,17), o povo explorado e desorientado pelos governantes (3,12-15).

Como escritor é o grande poeta clássico: dono de singular maestria estilística, que lhe permite variar originalmente um tema. Poeta de bom ouvido, amante da brevidade e da concisão, com alguns finais primorosos. Em sua pregação ao povo sabe ser incisivo, com imagens enxutas e originais, que impressionam por sua pertinência.

---

95. A tradução de Sear Yasub é muito discutida: "Um remanescente retornará", "O remanescente retornará", "O remanescente que retorna" etc. O mais difícil é determinar se o nome deve ser interpretado como uma promessa ou como uma ameaça. É possível que ambos os matizes estejam implícitos.

3.3 Vida e mensagem

A primeira etapa da atividade profética de Isaías coincide com o reinado de Joatão (740-727). É uma época de prosperidade econômica e de independência política, que só será ameaçada nos últimos anos. Tudo parece ir bem. Mas o profeta, tal como Amós anos antes no Reino do Norte, percebe uma situação bem distinta.

O que mais o preocupa é a situação social e religiosa. Constata numerosas injustiças, as arbitrariedades dos juízes, a corrupção das autoridades, a cobiça dos latifundiários, a opressão dos governantes. Tudo isso mascarado por uma falsa piedade e abundantes práticas religiosas (1,10-20). Isaías reage energicamente. Jerusalém deixou de ser a esposa fiel para converter-se numa prostituta (1,21-26); a vinha protegida por Deus só produz agora frutos amargos (5,1-7).

Por outra parte, o luxo e o bem-estar provocaram o orgulho de certos setores do povo. Orgulho que às vezes se manifesta de forma superficial e infantil, como no caso das mulheres (3,16-24), mas que em outras ocasiões leva a um real e absoluto esquecimento de Deus, como se Ele não tivesse tanta importância em comparação com o homem. A isso o profeta responde com o magnífico poema 2,6-22.

A situação de bem-estar e confiança se viu ameaçada nos últimos anos de Joatão pelos preparativos de Damasco e da Samaria contra Jerusalém, que vão desaguar mais tarde na Guerra Siro-efraimita, durante o reinado de Acaz.

A atitude de Isaías diante desta guerra (capítulo 7–8) foi com frequência mal-interpretada. Afirma-se que se opôs ao pedido de socorro a Teglat-Falasar III da Assíria. Entretanto, o profeta nunca menciona esse fato nem o dá por suposto. A oposição radical de Isaías se dirige ao medo do rei e do povo diante da ameaça inimiga, medo que infirma a confiança em Deus, que se comprometeu com Jerusalém e com a dinastia davídica. Isaías defende não uma atitude quietista, como se disse tantas vezes, mas uma política fundamentada na fé. Humanamente se trata de algo muito difícil, porque a presença de Deus entre o povo se manifesta de forma suave e mansa, como a água de Siloé (8,6); é o nascimento de um ser tão tenro como uma criança (7,14). Muito pouco para dissipar o medo. Não há, porém, outra alternativa: "Se não o crerdes, não vos mantereis firmes" (7,9). Deus, que se comprometeu com o povo, é quem decide a ruína de Damasco e da Samaria (7,7.16; 8,4;

8,9-10). Diante da falta de fé, anuncia também um castigo (7,15-25; 8,5-8). A mensagem de Isaías nesta época oscila entre os dois polos, às vezes com um equilíbrio quase perfeito entre salvação e condenação.

Trinta anos mais tarde, durante o reinado de Ezequias, deverá repetir as mesmas ideias por causa da grande rebelião contra a Assíria, que culmina na catástrofe de 701. Não concorda com o pedido de socorro ao Egito (30,1-5; 31,1-3), porque equivale a desconfiar de Deus e divinizar as grandes potências. Não o escutam, Judá vai à guerra, e o profeta deixa testemunho escrito da atitude pecadora do povo e do castigo que merece (38,8-17).

É dessa época, talvez, o período de silêncio, embora não tenha durado muito. Os acontecimentos o obrigarão a falar. No ano 701, Senaquerib invade Judá e conquista quarenta e seis fortalezas, entre elas Laquis, de onde envia o seu copeiro-mor a Jerusalém, exigindo sua rendição. As palavras desse embaixador (36,4-20) provocam uma profunda mudança em Isaías. O copeiro-mor começa desmontando a confiança humana baseada em meras palavras, na estratégia militar e na ajuda do Egito (36,4-6). Até aí é o que também diz Isaías. Mas logo ataca o último baluarte de Judá: "Cuidado, não deixeis Ezequias vos seduzir, dizendo: 'Javé nos livrará!' Por acaso os deuses das nações livraram seus países das mãos do rei da Assíria?" (36,18).

Essa blasfêmia ajuda a entender a mudança do profeta. Nos primeiros anos tinha considerado a Assíria como um instrumento nas mãos de Deus (5,26-29; 10,5-6; 28,2). Agora condena sua atitude orgulhosa e soberba. Abandonando seu silêncio, ataca o grande império com vários oráculos que podemos com grande probabilidade supor desse momento (10,5-15; 14,24-27; 30,27-33; 37,21-29).

Isaías, porém, não se limita a condenar a Assíria. Anuncia em nome de Deus a salvação de Jerusalém (31,5-6; 37,33-35). Efetivamente, Senaquerib teve de suspender o cerco e se contentou em impor a Ezequias um pesado tributo. Apesar disso, o profeta sofre uma nova decepção. Esperava que os trágicos acontecimentos da invasão e do assédio servissem ao povo como estímulo à conversão. Sua atitude, entretanto, é bem diferente: ao inteirar-se da retirada das tropas assírias, não dá graças a Deus nem reconhece seu pecado, mas sobe alegre aos terraços para contemplar a saída do exército inimigo. Isaías não consegue suportar. Num duro oráculo, em que sua fé religiosa se mistura com um profundo patriotismo, condena a conduta do povo (22,1-14).

Como dissemos, sua postura política é bastante influenciada pelas tradi-ções da eleição de Davi e de Jerusalém. Deus se comprometeu com a cidade e com a dinastia, e nisso reside sua maior segurança. Mas Isaías não aceita nem repete a tradição mecanicamente. A promessa de Deus exige uma resposta, e essa resposta é a fé. Uma fé que não se manifeste em verdades abstratas, em fórmulas mais ou menos vazias, mas numa atitude vital de vigilância, sere-nidade, calma. Diante da ameaça inimiga, quando a cidade se vê rodeada de tropas, crer significa permanecer tranquilo e atento, sabendo que Deus não se esquecerá de salvar seu povo. Por isso, o contrário da fé é a busca de se-guranças humanas, a assinatura de tratados de aliança com exércitos estran-geiros, pactuar com a Assíria ou com o Egito. O contrário da fé é o temor.

4. O século VII

À idade de ouro da profecia seguem-se muitos anos de silêncio. Muitos comentaristas estimam em torno de setenta e cinco anos. Em grande parte se explica pelo longo reinado de Manassés, homem despótico que "derra-mou o sangue inocente em quantidade tão grande, que inundou Jerusalém de um lado a outro" (2Rs 21,16). É possível que em seu tempo surgissem profetas, embora a frase acima sugira que não os deixaria dizer muitas coi-sas. Alguns colocam durante o seu reinado a atividade profética de Naum, do que discordam muitos outros.

Somente em fins do século VII vamos encontrar um grupo de grandes figuras: Sofonias, Jeremias, Habacuc. Não é fácil sintetizar-lhes a problemá-tica, porque têm pontos de vista bem diferentes. Sofonias estimula a reforma religiosa e política do Rei Josias. Habacuc enfrenta o problema da história, dessa série interminável de potências opressoras – Assíria, Egito, Babilônia –, dado difícil de conciliar com a bondade e a justiça de Deus.

5. Jeremias

5.1 A época

A vida de Jeremias atravessa dois períodos bem distintos, divididos pelo ano da morte do Rei Josias, 609. Os anos que precedem este acontecimento são marcados pelo otimismo: a independência política com relação à Assíria abre caminho para uma prosperidade crescente e a reforma religiosa. Os anos que se seguem constituem um período de rápida decadência: Judá se verá dominado primeiro pelo Egito, e em seguida pela Babilônia. As tensões internas e as lutas partidárias se fazem acompanhar de injustiças sociais e de nova corrupção religiosa. O povo caminha para o fim. Em 586 Jerusalém cai em mãos dos babilônios e o reino de Judá desaparece definitivamente da história.

5.2 Vida e mensagem

Jeremias é sem dúvida o profeta cuja vida conhecemos melhor. Em primeiro lugar, porque numerosos textos falam das vicissitudes por que passou. Em segundo lugar, porque esse profeta não se limitou a transmitir a Palavra de Deus; também nos deixou sua palavra, suas dúvidas, inquietações e temores. Sua personalidade aparece assim como uma das mais sugestivas do Antigo Testamento.

Jeremias nasceu em torno do ano 650 em Anatot, povoado a seis quilômetros de Jerusalém, pertencente à tribo de Benjamim. Esse dado é interessante porque Benjamim, unido politicamente a Judá, manteve sempre boas relações com as tribos do Norte. Assim se compreende por que Jeremias dava tanta importância às tradições desses territórios: fala-nos de Raquel e Efraim (31,15-18), do santuário de Silo (7,14; 26,6) e, sobretudo, do êxodo, da marcha pelo deserto e da entrada na terra prometida (2,1-7; 7,22.25) etc.). Por outro lado, as tradições tipicamente judaicas (eleição divina de Jerusalém e da dinastia de Davi) não recebem nesse profeta relevo especial.

Ainda jovem recebeu a vocação profética (1,4-10). Não se sente atraído por ela. Como Moisés, sente medo, se considera incapaz e despreparado. Deus, porém, não admite escusas e pede-lhe a missão mais difícil: transmitir sua palavra nos anos cruciais e trágicos da história de Judá.

Reinado de Josias (626-609)

Nos primeiros anos, durante o reinado de Josias, parece que prega às tribos do Norte uma mensagem de conversão e de perdão (capítulos 2–3 e 30–31). Para compreender a mensagem desses capítulos, devemos recordar a problemática religiosa e humana das pessoas a quem ela se dirige. Do ponto de vista religioso, o Reino do Norte foi sempre muito ligado aos cultos cananeus, como demonstram as tradições de Elias e o Livro de Oseias. Isso implicava um abandono de Deus, trocar a fonte de águas vivas por cisternas furadas (2,13). Do ponto de vista humano, a situação era de profundo desânimo: à lembrança ainda viva dos deportados um século antes (ano 720) somavam-se cidades despovoadas, economia muito precária e falta de coesão política. O problema religioso é tratado especialmente nos capítulos 2–3, nos quais fala do pecado e da conversão. Em 30–31 predominam o aspecto humano e a mensagem de salvação: o sofrimento do povo se converterá em alegria, os desterrados voltarão e haverá abundância de bens.

Reinado de Joaquim (609-598)

A morte de Josias em Meguido (609) provoca uma reviravolta na situação de Judá e na vida de Jeremias. No começo do reinado de Joaquim (609-598) pronuncia seu famoso discurso do Templo, em que ataca a confiança fetichista dos hierosolimitanos neste lugar sagrado, que eles converteram num covil de ladrões (7,1-15). Esse discurso põe sua vida em perigo (capítulo 26). Nesses anos iniciais é quando provavelmente Joaquim decide construir um novo palácio, que Jeremias critica duramente (22,13-19).

Em 605 se produz um acontecimento inesperado, que modifica radicalmente a situação internacional: Nabucodonosor vence os egípcios em Carquêmis, e a Babilônia se converte na grande potência do momento. Jeremias, na ação simbólica da bilha quebrada (19,1-2a.10-11) e no discurso posterior (19,14-15), ameaça com uma invasão dos babilônios em castigo pelos pecados de Judá. Suas palavras não causam mudança alguma. Pelo contrário, o comissário do Templo lhe dá uma surra e o coloca no tronco (20,1-6). Mas o profeta não recua. Para exortar o povo à conversão, neste mesmo ano dita a seu secretário Baruc as antigas profecias e as últimas palavras recebidas do Senhor, a fim de que as leia no Templo. O volume será lido três vezes: diante do povo, diante das autoridades, diante do rei. Mas Joaquim, à medida que vai ouvindo, vai também rasgando o escrito e atirando-o ao fogo. Em seguida manda prender o profeta e seu secretário, mas estes conseguem escapar e permanecem ocultos (capítulo 36).

Essa mudança nas circunstâncias, tão profunda com relação ao primeiro período, e as numerosas perseguições produziram enorme influência em

Jeremias. É muito provável que a esses anos pertençam as "confissões", textos em que se revela diante de Deus com uma sinceridade e rebeldia semelhantes às de Jó (15,10-11.15-21; 17,18-23; 20,7-11.13.14-18).

Prescindindo de outros textos, esta época termina com a primeira deportação para a Babilônia, no ano 597. Desse momento são as palavras do profeta contidas em 22,24-30; e talvez também 13,15-19.

Reinado de Sedecias (597-586)

Os primeiros anos são relativamente tranquilos, do ponto de vista político. Há, contudo, um grave problema religioso: o dos desterrados. A deportação de 597 causou profundo impacto. Ficou claro que Deus não defende seu povo de modo incondicional. Mas essa verdade, tão dura para um judeu, tenta-se suavizar com uma desculpa: os exilados não constituem o verdadeiro povo de Deus; são os culpados pela situação precedente, os incrédulos e ímpios, que mereceram o castigo do Senhor. Pelo contrário, os que permanecem em Jerusalém e Judá são bons e neles Deus se compraz. Jeremias põe do avesso essa interpretação, tão simplista quanto injusta, na visão dos cestos de figos (capítulos 24; 29,16-20).

Ao mesmo tempo dirige uma carta aos desterrados (capítulo 29) advertindo, contra os falsos profetas, que o exílio será longo, para que não alimentem falsas esperanças, mas levem uma vida a mais normal possível, aceitando o destino. Isso provoca a oposição de Semeías, que o denuncia ao sumo sacerdote. Jeremias, ao que parece, não sofreu maiores consequências (29,24-32).

No ano de 593, acontece em Jerusalém uma conferência internacional para unir forças contra a Babilônia. O profeta se opõe à coalizão, convencido de que Deus entregou o domínio do mundo a Nabucodonosor (capítulo 27). Não sabemos se, por motivos religiosos ou por prudência política, Sedecias rejeitou a ideia de rebelar-se. Cinco anos mais tarde (588), pressionado talvez pelo partido pró-Egito, nega tributo à Babilônia, provocando o assédio imediato a Jerusalém pelas tropas de Nabucodonosor. Os acontecimentos que vão de 5 de janeiro de 587 a 19 de julho de 586 (o ano e meio de assédio) os conhecemos muito bem. Basta lembrar que Jeremias é encarcerado mais uma vez, acusado de traidor da pátria (37,11-16). Mas até do pátio do cárcere continua animando à rendição. Não tem sucesso, e se produz a queda de Jerusalém (39,1-10).

Depois da queda de Jerusalém (586)

O profeta faz parte do grupo de prisioneiros até ser libertado pelos babilônios. Por sua livre-escolha vai viver com o novo governador, Godolias. Este, três meses depois é assassinado. A comunidade, temendo uma nova represália de Nabucodonosor, foge provisoriamente para Belém. Jeremias aconselha a permanência em Judá, mas o obrigam a fugir com eles para o Egito. A partir desse momento, o profeta cuja vida conhecemos com tantos detalhes desaparece da história. Só podemos dizer dele o que uma canção diz a propósito de Antonio Machado: "Morreu o poeta longe do lar, cobre-o o pó de um país vizinho". Esse silêncio não nos deve escandalizar, porque a Bíblia nos ensina continuamente que o importante não é o homem, nem sequer os melhores, mas Deus e sua palavra. E essa palavra, transmitida pelo profeta, continuou germinando no Egito, em Judá e na Babilônia, crescendo e desenvolvendo-se até formar o Livro de Jeremias.

Resumo da mensagem

Se quiséssemos resumir numa só palavra sua mensagem, essa palavra seria "conversão". Jeremias, seguindo Oseias, concebe as relações entre Deus e o povo como um matrimônio. O povo, como uma mulher infiel, abandonou a Deus; por isso deve voltar, converter-se. Percorreu um mau caminho e deve voltar por aquele que leva ao Senhor. É certo que Jeremias não usou essa imagem em anos posteriores, mas o conteúdo da mesma permaneceu vivo em sua mensagem.

A conversão abrange para Jeremias aspectos muito diversos: cultuais, sociais, mudança de mentalidade e de atitude. Não devemos esquecer, porém, o aspecto mais difícil, aquele que provocou suas maiores perseguições: o político. Aceitar o jugo de Nabucodonosor foi para o profeta o sinal mais evidente da volta do Senhor e de reconhecimento de sua vontade.

Como em todos os profetas anteriores ao desterro, o chamado à conversão vai unido ao anúncio do castigo, em caso de renitência do povo. Mas, chegado o momento crucial, quando a catástrofe é iminente, Jeremias abre espaço para a esperança. Deus não terminou com seu povo, "mudará sua sorte", transformará interna e externamente Judá. Assim vemos como sua mensagem cumpre, por meio de tantas e tão distintas etapas, a missão de "arrancar e destruir, edificar e plantar" (1,10). Jeremias, que anunciou e viveu a tragédia maior da história de seu povo, não é só um profeta da ameaça e do castigo. É também o profeta do consolo e da esperança.

6. Bibliografia

Dado o imenso material existente sobre esses profetas, remeto-me a SICRE, S. L. *Profetismo em Israel*. 3. ed. Petrópolis: Vozes, 2008; e ALONSO SCHÖKEL, L.; SICRE, J. L. *Profetas*. 2 vols. Madri: Cristiandad, 1982.

19
História do movimento profético (III): do exílio ao fim da profecia

A queda de Jerusalém marca uma nova etapa na história da profecia. Antes dela foi dominada pelo tema do castigo e da ameaça. A partir de agora os profetas falam de esperança e consolo.

1. Ezequiel, um profeta entre duas épocas

Há vinte e cinco séculos um judeu tornou-se famoso entre seus compatriotas exilados na Babilônia. Um grande número de pessoas vinha para escutar esse "cantador de amores, de bela voz e bom dedilhado" (Ez 33,32). Há alguns anos, Ezequiel estava na moda por motivos bem diferentes: psiquiatras e psicanalistas o consideravam uma personalidade enfermiça, digna de estudo. Quando os médicos o deixaram em paz, os apaixonados por discos voadores começaram a considerá-lo como um dos poucos seres privilegiados que conseguiram vê-los na Antiguidade; um seriado norte-americano, inclusive, mostrava o *ovni* visto pelo profeta.

Não obstante, este personagem que não perdeu a atualidade – ainda que por motivos tão superficiais –, é um dos mais misteriosos do Antigo Testamento. Até a época e o lugar de sua atividade são discutidos, apesar dos dados explícitos contidos em seu livro.

1.1 A época

Como dissemos ao falar de Jeremias, em 597 ocorreu o primeiro cerco de Jerusalém e a deportação de um grupo importante. Entre os primeiros exilados há um rapaz que pouco depois receberá a vocação profética:

Ezequiel. Joaquim (Jeconias), que permanece apenas três meses no trono, também é levado para a Babilônia.

Para substituí-lo, Nabucodonosor nomeia Sedecias (597-586). Durante nove anos reina em relativa calma, pagando os tributos impostos pelo imperador. Mas em 588 se rebela. Nabucodonosor responde imediatamente com um novo assédio de Jerusalém; depois de um ano e meio de cerco, forçada pela fome, a capital se rende em 19 de julho de 586. Um mês mais tarde, um grande incêndio destrói o Templo, o palácio real e numerosas casas; os babilônios saqueiam os tesouros, derrubam os muros e deportam um novo grupo de judeus (2Rs 25).

Esse grupo vai engrossar as fileiras dos que tinham sido levados para a Babilônia em 597. Perderam tudo: a terra prometida, a cidade santa, o Templo, a independência. Nem sequer restava uma esperança da volta ou a segurança de ser o povo escolhido e amado por Deus. Apesar de tudo, essa época do exílio será uma das mais criativas da história de Israel: um "semear entre lágrimas" que produz "uma colheita entre canções" (Sl 126,5). Ezequiel será um dos protagonistas mais ativos desses anos, refletindo através de sua mensagem a iminência da catástrofe e a esperança da restauração.

1.2 A pessoa

Poucos dados conhecemos da vida íntima de Ezequiel. Sabemos que era filho de um sacerdote chamado Buzi. Provavelmente ele mesmo foi sacerdote, como sugere sua linguagem, seu conhecimento da legislação sagrada e seu interesse pelo Templo. De qualquer modo, ao ser desterrado para longe de Jerusalém, não pôde exercer seu ministério.

Não sabemos que idade tinha quando foi deportado. Segundo Flávio Josefo, era ainda um menino (*Antiguidades judaicas*, X, 98); neste caso deve ter nascido entre 610 e 605. Mas não temos nenhuma certeza. Outros autores pensam que o ano 30 de 1,1 se refira à idade do profeta; se for verdade, deveria ter nascido em 622, quando foi encontrado o *Livro da Lei*. Sabemos que era casado (mas não temos notícias de que tivesse filhos) e que enviuvou pouco antes da queda de Jerusalém.

Diante da escassez de dados biográficos, impressiona a abundância de indicações sobre a personalidade do profeta. Tem visões frequentes nas quais é o principal protagonista ou participante ativo. Mais do que todos os outros profetas, realiza ações simbólicas e mímicas (bater palmas, bater os pés). Propenso ao desânimo, embora outras vezes pareça quase insensível. Durante um período relativamente longo perde a fala. Tudo isso levou a considerá-lo como uma pessoa doentia, ainda que os dados não sejam tão claros como às vezes se pensa.

1.3 Atividade e mensagem

Não é fácil decidir se a atividade profética de Ezequiel pode ser dividida em dois ou três períodos. De qualquer maneira, a queda de Jerusalém assinala um novo rumo na sua pregação.

Para compreender a mensagem da primeira etapa, é importante conhecer alguns dados sobre a situação na Babilônia, onde o profeta e seu grupo se encontram exilados. Em 596 Nabucodonosor deve lutar contra um rei desconhecido; um ano depois enfrenta uma rebelião interna que o leva a matar "muitos do seu próprio exército"[96]. A ordem parece ter sido logo restabelecida, porque neste mesmo ano foi pessoalmente à Síria receber o tributo dos reis vassalos. Dos anos seguintes não sabemos nada.

Por esse pouco que sabemos já dá para compreender a mentalidade dos desterrados. As ameaças externas e as revoltas internas fomentam neles a esperança de que o castigo enviado por Deus seja passageiro; pensam que o Rei Joaquim será logo libertado e que todos poderão voltar à Palestina. O que menos podem esperar é a destruição de Jerusalém e o aumento do número de deportados.

O Profeta Jeremias já tinha tentado numa carta aos exilados dissipar essas ilusões (Jr 29,5-7). Mas o povo, estimulado por falsos profetas, se recusa a aceitá-lo.

Deus suscita, então, entre os exilados, alguém para transmitir a mesma mensagem. A vocação de Ezequiel (capítulos 1–3) ocorre no ano 593; o texto, carregado de adições posteriores, descreve o encontro do profeta com a glória de Deus. A partir de então, Ezequiel deverá falar a um povo rebelde, para transmitir-lhe uma mensagem dura e desagradável.

---

96. WISEMAN, D. J. *Chronicles of the Chaldean Kings*, 1956, p. 73, linhas 21-22.

Os capítulos 4 e 5 revelam seu conteúdo. Em três ações simbólicas (assédio, fome, morte-deportação), anuncia a catástrofe de Jerusalém diante do otimismo e da esperança dos exilados. Mas as consequências não recairão apenas sobre a capital, também os montes de Israel as sofrerão (capítulo 6). Lembrando o famoso tema do "dia do Senhor", proclama a toda a terra prometida a chegada do fim (capítulo 7).

Por que essa mensagem de condenação? Os motivos não ficam muito claros. Fala-se em linhas gerais de "rebelião contra as leis e mandamentos do Senhor" (5,6), de "abominações" (5,9), idolatria (5,9), insolência e maldade (7,10s.). Os capítulos 8–11 detalham as causas do castigo, insistindo nas diversas formas de idolatria (capítulo 8), injustiças e crimes que inundam o país (9,9).

Ezequiel, porém, não se preocupa apenas com o estado atual do povo. Influenciado por Oseias e Jeremias, vê cheia de pecados toda a história passada. Assim o demonstra o capítulo 20. Em quatro etapas, que vão desde o Egito até a terra prometida, contrapõe os benefícios de Deus (libertação, lei, sábado, terra) à rebeldia persistente dos israelitas. Toda a história de Israel é uma história de pecado, que provoca o castigo. Nesse contexto há que considerar outros dois capítulos dos mais famosos do livro (16 e 23). Também neles se lança o olhar para o passado, partindo das origens e denunciando o constante esquecimento de Deus, que perdeu o lugar para a prostituição com os egípcios, os assírios e os babilônios. Faz-se, assim, uma alusão às alianças de Israel e Judá com as grandes potências da época; tais pactos supõem uma desconfiança em Deus, uma busca de segurança em coisas terrenas, uma traição ao esposo e uma entrega aos amantes.

Pouco a pouco Ezequiel vai desenvolvendo sua mensagem. Às vezes mediante ações simbólicas e pantomimas; outras com parábolas e imagens; outras com exposições mais teóricas e cansativas. Mas tudo gira em torno do mesmo tema: o castigo de Judá e Jerusalém, justificado com um leque cada vez mais amplo de acusações (sincretismo, injustiças, alianças com estrangeiros).

Prescindindo de outros textos, o profeta encerra este primeiro período de atividade com a ação simbólica mais trágica (24,15-24). Repentinamente sua esposa vai morrer, mas ele não pode chorar nem fazer luto, deverá sofrer em silêncio. Assim acontecerá com os israelitas, quando perderem o santuário.

O que pretende Ezequiel com essa mensagem? Segundo muitos comentaristas, anunciar a queda inevitável de Jerusalém, eliminar entre os exilados as falsas esperanças. Bernhard Lang propôs uma interpretação mais política: o profeta tenta convencer Sedecias a não se rebelar contra Nabucodonosor[97]. A distância, da Babilônia, cumpre a mesma missão que Jeremias em Jerusalém. É difícil escolher uma ou outra explicação, que não se excluem necessariamente.

A queda de Jerusalém abre uma etapa completamente nova na pregação do profeta. Uma vez ocorrida a catástrofe, denuncia com maior clareza os responsáveis por ela. Em 22,23-31 elenca cinco grupos (príncipes, sacerdotes, nobres, profetas, proprietários de terra) que acumulavam crimes em Jerusalém. O capítulo 34 responsabiliza os reis (pastores) e os poderosos. É precisamente esse capítulo que abre o caminho para uma visão nova. Depois de acusar os responsáveis pelo rebanho, Deus anuncia que Ele mesmo conduzirá suas ovelhas, Ele mesmo irá procurá-las seguindo suas pegadas (34,11-16).

E isso será o começo de um mundo novo. O capítulo 36 fala da renovação da natureza. Os mesmos montes sobre os quais se abateram a espada e a destruição (capítulo 6) escutam agora uma palavra de consolo (36,1-15). O aspecto mais importante, porém, é a mudança interior do homem: "Derramarei sobre vós uma água pura que vos purificará... Darei a vós um coração novo e porei no vosso íntimo um espírito renovado" (36,25-28).

Não obstante, o povo não se acha em situação de escutar essas promessas. Só pensa: "Nossos ossos estão secos, a nossa esperança está desfeita" (37,11). A visão dos ossos secos que recobram a carne e a vida (37,1-14) restitui um pouco de esperança. Nessa nova existência serão superadas todas as tensões regionalistas, como indica a ação simbólica das achas de lenha (37,15-24), "não voltarão a ser duas nações nem se desmembrarão em dois reinos". E mais importante ainda: Deus estabelecerá uma nova aliança e habitará permanentemente com seu povo (37,26-27).

Assim chegamos ao ponto culminante. O castigo mais duro que Deus podia infligir a Israel era a destruição do Templo e o desaparecimento de sua glória. Assim o dizia a visão dos capítulos 8–11. Agora, quando tudo

---

97. LANG, B. "Kein Aufstand in Jerusalem – Die Politik des Propheten Ezechiel". *SBB*. Stuttgart, 1978.

mudou, um novo templo será construído (capítulos 40–42), e a Glória do Senhor voltará (43,1-5).

A passagem da condenação para a salvação se encontra em todos os profetas, mas em Ezequiel se salienta muito mais. A partir de agora, a profecia tomará feições mais consoladoras, como demonstra o exemplo posterior do Segundo Isaías.

2. Dêutero-Isaías, profeta da consolação (Is 40–55)

2.1 A pessoa

Dêutero-Isaías, profeta anônimo do exílio, considerado por muitos o maior e melhor profeta de Israel, não nos deixou uma única informação sobre sua vida. Apesar disso, alguns autores se empenharam em escrever sua "biografia". Muitas coisas foram ditas e nenhuma é totalmente segura. Uns dizem que nasceu na Babilônia e ali mesmo terminou sua atividade profética; outros acham que voltou para Jerusalém depois de 538 e ali continuou sua pregação, recolhida atualmente nos capítulos 56–66. Outros ainda pensam que sempre viveu em Jerusalém ou Judá; alguns inclusive situam sua atividade na Fenícia ou no Egito. Disseram também que esteve na corte ou no acampamento de Ciro, que foi o primeiro missionário, que morreu martirizado, que padeceu uma enfermidade grave e repugnante.

Tudo não passa de mera conjectura e está indicando que não deve ser a "biografia" o principal ponto de apoio para entender a obra do profeta. Nem sequer estamos seguros do seu nome, que alguns afirmam ser também Isaías.

Ainda que sem unanimidade entre os comentaristas, a maioria aceita que este profeta exerceu sua atividade entre os desterrados da Babilônia já quase no fim do exílio. Baseando-nos na citação de Ciro, podemos situar o conteúdo desses capítulos entre o ano 553, quando começam suas campanhas triunfais, e 539, quando seu exército entra em Babilônia. Antes de irmos à mensagem do profeta, convém conhecer alguma coisa do momento histórico.

2.2 A época

Os anos centrais do século VI a.C. se caracterizam pela rápida decadência do Império Babilônico e pela aparição de uma nova potência, a Pérsia.

Essa mudança chega ao seu ponto culminante no ano 539, quando Ciro entra triunfalmente na Babilônia.

A atividade do Dêutero-Isaías se desenvolve nos anos anteriores a essa entrada triunfal. E é fácil imaginar a atitude dos exilados durante esses anos. A deportação de 597 nunca foi assimilada pelos judeus. Desde o primeiro momento esperaram a volta para a Palestina. As ilusões diminuíram em 586, quando um novo grupo de compatriotas foi trazido "para os rios da Babilô-nia". Umas palavras do Livro de Jeremias exprimem perfeitamente os sentimentos de ódio que se foram abrigando em seus corações (Jr 51,34-35). E, junto ao ódio, os desejos de vingança, a nostalgia da terra prometida, os anseios de libertação. Sentimentos acompanhados também por uma crise de fé e de esperança. As palavras do povo: "Minha sorte está oculta do Senhor, meu Deus ignora a minha causa" (Is 40,27), e as de Sião: "O Senhor me abandonou, meu Deus me esqueceu" (Is 49,14) refletem muito bem a desilusão dos contemporâneos do profeta.

E isso é especialmente grave porque os anos que se seguem vão trazer um sério problema teológico. As notícias que chegam sobre as vitórias de Ciro fazem esperar uma próxima libertação. O profeta o confirma. Quando ela chegar, porém, a quem a devem atribuir? A Javé, Deus de um pequeno grupo de exilados, ou a Marduk, deus do novo império? Nessa densa problemática humana e religiosa se encaixa a mensagem do Dêutero-Isaías.

2.3 A mensagem

Os capítulos 40–55 de Isaías são conhecidos como "Livro da consola-ção" devido às palavras iniciais, "consolai, consolai a meu povo, diz o Se-nhor". Esse título não é injusto, pois o tema da consolação volta a ressoar ao longo da obra (40,27-31; 41,8-16; 43,1-7; 44,1-2 etc.), mostrando o amor e a preocupação de Deus por seu povo.

Em que consiste, porém, o consolo? O livro responde em duas etapas. Na primeira (capítulos 40–48) nos diz que ele está na libertação da Babilônia e na volta à terra prometida, uma espécie de segundo êxodo, semelhante ao primeiro, quando o povo saiu do Egito. A segunda parte (capítulos 49–55) nos diz que ele é a reconstrução e restauração de Jerusalém.

Na primeira, a libertação foi encomendada a Ciro (41,1-5; 45,1-8; 48,12-15). O novo êxodo se processa com milagres semelhantes aos do antigo, embora sejam ainda mais grandiosos, já que implicam uma mudança total da natureza. Esse tema do êxodo está presente desde o início (40,3-5), e os milagres se centram especialmente na aparição da água e das árvores no deserto (41,17-20; 43,19-21; 48,21).

Essa mensagem se chocou com a falta de confiança do povo. Era Javé realmente quem sustentava os fios da história, ou os deuses pagãos? A Ele se devia o aparecimento prodigioso e irresistível de Ciro? Nessa primeira parte, o autor trata o problema detalhadamente e polemiza contra os deuses e ídolos pagãos, impotentes e ineficazes (40,12-26; 41,21-29; 44,5-20; 46,1-7).

Na segunda parte (capítulos 49–55), ao falar da reconstrução e restauração de Sião, Jerusalém aparece como mulher e como cidade. Como mulher se queixa da falta de filhos; como cidade, de suas ruínas (capítulo 54). Ambas as coisas, porém, serão superadas graças ao sofrimento do Servo de Javé.

A partir de Duhm se tem dito com frequência que os cantos do Servo (42,1-4 [5-9]; 49,1-6; 50,4-9 [10-11]; 52,13-53,12) não têm relação com o contexto. Isso me parece um grande equívoco. Esse personagem desempenha na segunda parte um papel semelhante ao de Ciro na primeira. Ciro deve trazer a libertação temporal, a libertação da Babilônia. O Servo traz a salvação eterna, a consolação perpétua de Sião. Ciro exerce sua atividade com o poder das armas. O Servo – modelo de fragilidade e de não violência – conta apenas com o poder do sofrimento. Ciro conquista a admiração e a glória. O Servo atrai o desprezo de todos. Mas a dor e a morte lhe dão a vitória definitiva, mais duradoura do que a de Ciro[98].

Com esses cantos atingimos os cumes teológicos do Antigo Testamento. Nunca se havia falado com tanta clareza sobre o valor do sofrimento. Já se costumava ver nas dificuldades e contrariedades da vida um sentido educativo, permitido por Deus. Mas não se podia imaginar que o sofrimento tivesse um valor redentor em si mesmo. Dêutero-Isaías proclama pela primeira vez que, "se o grão de trigo cai na terra e morre, produz muito fruto". Eis por que a Igreja primitiva deu tanto valor a esses poemas e viu antecipados neles a existência e o destino de Jesus.

---

98. Este tema foi exposto detalhadamente em SICRE, J. L. "La mediación de Ciro y la del Siervo de Dios em Deuteroisaías". *EstEcl*, 50, 1975, p. 179-210.

3. A profecia no final do século VI: o enigma do futuro

Simplificar é perigoso, mas às vezes necessário. De forma muito simples vamos apresentar a atividade profética dos primeiros decênios após o exílio (538-515). Dois personagens são muito conhecidos: Ageu e Zacarias. Um outro é tão misterioso, que talvez nem tenha existido (Trito-Isaías). Suas mensagens coincidem às vezes, diferem outras. Mas, se quisermos um denominador comum que nos permita pô-los em relação, vamos encontrá-lo em sua preocupação pelo futuro.

Não há nada de estranho nisso. O povo, que voltou do exílio, está completamente desanimado. O presente não oferece grandes alegrias. O passado só serve para aumentar a tristeza. A solução fácil é a alienação: preocupar-se somente pelas coisas imediatas, renunciar à esperança, não pensar no futuro. Mesmo assim, esses profetas, cumprindo a antiga missão de sacudir as consciências, enfrentarão o povo com o futuro. Cada um à sua maneira, partindo de pontos de vista distintos. Os três consolam e animam, alimentam a esperança numa restauração nacional. O grupo que conhecemos como Trito-Isaías vinculará esta mensagem à prática da justiça. Ageu à reconstrução do Templo. Zacarias é talvez o que oferece uma promessa mais incondicional e quem descreve de forma visionária o futuro do povo de Deus.

3.1 Trito-Isaías (Is 56–66)

Antes de tudo, devemos reconhecer que esses capítulos representam um sério enigma. Seu conteúdo é muito variado, com mudanças temáticas desconcertantes. A problemática também varia (palavras de consolo, denúncia das autoridades, condenação da idolatria etc.). A redação procede provavelmente de uma escola profética, inspirada remotamente no grande Isaías e, mais imediatamente, no Dêutero-Isaías.

Para abrir-nos caminho no labirinto desses capítulos convém recordar dois textos. O primeiro, que abre a seção com caráter programático, afirma: "Observai o direito, praticai a justiça, porque minha salvação está para chegar e vai-se revelar minha vitória" (56,1). O segundo, citado por Jesus na sinagoga de Nazaré, equivale à vocação e missão do profeta: "O Espírito do Senhor está sobre mim, porque o Senhor me ungiu, e me enviou para levar a boa-nova aos que sofrem, para curar os corações feridos, para proclamar a anistia aos cativos e a libertação aos que estão presos" (61,1-3).

Nos dois casos se fala de um consolo futuro, de uma salvação e vitória de Deus, que produzirá o bem-estar de todo o povo. Mas essa mensagem fica condicionada desde o começo à observância do direito e à prática da justiça. O futuro melhor não é uma promessa incondicional, mas uma promessa que se deve conquistar.

Dêutero-Isaías tinha anunciado a salvação e a restauração do povo. Passaram-se os anos e só a volta da Babilônia tinha-se cumprido, e assim mesmo de uma forma mais modesta do que a tinha imaginado o profeta. Como se explica isso? Deus se esqueceu de seu povo ou é impotente? A resposta de Isaías III não deixa dúvidas: "Não, a mão do Senhor não é muito curta para salvar, nem o seu ouvido tão duro que não possa ouvir. Antes, foram as vossas iniquidades que criaram um abismo entre vós e o vosso Deus. Por causa dos vossos pecados Ele escondeu de vós o seu rosto, para não vos ouvir" (59,1-2).

Essa frase reforça o que se disse anteriormente. Deus quer escutar o seu povo, salvá-lo da situação em que se encontra. Mas o homem deve colaborar, mudando de atitude e de conduta.

Essas ideias tão simples ajudam a entender a mensagem de Is 56–66. Mas, como já indicamos antes, estes capítulos não procedem provavelmente do mesmo autor. O núcleo básico se encontra nos capítulos 60–62, que contêm uma mensagem salvífica bastante relacionada com a do Dêutero-Isaías. Outros textos vão na mesma linha (57,14-19; 65,16b-25; 66,1-16). É possível que tenham sido escritos entre os anos 537 e 521, como pensa Westermann.

A este núcleo fundamental foram sendo acrescentados outros textos nos anos seguintes. De acordo com seu conteúdo, podemos agrupá-los do seguinte modo:

– Um magnífico oráculo sobre o verdadeiro jejum (58,1-12). Duas lamentações (capítulos 59 e 63–64) que emolduram o núcleo básico (capítulos 60–62).

– Textos que refletem uma separação entre piedosos e ímpios, com sorte diferente para cada grupo (57,1-13.20-21; 65,1-16a; 66,1-4.5.17).

– Textos que refletem uma atitude mais agressiva com os povos estrangeiros, anunciando-lhes o castigo (60,12; 63,1-6; 66,6.15-16).

– Textos que refletem a preocupação missionária da comunidade, unindo a abertura aos pagãos com a observância do sábado (56,2-8; 66,18-21).

3.2 Ageu

Como Isaías III, este profeta relaciona o anúncio de um futuro melhor com a denúncia do pecado presente, com uma diferença importante. Para Ageu, não são as injustiças sociais que impedem a chegada da salvação, mas a despreocupação pelo Templo, que jaz em ruínas. Por isso esse profeta, que atuou em meados do ano 520 a.C., centra todo o seu interesse na reconstrução do Templo.

Para isso emprega dois argumentos principais: é indigno que a casa de Deus esteja em ruínas, enquanto todos têm sua própria casa (1,4); durante todo o tempo em que o Templo permanecer assim, a terra não dará boas colheitas. Neste segundo argumento se percebem reminiscências do mito cananeu de Baal: este deus não proporciona a chuva nem a fecundidade se não tiver um palácio.

Entretanto, Ageu não reduz a promessa futura a um bem-estar de tipo agrícola. Conta também com uma restauração política e uma reconquista da independência, depois de uma catástrofe que sacudirá todas as nações (2,6s.). Assim se inaugura um novo reino, com Zorobabel como representante de Deus (2,21-23).

3.3 Zacarias

Isaías III vincula a salvação à prática da justiça. Ageu, à reconstrução do Templo. Zacarias fala também da reconstrução do Templo (1,16; 4,9-10; 6,13.15), mas denuncia os pecados e exorta à conversão (1,1-6). Sua principal contribuição, porém, consiste nas sete visões noturnas[99]. O conteúdo deste ciclo de visões é o seguinte:

1. Os cavalos coloridos; castigo das nações e bênção de Jerusalém (1,8-16).
2. Os quatro chifres e os quatro ferreiros; castigo dos pagãos (2,1-4).
3. O homem do cordel; glória de Jerusalém (2,5-9).
4. O candelabro de ouro, as sete lâmpadas e as duas oliveiras; exaltação de Zorobabel e Josué, governador e sumo sacerdote respectivamente (4,1-10).

---

99. Atualmente trata-se de oito visões, mas a de 3,1-7 tem uma estrutura distinta e parece que não pertence ao ciclo primitivo.

5. O livro que voa; castigo dos malvados (5,1-4).

6. A mulher no alqueire; a maldade habita na Babilônia, onde tem boa acolhida (5,5-11).

7. Os quatro carros; castigo do Norte (6,1-8).

São quadros surrealistas, que poderiam muito bem servir de inspiração a Salvador Dalí. Em alguns aspectos prolongam o estilo profético de Ezequiel. O mundo fantástico de Zacarias, com seus cavalos coloridos, alazões misteriosos, chifres, candelabros etc., constituem um arsenal explorado mais tarde pelos autores apocalípticos, como a figura do anjo intérprete. Mas o mérito principal das visões reside na sua mensagem: através delas conhecemos os detalhes da ordem escatológica que precede a vinda de Deus.

As duas primeiras e as duas últimas têm em mira os países estrangeiros que maltrataram Judá. As três centrais se preocupam com a restauração judaica. E tudo conflui para a quarta visão, que fala dos dois grandes dirigentes políticos e religiosos do novo povo de Deus. Todas as ilusões alimentadas por aqueles que atravessaram a dura experiência do desterro se fundem aqui: Deus se volta benigno para seu povo, castiga seus adversários, enche de glória Jerusalém, elimina os malfeitores e dá ao povo governantes dignos da nova situação.

Este ciclo de visões foi enriquecido com outros textos (1,17; 2,10-17; 3,17; 4,6a-10a) e uma ação simbólica referente à coroa de Zorobabel (9,9-15).

4. Os séculos V-III: a caminho do silêncio

Entramos na etapa final da profecia israelita. Podemos incluir nela um livro de difícil datação, o de Joel, com sua famosa praga dos gafanhotos – que preludia a vinda do "dia do Senhor" – e o anúncio da efusão do Espírito.

Mais segurança temos em situar no século V o livrinho de Jonas, com sua maravilhosa mensagem do amor de Deus aos pagãos, inclusive aos de pior fama, os ninivitas. Na época deve ter sido um manifesto revolucionário contra a política xenófoba de Esdras e Neemias.

Malaquias[100], também no século V, aborda os problemas de sua época, tanto teóricos (amor de Deus, justiça divina, retribuição) quanto práticos (oferendas, matrimônios mistos, divórcio, dízimo). Se sua mensagem não alcança os

---

100. O Livro de Malaquias é também anônimo. Malaquias não é nome de pessoa, significa simplesmente "meu mensageiro".

horizontes amplos dos profetas antigos, deve-se à pobreza de espírito da época. Lendo essa obra, temos a impressão de que a Palavra de Deus torna-se pequena, acomoda-se às míseras circunstâncias de seu povo. Como se não houvesse mais nada de novo e importante para dizer, limitando-se a lembrar as pregações do Deuteronômio ou dos profetas anteriores.

A esse século pertencem também coleções tardias, atribuídas mais tarde a famosos profetas do passado: a chamada "Escatologia de Isaías" (capítulos 24–27), a coleção conhecida como "Dêutero-Zacarias" (Zc 9–14) e outros textos. Uma produção interessante, mas que não chega a eliminar a impressão de que a profecia está chegando ao ocaso.

5. O silêncio

Segundo Russell, as causas que contribuíram para o desaparecimento da profecia foram as seguintes:

– A canonização da "lei" (Pentateuco), que provavelmente aconteceu no século V. A partir de então, o povo tem um meio seguro de conhecer a vontade de Deus, sem precisar depender da palavra profética.

– O empobrecimento crescente da temática profética. De um lado, focaliza um futuro muito distante; de outro, quando fala do presente, não trata dos grandes problemas e não tem o caráter incisivo dos antigos profetas.

– O número crescente de religiões salvadoras, magos, adivinhos, que o povo identifica às vezes com os profetas e que provocam o descrédito do profetismo.

De qualquer forma, a profecia continuou gozando de grande prestígio em Israel, com um matiz importante. Estimavam-se muito os profetas antigos e se esperava a vinda de um grande profeta no futuro (1Mc 4,46; 14,41). Para uns seria um profeta como Moisés (cf. Dt 18,18); para outros seria Elias (Ml 3,23). Para os cristãos esta esperança se cumprirá em João Batista e em Jesus.

Quem deseja uma visão de conjunto da mensagem dos profetas, com os textos principais agrupados em matérias e com um breve comentário, pode ler J. L. SICRE, *Los profetas de Israel y su mensaje* (Madri: Cristiandad, 1986). Os mesmos temas que estudo ali são tratados bem mais amplamente por mim em *Profetismo em Israel* (3. ed. Petrópolis: Vozes, 2008), capítulos 17 a 22.

Etapas do profetismo em Israel

1. Os inícios (séculos XII-XI a.C.)

   Débora (Jz 4)

   Samuel (1Sm 1–15)

   Grupos proféticos

2. Desde a monarquia até Amós (séculos X-IX)

   a) Etapa da proximidade física e distanciamento crítico: Natã e Gad

   b) Distanciamento crescente da corte: Aías e Miqueias ben Jemla

   c) Aproximação do povo: Elias e Eliseu

   Textos selecionados: 2Sm 12; 1Rs 17–22; 2Rs 1–7

3. A idade de ouro (século VIII)

   Amós, Oseias, Isaías e Miqueias

   Problemática social, política e religiosa

   Textos selecionados: Is 1,10-17; 5,1-7; Mq 3,9-11; 6,1-8; Os 2,4-25; 11,1-9; Am 3,9-11; 4,4-5; 5,21-24

4. Perseguição e silêncio (700-640)

   Naum?

5. Ressurgir antes da catástrofe (640-586)

   Sofonias, Jeremias (627-585)

   Habacuc (609-605?)

   Ezequiel (primeira etapa: 593-586)

   Textos selecionados: Jr 2,1-19; 7,1-15; 31; 36–45; Ez 16; 20

6. O anúncio do perdão (585-540)

   Ezequiel (segunda etapa: 585-571)

   Dêutero-Isaías (Is 40–55)

   Textos selecionados: Ez 18; 34; 37; Is 42,1-4; 49,1-6; 50,4-9; 52,13–53,12

7. Os profetas da restauração (538-518)

   Trito-Isaías (Is 56–66)

   Ageu

   Zacarias

   Textos selecionados: Is 58,1-12; 59–60; 61,1-3

8. A caminho do silêncio (séculos V-III)

Jonas

Joel

Malaquias

Zacarias 9–14

Textos selecionados: Jonas, Joel 3; Ml 3,1-3.23-24; Zc 9,9-10

9. Profecias e apocalíptica

Daniel

Tema V

_____

Livros sapienciais
e poéticos

Terminamos nossa leitura do Antigo Testamento com os livros sapienciais e poéticos, preciosa contribuição de Israel, muitas vezes esquecida.

O capítulo 20 é uma pequena história que ajuda a entender a figura do sábio de Israel: sua paixão por formular corretamente as ideias, sua missão pedagógica, a influência de outras culturas (como a egípcia), seu conservadorismo social e político em alguns casos, sua discrepância com os profetas, a diversidade de temas que lhe interessam.

O capítulo 21 introduz o fenômeno sapiencial. Talvez fosse mais exato falar de movimento intelectual, como defendem alguns autores recentes, mas não entro nessa discussão, que aliás pouco ajuda a entender os livros. Prefiro uma apresentação da figura do "sábio" israelita e a evolução do movimento sapiencial em Israel. O capítulo é de fácil leitura, excetuando talvez a parte final.

O capítulo 22 é dedicado exclusivamente ao Livro de Jó. Está dividido em duas partes distintas. A primeira finge uma entrevista com o autor. Se a ler com atenção, entenderá muitos problemas do livro. A segunda, mais sistemática, expõe o desenvolvimento do livro. A profundidade do problema merece que o leia com interesse. Sobretudo se ainda tem a ideia de que Jó é um "justo paciente", procure esquecê-la.

O capítulo 23 constitui uma breve "incursão pela poesia de Israel". Seriam necessárias mais páginas do que as que escrevi, mas ajudarão a saborear alguns textos famosos. E conclui o nosso estudo o clima de oração dos Salmos, o melhor método para compreender a Palavra que tentamos estudar ao longo deste livro.

20

Mulheres!
Introdução à figura do sábio de Israel

O primeiro copo de vinho ele engoliu de uma vez, sem saboreá-lo, irritado, como se estivesse usando o líquido para apagar um fogo interior. Maldita Ada, sempre implicando, sempre protestando. Se me levanto tarde, sou preguiçoso. Se acordo cedo, a acordo. Se fico em casa, sou um incômodo. Se saio, estou vagando. Se falo, estou me gabando de ser culto. Se me calo, sou chato. Como se ela fosse a perfeição em pessoa.

O segundo copo o acalmou um pouco. A culpa é minha. Por ser idiota. O que eu deveria ter feito era ter ido para o telhado. Lá em cima ela não me vê, e eu não a escuto. O problema é que no telhado faz muito frio. Esta maldita Jerusalém. No inverno sempre faz frio, mesmo quando o sol está brilhando, como hoje. E no verão faz um calor sufocante. Além disso, o telhado está cheio de excrementos de pássaros. E as vizinhas estão sempre bisbilhotando para ver quem sobe e o que faz. Só me faltava isto: ser assunto para as mulheres de Jerusalém. Quem vai subir no telhado!

Ainda bem que Joanã me entende. Bem, não sei se ele me entende. Ele também é muito estranho. Ele se dá bem com Jaguit; nunca brigam. Mas ele é um bom amigo e tem um bom vinho. Posso ficar calado, como agora, porque ele já sabe o que está acontecendo entre nós e não precisa explicar.

Ele olhou para o copo enquanto lambia as gotas nos lábios e no bigode. O telhado e a casa. O exterior e o interior. O inóspito e o acolhedor. O contraste. Um sorriso começou a se formar com uma sensação de vitória antecipada. O telhado e a casa… Desta vez, eu venço, Joanã. Você e qualquer um que se colocar no meu caminho. Outros já tiveram uma ideia parecida, mas a minha é melhor.

Ele repetiu a frase mentalmente até ter certeza de tê-la fixado em todos os detalhes. Formular um provérbio não é simples. Como diz um antigo provérbio egípcio: "A palavra é mais difícil do que qualquer outro trabalho e só dá autoridade àquele que a domina profundamente". Mas ele, desta vez, a dominou. Um provérbio com "mais vale", dos clássicos, não esses intermináveis que Talmon inventa, impossíveis de memorizar; e depois ele reclama que seus alunos não conseguem lembrar.

***

Joanã nem mesmo o olhava. Ao levantar o copo, ele capturou o voo fugaz de um pardal. Seguindo-o, seus olhos pararam na parreira. Era melhor olhar para ela do que olhar para Tobias. Pelo menos naqueles momentos em que ele chegava furioso, após uma das frequentes discussões com Ada. Por que eles tinham de brigar tanto? Ele nunca discutia com Jaguit. Se fosse necessário, ele a deixava falar, a ouvia em silêncio, ausente às vezes, mas não discutia. A verdade é que Jaguit é mais tranquila do que Ada e não me dá tantos motivos para exercitar a paciência. Mas o que acontece entre Tobias e Ada não é normal. Trinta anos casados, trinta anos brigando. No entanto, ele estava certo de que não se aplicava a eles o provérbio de que "o ódio provoca brigas, o amor dissimula as ofensas". Eles se amavam, disso não havia dúvida.

— Joanã, faço uma aposta com você.

A proposta de Tobias interrompeu seus pensamentos. Outra aposta. Já é a quarta ou quinta, não me lembro exatamente. Está se tornando um hábito, e não sei o que nossos velhos mestres diriam sobre isso. A sabedoria é algo muito sério para ser apostada em cântaros de vinho.

— Outra? Já ganhei muitas vezes de você – exagerou.

— Desta vez eu ganho. Tenho certeza.

Joanã olhou para ele com sarcasmo.

— Sobre qual assunto?

— As mulheres.

— Assim, sem mais? As mulheres em geral?

– Bem, as mulheres casadas, se preferir.

– Muitas coisas bonitas já foram ditas sobre elas.

Joanã estava ciente de que Tobias interpretaria suas palavras de forma irônica.

– Pode-se dizer algo mais. Você se atreve?

Joanã mexeu em seu copo, depois olhou diretamente nos olhos de Tobias.

– As mulheres... ou a mulher casada... Está bem. Para amanhã à tarde?

– Certo.

– Você vai convidar mais alguém?

– Talmon, Ananias e Efraim. Os de sempre.

– Você está muito autoconfiante de que ganhará.

**

Essas apostas vinham de longe. Começaram numa manhã em que Tobias contemplava, entre entediado e absorto, uma interminável procissão de formigas. "Povo sábio", pensou consigo mesmo, "que armazena durante o verão". Assim como outros seres tão pequenos quanto surpreendentes. Quantos deles ele poderia enumerar? Então veio a ideia de um provérbio numérico, um daqueles que começam com "três e quatro", que parecem um enigma.

Foi fácil espalhar a palavra entre seus amigos e organizar o concurso. Tema livre. Cada um pode escolher o que quiser. A única condição foi imposta por Ananias:

– Tem de ser na minha casa. Eu já não consigo subir nem descer ladeiras.

E lá foram todos, para desfrutar de uma boa vista do Monte das Oliveiras.

– Quem começa?

Eles se olharam desconfiados. Nenhum queria ser o primeiro, com medo de ser superado por um provérbio melhor.

– Vamos sortear – decidiu Ananias, que já havia preparado alguns palitos.

Coube a Efraim começar, que olhou para Ananias com um sorriso irônico:

– Há três seres de bom andar e um quarto de bom caminhar.

Ele guardou um momento de silêncio para que os outros mentalmente buscassem a resposta. Proibido comentar em voz alta. Obrigatório tentar resolver o enigma. Quais seres têm bom andar?

– O leão, o mais valente dos animais, que não recua diante de ninguém; o apertado de lombo, o bode; e o rei à frente de seu exército.

Talmon olhou para ele com estranheza.

– Só disseste três: o leão, o bode e o rei.

– Eu disse quatro.

Ele teve de repetir, sem conseguir convencê-los de que "o apertado de lombo" era diferente do bode[101]. Estava claro que Efraim não ganharia o concurso. Mas ele não se importava. Na sua opinião, os sábios tinham coisas mais sérias com que se preocupar.

– Agora é a minha vez – disse Ananias, encerrando a discussão. – Há três coisas insaciáveis e uma quarta que nunca diz: "Basta".

Ele os olhou em silêncio por um momento, depois enumerou lentamente:

– O Abismo..., o ventre estéril..., a terra, que não se farta de água..., e o fogo, que nunca diz: "Basta".

– Muito bem – aplaudiu Joanã, sempre benevolente. Era a vez dele.

– Há três coisas que me ultrapassam e uma quarta que não compreendo.

– Só quatro? – brincou Tobias, contra todas as normas.

– Com quatro estou satisfeito – respondeu Joanã sem se incomodar.

> O caminho da águia pelo céu,
> o caminho da serpente pela rocha,
> o caminho do navio pelo mar,
> o caminho do homem para a donzela.

Tobias olhou para ele com inveja. Tinha organizado o concurso para vencê-lo, e estava certo de que aquela observação era melhor do que a sua. Como se pode compreender o que não deixa rastro? Como entender que a águia e a serpente não deixem vestígios? Como entender que o mar feche tão rapidamente a ferida aberta pelo navio? O caminho do homem para a donzela deixa rastro... mas precisamente por isso é o mais difícil de entender. Suas reflexões o impediram de ouvir a proposta de Talmon.

– Por favor, repita. Eu estava distraído.

– Por três coisas treme a terra e a quarta não a pode suportar.

---

101. De fato, o tradutor grego sugere que o "apertado de lombos" é "o galo passeando entre as galinhas".

Seu silêncio não durou muito, estava ansioso para oferecer sua resposta.

> Servo que se torna rei,
> idiota que está farto de pão,
> aborrecida que encontra marido,
> criada que sucede à sua senhora.

— Talmon parece ter estudado com os sábios egípcios — pensou Joanã. Defensor ferrenho da classe alta, odeia e despreza os fracos... Ou talvez não os odeie nem despreze, apenas deseja que se mantenha a ordem justa, corrigiu Joanã, sempre inclinado a pensar bem de todos.

Tobias pigarreou para chamar a atenção. Ou para se encorajar, reconhecendo antecipadamente sua derrota.

— Quatro seres pequenos há no mundo mais sábios do que os sábios.

O olhar curioso dos outros o fez se sentir mais confiante em suas chances. Tinha sido um bom começo. Ele os desafiava ao perguntar sobre seres pequenos mais sábios do que eles e os foi enumerando com prazer:

> As formigas, povo fraco que ajunta comida no verão;
> Os texugos, povo sem força que faz tocaia nas rochas;
> Os gafanhotos, que não têm rei e avançam todos em formação;
> Os lagartos, que são pegos com a mão,
> mas entram nos palácios reais.

Ele os colocou abaixo das formigas, texugos, gafanhotos e lagartos, mas eles gostaram. Gostaram tanto que houve um longo debate sobre se o dele era melhor do que o de Joanã. Mas muito tempo tinha passado desde então.

***

— Meu avô diz que amanhã à tarde tem concurso e que você deve preparar um provérbio sobre as mulheres e que, se eu o disser a você, você vai me dar um pedaço de pão de figo.

Rúben, suado e ofegante, estendeu a mão direita, demonstrando uma fé absoluta na promessa de seu avô.

— Ele não te disse mais nada?

— Não. Você vai me dar pão de figo?

— Você tem certeza de que ele não lhe disse mais nada?

Rúben fechou os olhos e apertou as pálpebras, como se o gesto pudesse reforçar sua memória.

– Sim. Que o concurso é na casa de Ananias, como sempre.

– Você já disse isso para mais alguém?

– Para Talmon e Ananias. Eles também me deram pão de figo. Você vai me dar?

– A sanguessuga tem duas filhas: "Dá-me, dá-me". Entre na casa e peça para minha esposa.

Pouco depois, Rubén voltou com sua nova colheita.

– Quem é a sanguessuga?

Efraim o segurou pelo braço e o puxou para perto.

– Um bicho tão ruim quanto você, que não para de pedir.

– E é verdade que ela tem duas filhas?

– Isso é um provérbio, seu bobo.

Rúben cravou seus pequenos dentes no pão de figo.

– Eu sei, um provérbio sobre as mulheres. Quer que eu te conte? "Anel de ouro na cara de porco é a mulher bonita sem juízo."

– Quem te ensinou isso? – surpreendeu-se Efraim.

– Minha mãe disse isso para meu irmão Josué muitas vezes. Josué é bobo. Ele sempre está falando sobre meninas bonitas.

– Você não gosta de mulheres?

– Não, eu não. Posso ir embora?

– Para onde você vai?

– Vou brincar de judeus e assírios.

– De que você brinca?

– Eu, de assírio, porque dizem que sou muito pequeno e não sirvo para ser judeu. Os judeus são os mais fortes. Sabia?

Efraim o viu se afastar. Um ser feliz, que não gosta de mulheres e está disposto a brincar de assírio. Quando eu era criança, não brincávamos dessas coisas. Não havia assírios. Eles existiam, mas estavam longe. Um provérbio sobre mulheres. Eles podiam ter escolhido outro tema. Os sábios têm coisas mais importantes para pensar.

* * *

Talmon tentou disfarçar o desconforto e a decepção com que os observava. Lá estavam eles, mais um dia, sentados em círculo, esperando por sua lição, desejando terminar antes mesmo de começar, nervosos como cervos. Se o escriba Queti os visse, ele lhes lembraria: "Aquele que sai da escola gritando de alegria não alcançará a fama". Se isso acontecia no Egito, quanto mais em Jerusalém. E ele tendo de preparar um provérbio sobre as mulheres. Se ao menos fossem rapazes, poderiam ajudá-lo, discutir opiniões, buscar a formulação adequada. Mas o que se pode esperar dessas crianças de 10 ou 12 anos? O que eles sabem sobre mulheres? Mais do que eu imagino. Mas, se eu perguntar, eles não dirão uma palavra sequer.

– Diga-me algum provérbio sobre mulheres.

Silêncio absoluto.

– Nenhum de vocês sabe um provérbio sobre mulheres?

A voz de Levi foi quase inaudível, um murmúrio.

– "Quem acha uma esposa, acha uma coisa boa e alcança o favor do Senhor."

Talmon o olhou com desprezo. Uma vulgaridade corajosa.

– Onde você ouviu isso?

– Você disse ao meu pai no ano passado, na primeira vez que me trouxe à sua casa.

– Sua mãe veio também?

– Sim.

Agora entendi. Eu disse isso para agradar, mas ainda assim é uma vulgaridade. Quem encontra uma mulher encontra um bem. Isso qualquer um sabe. Que tolice corajosa.

– O que acham desse provérbio?

– Que não se baseia na experiência e, portanto, não é válido para todas as pessoas e todos os tempos.

Zacarias insuportável. Fala como um escriba da corte. Inteligente, capaz de detectar o menor erro.

– Por que você diz isso?

– Porque depende da mulher. Se ela não for boa, quem a encontra não encontra um bem.

– É verdade – rosnou Talmon. Além disso, não está muito bem-formulado. Vou dizer outro parecido: "Casa e propriedade, herança dos pais; a mulher habilidosa é concedida pelo Senhor". Você gosta mais desse?

Tenho certeza de que ele vai pensar em algo interessante. Mas não se precipita, reflete, segura a palavra. Como deve ser.

– A formulação é melhor porque usa termos concretos como "casa" e "propriedade", que ajudam a chamar a atenção. E o conteúdo evita o equívoco do primeiro provérbio, porque não fala de qualquer mulher, mas da mulher habilidosa. Mas o melhor está no contraste entre o que é herdado dos pais e o que é concedido pelo Senhor. Os pais podem deixar toda a sua riqueza, mas não o maior tesouro, que é uma boa esposa.

Perspicaz como sempre. Exato. Melhor até do que eu teria dito. Bom aluno esse Zacarias. Chegará longe na corte, aconselhará o rei. Ele esboçou um sorriso amargo. E daqui a quinze ou vinte anos ele vai brigar com os outros conselheiros reais, determinado a provar que a aliança com o Egito é preferível ao pacto com a Assíria, ou vice-versa, dependendo do lado do horizonte de onde a tempestade está vindo.

– Vocês sabem mais provérbios sobre as mulheres?

Claro que não. Nunca falei sobre elas. Sábios não estão aqui para falar sobre mulheres. E agora tenho de inventar um provérbio. Enfim, o mundo não vai desabar se nada me ocorrer.

– Qual era o tema de hoje?

– A preguiça.

– Vocês se lembram dos versos que aprendemos ontem? Vamos lá, Jemuel.

Ele se concentra, franze a testa, entreabre os lábios; finalmente começa a murmurar com voz fraca:

– "Passei pelo campo do preguiçoso,

pela vinha do homem sem juízo:

Tudo eram espinhos que cresciam, os cardos cobriam sua extensão,

a cerca de pedras estava destruída".

Os espinhos e cardos pareciam também sufocar a memória de Jemuel enquanto ele falava, até que ele se afundou no silêncio.

– O que mais? Como continua?

– "Refleti…"

– Você não refletirá na vida, meu filho. Como continua, Ezequiel?

– "Ao ver isso, refleti; ao olhar, aprendi.

Às vezes tu dormes, às vezes balanças a cabeça,

às vezes cruzas os braços e descansas,

e a pobreza do vagabundo te alcança,

a miséria do mendigo."

Talmon ouviu com prazer sua própria obra. Nada de uma ou duas frases curtas. Isso estava bom para tempos antigos, quando a sabedoria era coisa do povo, da gente mais simples, e precisava ser formulada com o menor número possível de palavras. Agora não era mais assim. Eles, os sábios, constituíam um grupo seleto, pessoas que podiam dedicar grande parte de suas vidas a pensar e dizer, a formular aquele breve poema sobre a preguiça que ele considerava sua obra-prima, aquela que o havia tornado educador de tantas gerações de filhos da nobreza. Mas agora ele se sentia como o protagonista do provérbio, sem energia para o trabalho, indo do sono às cabeçadas e ao descanso. E ainda tinha de inventar uma máxima sobre as mulheres. Quem teria tido essa ideia? Tobias, naturalmente.

***

Joanã foi depositando sobre a mesa seu maior tesouro: a coleção de papiros egípcios com as famosas lições desses sábios, Hergedef, Ptah-hotep, Amenemope… A inveja de todos os seus colegas de Jerusalém, embora para eles não servissem de nada. Quando crianças, eles haviam se limitado a estudar aramaico, a língua internacional. Internacional, sim, mas muito simples para um judeu. Quando decidiu estudar egípcio, seus colegas o olhavam com uma mistura de espanto e compaixão. Anos mais tarde, quando voltou da corte de Soan com todos aqueles papiros, a compaixão deu lugar à inveja. Principalmente quando o Rei Ezequias lhe confiou várias missões diplomáticas perante o faraó. Ele preferia pensar que era uma inveja saudável. Não gostava de pensar mal de ninguém. O verdadeiro sábio deve olhar para todos com bondade.

Não acho que seja trapacear – tentou tranquilizar sua consciência. Afinal de contas, não pretendo copiar nada, apenas me inspirar. Talvez nem mesmo me inspire nelas. É uma curiosidade. Porque, depois de tê-las lido tantas vezes, não me lembro se dizem algo sobre as mulheres. Suponho que deem algum conselho sobre o casamento.

Ele começou com o ensinamento de Hergedef. Disseram-lhe que era o mais antigo de todos, e ele não tinha motivo algum para duvidar disso. Logo no início, ele sentiu dolorosamente o avanço de sua falha de memória. Para Joanã, não havia má memória. A memória sempre era boa. Mas, ao lado dela, quase adormecida quando se é jovem, habita a falha de memória, um animal necrófago que desperta e cresce com a idade, devorando as lembranças. E ele havia esquecido que Hergedef começava seu ensinamento falando precisamente do casamento: "Se você é uma pessoa virtuosa, estabeleça um lar; case-se com uma mulher forte e terá um filho homem".

Ele não pôde evitar um riso. De onde Hergedef tirou a ideia de que mulheres fortes dão filhos homens? No entanto, muitos pensam assim, e é possível que estejam certos. Reconheço que não foi a força que me fez me apaixonar por Jaguit.

Seus olhos passaram rapidamente pelos papiros de Hergedef. Ao terminar, um sorriso de alívio brotou em seus lábios. A falha de memória não tinha devorado tanto quanto temia. A obra não voltava a falar sobre o casamento nem sobre as mulheres.

Ele enrolou cuidadosamente os papiros e pegou o segundo rolo, o ensinamento de Ptah-hotep. Ele queria ter tido mais tempo para reler aqueles conselhos que lhe provocavam uma sensação de nostalgia. Mas a leitura teria de ser rápida, sobrevoando o texto em busca do que lhe interessava. E ele encontrou quase no final.

"Se você é uma pessoa virtuosa, estabeleça um lar." Igual ao início de Hergedef. Parece que os antigos egípcios não eram muito amantes do casamento e precisavam ser convencidos de seu valor. Mas esse novo ensinamento não continuava aconselhando a se casar com uma mulher forte. Ao que parece, Ptah-hotep não estava convencido de que o nascimento de filhos homens dependesse da força da esposa. Sua preocupação estava centrada em como tratá-la.

> Ame sua mulher como convém. Alimente seu estômago e vista seu corpo; o óleo é um remédio para o corpo. Faça seu coração se alegrar enquanto viver, porque ela é um campo fértil para seu dono. Não discuta com ela nos tribunais, mas mantenha-a longe do poder. Mante-

nha a calma quando ela o olhar com olhos zangados. Faça-a se sentir confortável em sua casa. Por si só, a mulher é como água; quando ela se irritar, faça um canal para que escoe.

Ele sorriu pensando em Tobias e Ada. Ela não era como água, era o dilúvio universal. E Tobias não a deixava desabafar, colocava diques por todos os lados. Jaguit tinha sido para ele um campo fértil, um presente do Senhor. Era fácil amá-la como convém.

Ele estava prestes a começar com o Ensinamento de Amenemope quando ouviu a voz de Jaguit chamando-o para comer.

***

A fraqueza e os anos não haviam tirado de Ananias sua famosa capacidade de se irritar nem uma torrente de voz que ecoava por toda a casa.

— É uma vergonha. Novamente nu pelas ruas. Com mais de 40 anos, e nu. É intolerável que o rei permita essas coisas. E sua esposa, tão tranquila. Como é profetisa, diz que o compreende. Eu o colocaria na prisão agora mesmo. Ele já está escandalizando as pessoas há mais de um ano.

Tobias, que trouxera a notícia, tentou acalmá-lo.

— Não leve isso tão a sério. Verá como em dois dias ele se cansa.

— Dois dias? Ele é capaz de passar dois anos assim! Você não o conhece! Ele está louco, como todos os profetas. Não deixará de andar descalço e nu até que Ezequias o ouça. O que ele sabe de política? Para isso estamos nós, os conselheiros do rei.

— Ele reclama disso. Dos conselheiros do rei. Diz que enganamos Ezequias e o encorajamos a confiar na ajuda do Egito para vencer os assírios.

— Ele diz isso?

— O que ele diz é pior — a voz de Tobias imitou o tom solene do profeta. "Assim diz o Senhor: Da mesma forma que meu servo Isaías anda descalço e nu, assim o rei da Assíria conduzirá os cativos do Egito e Cuch, jovens e velhos, descalços e nus, com as nádegas à mostra." As pessoas estão fartas de rir, principalmente quando ele menciona as nádegas à mostra.

— Bem, isso não me faz rir. E conste que não me entusiasma a ideia de nos rebelarmos contra a Assíria. Parece-me uma temeridade. Mas essas coisas são discutidas, são debatidas em um ambiente sério, com pessoas preparadas, não no meio das ruas ou no pátio do Templo, onde se reúne o populacho.

Tobias lamentou ter levantado o assunto, que os desviava inevitavelmente do verdadeiro motivo de sua visita.

— Você ouviu sobre o concurso?

— Aquele do provérbio sobre as mulheres? Sim, seu neto, o do pão de figo, me contou.

— Você pensou em algo?

— Eu não penso durante o dia. Tem de ser à noite, quando me remexo na cama sem conseguir dormir. É então que as melhores ideias me ocorrem. Já te disse muitas vezes. A ideia do concurso é sua, não é?

— Sim.

— Você brigou novamente com Ada?

Tobias o olhou com espanto.

— Como você sabe?

— Os sábios só falam das prostitutas e das mulheres insuportáveis. Ada pertence ao segundo grupo. Se você propõe um provérbio sobre as mulheres é porque brigou com ela. Tenho certeza de que quer se vingar.

***

Haviam combinado de se encontrar ao pôr do sol, e já fazia muito tempo que o sol havia se posto. Tobias, ansioso para apresentar seu provérbio, remexia-se inquieto.

— Até quando vamos esperar? Vai escurecer.

— Nesta época demora para escurecer — tranquilizou-o Ananias. — Não podemos começar sem Talmon e Efraim.

Eles chegaram pouco depois, suados e agitados.

— Os assírios estão na costa e atacaram Asdod. O rei convocou o Profeta Isaías.

***

A gravidade da notícia deslocou o interesse pelo concurso. Das cinco possíveis intervenções, apenas duas puderam ser identificadas. A de Joanã, com seu estilo poético inconfundível e seu otimismo perene:

> Bebe água do teu poço,
> bebe das tuas fontes;
> sê bendita a tua cisterna,
> goza da mulher da tua juventude:
> cerva amada, gazela graciosa,
> que os seus carinhos sempre te embriaguem
> e o seu amor te deleite incessantemente.

Em uma linha muito diferente, a de Tobias, com a qual estava certo de vencer o concurso:

> Melhor é viver no canto do telhado
> do que na casa com mulher briguenta.

Realidade e ficção

Os personagens são fictícios, com exceção do Rei Ezequias e do Profeta Isaías. O ataque assírio a Asdod ocorreu no ano de 713 a.C. Temendo que a campanha se estendesse a Judá e Jerusalém, Ezequias optou por não se rebelar contra Sargon II, da Assíria, seguindo o conselho do Profeta Isaías. A ação simbólica de caminhar descalço e nu é relatada em Is 20.

Todos os provérbios e ditados foram retirados do Livro dos Provérbios, exceto os de origem egípcia, que foram retirados das obras correspondentes.

Os protagonistas de nossa história poderiam ter feito parte dos "homens do Rei Ezequias de Judá" que colecionaram provérbios de Salomão (como é dito em Pr 25,1). A imagem que eles oferecem pode parecer pobre, nada idealizada. Mas assim deveriam ser muitos dos sábios do século VIII a.C. Outras épocas viriam depois, outras preocupações, outras pessoas. Elas são introduzidas no próximo capítulo.

21
O fenômeno sapiencial

1. O que é um sábio?

O nosso termo "sábio" não descreve adequadamente a realidade destes personagens do antigo Israel. Como em todo o Oriente Antigo, os sábios não são pessoas retraídas, absortas em sua ciência, afastadas das preocupações diárias, profundos conhecedores de sua especialidade, mas supinos ignorantes em outras matérias e sem nenhum sentido prático. Essa caricatura do sábio, bastante difundida entre nós, nem sequer é válida para os "sábios" contemporâneos. Muito menos para os antigos.

Ao falar dos sábios de Israel nos referimos a um grupo de pessoas bastante heterogêneo, que abrange desde o educador até o filósofo ou o teólogo, passando pelos preceptores dos príncipes e da nobreza e pelos conselheiros da corte. Nesse sentido, pode-se dizer que os sábios se movem em ambiente social elevado, detalhe que pode condicionar o conteúdo e o método de suas reflexões. Mas não nos esqueçamos de que junto a essa sabedoria cortesã existe uma outra popular, simples produto da observação e da experiência dos anos.

A *temática* do sábio se eleva algumas vezes a níveis altamente teóricos, como quando se trata da origem e da natureza da sabedoria, do problema do mal, do sentido da existência e da atividade humana. Em muito mais ocasiões, porém, se mantém em níveis mais simples e cotidianos: fala da amizade, do orgulho, da educação dos filhos, das formas de governo, do domínio de si, do reto uso do dinheiro...

A resposta a todos esses problemas, teóricos e práticos, próprios da humana existência, não vai buscá-la em arquivos e bibliotecas, como o historiador; nem num contato direto com a Palavra de Deus, como o profeta; mas a busca na *experiência humana geral*, sem dúvida iluminada em muitos casos pela fé. É o pai e a mãe, são os antepassados, os anos, os que ensinam e transmitem esta sabedoria. O sábio não diz: "Oráculo do Senhor". Contenta-se com um modesto: "Meu filho, presta atenção à minha sabedoria, dá ouvidos ao meu entendimento" (Pr 5,1). "Meu filho, guarda os preceitos de teu pai, não rejeites a instrução de tua mãe" (Pr 6,20). Não se trata de uma ciência infusa nem de uma palavra divina que vem sobre eles como veio sobre Amós ou Jeremias. Há pelo meio um *duro esforço de observação e reflexão.* "O Pregador (Coélet)... estudou, inventou e formulou muitos provérbios" (Ecl 12,9). "Meu avô Jesus, depois de dedicar-se intensamente à leitura da Lei, dos Profetas e dos outros livros dos antepassados, e depois de adquirir neles uma grande experiência, ele próprio sentiu necessidade de escrever algo sobre a instrução e a sabedoria..." (Prólogo do tradutor do Eclesiástico, Bíblia de Jerusalém, linhas 7-12). Por isso o resultado é "uma instrução de sabedoria e ciência, eis o que gravou nesse livro Jesus, filho de Sirac, Eleazar, de Jerusalém, que *derramou como chuva a sabedoria de seu coração*" (Eclo 50,27).

Experiência de séculos e reflexão pessoal se fundem na pessoa e na missão do sábio de Israel. Naturalmente não pode permanecer isolado de sua própria época, *da cultura que o rodeia*, da problemática provocada pelo contato com povos vizinhos, alguns tão cultos como o Egito, a Babilônia ou a Grécia. Quando o autor do Eclesiástico afirma que o sábio "viaja por países estrangeiros provando o bem e o mal dos homens", admite essa nova fonte de experiência e conhecimento.

Se algo, porém, foi-se impondo com toda a evidência em Israel é a ideia de que "toda sabedoria vem do Senhor" (Eclo 1,1). De Deus procedia o que fez famoso Salomão. De Deus procede todo verdadeiro conhecimento. Por isso o sábio de Israel, sobretudo nas últimas épocas, é um *homem profundamente religioso*, que "madruga para o Senhor e reza diante do Altíssimo" (Eclo 39,5), já que somente Deus pode "enchê-lo do espírito de inteligência" (39,6).

Um texto do Eclesiástico (ver quadro abaixo) reflete perfeitamente essa fusão de elementos aparentemente díspares: contribuição do passado e esforço do presente, preocupação pela lei divina e interesse pelos enigmas e provérbios, apego ao típico de Israel e abertura internacional, estudo e oração, análise minuciosa e súplica de perdão. Tudo isso sulca o campo e o prepara para ser fecundado pela sabedoria divina, os conselhos prudentes e os mistérios.

O sábio de Israel segundo Eclo 39,1-11

Aquele que se dedica completamente a meditar na lei do Altíssimo investiga a sabedoria de seus antecessores e estuda as profecias, examina as explicações de autores renomados e penetra em parábolas intricadas, busca o mistério dos provérbios e reflete sobre enigmas. Ele presta serviço perante os poderosos e se apresenta diante dos líderes, viaja por países estrangeiros provando o bem e o mal dos homens; ele se propõe a levantar cedo para o Senhor, seu Criador, e ora diante do Altíssimo, abre a boca para suplicar perdão por seus pecados. Se o Senhor desejar, ele será preenchido com espírito, com inteligência; Deus fará com que ele derrame palavras sábias, e ele confessará ao Senhor em sua oração; Deus guiará seus conselhos prudentes, e ele meditará em seus mistérios; Deus lhe comunicará sua doutrina e ensinamento, e ele se gloriará na lei do Altíssimo. Muitos louvarão sua inteligência, que jamais perecerá; sua memória nunca faltará, e sua fama viverá por gerações; as pessoas comentarão sua sabedoria e a assembleia pronunciará seu elogio; em vida, ele terá renome entre milhares, que será suficiente quando ele morrer.

Isso não anula a personalidade de cada autor. O contato com os livros sapienciais nos faz descobrir personagens muito diversos. Desde o ancião sensato e modesto em seu ensinamento até o ancião desencantado da vida, como o Coélet. Otimistas e pessimistas, serenos e apaixonados, homens refinados e outros de escassa cultura vão brotando ao longo destas páginas. Há o que sorri astutamente por trás de sua grande descoberta de que "mais vale morar no canto de um teto do que junto com uma mulher queixosa" (Pr 20,9), e o que formula com maravilhosa sobriedade: "Também entre risos chora o coração" (Pr 14,13). Para captar mais exatamente essa diversidade, é preciso considerar a evolução da sabedoria dentro de Israel.

2. A evolução da sabedoria

Num artigo sobre o tema, Marböck distinguiu quatro etapas: 1) humanismo internacional; 2) humanismo salomônico e a sabedoria mais antiga de Israel; 3) a crise da sabedoria em Jó e Eclesiastes; 4) a unidade da realidade na sabedoria posterior[102]. Seu modelo coincide praticamente com o que costumo usar para expor este tema e não serão necessárias muitas variações.

---

102. MARBÖCK, J. "Menschenweisheit und Offenbarung – Zur Entwicklung, und Bedeutung einer alttestamentlicher Literaturgattung". *TPQ*, 118, 1970, p. 28-34.

2.1 Humanismo internacional

A sabedoria é um fenômeno comum ao Antigo Oriente, anterior sem dúvida à existência do povo de Israel. No Egito, Mesopotâmia, Síria, a encontramos representada em numerosos provérbios, fábulas e poemas. Trata-se em grande parte de uma arte de escrever bem e de boa educação e governo, destinada principalmente aos nobres e aos príncipes. Não exclui, porém, uma problemática mais profunda nem um forte matiz religioso em certas ocasiões, ainda que às vezes se diga o contrário. Quem quiser conhecer textos dessas culturas relacionadas com a sabedoria bíblica pode consultar: M. Garcia Cordero, *La Biblia y el legado del Antiguo Oriente* (BAC 390), Madri, 1977, p. 577-634.

Curiosamente a Bíblia recolhe alguns desses testemunhos estrangeiros, demonstrando com isso o caráter internacional da sabedoria. No Livro dos Provérbios encontramos umas "Palavras de Agur, filho de Jaces, de Massa" (Pr 30), seguidas pelas "Palavras de Lamuel, rei de Massa, as quais lhe ensinou sua mãe" (Pr 31,1-9).

Máximas de Lamuel, rei de Massa, que lhe ensinou sua mãe

Não gastes tuas forças com prostitutas nem teu vigor com aquelas que corrompem reis.

Não é para reis, Lamuel, não é para reis se entregarem ao vinho, nem para governantes se entregarem à bebida,

pois bebem e esquecem a lei, e pervertem o direito dos desafortunados.

Dai bebida forte ao desamparado, e vinho ao amargurado;

que ele beba e esqueça sua miséria, que não se lembre de suas tristezas.

Abre tua boca pelo mudo, em favor do desamparado;

abre tua boca e julga com justiça, defendendo o pobre e o desafortunado.

2.2 A sabedoria israelita desde as origens até o século VI

Essa sabedoria oriental influenciou Israel desde tempos muito antigos. Prova é o famoso apólogo de Joatão (Jz 9,8-15), que alguns consideram a crítica mais feroz de todos os tempos ao sistema monárquico. No âmbito das famílias e clãs, existiram desde o começo ensinamentos simples sobre a amizade, a educação dos filhos, a hospitalidade e temas parecidos. Muitos deles se encontram atualmente no Livro dos Provérbios.

Segundo a tradição bíblica, foi em tempos de Salomão, porém, que mais se desenvolveu o fenômeno sapiencial dentro de Israel, por causa do contato com a cultura egípcia e da habilidade pessoal do rei. O Livro dos Reis o apresenta como o sábio por excelência, com uma sabedoria que "superou a dos sábios do Oriente e do Egito" (1Rs 5,10). Dois detalhes são interessantes nessa tradição. O primeiro, que a sabedoria é um dom que se pede a Deus (1Rs 3,1-14) e que Ele concede (1Rs 5,9). O segundo, que a sabedoria abarca aspectos muito distintos: o governo do povo e a administração da justiça (1Rs 3,5-12.16-28), a capacidade de tomar decisões adequadas, como a construção do Templo (1Rs 5,21), e o conhecimento enciclopédico (1Rs 5,9-14; 10,1-9). Ainda que os dados possam ter sido exagerados, respondem a uma realidade de base[103].

Outro enfoque desta sabedoria inicial está no que os romanos chamavam "a história é mestra da vida". Trata-se de inculcar uma série de princípios de conduta por meio de personagens históricos ou fictícios, colocados em situações instrutivas. Von Rad sublinhou esse aspecto sapiencial nos capítulos do Gênesis referentes à história de José[104]. Através das peripécias do protagonista o leitor aprende a confiar em Deus no meio das dificuldades, a manter-se firme nas tentações, a perdoar aos irmãos que o venderam. Também Whybray[105] destacou este aspecto sapiencial na história da sucessão ao trono de Davi (2Sm 9–20; 1Rs 1–2), embora, em minha opinião, tenha sido demasiado unilateral[106]; penso que os aspectos políticos excedem os sapienciais nessa obra. Em parte, porém, tem alguma razão.

E isso demonstra um detalhe que não convém esquecer: *a literatura sapiencial de Israel não se limita aos cinco livros "sapienciais"*, mas aparece

---

103. Sobre o tema, cf. SCOTT, R. B. Y. "Solomon and the Beginning of Wisdom in Israel". *SVT*, III, p. 262-279. ALT, A. "Die Weisheit Salomos". *TLZ*, 76, 1951, p. 139-144 = *Kleine Schriften*, II, p. 90-99.

104. VON RAD, G. "La historia de José y la antigua hokma". *Estudios sobre el Antiguo Testamento*, p. 255-262.

105. WHYBRAY, R. N. *The Succession Narrative*. Londres, 1968.

106. Cf. tb. a crítica de GUNN, D. M. *The Story of King David* (Sheffield, 1978), esp. p. 26-30 [*JSOT* Suppl. series, 6].

também nos livros narrativos e proféticos, e nos Salmos[107]. Atualmente, dentro dos livros tipicamente sapienciais não sobra muito material dessa época. Somente algumas partes do Livro dos Provérbios (do capítulo 10 ao 29 principalmente), ainda que se possa admitir que alguma coisa ou bastante do Eclesiástico proceda da época monárquica ou se inspire nela. Se nos limitarmos às seções dos Provérbios, podemos dizer em linhas gerais que a sabedoria desse primeiro momento se caracteriza pela carência de ambições filosóficas e teológicas, e por seu marcante otimismo. Utiliza sobretudo a forma breve do provérbio ou do refrão[108]. Os temas que mais lhe interessam são a prudência, a honradez, a modéstia, a laboriosidade, a confiança em Deus, a caridade. Negativamente, a tagarelice, a preguiça, o orgulho, a soberba, a violência.

> Um bom exercício seria ler os capítulos 10–24 do Livro dos Provérbios, assinalando com uma cruz os provérbios mais interessantes ou curiosos. Sugiro alguns: 10,10.12; 12,1.9; 13,7.24; 14,20.31; 15,17; 16,32; 17,1.12; 19,17; 20,10.14.22; 21,17; 23,13s.; 24,30-34. É possível que esse simples exercício o ajude a voltar a ler essas páginas tão desconhecidas da Bíblia.

2.3 A crise dos séculos V-III

O termo "crise" é inexato se o interpretamos no sentido de uma falta de interesse pela sabedoria. Nesta época surgem as duas obras mais impressionantes de todo o movimento sapiencial de Israel: o Livro de Jó e o do Eclesiastes (Coélet). O que acontece é que esses dois escritos põem em dúvida a validade dos resultados conseguidos por seus predecessores e se distanciam de seu otimismo. Por isso podemos falar de uma crise da sabedoria. Crise, porém, que é enriquecimento, aprofundamento nas mais graves questões da existência, desejo de penetrar no mistério, luta incansável pela busca da verdade.

---

107. Uma exposição detalhada sobre este tema em ALONSO SCHÖKEL, L.; VÍLCHEZ, J. *Proverbios*. Madri, 1984, p. 64-68.

108. É um tema interessantíssimo, mas complexo, o da formulação destes provérbios. Um estudo mais minucioso pode-se ver em ALONSO SCHÖKEL, L.; VILCHEZ, J. *Proverbios*, esp. p. 117-150.

É possível que essa crise tenha antecedentes remotos. Quando o Profeta Jeremias, em fins do século VII provavelmente, faz a Deus a pergunta: "Por que prosperam os ímpios e vivem em paz os traidores?" (12,1), está demonstrando seu desacordo com o otimismo do ensinamento tradicional, presente em frases como estas: "A casa do malvado se arruína, a tenda do honrado prospera" (Pr 14,11); "na casa do honrado há abundância, a renda do malvado se dissipa" (Pr 15,6; cf. tb. Pr 10,3.9.16.24.25.27.28.30; 12,2.12s.; 13,25; 14,11; 15,6 etc.). A experiência, grande mestra de sabedoria, demonstra que isso nem sempre acontece.

Haverá pessoas angustiosamente apegadas à doutrina anterior, temendo perder sua fé em Deus e na justiça divina. Elifaz, um dos amigos de Jó, repete com seus antepassados: "A vida do ímpio é um tormento contínuo, e poucos são os anos reservados ao tirano; escuta ruídos que o espantam; quando está em paz, assalta-o o bandido; não tem esperança de retornar das trevas e sente-se destinado ao fio da espada; é marcado para ser pasto dos abutres e sabe que sua ruína é iminente. O dia tenebroso o aterroriza, a tribulação e a angústia o acometem, como um rei disposto ao ataque" (Jó 15,20-24).

Mas Jó não se contenta com essas frases feitas, contrárias a toda evidência. Formula a mesma pergunta de Jeremias: "Por que os ímpios continuam a viver, e ao envelhecer se tornam ainda mais ricos?" (Jó 21,7). Sua resposta, muito longa para transcrevê-la, constitui uma das páginas mais amargas e realistas do Antigo Testamento, descrevendo o maravilhoso bem-estar dos que se rebelam contra Deus (21,8-33). Por isso o versículo final representa uma crítica radical a toda a sabedoria anterior: "Que significam, pois, essas vãs consolações? Se nas vossas respostas não há mais que perfídia!" (21,34).

Provavelmente esse problema da injustiça, do sofrimento em nosso mundo, foi o que mais diretamente influenciou na crise do movimento sapiencial em Israel, arrastando consigo toda uma constelação de problemas. Voltando ao caso de Jó, o ponto de partida é o sofrimento do protagonista, que perde seus filhos, toda sorte de bens, e sofre de uma grave enfermidade. Mas Jó não se fecha em si mesmo. De sua angústia passa para o sofrimento de todo o mundo, para o absurdo da vida e para a atitude incompreensível, e inclusive de ódio a Deus, que se compraz fazendo o mal: "Se uma calamidade semear morte repentina, ele se ri do desespero dos inocentes" (9,23). Jó não duvida de que Deus seja poderoso e inteligente: "Ele possui sabedoria e poder, dele é o conselho e o entendimento" (12,13). Mas essas qualidades as põe a serviço da destruição, da humilhação e da morte (12,14-25).

Definitivamente, a crise sapiencial é uma crise da ideia de Deus. Interdita esta ideia de Deus "tapa-buracos" e "explica-tudo" que propunham os antepassados. Por isso esta crise só tem uma saída possível: encontrar uma nova imagem de Deus, que substitua a anterior. Jó, no fim do livro, formula esta experiência de forma magnífica. Falando com Deus lhe diz: "Conhecia-te só de ouvido, mas agora viram-te meus olhos" (42,5). Este novo conhecimento de Deus torna possível reestruturar todas as experiências negativas com aceitação, humildade e alegria. A sabedoria, que tinha entrado em crise, é salva por uma sabedoria superior, através da luta com o mistério e a blasfêmia.

Coélet representa um modo totalmente distinto de entrar na crise. Não a partir da dor, mas do fastio. A ficção literária apresenta o protagonista como rei de Jerusalém e filho de Davi; ainda que não mencione expressamente Salomão, o autor certamente pensa nele. E nos fala de seu esforço inicial para conseguir a sabedoria, que termina com a amarga constatação de que "a sabedoria e o saber são loucura e tolice" (1,17). Começa então a experiência do prazer e da alegria, da frivolidade e da riqueza. "Então examinei todas as obras de minhas mãos e o trabalho que me custou para realizá-las, e eis que tudo era vaidade e correr atrás do vento, e nada havia de proveitoso debaixo do sol" (2,11). E assim "meu coração ficou desenganado de todo o trabalho com que me afadiguei debaixo do sol" (2,20).

Não pensemos, porém, que o desencanto de Coélet se concentre no prazer e no bem-estar fundamentalmente. Para ele o que está mais em crise é a sabedoria, a capacidade de orientar a vida e de dar-lhe um sentido. A experiência o levou a um profundo pessimismo e ceticismo. Duvida de tudo: da justiça, da capacidade dos governantes, do esforço humano, do ensinamento tradicional, da reta ordem do mundo. Nada fica em pé diante da sua crítica implacável. A realidade da morte, porém, é que elimina da maneira mais absoluta qualquer sentido para a vida. Esta é a ideia obsessiva do Eclesiastes, fato de que ninguém escapa e que anula a consistência de qualquer de nossas empresas.

Não obstante, Coélet acha uma saída para o problema. Não no estilo de Jó, por meio de um novo conhecimento de Deus, mas de forma aparentemente mais profana e secular, optando pelo prazer simples e cotidiano: "Exalto a alegria, pois não existe felicidade para o homem debaixo do sol, a não ser o comer, o beber e o alegrar-se; é isso que o acompanha no seu trabalho nos dias da vida que Deus lhe dá debaixo do sol" (8,15). Não se trata de uma frase solta, mas de um motivo condutor que se repete ao longo da obra com força crescente (2,24; 3,12.22; 5,17; 9,7-10). Certamente, quem incluiu esta obra no cânon dos livros inspirados deve ter visto nela mais do que simples sabedoria humana. Consideraram-na Palavra de Deus, fato curioso e sugestivo. Porque, como em Jó, o que parece ter entrado em crise para o Eclesiastes é, sem dúvida, a ideia de Deus. Com a diferença de que esse autor não se lança impetuosamente para ele, não provoca um diálogo, não se queixa nem discute. Deus não parece um tu próximo, mas um ele distante, "que deu aos homens uma triste tarefa para que se preocupem com ela" (1,13). Até quando fala de seus dons, Deus continua distante, impenetrável.

Apesar de tudo, este Deus distante é também o Deus real, o Deus da revelação. Aquele que só transmite como dom seu a alegria da juventude, do vinho, da amizade... Era impossível descer em nível religioso mais baixo, pensarão alguns. Mas quem sabe não haja nesse livro uma profunda honestidade religiosa. Não a espiritualidade falsa e estereotipada de quem presume ver Deus em tudo, mas a do sábio modesto e desencantado que se contenta em continuar crendo em Deus, apesar de todas as desilusões da vida.

Jó e Eclesiastes, cada um no seu estilo, constituem exemplos admiráveis de honestidade intelectual e de interesse pelo mistério das relações de Deus com o homem e com o mundo. De ambos pode-se dizer o que Alonso Schökel escreve a propósito do segundo: "Nele, a sabedoria se esgota, chega à beira do abismo; assim encontra seu limite e se salva"[109].

2.4 A etapa final

É representada por duas obras que somente os católicos admitimos como canônicas: Eclesiástico (conhecido também como Ben Sira ou Sirácida) e Sabedoria[110]. Ainda se deve acrescentar a seção inicial do Livro dos Provérbios (Pr 1–9), composta nesta última etapa, embora antes dos dois escritos precedentes.

---

109. ALONSO SCHÖKEL, L. *Eclesiastés y Sabiduría*, p. 14.

110. Sobre esse livro J. Vílchez publicou um excelente e amplo comentário: *Sabiduría*. Estella: Verbo Divino, 1991.

Que supõem estas obras dentro da literatura sapiencial? Destacaria três pontos mais interessantes: a atitude diante da cultura grega, a importância crescente da história e a personificação da sabedoria.

A reação à cultura grega

Desde Alexandre Magno se difundia esse fenômeno capital que conhecemos com o nome de *helenismo*, que abrange aspectos bem diversos, da arte à filosofia. Nenhuma região importante, nenhuma capital se viu livre de sua influência. Tampouco Judá. E muitos correram o risco de supervalorizar esta nova cultura, enfraquecendo a riqueza de sua própria tradição. Além disso havia o perigo de não apreciar devidamente toda a contribuição positiva da cultura helenista. Esta postura ambivalente influenciará e condicionará a reflexão sapiencial dos últimos séculos. Todos os autores admitem que a cultura grega provoca uma reação no movimento sapiencial de Israel, mas diferem na dosagem que distribuem a cada um dos autores bíblicos.

Di Lella[111] expõe um ponto de vista interessante. Antes de tudo, define os conceitos de conservadorismo e progressismo. A primeira postura seria a de quem pretende preservar ou manter inalteradas as verdades e respostas do passado como única solução adequada para os problemas presentes. O progressismo seria a tendência a examinar, reformular e adaptar as verdades e respostas do passado para que continuem sendo válidas. Analisando os livros do Eclesiástico e da Sabedoria, fixa-se em três temas: 1) a atitude diante da doutrina filosófica grega; 2) a antropologia; 3) a retribuição nesta vida e na futura. Que atitude tomam nossos autores diante destas questões?

Ben Sira busca as respostas no passado (2,10) e o exalta (44,1–50,21); ataca os que se deixam seduzir pelo helenismo (2,12; 41,8), não usa os métodos da educação grega e rejeita sua filosofia (3,20-23). A sabedoria só existe em Israel (1,26s.; 24,8-10). Em sua antropologia usa os termos tradicionais com seu sentido habitual e não aceita o dualismo grego. Quanto à retribuição, defende que o bem produz a prosperidade e não há prêmio nem castigo na outra vida.

---

111. DI LELLA, A. A. "Conservative and Progressive Theology: Sirach and Wisdom". *CBQ*, 28, 1966, p. 139-154.

O autor do Livro da Sabedoria não tenta conciliar judaísmo e helenismo, mas se adapta. Usa uma linguagem e umas fórmulas novas, conhece a ciência e a filosofia grega. Em sua antropologia existe certa ambiguidade de termos, mas aceita o dualismo corpo-alma. Por último, aceita a ideia da retribuição na outra vida, convertendo-a num de seus argumentos principais (2,1–3,8; 4,7–5,16).

Esta apresentação de Di Lella coincide em linhas gerais com ideias muito difundidas entre os comentaristas. Já Smend indicava em seu comentário de 1906 que a insistência do capítulo 1 do Eclesiástico em dizer que toda sabedoria vem do Senhor (v. 1), o princípio da sabedoria é temer o Senhor (v. 14), a plenitude da sabedoria é temer o Senhor (v. 16), a coroa da sabedoria é conhecer o Senhor (v. 18), a raiz da sabedoria é temer o Senhor (v. 20), constitui "uma declaração de guerra do judaísmo ao helenismo"[112]. Entretanto, convém recordar que nem todos os autores interpretam os dados da mesma forma. O minucioso estudo de Middendorp termina com estas palavras: "Na minha opinião, a importância de Ben Sira para seu tempo está na tentativa de lançar uma ponte entre a educação grega e as antigas tradições judaicas"[113]. Sem negar uma tendência anti-helenista em certos aspectos, ele apresenta sua atitude de uma maneira muito mais positiva.

Resumindo este primeiro ponto, devemos admitir que a cultura grega, com sua influência crescente, causou profundo impacto na corrente sapiencial de Israel, embora não possamos estimar com plena objetividade o alcance desta influência.

A importância crescente da história

É quase um lugar-comum falar do escasso ou nulo interesse da antiga sabedoria israelita pela história de seu povo, e inclusive pela história em geral. Segundo muitos autores, nisto mostra a mesma tendência da sabedoria internacional, que pretende ser atemporal e anistórica. Schmid se manifestou claramente contra esta interpretação[114]. Analisando a sabedoria

---

112. SMEND, R. *Die Weisheit des Jesus Sirach,* 1906, p. XXXIII.

113. MIDDENDORP, T. *Die Stellung Jesu ben Siras zwischen Judentum und Hellenismus.* Leiden, 1973, p. 174.

114. SCHMID, H. H. "Wesen und Geschichte der Weisheit". *BZAW*, 101. Berlim, 1966.

egípcia, mesopotâmica e israelita, chegou à conclusão de que a sabedoria destes povos não é uma coisa nem outra. Está profundamente enraizada na vida e muda à medida que mudam os acontecimentos. Nisto devemos dar-lhe razão.

O problema, porém, não está aí. Embora a antiga sabedoria de Israel estivesse plantada na vida e na história, todavia nunca a converteu em objeto claro e professo de sua argumentação ou reflexão. Dito em outras palavras: é inútil buscar nas épocas precedentes capítulos como os de Eclo 44–50, que repassam a história de Israel, ou uma meditação sobre o que aconteceu no Egito, como aparece em Sb 11–19. A história convertida em motivo de louvor ou de ensinamento é algo novo dentro da sabedoria de Israel. Talvez houvesse nisto também certa influência grega, sobretudo na semelhança entre Eclo e o "elogio aos varões ilustres". Mas Israel tinha uma grande tradição de louvar a Deus pela história e de descobrir nela seus benefícios. Talvez a novidade mais surpreendente seja o relevo que adquirem os homens dentro desta exposição. Curiosamente o autor da Sabedoria acaba parecendo mais judeu e tradicional do que o do Eclesiástico.

A personificação da sabedoria

Aqui devemos incluir fundamentalmente Pr 1–9; Eclo 24; 51,13-30; Sb 6–9. Quem ler esses textos terá a impressão imediata de estar diante de um mundo novo. A sabedoria não é um conjunto de conhecimentos nem uma forma de atuar, mas uma pessoa concreta que chama, busca, ama. E, o que parece mais desconcertante, como uma pessoa que existe desde antes da criação. Esses textos estão minados de enigmas: seria absurdo querer desvendá-los em poucas linhas. Mas pelo menos devemos indicá-los.

Primeiro problema: evolução desta ideia. Como se chegou a personificar a sabedoria? A resposta dos comentaristas varia bastante. Uma das mais claras é a de Whybray[115]. Para ele a sabedoria passa por três etapas.

Durante a primeira, representada por Jó 28, se converte num objeto de imenso valor, inacessível ao homem; ainda não foi personificada, mas está a caminho de o ser.

---

115. WHYBRAY, R. N. *Wisdom in Proverbs*. Londres, 1965, p. 11s.

A segunda etapa, representada por Pr 1–9, especialmente 1,20-33; 8,1-35; 9,1-6, onde ela aparece como uma mulher que fala em público, convidando os inexperientes, acusando os rebeldes, preparando um banquete para os amigos.

2ª etapa: A sabedoria como mulher (Pr 9,1-6)

¹A Sabedoria construiu sua casa, esculpiu sete colunas,

²matou seus animais, misturou o vinho e preparou a mesa,

³enviou suas servas para proclamá-la nos pontos altos da cidade.

⁴A quem é ingênuo, venha aqui; ao tolo quero falar:

⁵Vinde comer dos meus pratos e beber o vinho que preparei.

⁶Abandonai a ingenuidade e vivereis, segui o caminho da prudência.

A terceira etapa é representada pelos textos de Eclesiástico e Sabedoria; segundo Whybray, a sabedoria é aqui "uma hipóstase ou ser divino, criado por Deus e dependente dele, mas com existência própria".

3ª etapa: A sabedoria como ser divino (Eclo 24)

³Saí da boca do Altíssimo e como névoa cobri a terra,

⁴habitei nos céus com meu trono sobre coluna de nuvens;

⁵sozinha rodeei o arco do céu e caminhei pelas profundezas do abismo,

⁶regi as ondas do mar e os continentes e todos os povos e nações.

⁷Entre todos eles busquei onde descansar e uma herança onde habitar.

⁸Então o criador do universo me ordenou, aquele que me criou estabeleceu minha residência: "Reside em Jacó, sê Israel tua herança".

¹⁰Na santa morada, em sua presença ofereci culto e em Sião me estabeleci;

¹¹na cidade escolhida ele me fez descansar, em Jerusalém reside meu poder.

(Aconselho ler todo o capítulo 24 do Eclesiástico)

Nem todos os autores, porém, admitem esta evolução tão clara. Especialmente quem não aceita a ideia de hipóstase para a sabedoria. Isso nos leva ao:

Segundo grande problema: o terminológico[116]. Qual é o termo adequado? Personificação, metáfora, hipóstase? Impossível chegar a um acordo. Whybray, ao admitir diversas etapas, pode utilizar diversos termos. Mas Von Rad, por exemplo, recusa-se terminantemente a falar de hipóstase: "Esta noção não favorece a compreensão dos textos de que aqui nos ocupamos, pois não faz justiça a seus elementos específicos; e, menos ainda, porque induz ao erro"[117].

Terceiro problema: origem cultural deste tema. Baseia-se em tradições ugaríticas ou cananeias, como pensava Albright, ou em concepções egípcias, como defendem Kayatz, Von Rad e outros? Aqui podemos constatar uma concordância cada vez maior em salientar a contribuição típica de Israel. Ainda que haja conceitos e imagens estrangeiras na base desses capítulos, é muito mais importante e nova a contribuição própria de Israel.

Acima de todas as discussões e debates, algo deve ficar bem claro. A sabedoria adquire nesta última etapa umas características diversas. Apresenta-se de maneira distinta, mais pessoal. E isto terá grande repercussão na teologia do Novo Testamento, que verá em Jesus a sabedoria de Deus encarnada (1Cor 1,24; Cl 1,15-17; Hb 1,3).

3. Bibliografia

Essas ideias podem ser completadas com o livro de VÍLCHEZ, J. *Sabiduría y sabios en Israel*. Estella: Verbo Divino, 1995.

Muito mais amplo o estudo de MORLA, V. *Libros sapienciales y otros escritos*. Estella: Verbo Divino, 1994.

Um artigo introdutório muito interessante é ZIENER, G. "La sabiduría del Antiguo Oriente, norma de conducta para la vida". In: SCHREINER, J. *Palabra y mensaje del AT*, p. 347-363. No livro de ALONSO SCHÖKEL, L.; VÍLCHEZ, J. *Proverbios*. Madri: Cristiandad, 1984, há dois ótimos trabalhos introdutórios à literatura sapiencial. O primeiro é um ensaio de Alonso Schökel sobre o tema (p. 17-37). O segundo uma "História da investigação sobre a literatura sapiencial" de Vílchez (p. 39-82) e ampla referência (p. 83-91). Em *Introducción crítica al Antiguo Testamento,* editado por H.

---

116. MARCUS, R. "On biblical Hypostases of Wisdom". *HUCA*, 23, 1950/1951, p. 157-171.

117. VON RAD, G. *La sabiduría en Israel*. Madri, 1973, p. 193, nota 3.

Cazelles, há dois capítulos interessantes: "Visão geral sobre o fenômeno sapiencial" (p. 579-585) e "Escritos da sabedoria oriental" (p. 585-615), além de ampla introdução a cada livro sapiencial.

A obra mais profunda é VON RAD, G. *La sabiduría en Israel*. Madri: Fax, 1973 [Ediciones Cristiandad realizou mais tarde uma nova tradução dessa obra]. Aconselho especialmente a leitura das páginas 42-74, sobre as "Formas de expressão do conhecimento".

A história do movimento sapiencial em Israel foi exposta recentemente por PERDUE, L. G. *The Sword and the Stylus – An Introduction to Wisdom in the Ages of Empires*. Grand Rapids: Eerdmans, 2008. Ver também PERDUE, L. G. *Wisdom Literature: A Theological History*. Louisville, 2007.

22
O Livro de Jó

Este capítulo pretende introduzir uma das obras mais apaixonantes da literatura sapiencial: o Livro de Jó. Em vez de utilizar um método clássico, ocorreu-me imaginar uma entrevista com seu autor. Através dela ficariam claros, e de forma mais amena, os problemas do livro. Para o leitor de mentalidade cartesiana, amante de ideias claras e distintas, deixo no fim um resumo ordenado do desenvolvimento da obra.

1. Entrevista com o autor

O senhor escreveu um dos livros mais famosos da literatura universal sobre um tema apaixonante: o problema do mal. O que o motivou para isto?

É difícil dizê-lo. Por que alguém se põe o problema do mal? Será porque experimenta momentos difíceis? Ou porque percebe o sofrimento de seus semelhantes? Há muitas circunstâncias que o obrigam a enfrentá-lo.

Contudo para o senhor a questão não está no fato de existir uma série de situações trágicas, mas no modo de conciliá-las com a existência de um Deus que nos criou e se interessa por nós.

Sim, esse é o grande problema.

Conseguiu solucioná-lo?

Creio que ninguém o possa fazer. Mas temos a obrigação de enfrentá-lo e procurar respostas, ainda que nenhuma nos satisfaça plenamente.

Deixemos este tema para mais adiante. Seu livro é dos mais famosos. Crê o senhor que as pessoas o leem? Não acontece com o seu personagem o mesmo que a Sísifo, Prometeu, Hamlet, Fausto, de quem se fala muito sem saber realmente o que significam?

346 Tema V – Livros sapienciais e poéticos

Sim. Jó é um dos personagens mais famosos e menos conhecidos. Muitos têm dele uma ideia completamente falsa. Falam dele como do "justo paciente", quando melhor seria defini-lo como "o justo rebelde".

O que determinou esta interpretação errônea?

Grande parte é culpa minha. Concebi a obra de forma um tanto curiosa, com uma introdução e um final em prosa, situando no meio uma grande seção poética. Aconteceu o inevitável. Poucos apreciam a poesia. A leitura ia normalmente até o capítulo terceiro, quando começa a poesia, e daí se pulava tranquilamente para o capítulo quarenta e dois, ficando com uma visão muito ambígua do protagonista.

Ao falar de capítulos, entende a divisão atual ou a que o senhor concebeu?

Será mais cômodo para os leitores de sua entrevista se nos fixarmos na divisão atual.

O senhor está dizendo que o prólogo e o epílogo dão uma imagem de Jó distinta da que aparece na seção poética. Não lhe parece estranho?

Aí reside a ironia da obra. O Jó paciente, que aceita o sofrimento, que não fala mal de Deus quando perde tudo, termina transformando-se num personagem rebelde, sarcástico, blasfemo.

Mas no fim acaba como começou: humilhando-se diante de Deus.

Esta é uma interpretação muito superficial. A humildade de Jó no fim da obra é muito diferente da que manifesta no começo. Antes aceita a perda dos entes queridos, de seus bens, de sua saúde. No fim aceita que não tem razão quando discute com Deus. Isto supõe uma humildade muito mais profunda. Por outro lado, não creio que a evolução principal do protagonista consista em chegar a uma humildade mais profunda. O importante é que alcança um novo conhecimento de Deus. "Conhecia-te somente de ouvido, agora conhecem-te os meus olhos!"

Por que pensa que isso é o essencial?

Pela própria colocação do problema. O que está em jogo não é o sofrimento enquanto tal, mas a possibilidade de conciliá-lo com a existência e a bondade de Deus. Se não mudarmos a imagem que temos dele, nada solucionamos.

Por que disse que concebeu a obra de forma um tanto curiosa?

A originalidade estaria em dois níveis: colocação do problema e estrutura. O tema da pessoa boa que sofre já o haviam colocado muitos outros anteriores. Uns buscam a solução de um ponto de vista "religioso": a humildade, a paciência, a súplica são o único remédio para que os deuses devolvam a felicidade e se superem as provações.

Por que "os deuses"?

Estou falando de obras escritas fora de Israel, em ambientes politeístas. Ao lado desta primeira postura, "religiosa", existe outra, exclusivamente "intelectual". Nela, o que realmente importa é debater o problema, buscando uma justificação lógica; o protagonista não se socorre da oração ou de outras atitudes piedosas.

Qual das duas posturas é mais correta?

Ambas têm suas vantagens e inconvenientes. A atitude puramente religiosa pode levar a uma série de ideias errôneas sobre Deus ou a uma tentativa de defendê-lo com "mentiras e injustiças". Fabrica uma teologia à base de "máximas de argila e provérbios de pó", como se queixa Jó de seus amigos. Quanto à postura exclusivamente intelectual, pode conduzir a um desacerto absoluto diante do problema e a um maior pessimismo. O amigo do protagonista, imbuído da "teodiceia babilônica", começa defendendo os deuses e acaba atacando-os. Um dos elementos importantes em meu livro é que dou acolhimento às duas posturas. Jó ora se humilha, ora se revolta, discute e rebate os argumentos inválidos.

Até agora falou da originalidade na colocação do problema. Em que consiste a originalidade da estrutura?

Na fusão de elementos bem distintos. A obra começa com um prólogo em prosa, falando de Jó, de sua riqueza, de sua honradez, de sua fidelidade a Deus. Mas tudo será colocado à prova, quando satanás conseguir a permissão de Deus para o tentar.

Ao falar de satanás, tem presente o satanás dos cristãos?

Não exatamente. Penso num personagem da corte celeste, que dialoga com Deus quase como um amigo. Como lhe dizia, satanás consegue permissão para tirar de Jó seus filhos, seus bens e sua saúde. Jó não protesta. Introduzo, então, um tema frequente neste tipo de obras: o dos amigos que acodem a consolar o protagonista.

Elifaz, Baldad e Sofar?

Exatamente. É quando começa a ação. Na realidade não há ação, mas entramos em cheio no debate do tema. Esta parte, muito extensa, a concebi em três grandes rodadas de reflexões. Começa Jó, responde Elifaz; fala Jó, responde Baldad; fala Jó, responde Sofar. E assim, por três vezes consecutivas.

Isto significa um total de nove discursos de Jó e três de cada amigo. Não lhe parece um tanto desproporcionado?

É questão de gosto. Do meu ponto de vista, Jó é quem tem as coisas mais importantes para dizer. A desproporção fica justificada.

Logo voltaremos sobre este debate de Jó com os amigos. Prefiro que agora continue com a estrutura da obra.

O debate termina num fracasso absoluto. Os amigos não convencem Jó, mas também não saem convencidos de que ele tenha razão. A discussão, intelectual e teológica, não soluciona o problema. Começa, então, a segunda parte da seção poética: um diálogo entre Jó e Deus.

Antes que Deus responda, intervém um personagem desconhecido até agora, Eliú. Muitos comentaristas de sua obra pensam que estes capítulos quebram a estrutura, já que o Senhor não os escreveu.

Vamos prescindir por um momento deste tema. Prefiro que os leitores tenham uma ideia da estrutura. Aos dois longos discursos de Deus segue-se uma confissão de Jó, onde este afirma finalmente conhecer a Deus de verdade. E a obra termina como começou, em prosa. Deus dá razão a Jó diante de seus amigos, devolve-lhe todos os seus bens em dobro, para que viva em paz até o fim de seus dias.

O típico final feliz. Parece-lhe adequado para uma obra tão crítica?

Falaremos disso mais adiante. Deixe-me antes terminar a questão da estrutura. Resumindo brevemente: um prólogo em prosa, para a colocação do problema; uma primeira parte poética, em que Jó e seus amigos o debatem em rodadas de discursos; uma segunda seção poética, em que Jó e Deus são os protagonistas; e o final em prosa.

Comparada a obras semelhantes, parece muito original. Mas está satisfeito com o resultado? A terceira rodada do debate entre Jó e seus amigos sofreu muitas alterações; o capítulo 28 parece um tanto enigmático para muitos leitores; os discursos de Eliú interrompem o diálogo entre Jó e Deus.

Aqui há dois problemas. Um, o da transmissão do texto. Não tenho culpa de que os copistas tenham mudado inadvertidamente a ordem de algumas páginas, provocando uma grande confusão na terceira rodada do debate. Outro problema é o da "propriedade intelectual". Hoje todos estão acostumados ao respeito que se deve aos direitos do autor, e consideram inadmissível que se acrescente ou se retire qualquer palavra ou frase do texto original. No meu tempo não era assim. Parecia normal que alguém acrescentasse páginas inteiras a uma obra alheia, quando supunha contribuir com algo interessante para o assunto em questão. Com isto quero dizer que me considero responsável pela estrutura básica do texto, não por todos os detalhes da obra atual.

De qualquer maneira, quanto mais leio seu livro, mais forte é a impressão de que é uma obra inacabada. Como se tivesse faltado tempo para o arremate final.

Nenhum autor fica completamente satisfeito com o que escreve. Tudo é perfectível. Tanto mais que não dispúnhamos, então, de papel, computador e todos os outros expedientes modernos. Não se faz ideia hoje do esforço despendido para redigir uma obra extensa naquelas condições. Melhorar uma frase, muito mais um discurso ou uma seção do livro, supunha grande quantidade de tempo e um gasto considerável. Com estes pressupostos, concedo-lhe que a obra poderia ter ficado mais completa.

Uma última pergunta sobre a estrutura. Lendo o debate entre Jó e seus amigos (a primeira parte da seção poética), tenho uma sensação de que as ideias se repetem demais. Não seria preferível uma só rodada, em vez de três?

Reconheço que meu projeto era muito ambicioso. Talvez tivesse saído melhor se o tivesse enfrentado mais modestamente. Mas, olhando-o de um ponto de vista positivo, creio que consegui reproduzir o cansaço que provocam os debates intelectuais, por mais importante que seja o tema. Suponho que já tenha participado de reuniões em que as ideias vão se repetindo em todas as intervenções, sem se avançar um milímetro durante horas.

E para concluir se convoca uma nova reunião.

É o que fazem Jó e seus amigos. Eles se repetem, porque quero mostrar a pobreza de seus argumentos. Jó, porém, não se repete. Insiste em algumas ideias, mas seus discursos trazem sempre algo de novo.

O que lhe parece mais criticável na postura dos amigos?

Seu simplismo teológico. Agarram-se à tradição, sem pôr em questão a validade de suas teses. Sua intenção é boa; desejam consolar Jó. Quando veem que não conseguem, tentam pelo menos salvar a justiça de

Deus e sua forma de agir. Mas isto não basta.

Não os terá tratado de maneira muito simplista?

Não creio. Encontrei estas atitudes em muitas pessoas; ainda hoje elas sobrevivem. Diante do problema da dor, do sofrimento, do mal, desculpam a Deus acusando o homem de ter pecado. Esta relação tão direta entre sofrimento e pecado é que não estou disposto a aceitar.

Mas Jó se reconhece pecador.

Sem dúvida, e me alegro que o tenha lembrado. Alguns dizem que Jó se considera totalmente inocente. Não é verdade. Em diversos momentos reconhece suas faltas e seus pecados. Mas nega que exista proporção entre esses pecados e o terrível sofrimento. Por outro lado, a relação entre pecado e castigo, um princípio básico da teologia tradicional, está na contramão da experiência. Jó o afirma no capítulo 21, quando fala da prosperidade dos maus.

O senhor não vê nada de positivo na teologia tradicional dos amigos?

Até que poderia concordar com algumas ideias isoladas, mas rejeito sua atitude global. É superficial, ingênua. Não conseguem defender a Deus e terminam irritando mais ainda a quem sofre.

De fato, Jó somente critica a Deus quando os amigos tentam consolá-lo com seus argumentos.

Conseguem o que satanás queria desde o início. E aí está a triste ironia: os defensores de Deus acabam se convertendo em instrumentos de satanás. As mentiras ferem mais do que qualquer tipo de sofrimento. E a teologia dos amigos está infestada de "mentiras e injustiças".

Acha que a teologia atual merece a mesma crítica?

Estranharia muito que não acontecesse também hoje, sobretudo num tema tão candente como este.

No debate com os amigos, Jó se revolta terrivelmente com Deus. Algumas de suas afirmações beiram a blasfêmia.

Por exemplo?

Quando diz que, "se uma catástrofe semeia morte repentina, Deus se ri da desgraça dos inocentes". As catástrofes sempre provocam solidariedade, inclusive de pessoas de ideologias opostas. Na opinião de Jó, o único que se dispensa desta solidariedade é Deus.

Parece-lhe estranho que Jó diga isto?

É blasfemo.

Mas muitas pessoas pensam assim, ainda que não se atrevam a dizer nem, muito menos, a escrever. Nisto reside um outro aspecto essencial da questão: o problema do mal nos dá medo. Por isso tentamos evitá-lo. Hoje, por exemplo, há o problema da fome no mundo. Uma solução fácil é culpar as grandes potências de egoísmo e os governantes dos países do Terceiro Mundo de gastar nas forças armadas o que poderiam dedicar para melhorar o nível de vida de seus cidadãos. Tudo isto está certo. Mas, enquanto ficamos só com este raciocínio, não agarramos o touro pelos chifres. Porque o responsável último pela criação é Deus. Por que tolera essas injustiças? Por que não intervém?

Jó, porém, diz mais ainda. Afirma que Deus "se ri da desgraça dos inocentes".

É a impressão que uma pessoa comum tem. Eu mesmo tive. É o que quis refletir num momento da obra. Por outro lado, não se pode julgar uma frase isolada, sem ter presentes os diversos estados de espírito por que passa Jó.

É claro que a solução dos amigos não o convence. O que propõe o senhor?

Procurei manifestá-la nos discursos de Deus.

Mas estes discursos parecem desconcertantes, não tratam do problema do mal nem dizem uma palavra sequer sobre o sofrimento de Jó. Só falam do céu, das estrelas, da chuva, de uma série de animais... Um comentarista chegou a dizer: "Deus despeja sobre o pobre Jó três horas de aula sobre ciências naturais!" Outros são muito mais duros.

Creio que não me entenderam, talvez por culpa minha. Abordei a solução de forma enigmática.

Othmar Keel estudou os discursos de Deus dentro de uma perspectiva nova e chegou à conclusão de que os discursos se encaixam perfeitamente na temática da obra. Conhece esse estudo?

Felizmente, aqui não entram livros.

Keel opina que Jó fez a Deus duas queixas fundamentais: que a terra é um caos e que ela se encontra em poder dos malvados. Respondendo à acusação de caos, o primeiro discurso defende a criação como uma empresa sabiamente planejada, fazendo referência ao Deus que cria o cosmos sempre de novo e a Javé com a imagem do "Senhor dos animais". O segundo discurso responde à acusação de que a terra está nas mãos dos malvados, falando da luta incessante de Deus contra eles e apresentando a Javé com a imagem do Hórus egípcio, que combate o hipopótamo e o crocodilo, encarnações do mal. Está de acordo com esta teoria?

É uma opinião mais correta do que a ideia de "três horas de aula sobre ciências naturais".

Então o senhor vê a solução em admitir que o mundo está num processo contínuo de criação e que o mal faz parte deste processo?

Algo assim. Essa maneira de formular as coisas me lembra a opinião de um amigo, que conheci faz pouco tempo, um tal de Teilhard de Chardin. Talvez, com linguagem mais poética, eu diga o mesmo. De qualquer modo, tenho a impressão de que se quer solucionar o problema por caminhos puramente intelectuais. Já lhe disse que a reflexão é necessária, mas não resolve o problema.

O que é importante, então?

Uma experiência nova de Deus, unida a uma experiência nova do que significa ser homem. Começando por este, terá notado a importância que lhe dou nos discursos de Deus. Nessa série de perguntas e descrições intermináveis, o que pretendo é que o homem saia de si mesmo. Diante do problema do mal, ele corre o risco de fechar-se em limites muito reduzidos. Inclusive quando pensa no mal da humanidade. Termina convertendo-se no centro do universo e julgando tudo de acordo com seus pobres critérios. Isto não é bom. Impede uma visão global e objetiva. Por isso forço Jó a abrir os olhos e olhar o mundo exterior, a natureza maravilhosa. Para que se esqueça um pouco de si e reconheça sua pequenez diante de algo que o supera por completo.

Neste sentido o senhor se considera um precursor da revolução copernicana, na qual o homem deixa de ser o centro do universo?

Eu não me considero precursor de ninguém, mas estaria de acordo com esta ideia. O centro do universo não é o homem, mas o universo mesmo, como obra global de Deus. E isto se liga ao segundo caminho de solução: a experiência nova de Deus. O maior erro do homem religioso consiste em crer que conhece a Deus porque ouviu falar muito dele ou lhe dedica toda a sua vida. Quem conhece a Bíblia lembrará o que se diz de Samuel quando era menino. Desde criança vive no templo mais importante de sua época, o de Silo. É educado por um sumo sacerdote, Eli. Qualquer um poderia pensar que Samuel conhecesse muito bem a Deus. Depois que Deus lhe fala pela primeira vez e Samuel o confunde com Eli, diz-se que "Samuel não conhecia ainda o Senhor, porque não se lhe havia revelado a palavra do Senhor". Há muita semelhança com o que acontece a Jó. Suas últimas palavras ao Senhor são: "Conhecia-te somente de ouvido, mas agora viram-te os meus olhos". Quando se produz esta experiência íntima, pessoal, é que se supera o problema.

Então, mais do que solucionar o problema do mal, o que pretende é indicar um caminho para que cada um o resolva pessoalmente.

De fato. E nesse caminho que leva à superação dou muita importância à trajetória de Jó ao longo do livro. Através da rebeldia, da rejeição de soluções pré-fabricadas, da ânsia de discutir e lutar com Deus, é que chega a essa experiência nova de que falava.

Para Jó fica fácil terminar de modo feliz essa evolução, porque Deus lhe aparece e lhe fala face a face.

Face a face, não. "Dentro da tormenta." É bem diferente. Claro, recorri a um artifício literário. Mas não é o típico *deus ex machina*, aquele que resolve as coisas magicamente. Deus fala a todo aquele que o deseje escutar, especialmente àquele que luta com Ele e o acusa de ser responsável por tanto sofrimento.

Muita gente tem uma impressão contrária: a do silêncio de Deus.

Eu tenho um grande respeito pelas opiniões alheias, mas, quando ouço dizer que Deus cala, penso que isto só acontece quando o homem também cala. Começa rezando, suplicando, perguntando, acusando. Depois se cala, talvez por cansaço. Como se Jó, depois do diálogo com os amigos, desaparecesse no silêncio. Compreendo esta postura, mas não a compartilho. É preciso lutar até o último momento.

Rezar sem desfalecer?

Rezar, pensar, maldizer. Tudo. Até que Deus se farte e fale.

Suponhamos que esteja certo. Por que não terminou a obra neste momento, quando Jó se encontra com Deus e afirma conhecê-lo de forma nova? O epílogo parece um remendo.

Por quê?

Parece um final feliz demais... Deus dá razão a Jó contra os amigos, devolve-lhe em dobro as posses...

O tema dos amigos me parecia importante. Ainda que neste debate não se chegue a nenhuma solução, deveria ficar claro qual das duas partes tinha mais razão. E Deus a dá a Jó.

Mas é muito duro com os amigos, a quem acusa de "ter falado mal de Deus".

E o fizeram. Sem má intenção, é claro, mas o fizeram. Que significa falar bem de Deus? Repetir que é bom, justo, onipotente? Diante de uma pessoa que sofre, há vezes em que a única maneira de falar bem de Deus é não falar nada. E os amigos só calam no princípio. Logo destampam a falar e estragam tudo. Como não têm má vontade, Deus os perdoa facilmente. Têm apenas que oferecer em holocausto sete novilhos e sete carneiros. Para eles não significava muito.

Mesmo admitindo isto, Deus diz que Jó falou bem dele. E as acusações, insultos e blasfêmias?

À primeira vista, parece uma contradição. Mas Jó falou bem de Deus porque a todo momento teve uma ideia mais exata dele. Não o comprimiu em fórmulas baratas e interpretações ridículas. Jó se exprime com raiva e amargura, mas também com terrível seriedade. E de Deus só se pode falar seriamente.

E que me diz desta restituição em dobro no final?

É uma concessão ao auditório, reconheço. Quase todas as obras deste tipo terminam de forma parecida. Nisto não quis ser muito original.

Mas há coisas que acabam vexaminosas. É simpático que as sete mil ovelhas de Jó no começo se convertam depois em catorze mil; ou que os três mil camelos se convertam em seis mil. Mas os filhos não se substituem como ovelhas e camelos. O senhor os mata no começo, para depois lhe dar outros em compensação, e Jó fica tão feliz...

Reconheço que é duro de admitir. Mas não me ocorreu outra solução. Não podia deixar Jó sozinho. E ressuscitar os do princípio era impossível. Entre todas as soluções, a que escolhi me parece o mal menor.

Que contribuição dá à mensagem cristã o seu enfoque do problema?

Isto deveria perguntar aos evangelistas, a Paulo ou ao próprio Jesus. Talvez tratassem do tema de forma diferente. Eles acreditavam na ressurreição, o que em meu tempo não era tão claro assim. E isto modifica algumas coisas de maneira essencial. Mas não negariam que meu ponto de vista pode ser válido em muitos casos. É bom lembrar que Jesus "ofereceu orações e súplicas, com gemidos e lágrimas, àquele que podia salvá-lo da morte, e Deus o escutou, mas depois daquela angústia". É o que diz a Carta aos Hebreus.

Como a conhece, se aqui não entram livros?

Entram seus autores.

Uma última pergunta. Escreveu seu livro pensando que o leria muita gen-te ou apenas um grupo reduzido?

Um grupo reduzido. Naquele tempo eram muito poucos os que sabiam ler. E o livro é longo e denso. Até pessoas cultas de seu tempo o acham pesado. Por isso lhe concedi esta entrevista. Creio que se podem divulgar as principais ideias e que farão bem, ainda que não se leia o livro.

Não é um triste consolo para um autor?

Sim, mas inevitável. Compreenderá que eu não comecei escrevendo o Livro de Jó. Antes fiz outras coisas, inferiores, sem dúvida. Todas se perderam. Jó, embora não se leia, está aí.

Depois desta entrevista, quem sabe alguém se anime a folheá-lo.

É o que espero.

Muito obrigado.

2. Desenvolvimento do Livro de Jó

Estrutura global do Livro de Jó

Introdução em prosa (capítulos 1–2)

JÓ E OS AMIGOS (capítulos 3–27, em verso)
    Primeira rodada de discursos (3–11)
    Segunda rodada de discursos (12–20)
    Terceira rodada de discursos (21–27)
    Conclusão (28)

JÓ, ELIÚ E DEUS (capítulo 29–42,6, em verso)
    Jó (29–31)
    Eliú (32–37)
    Deus (38–42,6)

Epílogo em prosa (42,7-17)

2.1 A introdução em prosa

Junto com o epílogo, é a parte mais famosa e quase a única conhecida. Recolhe uma antiga lenda sobre um personagem paciente e humilde, que aceita o sofrimento sem se queixar. No fim, Deus o recompensa. A novidade da obra consiste em introduzir entre o começo dramático e o final uma grande seção poética em que se debate o tema.

2.2 Jó e seus amigos

Depois de um longo silêncio de sete dias, Jó maldiz sua existência. Não acusa nem ataca a Deus. Mas se queixa de viver sem paz, sem calma, sem descanso, em puro sobressalto (3,26). Os amigos tentam consolá-lo, mas com expressões e ideias que acabam ofendendo a Jó e fazem com que o diálogo se torne cada vez mais duro e insolente.

Os amigos partem de uma visão otimista do mundo. Tudo tem ordem e sentido. Deus só aflige os malvados, que nunca triunfam, apesar de seus êxitos passageiros. Ao contrário, protege os justos e os salva a todo momento (Elifaz em 5,2-16). De forma mais ou menos expressa, os amigos repetirão com ligeiras variantes:

– Se Deus te aflige com o sofrimento, é porque pecaste.

– A solução consiste em aceitar o castigo divino e arrepender-se.

– Se te arrependeres, Deus te devolverá teus bens.

Jó se rebela contra esta teologia tradicional, que considera puro palavreado, tentativas de defender a Deus com mentiras e injustiças (13,1-7; 16,2.4; 21,34). Sua própria experiência nega a visão otimista do mundo, onde reinam injustiças e desgraças de todo tipo. E observa:

– Deus castiga também os inocentes (9,22-24).

– Os malvados passam muito bem e abençoados por Deus (capítulo 21).

Por isso a solução não está na aceitação do sofrimento nem no arrependimento. Só cabem duas saídas: lutar com Deus ou discutir com Ele diante de um tribunal para ver quem tem razão. Mas as duas saídas são impossíveis (capítulo 9). Lutar com Deus levaria à morte, porque Ele é mais poderoso e se compraz em humilhar e ferir (10,13-17). Levá-lo ao tribunal parece utópico, porque Ele não se apresentará e, se o fizer, não atenderá a razões.

Ao ver-se sem saída, Jó passa por todos os estados de espírito. Umas vezes suplica, outras se queixa da crueldade de Deus, outras blasfema, outras insiste num julgamento. Em qualquer hipótese, sempre nega que exista proporção entre seus possíveis pecados e o castigo de Deus. E também não aceita que a ordem do mundo seja perfeita.

Assim, de capítulo em capítulo, vai se desenvolvendo o debate com os amigos em três rodadas que esgotam todos os argumentos e levam a discussão a um ponto morto. O capítulo 28, acréscimo posterior talvez, faz o balanço de toda a discussão. Tanto Jó quanto seus amigos tentaram alcançar a sabedoria, chegar a uma explicação aceitável dos mistérios do mundo e da vida humana. Todos, porém, fracassaram. O homem pode conseguir os maiores tesouros, penetrar nas profundezas da terra: não pode, todavia, alcançar a sabedoria, porque esta é patrimônio exclusivo de Deus (ler 28,12-23).

2.3 Jó, Eliú e Deus

A discussão teológica terminou num beco sem saída. Mas Jó não se dá por vencido. Toma de novo a palavra num triste poema em que contrasta o conforto do passado com as desgraças do presente (capítulos 29–30), para terminar com uma profissão de inocência (capítulo 31). Não ofendeu a Deus, não deu motivo para sofrer tamanho castigo. Se não tem razão, que Deus se apresente para um julgamento e "que meu adversário traga o libelo redigido" (31,35).

Depois deste longo discurso espera-se o silêncio ou uma intervenção de Deus. Curiosamente, surge um novo personagem, Eliú, que expõe suas ideias em quatro discursos seguidos (capítulos 32–37). Muitos comentaristas acham que esses capítulos refletem uma teologia e estilo distintos, e que foram inseridos posteriormente. Ideologicamente, enriquecem o debate com o argumento do caráter pedagógico do sofrimento, embora esta ideia já tenha sido ventilada por Elifaz em 5,17. Na dinâmica da obra talvez possamos explicar esses capítulos do modo seguinte. Jó, ao fazer alusões à possibilidade de um julgamento, invocava a presença de um mediador que dirimisse o conflito. E este mediador aparece: é Eliú. Mas, em vez de defender Jó, mostra-lhe os erros cometidos e tenta fazê-lo aceitar o sofrimento. De qualquer maneira, a palavra definitiva não é a deste personagem, mas a que Deus pronuncia em seus discursos.

Os capítulos 38,1–42,6 são compostos de duas longas intervenções de Deus, separadas por uma breve confissão de Jó (40,3-5) e concluídas com as palavras finais do protagonista (42,1-6). Pode-se falar, portanto, de dois discursos de Deus e de duas respostas de Jó.

De acordo com Othmar Keel, Jó, em seus discursos precedentes, tinha posto em dúvida a reta ordem do mundo e a forma com que Deus o governa. A estes dois temas correspondem os dois discursos de Deus. O primeiro (38,1–40,1) leva Jó a se fixar na natureza física e nos animais. Todos eles demonstram a ignorância de Jó e a sabedoria e o poder de Deus. Por outro lado, a escolha dos animais parece tendenciosa: leões, corvos, corças, asnos selvagens, búfalos, avestruzes, cavalos, falcões, águias. Não são precisamente os animais úteis para o homem (com exceção do cavalo, a quem, todavia, os israelitas sempre olharam com receio), mas justamente os que escapam ao seu domínio. Isto demonstra que Deus toma conta de toda a criação, e não só do que interessa ao ser humano; como fazer chover sobre zonas desérticas (38,25-27), embora não traga nenhum benefício ao homem. O Deus do primeiro discurso prova que no mundo existem ordem, beleza e perfeição. Se Jó não o percebe, e inclusive o nega, é porque se fecha em si mesmo, contemplando tudo através de seus interesses pessoais.

Jó reconhece sua pequenez em 40,3-5. Promete não voltar a falar. Mas Deus não terminou. Falta-lhe tratar do segundo problema: o de sua forma de governar o mundo, lutando contra o mal e a injustiça. Infelizmente a interpretação de 40,6–41,26 é muito difícil e insegura. Deus começa fazendo ver a Jó quanto é difícil acabar com a injustiça e os malvados (40,6-14); Jó não conseguiria. Como também seria incapaz de caçar o hipopótamo (40,15-24) ou de vencer o crocodilo (40,25–41,26). Estes dois animais, mais do que seres físicos, são símbolos das forças do mal. O homem não pode derrotá-los. Somente Deus pode fazê-lo. É o que reconhece Jó em sua última intervenção (42,1-6), admitindo que falou de grandezas que não conhecia, "de maravilhas que superam sua compreensão". Mas o mais interessante é que estas intervenções significaram para Jó um descobrimento de Deus. "Conhecia-te somente de ouvido, agora viram-te os meus olhos" (42,5). Assim, a crise da ideia de Deus, que tinha emergido com força na discussão com os amigos, é superada agora graças a um conhecimento novo de Deus.

A quem quiser conhecer diretamente o Livro de Jó e não dispuser de muito tempo e da paciência necessária, aconselho a leitura dos seguintes capítulos:

Prólogo (capítulos 1–2)

Primeira rodada do debate com os amigos (capítulos 3–11)

Jó e Deus (capítulos 29–31 e 38–42)

Epílogo (42,7-17)

E, se quiser mais, leia os discursos magistrais de Jó nos capítulos 12–14, 19 e 21.

3. Bibliografia

ALONSO SCHÖKEL, L.; SICRE, J. L. *Job*. Madri: Cristiandad, 1983 (2. ed., 2002). Na introdução, exponho amplamente toda a problemática do livro e incluo uma bibliografia bastante vasta.

23

Incursão pela poesia de Israel

1. Abadon e a tormenta: ou o problema da prosa e da poesia

– Abadon, abre a porta e me diga o que você vê.

Não era necessário abri-la. Bastava ouvir a chuva torrencial e os trovões para imaginar o espetáculo. Mas a missão do discípulo é obedecer. Assim como havia obedecido à sua mãe quando o mandou para a casa do mestre, embora ele visse a tempestade se aproximando. Ele se levantou e atravessou o quarto mal-iluminado. Levantar a tranca lhe custou mais trabalho do que outras vezes. Quando conseguiu levantá-la, a porta quase o derrubou, impulsionada por um vento impetuoso. Um relâmpago iluminou o ambiente, seguido pouco depois por um trovão terrível.

– Você pode fechá-la agora.

Apesar do vento e da chuva, ele ouviu a ordem desconcertante do mestre. Abrir para fechar? Ele queria testar suas forças? Se fosse isso, ele não as tinha. Ele lutou inutilmente contra o vento. No final, dois discípulos vieram em seu auxílio. Eles voltaram para seus lugares, Abadon mais assustado do que os outros, temeroso de não ter se comportado bem.

– Descreva o que você viu.

A voz de Otoniel não lhe pareceu áspera, como em outras vezes. Mais do que uma ordem, era um convite.

– O que eu vi? – perguntou ele, surpreso.

– Sim. O que você viu lá fora, ao abrir a porta?

– Estava chovendo.

– Nada mais?

– Houve um relâmpago muito grande. Tudo se iluminou.

– O que se iluminou?

– Tudo.

– E o que você viu?

Abadon concentrou-se, tentando reviver a imagem.

– O Monte das Oliveiras... E as árvores se movendo.

– Você ouviu algo?

Todos os alunos riram.

– Um tremendo trovão.

Otoniel percorreu o círculo com o olhar, em silêncio.

– Vocês sabem como os poetas chamam o trovão?

Todos os olhares se concentram em Selum. Se alguém sabe, é ele. Mas Selum não parece disposto a falar. Estará com medo de errar? Um cutucão de Natanael provoca a resposta.

– A voz de Baal – diz ele assustado, temeroso de ter pronunciado uma palavra amaldiçoada.

– De qualquer forma seria "a voz da vergonha" – corrige-o Otoniel[118]. Mas o trovão não é a sua voz, mas sim "a voz de Javé, a voz do Senhor".

Ele fez uma pausa para preparar sua próxima intervenção.

– Vocês ouviram o que Abadon viu. Há muitos anos, outra pessoa também viu uma tempestade. Vou contar como ela foi relatada.

Otoniel recitou devagar, solenemente, fazendo pausas.

A VOZ do Senhor sobre as águas, o Deus da glória trovejou,
o Senhor sobre as águas torrenciais.
A VOZ do Senhor é poderosa, a VOZ do Senhor é magnífica,
a VOZ do Senhor quebra os cedros,
o Senhor quebra os cedros do Líbano;
faz saltar o Líbano como um novilho,
o Sarion como cria de búfalo.
A VOZ do Senhor lança chamas de fogo.
A VOZ do Senhor sacode o deserto,
sacode o Senhor o Deserto de Cades.
A VOZ do Senhor torce os carvalhos, abre clareiras nas florestas.
Em seu templo um grito unânime: "Glória!"

---

118. Os judeus, para depreciar o deus cananeu Baal, o chamavam com frequência de *Boshet*, "vergonha".

O Senhor está sentado sobre o dilúvio,
o Senhor está sentado como rei eterno.

***

Não sabemos se Abadon, Natanael, Selum e os outros entenderam o poema. Nem mesmo Selum sabia o que era o Sarion e, muito menos, por que ele pulava como uma cria de búfalo. A imagem era demasiado audaciosa para que fosse captada por uma criança. O relâmpago que ilumina o céu de repente, o monte que parece surgir da penumbra e realiza um salto mortal antes de desaparecer novamente nas trevas.

Alguns dizem que este poema, o Salmo 29 (que é rezado nas Laudes da segunda-feira da Primeira Semana, embora o sol brilhe maravilhosamente), é uma adaptação em Israel de um texto ugarítico em homenagem a Baal, o deus cananeu da tempestade.

É possível. Mas não é isso que nos interessa agora, mas sim falar sobre a poesia bíblica. Tema difícil, porque nem sempre é fácil distinguir um texto em prosa de outro poético. A poesia israelita antiga não conhece os dois elementos mais típicos da nossa poesia tradicional: a rima e o número de sílabas. Lembro-me do primeiro exemplo que me fizeram aprender com 12 anos, de Gonzalo de Berceo na *Vida de Santo Domingo de Silo*:

> *En el nombre del Padre, que fizo toda cosa,*
> *Et de don Ihesuchristo, hijo de la Gloriosa,*
> *Et del Spiritu Sancto, que igual dellos posa,*
> *De un confessor sancto quiero fer una prosa.*
> [Em nome do Pai, que fez todas as coisas,
> E do senhor Jesus Cristo, filho da Gloriosa,
> E do Espírito Santo, que como eles possa,
> De um confessor santo quero escrever uma prosa.]

Nessa mistura de espanhol antigo e adaptação moderna, o professor ia contando rapidamente as sílabas, e adicionava no final de cada verso: "catorze". Catorze sílabas e uma rima evidente entre *cosa, gloriosa, posa, prosa*. Isso desapareceu na poesia moderna e nunca existiu na israelita. No entanto, as diferenças entre prosa e poesia são evidentes. Vejamos o mesmo evento, o assassinato do general cananeu Sísara por Jael, contado por um narrador e por um poeta.

O relato em prosa diz assim:

> Enquanto isso, Sísara havia fugido a pé para a tenda de Jael, esposa de Heber, o quenita, porque havia boas relações entre Jabin, rei de Hasor, e a família de Heber, o quenita.
>
> Jael saiu ao seu encontro e o convidou: "Passa, senhor; passa, não temas". Sísara entrou na tenda, e Jael o cobriu com uma manta. Sísara pediu: "Por favor, dá-me um pouco de água, estou morrendo de sede". Ela abriu o odre de leite, deu-lhe para beber e o cobriu. Sísara disse a ela: "Fica na entrada da tenda e, se alguém vier e perguntar se há alguém, responde que não". Mas Jael, esposa de Heber, pegou uma estaca da tenda, pegou um martelo na mão, aproximou-se dele sorrateiramente e cravou a estaca na têmpora dele, atravessando-o até a terra. Sísara, que estava exausto de sono, morreu (Jz 4,17-21).

No capítulo seguinte (Jz 5,24-27), temos esta outra versão dos fatos:

> Bendita seja entre as mulheres Jael, mulher de Heber, o quenita,
> bendita seja entre as que habitam em tendas!
> Água ele pediu, e ela deu leite;
> em taça de príncipes lhe ofereceu nata.
> Com a mão esquerda segurou a estaca,
> com a direita o martelo do trabalhador,
> ela golpeou Sísara, esmagando-lhe o crânio,
> ela o destroçou atravessando-lhe as têmporas.
> Ele se curvou aos pés dela, caiu deitado;
> ele se curvou aos os pés dela, caiu;
> curvado, ali mesmo desfez-se.

Esse texto é prosa ou poesia? A disposição em frases breves, característica da poesia, sugere o formato, mas até mesmo o leitor menos sensível à poesia percebe as diferenças em relação à versão anterior. Não há rimas, o número de sílabas não coincide, mas dois fenômenos típicos da poesia do Antigo Oriente, não apenas de Israel, são evidentes: o paralelismo e a repetição. Note a repetição de "bendita" nos dois primeiros versos; e a de "curvou-se" e "curvado" nos três últimos. Mas é mais importante o paralelismo, muito claro desde o início: "o quenita" e "a que habitam em tendas"; "leite" e "nata"; "golpeou" e "o destroçou"; "crânio" e "têmporas".

Esses recursos são os mais antigos e são perceptíveis mesmo em tradução. A poesia bíblica também usa recursos sonoros (cada vez mais frequentes à medida que os séculos passam), mas estes só são perceptíveis no hebraico original. A beleza sonora dos primeiros versos do Salmo 137 ("Junto aos rios da Babilônia") é irreplicável mesmo em excelentes traduções. O mesmo podemos dizer do início da "Canção da vinha" de Isaías (Is 5,1-7), da "Elegia pela virgem Israel" de Amós (Am 5,1-2) e de muitos outros textos.

Este problema acompanha toda produção poética de qualquer época, cultura e língua. O original é insubstituível. Mas a poesia também oferece imagens, sugestões e ideias que superam as limitações da língua e continuam sendo válidas para nós.

Como se distingue a poesia da prosa?

É um tema muito debatido entre os especialistas. Gillingham indica quatro critérios gerais e outras doze características do verso hebraico.

Critérios gerais: 1) concisão: um máximo de quatro palavras para cada frase; 2) linguagem figurativa, que transporta o leitor para fora do espaço e tempo concretos; 3) ambiguidade de significado; 4) sugestão de resposta por parte do leitor.

Características do verso hebraico: 1) omissão de certas partículas frequentes na prosa; 2) uso da elipse; 3) organização do material em linhas que consistem de sujeito, objeto, verbo e complemento; 4) ordem incomum das palavras; 5) uso de pares de palavras: dia-noite, luz-trevas, terra-mar, um instante-por uma vida; 6) uso de homófonos hebraicos: *tohu-bohu, mebusa-mebuka*; 7) pares de palavras de gênero diferente, masculino e feminino; 8) rima, pouco frequente, mas que é conseguida mediante os sufixos finais em -na, -nu, -î; 9) repetição; 10) vocabulário incomum e arcaísmos; 11) quiasmo, em que as frases avançam até um ponto central e depois retrocedem ao ponto de partida, com a estrutura ABCDCBA; 12) uso da "trícola", três frases semelhantes que se seguem: "Espera no Senhor // tem ânimo, sê forte // espera no Senhor".

---

2. A poesia mais antiga de Israel

Em numerosas literaturas nacionais, as primeiras obras são frequentemente poéticas. Assim ocorre na Grécia com a *Ilíada* e a *Odisseia*; na Espanha com o *Cantar dei Mio Cid*; na França com a *Chanson de Roland*; em Portugal com as *Cantigas de amigo* e as *Cantigas de amor*. Também em Israel as primeiras obras literárias de qualidade pertencem a este gênero.

Algumas são composições breves, como o canto de guerra e de vingança de Lamec (Gn 4,23-24), as súplicas de Nm 10,35-36, o cântico do poço (Nm 21,17-18), a bênção de Isaac (Gn 27,27-29), o canto dos trovadores de Hesebon (Nm 21,27-30).

Outras composições são mais amplas. O grande problema é datá-las e situá-las na Antiguidade. A solução não é fácil, e os autores discordam muito. Por exemplo, o capítulo 3 de Habacuc é considerado dos fins do século X ou anterior a ele por alguns autores, enquanto outros o situam no final do século IV. Despois de anos discutindo sobre este tema, continuamos sem um acordo a respeito.

Sequer se pode falar de unanimidade a respeito do Cântico de Débora (Jz 5), que muitos autores costumam relacionar estreitamente com os fatos que narra (século XIII a.C.), enquanto alguns o datam de depois do exílio (século VI a.C.). Apesar das discussões, há um acordo bastante grande em considerar muito antigas as bênçãos de Jacó (Gn 49), o canto de Míriam (Ex 15,21), os oráculos de Balaão (Nm 23,7-10.18-24; 24,3-9.15-24) alguns salmos (29, 68 e 104).

Ao falar da poesia mais antiga de Israel, parece obrigatório dedicar algumas linhas a seu primeiro grande poeta conhecido: o Rei Davi. A tradição bíblica fala frequentemente de suas qualidades poéticas e musicais (1Sm 16,15s.), e numerosos salmos lhe são atribuídos.

Entretanto, fica difícil indicar as composições que lhe são devidas. No caso dos Salmos, consta que a maioria não é dele. Inclusive o 18 (= 2Sm 22) oferece dificuldades para sua datação[119]. A opinião mais provável parece a de Kraus: o salmo é antigo, mas sofreu numerosos retoques posteriores, de tal maneira que hoje em dia é impossível saber qual foi sua forma original.

Até há poucos anos havia quase unanimidade em atribuir a Davi as duas elegias do segundo Livro de Samuel: a primeira, por motivo da morte de Saul e Jônatas[102] (2Sm 1,19-27); a segunda, dedicada ao General Abner (2Sm 3,33-34).

A introdução à primeira delas (2Sm 1,18) diz que foi tirada do *Livro do Justo*, citado também em Js 10,13 (o famoso texto sobre o sol que para). Isto nos levaria ao problema das duas coleções mais antigas de poemas: o *Livro do Justo* e o *Livro das guerras de Javé* (Nm 21,14), às quais Eissfeldt junta

---

119. A Davi o atribuem Ewald, Hitzig, Delitzsch e quase todos os comentaristas do século XIX; muito antigo o consideram Briggs (omitindo glosas) e Albright; Cross e Freedman não excluem que seja do século X, ainda que pensem como mais provável que tenha sido escrito no século IX ou VIII; anterior ao exílio, não do século X, o consideram Kittel, Gunkel, Driver; posterior ao exílio, Duhm, Spoer, Cheyne.

uma terceira, o *Livro de cantos*, citado somente na tradução grega dos LXX (1Rs 8,53). Embora a discussão sobre o tema seja muito forte, a única certeza é que se perderam as duas (ou três) coleções. Provavelmente continham cantos de vitória, elegias e composições referentes ao culto e à religião.

3. As Lamentações

Damos agora um grande salto. Passamos aos primeiros anos do século VI. A queda de Jerusalém, o desaparecimento da monarquia, o incêndio do Templo e de suas muralhas, o exílio, foram acontecimentos por demais trágicos, para que não deixassem profundas marcas nos contemporâneos destes fatos. O Livro das Lamentações, composto de cinco elegias ou quatro elegias e uma oração, é que melhor conserva a profunda tristeza desta época.

A tradução dos LXX e outras versões antigas as atribuem ao Profeta Jeremias. A análise do conteúdo e da forma literária não confirma esta autoria, preferindo um autor ou autores desconhecidos.

Discute-se também o lugar da composição. Enquanto Rudolph e Weiser as situam todas na Palestina, Sellin põe a primeira, segunda e quarta na Babilônia, ficando só a terceira e a quinta na Palestina. Eissfeldt prefere deixar a questão aberta, com o que concordamos.

Quanto à data, a maioria dos comentaristas as relacionam com os acontecimentos do ano 586, mas Rudolph e Weiser creem que a primeira é mais antiga, do tempo da deportação do ano 597.

Apesar da tragédia que os inspiram, os autores não se deixam levar somente pela paixão. Utilizam um artifício baseado nas vinte e duas letras do alfabeto. Nos primeiros poemas encontramos vinte e duas estrofes de três versos cada uma; o primeiro verso da primeira estrofe começa pela primeira letra do alfabeto hebraico (*alef*), o primeiro verso da segunda estrofe pela segunda letra (*bet*), e assim sucessivamente, até completar as vinte e duas letras. No terceiro poema temos também vinte e duas estrofes de três versos cada uma; mas neste caso os três versos começam sempre pela mesma letra, em ordem rigorosa. O quarto poema é formado por vinte e dois dísticos, e o primeiro verso de cada dístico começa pela correspondente letra do alfabeto. O quinto poema segue em ordem alfabética, mas só contém vinte e dois versos, recordando as vinte e duas letras:

Isto força bastante a composição. O autor não soube superar os es-
colhos do artifício; perde-se em repetições, frases convencionais, alternadas com magníficos momentos de descrição e de lamentação. Para
nosso gosto, teria sido melhor concentrar e suprimir; para o autor e
seus leitores tinha mais valor repassar todo o alfabeto de penas e desgraças, cevar-se reiteradamente na dor pessoal e nacional, escutar res-
sonâncias de profetas e liturgias[120].

> Aconselho a leitura da Lamentação 5, em que a dor se une à confissão das culpas e à
> esperança de salvação.

Há um excelente comentário: MORLA, V. *Lamentaciones*. Estella: Verbo
Divino, 2004.

4. Os Salmos

Na primavera de 1990, estou em Jerusalém. A televisão apresenta um
programa musical. Um grupo de jovens sobe ao palco: guitarra elétrica, vio-
lino, pandeiros: um conjunto *pop*. Duvido que entenderei a letra. Mas o verso inicial me parece conhecido: *"Im 'eshkahék yerushalaim tishkáh yeminí"*
("se me esqueço de ti Jerusalém, que minha mão direita fique paralítica").
É a ideia central do Sl 137. O grupo, recém-chegado da Rússia, canta com
entusiasmo as palavras compostas vinte e seis séculos antes por um judeu
exilado. Eles não estão "sentados à beira dos rios da Babilônia", mas sentiram durante anos as "saudades de Sião". E não encontram palavras melhores para seus sentimentos exprimir que as do velho salmo.

É a perene atualidade destas canções, oração de Israel, obra culminante
da piedade judaica, que os cristãos continuamos utilizando – monotona-
mente e quase sem sentido – em todas as nossas liturgias.

4.1 Título do livro e notas introdutórias

O título hebraico deste livro é *Tehillîm* ("hinos" ou "loas"). Nossa palavra "salmo" vem do grego *psalmos,* que traduz o hebraico *mizmor* ("canto").

---

120. ALONSO SCHÖKEL, L. *Nueva Biblia Española*, p. 1.273.

O livro contém cento e cinquenta salmos, mas sua numeração em hebraico não coincide com a dos LXX e da Vulgata. Para evitar confusões, utiliza-se a dupla numeração, como pode ver em sua Bíblia.

Com muita frequência precedem cada salmo umas notas introdutórias a propósito do autor, da ocasião em que foram compostos, do gênero literário, ou dão indicações musicais para sua interpretação. Estas notas são posteriores e muitas vezes se ignora seu sentido exato, constituem uma tradição interessante. Infelizmente, nunca consegui que Alonso Schökel as incluísse em sua tradução da Bíblia.

4.2 Divisão do saltério

Em sua forma atual o saltério está dividido em cinco livros que terminam com um louvor (ver quadro): Sl 1–41; 42–72; 73–89; 90–106; 107–150. Esta divisão, porém, não é mais do que o último ato de um processo muito complexo de formação do livro, e provavelmente tenta reproduzir a divisão em cinco livros do Pentateuco. De fato, o saltério se formou a partir de numerosas coleções, indicadas a seguir.

Os louvores que concluem os cinco livros dos Salmos

Bendito seja o Senhor, Deus de Israel, de eternidade a eternidade! Amém e amém (41,13).

Bendito seja o Senhor, Deus de Israel, o único que faz maravilhas! Bendito para sempre seja o seu nome glorioso; toda a terra fique cheia de sua glória. Amém, amém (72,18-20).

Bendito seja o Senhor para sempre! Amém, amém (89,52).

Bendito seja o Senhor, Deus de Israel, de eternidade a eternidade! Todo o povo responda: "Amém! Aleluia!" (106,48).

Tudo o que respira louve o Senhor! Aleluia! (150,6).

A. Sl 3–41. O chamado "Saltério de Davi", porque todos, com exceção do 33, têm a indicação "de Davi" (*ledawid*); alguns indicam inclusive o momento de sua vida em que foram compostos (3, 7, 18, 34). Em muitos deles faltam anotações de tipo litúrgico, e isto faz supor que a coleção tenha sido concebida como um livrinho de orações para uso privado. Nesta mesma linha é interessante notar que a maioria é de cantos individuais, especialmente lamentações.

B. Sl 42–83, com o apêndice 84–89. Chamado "Saltério Eloísta", porque sempre usa o nome de Elohim para referir-se a Deus. Isto se explica pelo temor crescente do judaísmo em pronunciar o nome divino (Javé). O Saltério Eloísta, por sua vez, compõe-se de várias coleções:

– Sl 42–49, com o apêndice 84–85; 86; 87–88: "Salmos dos filhos de Coré", ordenados em parte de acordo com seus gêneros (poema, cânticos, salmo). Era o livro de cantos deste grupo de cantores, alguns talvez até compostos por eles.

– Sl 50 e 73–80: "Salmos de Asaf"; também era o livro de coro deste grupo de cantores.

– Sl 51–72: segundo Saltério de Davi, embora 66–67 não tragam seu nome e o 72 se atribua a Salomão. Estão agrupados por gêneros e quase todos têm indicações para o uso musical e litúrgico.

C. Sl 90–149: esta grande coleção se diferencia das anteriores porque faltam quase por completo as indicações litúrgicas, e em muitos casos o nome do autor. Compõe-se de quatro coleções:

– Sl 90–104: sem caráter especial, embora reúna muitos hinos monoteístas.

– Sl 108–110, 138–145: resto de uma terceira coleção de Salmos de Davi.

– Sl 120–134: livro dos "Cantos de peregrinação" ou "Cantos da subida (a Jerusalém)".

– Sl 105–107, 111–114, 116–118, 135–136, 146–149: os "Aleluias" que encerram as três coleções anteriores ou suas partes.

4.3 Gêneros literários dos Salmos

A classificação dos Salmos por seu gênero literário depende em grande parte da terminologia que se empregue e da extensão que se conceda a cada termo.

Gunkel, o pioneiro neste tipo de estudo, distinguia seis grandes gêneros (hinos, cânticos de entronização, lamentações comunitárias, salmos reais, lamentações individuais e cânticos individuais de ação de graças) e seis menores (bênçãos e maldições, cânticos de peregrinação, cânticos de vitória, cânticos de ação de graças de Israel, a lenda e a Torá).

García Trapiello os classifica de forma mais simples em quatro grandes grupos: 1. Hinos. 2. Súplicas: a) coletivas; b) individuais. 3. Ações de graças: a) coletivas; b) individuais. 4. Salmos reais.

Alonso Schökel estabelece onze grupos: hino, cântico de entronização ou realeza de Javé, cântico de/para Sião, ação de graças ou eucaristia, súplica nacional, súplica individual (do perseguido, do enfermo, do inocente acusado), de confiança, salmos reais, liturgias, penitenciais (de acusação e de confissão), sapienciais (exposição de cada gênero em *Salmos* I, p. 91-106).

Kraus tentou uma grande mudança neste tema. Nas quatro primeiras edições de seu famoso Comentário ele mostrava uma grande dependência de Gunkel. No entanto, a partir da 5ª edição, seu ponto de vista mudou consideravelmente (ver *Salmos* I, p. 55-94). Em primeiro lugar, ele prescinde da terminologia introduzida pelos autores modernos e adere aos termos hebraicos. Em seguida, classifica os diferentes blocos por seu gênero literário e de acordo com a temática. O resultado pode ser mais complicado do que o dos autores anteriores, mas talvez seja mais objetivo. Em resumo, ele distingue seis grupos: 1. Cânticos de louvor (*tehillah*; às vezes, *mizmor, zimrah, shir* ou *shirâh*). 2. Cânticos de oração (*tefillah*). 3. Salmos do rei (*ma'asay lemelek*: cf. 45,2). 4. Cânticos de Sião (*'îr siyôn*). 5. Poemas didáticos. 6. Liturgias ou salmos de festividades. Mas ele termina por admitir o que C. Barth diz: "Mesmo o melhor e mais completo sistema não conseguirá incluir um número considerável de salmos, que não se encaixam em nenhuma categoria, ou só podem ser integrados nelas por meio de uma interpretação forçada" (*Salmos* I, p. 62).

Morla distingue quatro grandes grupos: 1. Súplicas: a) individual; b) do rei; c) comunitária. 2. Ações de graças: a) individual; b) do rei; c) comunitária. 3. Hinos: a) cânticos de vitória; b) cânticos de peregrinação e hinos processionais; c) hinos do ciclo festivo; d) hinos do reinado de Javé e salmos reais; e) hinos a Sião; f) outros salmos hínicos. 4. Salmos didáticos ou sapienciais.

Como exemplo, falarei brevemente sobre três gêneros muito importantes.

Os *hinos* têm uma composição bastante uniforme. Todos começam com uma exortação ao louvor de Deus. Vêm depois os motivos do louvor, que são os prodígios realizados por Deus na natureza (sobretudo a criação) e na história (especialmente a salvação do povo). A conclusão repete a fórmula introdutória ou exprime uma oração.

> Leia o Sl 8 e identifique os elementos anteriores: exortação, motivos, conclusão.

As *súplicas e lamentações* não cantam a glória de Deus, mas se dirigem a Ele. Geralmente começam com uma invocação, seguida de um pedido de ajuda, uma oração ou expressão de confiança. Na parte central se tenta comover a Deus, descrevendo a triste situação do suplicante com uma série de metáforas e expressões estereotipadas. Lembram-lhe os antigos favores e queixam-se de sua aparente indiferença. Muitas vezes concluem com a certeza de ser atendido e com uma ação de graças. Estas súplicas e lamentações se subdividem em dois grandes grupos: coletivas, por um desastre nacional ou uma necessidade comum (Sl 12, 44, 60 etc.), e individuais, por motivo de uma enfermidade, perseguição, velhice etc. (Sl 3,5-7,13,17 etc.). *Aconselho a leitura do Sl 44 e do 60.*

A *ação de graças*. Não é um gênero muito abundante em comparação com os anteriores. Subdivide-se também em coletiva (pela libertação de um perigo, abundância da colheita, benefícios concedidos ao rei etc.) e individual, que com frequência introduz temas didáticos. A estrutura literária é semelhante à do hino. Exemplos: Sl 18, 21, 30, 33, 34 etc.

4.4 Interpretação dos Salmos

A este tema, L. Alonso Schökel dedica um amplo estudo histórico, impressionantemente documentado, em *Salmos* I, p. 17-81. Morla também dedica muita atenção a ele, mas resumindo as primeiras etapas para focar no último século, onde desenvolve as opiniões de Gunkel, Mowinckel, Weiser, Kraus e Alonso Schökel (cf. *Los libros sapienciales...*, p. 403-447). Como uma visão global, sem entrar em profundidades, é muito útil a apresentação de J. García Trapiello, *Introducción al estudio de los Salmos*, p. 61-77, que indica as seguintes linhas de interpretação:

1. *Historicista*. Os Salmos surgiram da vida ou experiências de pessoas específicas; refletiriam circunstâncias históricas e pessoais concretas.

2. *Piedade privada*. Esta tendência é encontrada no ambiente crítico-liberal. O Saltério seria um livro religioso popular, de leitura devota e meditação, de espiritualidade e oração privada. Os Salmos nunca teriam sido cantados no culto, mas compostos para uso e edificação pessoais.

3. *Perspectiva escatológico-messiânica.* Baseia-se na ideia da história da salvação, mas olhando para o futuro. Os Salmos teriam surgido nesse ambiente de esperança por um futuro melhor para fortalecer a fé dos fiéis, encorajar e estimular os abatidos, sustentar a religião. Para isso, são obrigados a datá-los de uma data muito tardia e a forçar a interpretação escatológica.

4. *Perspectiva cultual.* Os Salmos teriam sido compostos para as necessidades do culto e expressam os sentimentos coletivos do povo de Israel. O primeiro nesta linha é Gunkel (embora admita uma evolução posterior nos Salmos que acentua o caráter individual e privado). Mowinckel insiste nessa linha, vinculando quase todos os salmos ao culto do antigo Israel (especificamente com a festa de entronização de Javé [cerca de quarenta salmos] e com a celebração em que um fiel que se sente ameaçado por forças malignas recorre ao Templo [cerca de cinquenta salmos]). Por sua vez, Kraus fala de uma festa centrada no rei com duas vertentes: escolha de Sião e escolha de Davi e de sua dinastia, celebrada anualmente durante os Tabernáculos.

4.5 Os Salmos, livro de oração

Esta apresentação tão fria dos Salmos não nos deve fazer esquecer o mais importante. São a oração de Israel, nascida nos mais diversos momentos da vida. "São a expressão da experiência humana voltada para Deus. São a expressão da vida de um povo arrastado por Deus. A vida do indivíduo é o resultado consciente de sortes alternadas: o que se escolhe, o que se experimenta. A vida do povo é uma história, que ele mesmo cria ou sofre. Tudo isto se foi convertendo em orações, vivas e várias, por arte de autores os mais diversos. Os Salmos são também oração privilegiada da comunidade cristã e do indivíduo isolado. Muitos foram rezados por Cristo, quem lhes deu a plenitude de sentido que podiam ter. A experiência de Israel e do homem passa por Cristo e deve encontrar de novo expressão nestas orações... O Livro dos Salmos é um repertório que fornece textos para diversas ocasiões e para diversos níveis; sua leitura pode interessar, mas somente rezados é que serão realmente compreendidos"[121].

---

121. Ibid., p. 1.161s.

Sobre este tema, ver o capítulo "Os Salmos do Antigo Testamento como oração cristã", em J. García Trapiello, *Introducción al estudio de los Salmos*, p. 199-213, e M. Mannati, *Orar con los Salmos*, Cuadernos bíblicos 11.

Há salmos que ajudam especialmente a rezar em circunstâncias e estados de ânimo diversos: confiança em Deus (Sl 22/23), momentos de desânimo (Sl 42–43/41–42), penitenciais (51/50), desejo de Deus (Sl 63/62), súplica pelo rei (Sl 72/71), admiração pela beleza da natureza (Sl 104/103) etc. Escolha o que você considerar melhor, mas não se esqueça dos demais.

5. Bibliografia

5.1 Sobre a poesia hebraica

Uma introdução geral pode ser vista no artigo de FITZGERALD, A. "Poesía hebrea". *Comentario Bíblico San Jerónimo*, 1, p. 639-653. Um trabalho extenso e exaustivo é o de ALONSO SCHÖKEL, L. *Estudios de poética hebrea*. Barcelona, 1963. Mais acessível é seu artigo sobre "Poesia hebraica", publicado originalmente no *Dictionnaire de la Bible*.

GILLINGHAM, S. E. *The Poems and Psalms of the Hebrew Bible*. Oxford, 1994; BERRY, D. K. *An Introduction to Wisdom and Poetry of the Old Testament*. Nashville, 1995.

5.2 Os Salmos

Muito interessante é a obra de GARCÍA TRAPIELLO, J. *Introducción al estudio de los Salmos*. Salamanca: San Esteban-Edibesa, 1997. Oferece um panorama muito completo dos diversos temas e é de leitura muito agradável.

Um estilo diferente, mais técnico, é o da ampla introdução de MORLA, V. *Libros sapienciales y otros escritos*. Estella: Verbo Divino, 1994, p. 291-456. Um dos aspectos de que trata é a "Teologia do Saltério" (p. 365-401), com um enfoque bastante original e interessante; esse detalhe merece ser levado em conta, porque a única obra em espanhol sobre esta questão, a de KRAUS, H.-J. *Teología de los Salmos*. Salamanca: Sígueme, 1985, é de difícil leitura para a maioria.

Continua conservando grande parte de seu valor a obra clássica e pioneira de GUNKEL, H. *Introducción a los Salmos*. Valencia: Edicep, 1983. Inclusive nas coisas que a crítica posterior rebateu, suas análises são muito sugestivas.

J. Trebolle publicou dois volumes pela Editora Trotta (Madri, 2001): *Libro de los Salmos*; o primeiro, com o subtítulo de "Hinos e Lamentações", oferece uma nova tradução; o segundo, com o subtítulo "Religião, poder e saber", é um denso ensaio repleto de observações.

COLLIN, M. *El libro de los Salmos*. Cuadernos Bíblicos 92. Estella: Verbo Divino, 1997; FÜGLISTER, N. *La oración sálmica*. Estella: Verbo Divino, 1970; GARCÍA MARTÍNEZ, J. M. (ed.). *Los Salmos*, Reseña Bíblica 6, 1995; GOURGUES, M. *Los Salmos y Jesús. Jesús y los Salmos*. Cuadernos Bíblicos 25. Estella: Verbo Divino, ⁴1985; PRÉVOST, J.-P. *Diccionario de los Salmos*. Cuadernos Bíblicos 71. Estella: Verbo Divino, 2008; SCHILLING, O. "Los Salmos, alabanza de Israel a Dios". In: SCHREINER, J. *Palabra y mensaje del Antiguo Testamento*, p. 364-386; VON RAD, G. *Teología del Antiguo Testamento* I, p. 437-453.

Há comentários muito bom em espanhol:

ALONSO SCHÖKEL, L.; CARNITI, C. *Salmos*. 2 vols. Estella: Verbo Divino, 1992; FLOR SERRANO, G. *Los Salmos*. Madri: Atenas, 1994; GARCÍA TRETO, F. *Salmos*. Minneapolis, 2008; GONZÁLEZ NÚÑEZ, A. *El libro de los Salmos*. Barcelona: Herder, 1977; KRAUS, H. J. *Los Salmos*. 2 vols. Salamanca: Sígueme, 1993-1995.

A obra de L. Alonso Schökel, *Treinta Salmos. Poesía y oración*, contém uma análise minuciosa de um grupo seleto

5.3 Cântico dos Cânticos

Como introdução: MORLA, V. (dir.). *El cantar de los Cantares*, Reseña Bíblica 22; PELLETIER, A.-M. *El Cantar de los Cantares*, Cuadernos Bíblicos 85. Estella: Verbo Divino, 1995.

Comentários: FERNÁNDEZ TEJERO, E. *El cantar más bello: Cantar de los cantares de Salomón*. Madri: Trotta, 1994; JIMÉNEZ HERNÁNDEZ, E. *Cantar de los cantares: resonancias bíblicas*. Bilbao: EGA, 1997; LUZARRAGA, J. *Cantar de los Cantares: Sendas del amor*. Estella: Verbo Divino, 2005; MORLA, V. *Poemas de amor y de deseo: Cantar de los Cantares*. Estella: Verbo Divino, 2004.

Tema VI

Breve história de Israel

Atendo-nos ao relato bíblico, poderíamos traças as seguintes etapas:

1) Época patriarcal (séculos XVIII a XIII).

2) Do Egito à estepe de Moab (meados do século XIII).

3) Conquista de Canaã e assentamento (final do século XIII).

4) Época dos juízes (séculos XII-XI).

5) A monarquia unida: Saul, Davi, Salomão (1020-931 aproxima-damente).

6) Os dois reinos: Israel (Norte) e Judá (Sul) (931-586).

7) O exílio (586-538).

8) A época do domínio persa (538-332).

9) A época do domínio helenista (333-63).

Estas nove etapas podemos agrupá-las em três grandes blocos. A cada um deles dedicaremos um capítulo, lembrando os dados essenciais do relato bíblico e indicando as questões debatidas na atualidade.

As origens: Patriarcas, Êxodo, Conquista, Juízes.

Monarquia: Monarquia unida e os dois reinos (cerca de 1020-586 a.C.).

Exílio e pós-exílio: Exílio, época persa, época grega (586-63 a.C.).

Atenção:

1. Quanto mais distantes são os fatos, com mais detalhes são contados. Dedicam-se muitas mais páginas a Abraão, situado em um hipotético século XVII a.C., do que a Zorobabel, do século VI a.C. Como é possível saber mais dados de tempos antigos do que de épocas recentes?

2. A explicação está no fato de que os historiadores de Israel não pretendem escrever uma história objetiva, no sentido moderno. Eles querem dar identidade religiosa, étnica, política e cultural a todo o povo. Essa identidade é especialmente buscada nas origens. Por isso tratam esses séculos com mais detalhes e, quando não têm dados, os inventam.

24

As origens de Israel

A Bíblia oferece uma quantidade enorme de dados sobre esses séculos, contidos especialmente nos livros do Gênesis (patriarcas), Êxodo, Números, Deuteronômio (saída do Egito e caminhada para a terra prometida), Josué (conquista de Canaã e repartição do território entre as tribos) e Juízes. Mas são dados que têm sido questionados há anos. Por isso, lembrarei em primeiro lugar o relato bíblico (de forma muito sintética) e, em seguida, indicarei as questões discutidas e as posturas atuais.

1. Os patriarcas (Gênesis)

1.1 O relato bíblico

O Gênesis oferece a história de uma família que emigra de Ur (Mesopotâmia) para Canaã, passando por Arã. Apenas alguns de seus membros, Abrão, com sua esposa Sara e seu sobrinho Ló, se instalarão em Canaã; os demais permanecem em Arã e em outras regiões do Norte. O relato destaca as promessas divinas de uma descendência numerosa (embora Sara seja estéril) e de uma terra para esses descendentes. A primeira promessa se cumpre (Ismael, Isaac e os muitos povos nascidos de outra esposa, Cetura). Em contrapartida, Abraão só chegará a possuir um pequeno terreno, que deverá pagar a preço de ouro, onde enterra Sara.

O segundo patriarca é Isaac, tratado de maneira muito breve. Seus dois filhos, Esaú e Jacó, especialmente o segundo, são mais importantes. O relato adquire maior dramatismo porque Jacó, após enganar seu pai e prejudicar seu irmão, precisa fugir para o Norte, para Aram Naaraim, onde entra em contato com seu tio Labão, casa-se com suas duas primas (Lia e Raquel) e, por meio delas e de suas duas escravas (Zelfa e Bala), gera doze filhos (os onze primeiros patriarcas e Dina). Com o tempo, depois de ter sido engana-do por seu tio e de tê-lo enganado também, retorna à terra de Canaã. Teme-roso de encontrar seu irmão Esaú, luta naquela noite com um personagem misterioso que lhe muda o nome para Israel e o abençoa. De fato, o com-portamento de Esaú será exemplar, e os dois irmãos se reconciliam. Já em Canaã nasce o último de seus filhos, Benjamim, morrendo Raquel no parto.

Mas o filho predileto é José, que provoca a inveja e o descontentamento dos demais irmãos. Eles desejam matá-lo, mas ele acaba no Egito, onde, após diversas aventuras, se torna primeiro-ministro do faraó. Depois de al-guns anos, os irmãos aparecem por lá em busca de alimentos. Depois de fazê-los expiar seu pecado, José se revela, os perdoa e faz com que seu pai Jacó venha, o qual morre no Egito.

É fácil perceber que o Gênesis não conta a história de um povo, nem mesmo de suas origens. Trata-se mais de uma modesta família de pastores que não passa de setenta pessoas.

1.2 Problemas históricos

O que há de histórico em tudo isso? Em comparação com os onze pri-meiros capítulos do Gênesis, as tradições patriarcais apresentam menos pro-blemas. No entanto, após poucos versículos, o leitor descobre que Abraão, ao começar sua longa viagem, tem 75 anos (Gn 12,4). Muito tarde para sair de sua terra natal. Depois, estranha-se que um homem tão idoso tenha uma esposa jovem e bonita como Sarai; pois ela deve ser jovem para que os egípcios elogiem sua beleza. No entanto, pouco depois, ao fazer cálculos, deduz-se que Sarai tinha então 65 anos, dez anos a menos que Abraão. Será que ela tinha se conservado tão bem nessa idade e depois de vagar pelo de-serto? Este é o primeiro problema que as histórias patriarcais apresentam: a idade dos protagonistas. Abraão tem 86 anos quando Ismael nasce (16,16), 100 quando Isaac nasce (17,1), 175 ao morrer (25,7).

Outros dados não deixam de chamar a atenção: a imponente batalha de cinco reis contra quatro contada em Gn 14; a aparição divina precedente à destruição de Sodoma e Gomorra (capítulo 18); a mulher de Ló convertida em estátua de sal (19,26); a numerosa descendência de Abraão, que abrange uma multidão de povos (25,1-6); e a ascensão de José até o primeiro posto abaixo do faraó.

Mas o problema é outro. Embora esses relatos pareçam mais próximos da história, eles realmente contam o que aconteceu aos primeiros antepassados dos israelitas?

1.3 Duas opiniões encontradas

No final do século XIX havia duas opiniões divergentes. Alguns aceitavam o Gênesis ao pé da letra. Outros consideravam os patriarcas figuras simbólicas, até mesmo encarnações das doze constelações do zodíaco, sem nenhum valor histórico. Outros, sem ir tão longe, pensavam que essas tradições serviam para conhecer a cultura, mentalidade e religião do Javista e do Eloísta, mas não a cultura, forma de vida e religião dos patriarcas (assim como a "Anunciação" de Fra Angélico serve para conhecer como eram as casas e mobiliário de sua época, não a casa de Maria em Nazaré).

Alguns consideravam fácil responder a essa postura tão cética: o Javista e o Eloísta não inventaram as tradições, eles as recolheram após terem sido transmitidas com fidelidade durante séculos. E as abundantes escavações arqueológicas do início do século XX pareciam confirmar a validade dessa opinião. À medida que se conheceu melhor a cultura, língua e religião dos princípios do segundo milênio, pensou-se que as tradições patriarcais se encaixavam nelas muito melhor do que na época do Javista ou do Eloísta.

Entre os dados fornecidos pela arqueologia, houve três de especial importância para o nosso tema: a) as migrações dos povos; b) os nomes de indivíduos e lugares; c) os costumes. Para muitos autores, a *migração* de Abraão de Ur a Arã e de Arã à Palestina corresponde à expansão amorita do início do segundo milênio a.C. O *nome* Abrão aparece em tabuinhas aramaicas, assim como os nomes de seus irmãos, Nacor e Arã (Gn 11,27). E os dados descobertos sobre *costumes* matrimoniais, leis de adoção, compra de terrenos etc. refletem a situação do século XIX a.C. e confirmam a historicidade básica dessas tradições.

André Parrot, o famoso arqueólogo francês que dedicou várias obras a esses temas, escrevia a propósito dos patriarcas: "A vida, tal como aparece nos relatos que o Gênesis lhes dedica, se encaixa *perfeitamente* com o que sabemos hoje, por outros meios, sobre os primórdios do segundo milênio, mas *imperfeitamente* com um período mais recente".

1.4 Uma interpretação mais modesta

No entanto, mesmo aqueles que se baseavam na arqueologia já davam muito terreno por perdido. Em 1956, quando publicou sua conhecida obra *A história de Israel*, John Bright, que ninguém poderia acusar de progressista e ousado, limitava-se a afirmações tão modestas como estas:

> Concluímos, pois, que os patriarcas foram figuras históricas, uma parte daquela migração de clãs seminômades que trouxeram uma nova população para a Palestina nos primeiros séculos do segundo milênio a.C. [...]. Podemos supor, embora nenhum texto da época os mencione, que entre esses clãs emigrantes se deslocavam um Abraão, um Isaac e um Jacó, xeiques de clãs consideráveis, que lembravam suas origens na Planície de Arã, perto de Harã[122].

O leitor atento terá notado um detalhe importante. Diante da apresentação bíblica de Abraão, Isaac e Jacó como pai, filho e neto, Bright fala de personagens independentes, sem relação de descendência. Podemos dizer que essa foi a primeira grande mudança na interpretação dos patriarcas. Não devemos nos surpreender nem nos escandalizar. Dizer que todo o povo de Israel procede de Abraão é tão ingênuo quanto afirmar que todos os espanhóis residentes no México descendem de Hernán Cortés. Por outro lado, os antigos semitas, assim como outros povos, eram muito inclinados a expressar as relações entre grupos humanos por meio de genealogias. Isso não quer dizer que existisse esse parentesco. Vejamos um exemplo do Gênesis:

> Abraão tomou outra mulher chamada Cetura, a qual lhe deu filhos: Zamrã, Jecsã, Madã, Madiã, Jesboc e Sué. Jecsã gerou Sabá e Dadã; os filhos de Dadã foram os assuritas, os latusitas e os loomitas. Os filhos de Madiã foram Efa, Ofer, Henoc, Abida e Eldaá. Todos descendentes de Cetura (Gn 25,1-4).

Mesmo o leitor mais conservador deve admitir que todos esses povos não podem proceder de Abraão e de Cetura. E o mesmo se aplica às tradições de Abraão, Isaac, Jacó e seus doze filhos. O Gênesis só pretende indicar as estreitas relações existentes entre grupos que terminaram formando o povo de Israel.

No entanto, continuava-se mantendo a historicidade básica desses personagens; eles eram geralmente classificados como pastores seminômades

---

122. BRIGHT, J. *La historia de Israel*. Bilbao: Desclée de Brouwer, 1970, p. 101-102.

e situados entre os séculos XVIII-XV a.C., pensando-se que as tradições patriarcais do Gênesis remontam a tempos antiquíssimos. O grande argumento é que as tradições patriarcais se encaixam melhor no segundo milênio do que no primeiro. Como escreve G. E. Wright:

> Provavelmente nunca poderemos provar que Abraão existiu realmente, que fez isto ou aquilo, que disse tal coisa ou tal outra, mas podemos provar que sua vida e seu tempo, tal como aparecem refletidos nos relatos sobre ele, se encaixam perfeitamente nos primórdios do segundo milênio, mas imperfeitamente em qualquer período posterior[123].

1.5 O grande ataque à historicidade

No entanto, em 1974, Thomas L. Thompson[124] colocou essas ideias em crise ao afirmar que o pano de fundo histórico refletido por essas tradições não é do início do segundo milênio a.C., nem dos séculos XV-XIV a.C., mas sim da época em que foram escritas: a monarquia de Israel. Na realidade, ele diz o mesmo que Wellhausen um século antes, mas baseando-se nas mesmas armas que seus adversários: a arqueologia.

Um ano depois (1975), John Van Seters publicou seu estudo sobre Abraão[125], com resultados ainda mais radicais, pois situa o Javista no século VI a.C. e defende que essas tradições têm um caráter puramente literário, sem base alguma na história.

Ramsey[126] sintetiza os argumentos apresentados a favor do caráter tardio das tradições da seguinte maneira:

a) Os relatos do Gênesis contêm elementos que são mais bem compreendidos na época monárquica. Por exemplo, a submissão de Esaú (Edom) a Jacó (Israel) reflete o que ocorreu após a conquista de Edom por Davi.

b) A organização dos patriarcas em uma cadeia genealógica é artificial e supõe um longo período de transmissão das tradições.

---

123. WRIGHT, G. E. *Biblical Archaeology*. Filadélfia, 1962, p. 40.

124. THOMPSON, T. L. *The Historicity of the Patriarchal Narratives*. BZAW 133. Berlim, 1974.

125. VAN SETERS, J. *Abraham in History and Tradition*. New Haven/Londres, 1975.

126. RAMSEY, G. W. *The Quest for the Historical Israel – Reconstructing Israel's Early History*. Londres, SCM Press, 1982, esp. p. 27-44.

c) A relação entre os doze antepassados das tribos e a de todos eles com Jacó também é artificial e tardia, já que as tribos se estabeleceram em momentos diferentes, provenientes de âmbitos distintos.

d) Os filisteus são frequentemente mencionados, mas estes não chegaram a Canaã até pouco depois de 1200 a.C.

e) Os termos usados para designar os antigos habitantes de Canaã (amorreus, hititas, horitas, cananeus) são mais bem compreendidos no primeiro milênio, quando haviam perdido suas conotações étnicas e políticas; as fontes assírias e egípcias os usavam como designações arcaicas dos povos da Síria, Fenícia, Palestina e Transjordânia, da mesma forma que são usados no Gênesis.

f) Os patriarcas estabelecem relações familiares que são incompreensíveis no início do segundo milênio. Por exemplo, com os arameus, que não aparecem com certeza nos textos mesopotâmicos até 1100 a.C. E Abraão é apresentado como pai dos árabes, que só aparecem em cena por volta de 800 a.C.

g) Muitas localidades mencionadas nos relatos patriarcais não estavam habitadas no início ou meados do segundo milênio (Bersabeia) ou não deixaram vestígios arqueológicos do Bronze Médio I (Siquém, Hebron, Betel).

h) Finalmente, segundo Van Seters, a análise literária dos relatos demonstra que as tradições de Abraão devem ser datadas do primeiro milênio, já que muitos dos gêneros usados pressupõem modelos proféticos ou régios que não existiam no segundo milênio.

1.6 Possíveis objeções ao anterior

No entanto, todos os argumentos anteriores não resolvem o problema de maneira definitiva. Se as tradições patriarcais foram inventadas no início (Thompson) ou meados (Van Seters) do primeiro milênio há dados que permanecem enigmáticos.

a) O primeiro é a maneira de descrever a religião patriarcal, tão distinta da religião oficial da época em que se escreve. Os patriarcas, que deveriam servir de modelos, não cultuam Javé, mas sim diversas manifestações do deus supremo cananeu Ilu (El).

b) Se as tradições foram inventadas, também não se teria dado ao protagonista o nome de Abraão, que nunca mais aparece na Bíblia. Se fosse para inventar o personagem, teria sido mais lógico usar um composto do nome *Já* (abreviação de Javé). "Abraão não é nem rei, nem profeta, nem herói lendário. Aparece como indivíduo e particularmente como o antepassado, como o pai. Sua memória deve ter sido transmitida por aqueles que o consideravam seu antepassado"[127].

c) Alguns também se perguntam: Quem teria tido interesse em "inventar" os antepassados no século X ou no VI? No entanto, esse argumento não é de muito peso. Qualquer pessoa com desejo de criar uma identidade nacional teria interesse em inventar antepassados.

Embora Thompson e Van Seters não tenham ganhado plenamente a batalha[128], pode-se dizer que sua teoria causou grande impacto. Sem negar a historicidade remota dos personagens, atualmente tende-se mais a ler as tradições de um ponto de vista político, sociológico ou religioso, embora alguns continuem mantendo a leitura tradicional.

2. Do Egito a Moab (Êxodo-Deuteronômio)

2.1 O relato bíblico

O Livro do Gênesis nos deixou no Egito. É lá que se desenvolve a etapa seguinte do futuro povo de Israel. Uma mudança de faraó provoca a dura exploração dos israelitas, que clamam a Deus e este envia Moisés para libertá-los. Após uma série de pragas, o faraó finalmente se convence a deixá-los partir, mas depois se arrepende e os persegue com seu exército até o Mar dos Juncos, onde é derrotado no famoso episódio da travessia do mar. Livres dos egípcios, os israelitas adentram no deserto a caminho do monte do Senhor. Surgem a fome e a sede, tribos de beduínos tentam atacá-los, amigos aparecem para ajudar e aconselhar. Finalmente, chegam ao Sinai, onde o relato se detém de maneira impressionante. Na mentalidade de muitos cristãos, a única coisa que ocorre ali é a entrega dos Dez Mandamentos por Deus.

É muito mais do que isso. No Sinai, Deus e o povo selam uma aliança que só se entende no contexto religioso da Antiguidade. Naquele tempo,

---

127. VOGELS, W. *Abrahán y su leyenda*, p. 36.

128. Ver, por exemplo, SARNA, N. H. "Abraham in History". *Biblical Archaeology Review* 3, 4, 1977, 5-9 e a resposta de VAN SETERS, "Dating the Patriarchal Stories", *BAR* 4, 4, 1978. Crocker se mostra partidário, contra Thompson e Van Seters, da historicidade da figura de Abraão.

todos os povos tinham numerosos deuses; quanto mais, melhor (algo parecido ao que ocorre com muitos católicos em relação aos santos). O que distingue a Aliança do Sinai é que Javé escolhe Israel como sua propriedade pessoal, e Israel escolhe Javé como *seu único Deus*. Esse pacto será reafirmado por uma conduta: Javé se compromete a proteger Israel; Israel se compromete a observar a vontade de Javé e a prestar-lhe culto da maneira devida. Nesse contexto se inserem os Dez Mandamentos e o código da aliança (Ex 20–23). E também as detalhadas prescrições para a construção do santuário – porque Deus não ficará no Sinai, Ele acompanhará seu povo na tenda do encontro – (Ex 25–40) e as normas que devem ser observadas no culto e em outras circunstâncias (Levítico).

Começa a caminhada do Sinai em direção à terra prometida e novamente encontramos fome e sede, protestos do povo, invejas dos irmãos de Moisés. Mas há um episódio de consequências trágicas. Quando os exploradores enviados para percorrer a terra retornam com a notícia da fortaleza das cidades e da enorme estatura dos habitantes, os israelitas se desanimam e querem voltar ao Egito. Isso provoca a ira de Deus: nenhum dos que saíram do Egito (exceto Josué e Calebe) entrará na terra. Para que toda aquela geração pereça é necessário que o povo vague pelo deserto durante quarenta anos (idade típica de uma geração). O caminho é marcado por novas rebeliões (Coré, Datã e Abiram), novas disposições (sobre as prerrogativas dos levitas, os tributos para os sacerdotes), novas práticas cultuais (a novilha vermelha), novos protestos do povo, as mortes de Míriam e Aarão, novas ameaças de povos inimigos (Edom, Moab, Madiã), e o primeiro assentamento de algumas tribos em Transjordânia (Rúben e Gad). Na estepe de Moab, Moisés pronuncia um ou vários discursos de despedida (Deuteronômio), morre e é sepultado sem que ninguém saiba onde fica o local.

2.2 Problemas históricos que o relato apresenta

Este rápido resumo, que omitiu numerosos detalhes, revela diversos problemas do ponto de vista histórico. Para a maioria das pessoas os problemas se limitam às pragas do Egito e à travessia do mar; no máximo, adicionam os milagres da água, do maná e das codornizes durante a jornada pelo deserto. Na verdade, há muito mais, que podemos agrupar nos seguintes pontos:

1. *Dificuldade para identificar personagens, épocas e lugares*:

– Quem são *os dois faraós* mencionados no início do Êxodo? As opções incluem dois da 18ª dinastia (Tutmósis III e Amenófis II) e dois da 19ª dinastia (Seti I e Ramsés II, a opinião mais comum, ou Ramsés II e Mernepta).

– Quem é *a filha do faraó* que adota Moisés? Propõe-se Hatshepsut (18ª dinastia) ou um personagem desconhecido da 19ª dinastia.

– Onde situar o *milagre do mar*? Há três propostas: a) Mar Vermelho; b) Mar dos Juncos; c) Lago Bardawil, ao norte do Sinai.

– Onde situar o *Monte Sinai*? Há três propostas: a) Gebel Musa, na Península do Sinai (ideia usual); b) Gebel al-Lawz, na Arábia Saudita (Howard Blum); c) vulcão Hala-'I Badr, no sul da Arábia (Colin Humphreys).

2. *O número de israelitas* que saem do Egito é impossível: 600 mil homens, sem contar as crianças, além de uma grande multidão (Ex 12,37-38). De acordo com o censo realizado no Sinai, apenas os homens maiores de 20 anos aptos para a guerra são 603.550 (Nm 1,45-46). Em ambos os casos, incluindo mulheres e crianças, o total ultrapassaria um milhão de pessoas.

3. *Intervenções contínuas de Deus*: vocação de Moisés, ordens, revelação do Sinai.

4. *Abundância de milagres*: pragas, travessia do mar, água da rocha, maná, serpente de bronze.

5. *Caráter anedótico e popular de alguns relatos*: duas parteiras hebraicas são suficientes para atender um povo numeroso; Moisés, o único bebê que se salva; a jumenta de Balaão etc.

6. *A legislação tão abundante do Sinai*: dois decálogos (ético e cultual), código da aliança, todo o Livro de Levítico.

2.3 Três posturas principais

2.3.1 Conservadora

Geralmente, apenas se concentra nas pragas do Egito e na passagem pelo mar. Tenta-se defender a veracidade do relato bíblico com dados geológicos.

Explicação por um cometa ou planeta (1949): Proposta por I. Velikovsky em suas obras *Worlds in Collision* (1949) e *Ages in Chaos* (1952). Um cometa (posteriormente identificado com o Planeta Vênus) passou perto da Terra por volta de 1450 a.C., causando terremotos, ondas gigantes, pestes e outras catástrofes, além de uma parada temporária na rotação da Terra. Aplicando essas ideias ao relato bíblico, o pó vermelho colore o Nilo, irrita a pele de animais e humanos, e causa úlceras. Pequenos meteoritos explicam a praga de granizo. Massas de poeira e cinzas, a praga das trevas. Terremotos explicam a morte dos primogênitos. Um maremoto explica a passagem do mar.

Explicação por uma cheia excepcional do Nilo: Proposta por G. Hort em seu artigo "As pragas do Egito" (1957)[129]:

> Segundo Hort, as pragas correspondem a uma sequência de fenômenos naturais que se desencadeiam uns aos outros. Tudo começou com uma cheia excepcionalmente forte do Nilo nos meses de julho-agosto, que deu ao rio uma cor vermelha, intensificada pela presença da *euglana sanguinea*; esse organismo absorve muito oxigênio e os peixes morrem (primeira praga). Os peixes mortos infestam os canaviais e as margens do Nilo; os sapos fogem de lá, refugiando-se nas casas, locais úmidos e frescos; mas contraíram um micro-organismo, o *bacillus anthracis*, e morrem (segunda praga, também no mês de agosto). A cheia do Nilo provoca a proliferação de mosquitos (terceira praga, outubro-novembro). A mosca *stomoxys calcitrans*, uma espécie tropical e subtropical que pica humanos e animais, se multiplica quando o nível do rio baixa. Desaparece tão rápido quanto chega (quarta praga, dezembro-janeiro). Nesse mês de janeiro, o gado vai para os pastos e contrai o *bacillus anthracis*, pois a grama e o solo estão contaminados após a morte e decomposição dos sapos. Mas no delta, onde o rebanho vai para os pastos mais tarde e as chuvas lavaram mais a terra, o gado dos israelitas fica a salvo (quinta praga). As úlceras mencionadas na sexta praga são antraz; a doença é transmitida pela mosca *stomoxys calcitrans*, que ataca humanos e animais em dezembro-janeiro. No início de fevereiro, o granizo destrói o linho e a cevada, mas não o trigo e a espelta, por serem tardios (sétima praga). Neste ano especialmente úmido, uma grande quantidade de gafanhotos migra do norte da Arábia para o Egito, impulsionados pelo vento leste (oitava praga). A cheia excepcional do Nilo deixou um espesso depósito de terra vermelha e poeirenta, levantada pelo primeiro siroco do ano, no início de março; são as trevas. Os israelitas se livram delas porque o Vale de Tumilat, onde residem, é um abrigo contra o vento (nona praga). A última praga não era originalmente a morte dos primogênitos (*bekorîm*), mas sim a destruição dos primeiros frutos (*bikkurîm*) do restante do trigo

---

129. HORT, G. "The Plagues of Egypt". *Zeitschrift für die alttestamentliche Wissenschaft* 69, 1957, p. 84-103; 70, 1958, p. 48-59.

e da espelta após a chuva de granizo e os gafanhotos. Essa destruição foi causada pelo siroco. Os israelitas, protegidos deste vento, também se livram desta praga. Fins de março-abril.

Explicação por um tsunami: Proposta pelo Dr. Bennett em seu artigo "Geo-physics and Human History", publicado na revista *Systematics* (junho de 1963). Essa ideia será adotada pela teoria seguinte.

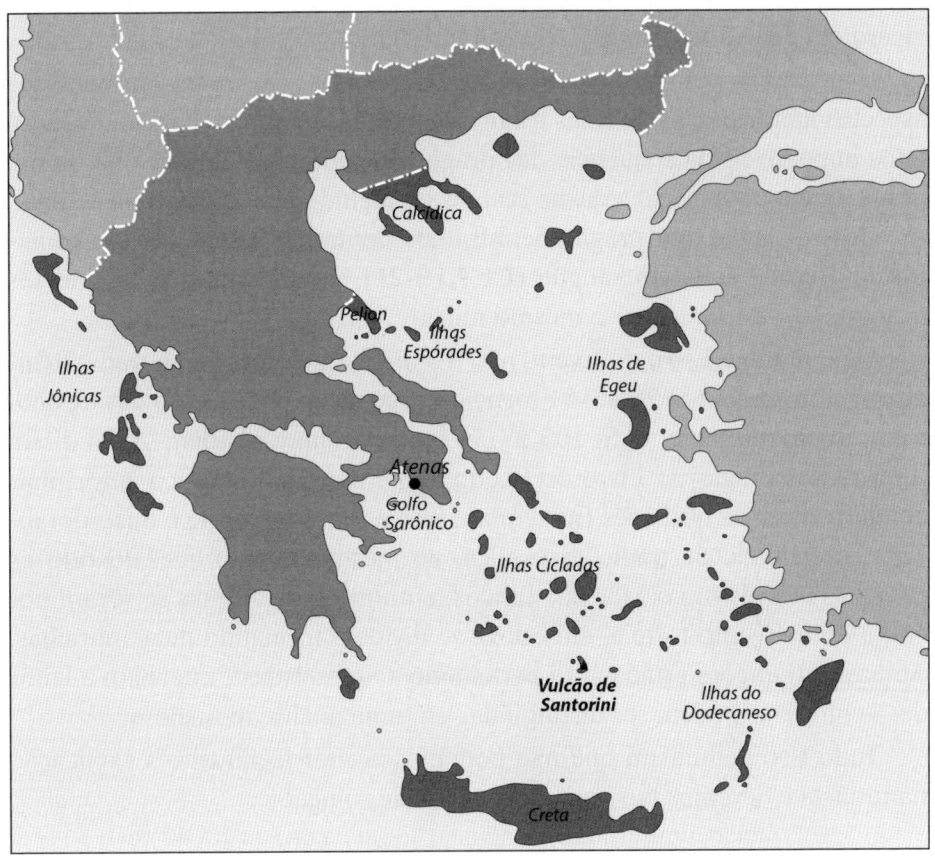

Localização do vulcão de Santorini.

Explicação pela erupção do vulcão Santorini. Proposta em 1964 por Galanopoulos em seu artigo "As pragas do Egito e a saída de Israel do ponto de vista geológico"[130]. Mais tarde, Galanopoulos e E. Bacon, em *Atlantis*,

---

130. "Die ägyptischen Plagen und der Auszug Israels aus geologischer Sicht". *Das Altertum* 10, 1964, p. 131-137.

the Truth behind the Legend (Londres, 1969), adotam a ideia do *tsunami* e afirmam que este teria sido causado pela erupção do vulcão Santorini, por volta de 1447 a.C. Os distúrbios no sistema hidrográfico teriam causado as pragas e aniquilado o exército egípcio. Essa teoria também foi defendida, entre outros, por S. H. Horn (1977), H. Goedicke (1980) e Simcha Jacobovici (2005), no documentário *O êxodo decifrado*, para o History Channel. As deturpações de Jacobovici foram refutadas lentamente por Christopher Heard em doze artigos publicados na internet.

O problema com essas explicações é que elas não levam em conta os aspectos literários e as diversas tradições contidas na Bíblia. Por exemplo, há fatos impossíveis na sequência das pragas: se todo o gado morre na quinta praga, como pode ter úlceras na sexta e ser afetado pelo granizo na sétima? Até dentro da mesma praga encontramos contradições: se Moisés transformou toda a água em sangue (Ex 7,19-21), de onde os magos egípcios tiraram água para realizar o mesmo milagre? (7,22).

Além disso, o Livro do Êxodo não é o único que apresenta a tradição bíblica das pragas. O Sl 78,43-51 menciona apenas nove (não fala das trevas), e em ordem diferente. O Sl 105,27-36 também altera a ordem. Além disso, o relato das pragas no Livro do Êxodo não é obra de um único autor, mas combina diversas tradições (na teoria clássica, Javista, Eloísta e Sacerdotal). Essa diversidade de tradições explica, ao mesmo tempo, que, quando os israelitas atravessam o Mar dos Juncos, em um caso as águas se secam por causa de um vento forte e, em outro, se dividem formando duas muralhas. Ambas as tradições estão agora perfeitamente mescladas e enganam o leitor desatento; mas podem ser distinguidas em uma análise minuciosa.

Tudo isso demonstra que não podemos aceitar facilmente a explicação naturalista e devemos buscar outras pistas de solução.

2.3.2 Crítica moderada

Reconhece os numerosos problemas do texto bíblico (duplicações) e a dificuldade de compatibilizá-lo com os dados arqueológicos que possuímos. O texto atual é resultado da união de diversas tradições, revisadas ao longo de séculos, que, em algumas ocasiões, utilizam dados verossímeis e conhecidos. *O essencial não é o que esses autores contam, mas sim a mensagem que pretendem transmitir*: Israel deve sua existência a uma escolha e proteção contínua de Deus, que lhe concede o essencial para se tornar um verdadeiro povo: uma população abundante, liberdade, uma lei e uma terra.

O texto bíblico oferece abundantes duplicações, com duas versões distintas

– Pragas: algumas têm Moisés como protagonista, outras Moisés e Aarão.

– Milagre do mar: em uma tradição ele se divide em dois, em outra é secado por um vento potente.

– Maná: em uma tradição aparece como algo milagroso (Ex 16), em outra como um fenômeno normal (Nm 11,4-9).

– Guia pelo deserto: em uma tradição, é a nuvem que indica o caminho (Nm 11,15-23); em outra, é a arca (Nm 11,33); em outra, deve ser Jetro, sogro de Moisés, quem os guie (Nm 11,29-32).

A arqueologia não confirma em muitos casos o relato da Bíblia

– Não há um único vestígio que confirme o local de acampamento ou de longa estada de um grupo tão numeroso durante quarenta anos pela Península do Sinai. Muitas prospecções foram feitas, e foram encontrados vestígios de pastores do terceiro milênio e das épocas helenística e bizantina, mas nada do século XIII a.C.

– Em Cades Barne, onde o povo ficou parado por trinta e oito anos, não foi encontrado sequer um caco daquela época.

– Em Asiongaber também não foi encontrado nada.

– Em Nm 21 conta-se a oposição do rei de Arad, que termina derrotado pelos israelitas. No entanto, Arad estava desabitada no século XIII (embora tenha tido uma grande cidade na Idade do Bronze e uma fortaleza na Idade do Ferro).

– Hesebon (Tell Hesban, ao sul de Amã) desempenha um papel muito importante em Nm 21,21-30 como capital do Rei Seon. No entanto, no Bronze Recente não havia lá cidade alguma, nem mesmo uma aldeia pequena.

– Edom e Amon também desempenham um papel importante no Livro de Números. Mas na Idade do Bronze o planalto estava escassamente povoado, nem mesmo havia uma população sedentária. Os israelitas não puderam enfrentar nenhum rei de Edom.

Mas o relato bíblico utiliza dados verossímeis e conhecidos

– A ida dos patriarcas ao Egito coincide com a frequente ida de cananeus ao Egito em períodos de fome.

– Também estão documentados os trabalhos forçados (embora hoje não se aceite a visão hollywoodiana de escravos construindo as pirâmides a chicotadas).

– A invasão e expulsão de estrangeiros é um fenômeno muito conhecido: ocorreu com os Povos do Mar, que dominaram o Egito por um longo período, até serem expulsos por volta de 1550 a.C.

– As pragas descrevem desgraças naturais típicas do Egito (rãs, moscas, granizo etc.).

Os representantes desta postura, pelo menos alguns deles, *aceitam a saída do Egito de um pequeno grupo*, que mais tarde transmitirá ao resto do povo a fé em Javé e a experiência de um Deus libertador.

2.3.3 Crítica radical

Segundo os representantes dessa teoria (frequentemente conhecidos como os "minimalistas", termo de que eles não gostam), os relatos foram compostos em época muito tardia, durante o período helenístico (séculos IV-I a.C.), e não guardam nenhum registro histórico.

3. Conquista e repartição da terra (Josué)

3.1 O relato bíblico

O Deuteronômio termina com a morte de Moisés. O Livro de Josué começa com a missão que este personagem recebe de cruzar o Jordão, apoderar-se da terra e distribuí-la entre as tribos que ainda não tinham seu território (Rúben, Gad e metade de Manassés já têm seu território na Transjordânia).

Após enviar dois espiões a Jericó, eles cruzam o Jordão. Contudo, a campanha não começa imediatamente. Antes, realiza-se a circuncisão dos homens e a celebração da Páscoa. Segue-se a famosa queda das muralhas de Jericó e a tentativa de conquistar Hai, fracassada inicialmente por culpa de Acã, que ficou com parte do despojo de Jericó, consagrado ao Senhor. Os gabaonitas, para salvar a vida, enganam os israelitas e fazem com que eles selem um pacto com eles. Mas essa aliança provocará o ataque conjunto de cinco cidades do Sul contra Gabaon (Jerusalém, Hebron, Jarmut, Laquis, Eglon). Josué ajuda seus recentes aliados e até detém o sol para vencer completamente os inimigos e justiçá-los. A situação se repete no Norte, onde o rei de Hasor reúne uma série de reis para lutar contra Israel. Eles têm o mesmo destino que os do Sul.

Conquistado todo o território, Josué realiza sua segunda missão: reparti-lo. Uma primeira repartição ocorre em Guilgal, onde as tribos maiores recebem sua herança: Judá e as duas descendentes de José (Efraim e Manassés). Mais tarde, em Silo, as tribos restantes recebem suas heranças, e são designadas as cidades de refúgio para o homicida involuntário e as cidades levíticas. Os da Transjordânia, que haviam cruzado o rio para ajudar seus irmãos, podem voltar à sua terra; assim o fazem, embora criando um pequeno conflito por causa de um altar, conflito este que é rapidamente resolvido. Josué, após um primeiro discurso de despedida no qual exorta o povo a permanecer fiel ao Senhor, volta a congregá-los em Siquém; em uma cerimônia solene o povo compromete-se a servir ao Senhor e obedecê-lo.

3.2 Problemas históricos do relato

Podemos distinguir quatro temas neste ponto: 1) os dados anômalos do relato, 2) a totalidade da destruição, 3) a unidade de todas as tribos e 4) os milagres.

3.2.1 Os dados anômalos

Convém começar por alguns detalhes anômalos, que servem para entender outras coisas. O Livro de Josué não começa como uma história comum, mas com uma intervenção de Deus, que fala ao protagonista, lhe indica o que deve fazer e o anima (Js 1,1-9).

Logo depois, ocorre o envio de dois espiões a Jericó; espiões absolutamente inúteis, que apenas se escondem e fogem; sua atividade é desnecessária, especialmente se as muralhas vão cair milagrosamente. Mas esse relato cumpre uma função teológica: a pagã que reconhece o Deus de Israel consegue salvar sua vida e a de sua família.

Quando cruzam o Jordão, em frente a Jericó, com suas poderosas muralhas, o povo não ataca imediatamente. Pelo contrário, realiza-se a operação mais absurda: os homens são circuncidados, o que implica quase uma semana de convalescência, à mercê do inimigo (lembre-se do que os israelitas fizeram aos habitantes de Siquém: Gn 34,24-29). E então celebram a Páscoa. Evidentemente não estamos diante de um relatório histórico de uma campanha militar, mas sim de uma exposição teológica que enfatiza o valor primordial da lei (circuncisão e Páscoa). Quem cumpre a vontade do Senhor não corre perigo e tem sucesso.

Essa mesma mentalidade é a que leva a contar a conquista da primeira cidade, Jericó, de maneira diferente do imaginável. Sem gritos, sem escaramuças. É Deus quem derruba as muralhas e entrega o inimigo.

Ao leitor atento basta ler os seis primeiros capítulos para perceber que não deve interpretar o Livro de Josué como a *Guerra da Gália*, de Júlio César.

3.2.2 A totalidade da destruição no Sul e no Norte

Outro dado que resulta incompatível com a história é a destruição total das zonas Sul e Norte (curiosamente, o centro permanece livre de qualquer campanha). No Sul, como um refrão, repete-se que Josué consagrou ao extermínio todos os habitantes de Maceda, Lebna, Laquis, Eglon, Hebron, Dabir (Js 10,28-39). No Norte, "Josué apoderou-se de todas aquelas cidades e seus reis, passou todos ao fio da espada... passaram todos ao fio da espada, não deixando ninguém vivo" (Js 11,12-14).

Em todas as partes do mundo, ao longo da história, muitas barbaridades foram cometidas. Mas nunca se conseguiu exterminar completamente uma população. Além disso, o Livro dos Juízes considera um grave pecado dos israelitas a convivência com a população cananeia... convivência impossível se Josué os tivesse eliminado a todos.

3.2.3 A unidade de todas as tribos

O relato supõe a divisão de Israel em doze tribos, e todas, inclusive as da Transjordânia, participam da conquista. Isso não reflete a realidade da época, mas um sistema tribal e intenções políticas posteriores.

3.2.4 Os milagres

Três episódios são os mais famosos: 1) a travessia do Jordão, cuja corrente é interrompida para permitir que os israelitas atravessem (de forma semelhante ao ocorrido na saída do Egito); 2) a queda das muralhas de Jericó; 3) Josué detém o sol.

3.3 Atitudes diante desses problemas

3.3.1 Defesa da historicidade por meio da arqueologia

O autor mais destacado nessa linha foi William Foxwell Albright. Sua escavação mais famosa ocorreu entre 1926 e 1932 em Tell Beit Mirsim, que ele identificou com a cidade bíblica de Debir. Sobre as ruínas de uma cidade incendiada por um fogo repentino por volta de 1230 a.C., ele encontrou restos dispersos de cerâmica grosseira que identificou como israelita. Isso parecia demonstrar a historicidade das narrativas bíblicas: uma cidade cananeia havia sido incendiada pelos israelitas, que, em seguida, a herdaram e se assentaram sobre suas ruínas.

Esses resultados pareciam se reproduzir por toda parte: em Beitin, identificado com a cidade bíblica de Betel; em Tell ed-Duweir, identificada com a famosa cidade bíblica de Laquis; em Hasor. Em todos esses casos, as cidades cananeias são substituídas, com ou sem intervalo, por uma ocupação muito mais pobre; como essa ocupação coincide com o assentamento dos israelitas, estes devem ser considerados os responsáveis pelas destruições.

3.3.2 Rejeição da historicidade

Os autores que negam valor histórico ao Livro de Josué baseiam-se no texto bíblico e na arqueologia.

O texto bíblico oferece duas versões diferentes da conquista: o Livro de Josué a apresenta como uma campanha unificada das tribos sob o comando de Josué, que culmina em um sucesso total; no capítulo 1 do Livro dos Juízes, cada tribo atua por conta própria, não existe um chefe comum, e os fracassos são mais abundantes do que os sucessos.

Além disso, muitos relatos não pretendem contar o que ocorreu realmente, mas sim explicar um fenômeno ou um dado atual. Esse tipo de relato, conhecido como "narrativa etiológica" porque estuda as causas (*aitía* em grego), foi estudado primeiramente por Hugo Gressmann, mais tarde por Alt e Noth. Desde então, muitos relatos de Josué têm sido interpretados como simples respostas inventadas a uma pergunta que qualquer pessoa poderia formular.

Naturalmente, esse ponto de vista nega a historicidade dos fatos relatados. Não é raro que muitos se oponham frontalmente a essa teoria.

A arqueologia, ao contrário do que pensava Albright, tem se voltado em grande parte contra o relato da conquista pelos seguintes motivos:

Por quê?	Porque
Por que há doze pedras junto ao santuário de Guilgal?	Porque Josué mandou erigi-las depois de atravessar o Jordão.
Por que as muralhas de Jericó estão em ruínas?	Porque caíram diante de Josué.
Por que continua vivendo em Israel um clã cananeu, o de Raab?	Porque ajudou os israelitas a conquistar Jericó e, por isso, foram perdoados.
Por que os gabaonitas estão a serviço do Templo?	Porque elaboraram um estratagema para conseguir sobreviver e Josué os perdoou.

a) Algumas cidades que se dizem conquistadas por Josué não existiam

O caso mais famoso é o de Jericó. No Bronze Tardio (cerca de 1400 ou 1200 a.C.) não havia uma cidade de Jericó em 'Ain es-Sultan ou seus arredores. O assentamento do século XIV era pequeno e pobre, sem muralhas, e não há indícios de destruição. Restavam apenas as gigantescas ruínas da cidade dos hicsos, que deram origem ao relato vinculado a Josué.

O mesmo ocorre com **Hai** ("A ruína"). No terceiro milênio existia ali uma grande cidade, cujo nome ignoramos, que foi destruída por volta de

2400 a.C. Ficou deserta até quase 1200 a.C.; por essa época, um grupo utilizou parte das ruínas, convertendo-as em uma pobre aldeia não fortificada que subsistiu até o início do século X a.C., quando o local foi definitivamente abandonado. Portanto, quando os israelitas chegaram, não havia nenhuma cidade, apenas ruínas com mil e duzentos anos de antiguidade.

Gabaon. As escavações revelaram alguns restos do Bronze Médio e da Idade do Ferro, mas nenhum do Bronze Recente. As outras três cidades "gabaonitas" (Cafira, Berot e Cariat-Iarim) apresentam um quadro idêntico: em nenhum dos sítios há restos do Bronze Recente.

b) Outras cidades foram destruídas em um período de várias gerações

Hasor desapareceu por volta de 1275 a.C.; Afec, por volta de 1200 a.C.; Laquis, por volta de 1150 a.C.; Meguido, entre 1050 e 1000 a.C. Essas destruições não precisam ser atribuídas aos israelitas. Algumas podem ter sido causadas pelos Povos do Mar, que, no final do século XIII e início do século XII, acabaram com o Império Hitita, destruíram Ugarit, ameaçaram o Egito e invadiram a região sul de Israel (Filisteia). Outras, por lutas entre diferentes cidades cananeias ou por crises civis internas.

3.4 Alternativas à teoria da conquista

Se a apresentação da conquista de Canaã no Livro de Josué encontra dificuldades tanto na Bíblia quanto na arqueologia, como se explicam as origens do povo de Israel? Desde a década de 1930 várias teorias foram propostas: assentamento pacífico (Albrecht Alt), revolução camponesa (G. E. Mendenhall e Norman Gottwald), retirada pacífica para a montanha (Gösta Ahlström), nomadismo interno (Israel Finkelstein).

A teoria de Baruch Halpern, que explica as origens de Israel como resultado da fusão pacífica de diferentes grupos, é especialmente convincente. A maior parte do futuro Israel procederia da *cordilheira central* e já estava assentada nela (Israel é mencionado na estela do faraó egípcio Merneptá no século XIII). Alguns vieram dos *vales*. Há também *estrangeiros*: a) um grupo proveniente do Egito, com a experiência ou a lembrança do êxodo, que trouxe o nome de Javé e a fé nele; b) outro grupo procedente da Síria, empurrado para o Sul pela expansão assíria dos séculos XIII e XII, que trouxe o nome de Israel e costumes estranhos, como a circuncisão e a rejeição da carne de porco. Na época de Débora (1050-1000 a.C.) existia uma confederação, e os montanheses estavam conscientes de sua identidade étnica em oposição aos vizinhos dos vales e da Transjordânia. As tribos evoluíram de diferentes formas em cada região, mas terminaram por se unir por motivos econômicos, especialmente pela necessidade de manter os laços comerciais após o colapso do Império Egípcio.

4. A época dos Juízes (por volta de 1200-1020 a.C.)

4.1 O relato bíblico

O Livro dos Juízes começa no momento em que Josué morreu. Estranhamente, as tribos são obrigadas a conquistar novamente o território; com exceção de Judá, que tem grandes sucessos, e da Casa de José (Efraim e Manassés), que conquista Betel, o restante do capítulo 1 é uma enumeração de uma série de fracassos das outras tribos.

Segue-se a apresentação de doze personagens que salvaram Israel em momentos de perigo e governaram até o surgimento da monarquia. Os relatos têm extensões muito desiguais: a Samgar é dedicado um versículo, a Gedeão três capítulos, a Sansão, quatro. A imagem que o livro oferece é a de um povo carente de coesão política: cada tribo age independentemente e resolve seus problemas como pode. Mas ao autor interessa mais o religioso do que o político: Israel constantemente cai na idolatria. Por isso, Deus o castiga por meio de povos estrangeiros: às vezes é a opressão dos sírios ou cananeus; outras vezes, bandos madianitas devastam o território, destroem as plantações e roubam tudo o que encontram; outras vezes, são conflitos com Edom ou Moab, que impõem tributos pesados. No final do livro, os juízes/governantes desaparecem, e é descrita uma situação de caos religioso, moral e político, porque "naquele tempo não havia rei em Israel".

Embora o livro se concentre em contar batalhas e conflitos, o período dos Juízes é apresentado como um total de 336 anos de paz[131] salpicados por 114 anos de opressão[132].

---

131. 40 anos depois de Otoniel, 80 depois de Eud, 40 depois de Débora e 40 depois de Gedeão; 23 + 22 de Tola e Jair; 6 + 7 + 10 + 8 de Jefté, Ibzã, Elon e Abdon, 20 de Sansão, 40 de Eli e são desconhecidos os de Samuel.

132. 8 antes de Otoniel, 18 antes de Eud, 20 antes de Débora, 7 antes de Gedeão, 3 de Abimelec, 18 antes de Jefté, 40 antes de Sansão.

4.2 Da teoria anfictiônica à ignorância

A partir da série de dados dispersos fornecidos pelo livro, Martin Noth elaborou sua apresentação da época dos Juízes como uma anfictionia. Baseado nas anfictionias gregas (associações de cidades), ele propôs que os israelitas, antes da monarquia, formavam uma confederação anfictiônica de doze tribos, com um santuário central e um direito anfictiônico, o código da aliança (Ex 20,22–23,19). A teoria foi amplamente aceita por anos (embora não faltassem vozes críticas), mas atualmente ninguém a defende. O Israel pré-monárquico não era uma confederação de doze tribos, nem tinha um santuário central ou um direito anfictiônico. A situação deveria ser muito mais desorganizada.

Descartada a teoria anfictiônica, existia pelo menos uma consciência mínima de unidade? Qual foi o papel da fé em Javé durante esta fase de formação do povo? Foi um papel essencial, como argumentam Mendenhall e Gottwald? Ou não desempenhou papel algum, como afirma Lemche? São questões não resolvidas, que provavelmente nunca resolveremos.

25
A monarquia

1. A monarquia unida: Saul, Davi, Salomão (cerca de 1020-931 a.C.)

Nota sobre a cronologia: a Bíblia atribui quarenta anos de reinado a Davi e a Salomão. O número quarenta é suspeito, pois parece uma cifra arredondada inventada pelos historiadores bíblicos. No entanto, é preferível mantê-la na falta de uma hipótese melhor. Quanto ao reinado de Saul, o texto hebraico está corrompido e não permite nenhuma hipótese válida: diz que Saul tinha um ano quando começou a reinar; alguns manuscritos gregos colocam 30; a versão siríaca, 21. Quanto à duração de seu reinado, o texto hebraico diz "dois anos", que alguns consideram muito pouco e alteram para "vinte" (Josefo, *Antiguidades judaicas* X, 143) ou "vinte e dois".

1.1 O relato bíblico (1Sm 8–1Rs 11)

Este período de menos de um século na cronologia bíblica é o mais extensamente tratado, sobretudo pela enorme atenção dada a Davi. A grande mudança no nível político é a aparição da monarquia. Após a época dos Juízes, em que Deus tem de suscitar libertadores em cada momento de conflito, o povo deseja a estabilidade que a monarquia hereditária garante. Nem todos veem as coisas do mesmo modo. Alguns pensam que a monarquia só garante a exploração por parte dos reis. E outros a veem como um atentado à realeza de Javé. Mas a monarquia acaba se impondo, referendada pelo Profeta Samuel.

Saul (cerca de 1030-1010 a.C.)

Apesar das oposições, Saul é escolhido rei, livra o povo da ameaça filisteia, ao menos temporariamente, e vence outros inimigos ao redor (Moab, Amon, Edom, Soba, Amalec). Mais tarde, obcecado pela ideia de perseguir Davi para que não lhe usurpe o trono, descuida dos verdadeiros problemas do governo, permite que os filisteus se reforcem, e terminará derrotado por eles na Batalha de Guilboa, suicidando-se ante a derrota inevitável. Abner, general do exército, proclama rei a um filho de Saul, Esbaal.

Davi (1010-970 a.C.)

Não fica claro como ele passa a servir Saul: segundo uma versão, como músico para acalmá-lo quando o espírito maligno ataca o rei; segundo outra, após ter vencido Golias. Em qualquer caso, logo encontra a inveja do rei, que o obriga a fugir e se tornar chefe de um bando de mercenários a serviço dos filisteus. Com a morte de Saul, é escolhido rei do Sul (Judá); e sete anos mais tarde, quando são assassinados Abner e Esbaal, as tribos do Norte (Israel) também o escolhem como rei.

Sua primeira decisão reflete grande inteligência política. Ele precisa de uma capital para governar. Se escolher uma cidade do Sul, os do Norte se ofenderão; se escolher do Norte, incomodará os do Sul. Decide conquistar uma cidade cananeia, que não pertence a nenhuma tribo, Jebus, conhecida depois como Jerusalém. A partir deste momento será a capital do reino unido e a cidade pessoal de Davi.

Sua obra posterior pode ser sintetizada em dois pontos: 1) termina de conquistar todas as cidades cananeias existentes no território de Israel e as anexa ao seu reino; 2) realiza uma política expansionista, conquistando e submetendo uma série de povos vizinhos. Assim, conseguiu formar, segundo a Bíblia, o império mais poderoso da Síria-Palestina durante o século X a.C.

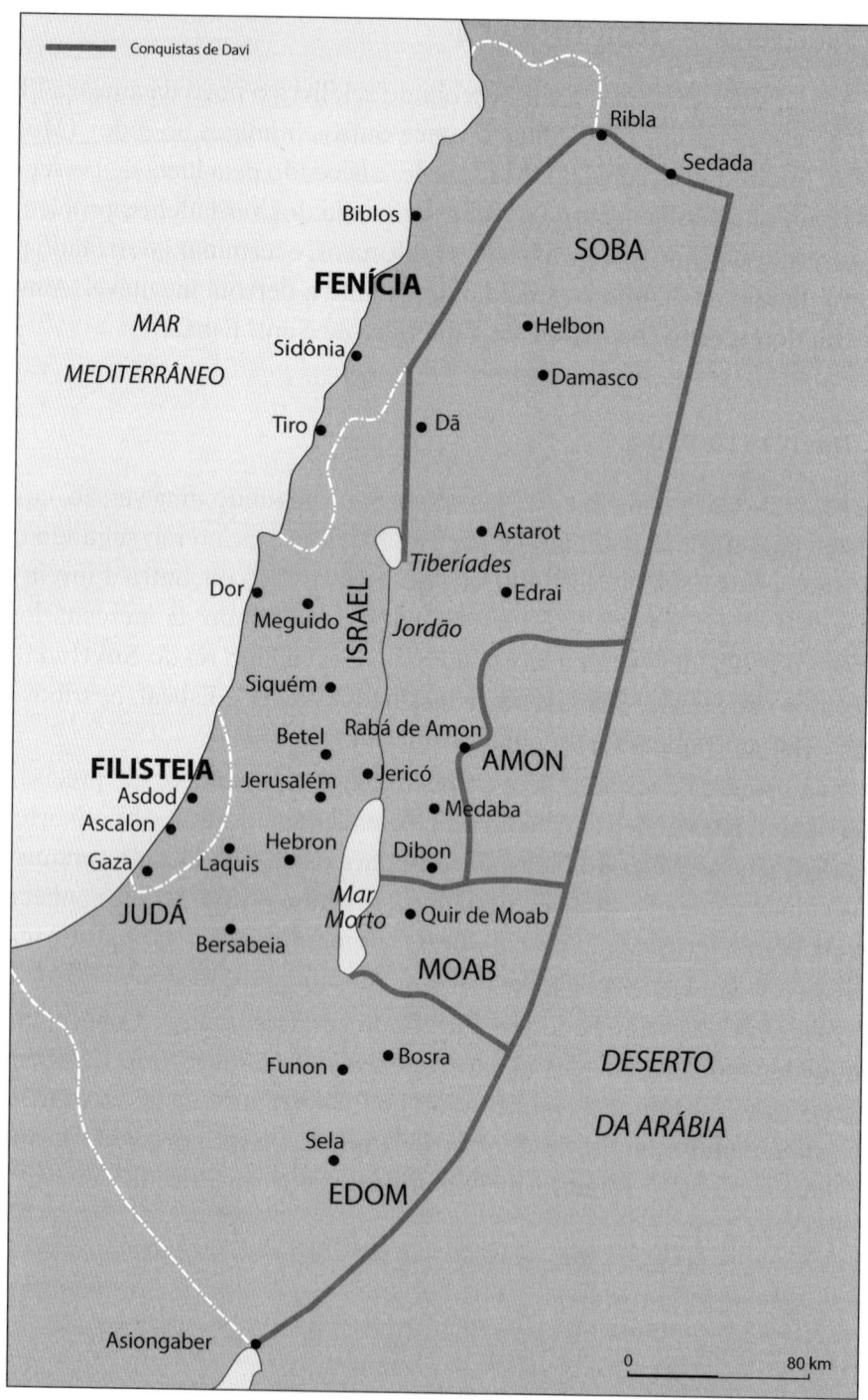

Reino de Davi segundo a Bíblia.

Salomão (970-931 a.C.)

A sucessão de Davi é marcada por uma série de intrigas e derramamento de sangue entre seus próprios filhos, mas o herdeiro, Salomão, inaugura um dos momentos mais gloriosos da história de Israel. Abandonando as guerras exteriores, organiza a administração do Estado dividindo o povo em doze distritos com seu próprio governador, constrói grandes edifícios, como o Templo de Jerusalém e seu palácio; assegura a defesa nacional mediante a construção e restauração de fortalezas; organiza o exército e aumenta notavelmente o número de carros de combate e a cavalaria. Sobretudo, fomenta o comércio, controla a passagem das caravanas árabes, constrói uma frota para trazer produtos exóticos da África. A riqueza aumenta de forma inesperada, as cidades crescem, e ocorre um forte fenômeno de imigração.

Mas, sem se dar conta, Salomão está colocando pedra por pedra o fundamento da divisão e da catástrofe. Suas grandes empreitadas de construção o obrigam a utilizar uma abundante mão de obra e exigem muito dinheiro. Os primeiros a terem de trabalhar são os cananeus; depois, ele obriga também trinta mil israelitas a trabalhos forçados. E os impostos crescem dia após dia. O povo começa a se cansar dessa prosperidade conseguida à custa dos mais pobres; está farto de trabalhar para manter uma burocracia absurda e o monte de parasitas que pulula pela corte.

As tribos do Sul, que veem em Salomão um rei de seu próprio sangue, não protestam muito. Mas as do Norte não estão dispostas a suportar essa situação. Estoura a revolta, capitaneada por Jeroboão, chefe das brigadas de trabalhadores do Norte (algo como um líder sindical dos dias atuais). Salomão tem força suficiente para dominar a rebelião, e Jeroboão deve se refugiar no Egito.

1.2 A discussão moderna sobre o século X a.C.

Até há poucos anos tinha-se a impressão de que, com a monarquia, os historiadores de Israel pisavam em terreno firme. Os relatos de Saul, Davi e Salomão, apesar dos traços épicos, da intenção religiosa ou da propaganda política, pareciam oferecer uma visão muito mais aceitável dos fatos. No entanto, a situação mudou em pouco tempo.

O grupo de autores que alguns qualificam como "minimalistas" (Thompson, Lemche, Davies etc.) alega que: a) As histórias de Davi e Salomão se baseiam em dados lendários; b) Saul, Davi e Salomão não são mencionados em fontes egípcias nem mesopotâmicas; c) a atividade construtora de Salomão não está confirmada pela arqueologia; as obras que lhe são atribuídas, como a fortificação de Gezer, Hasor e Meguido, não são dele, mas dos reis do Norte, realizadas um século mais tarde (século IX).

Uma das maneiras mais radicais de expressar esse ponto de vista consiste em dizer: 1) Davi nunca existiu; 2) Jerusalém, no século X a.C., não era uma grande cidade, mas sim "um curral de vacas".

A estela de Dã

Nesse contexto, em 1993, ocorre a descoberta casual da "estela de Tel Dã", uma inscrição na qual um rei arameu, provavelmente de Damasco, se gaba de ter vencido a "Casa de Davi" (linhas 7-10):

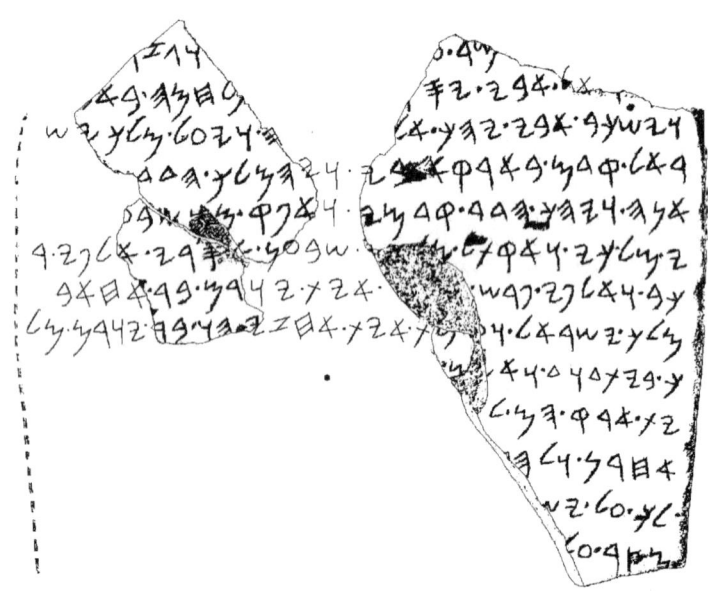

A estela de Dã.

matei Jorão, filho de [Acab],
rei de Israel, e matei [Ocos]ias, filho de [Jorão,
re]i da casa de Davi. E [reduzi a ruínas suas cidades e transformei]
seu país em uma terra [desolada].

Os adversários da existência histórica de Davi não se alegraram muito com essa descoberta. Alguns chegaram a acusar Abrahán Birán, o arqueólogo responsável pelas escavações, de fraude. Outros propuseram que BYTDWD não deve ser interpretado como "Casa de Davi", mas sim "Casa de Dod" (um deus cananeu) ou "Casa de Thoth" (o deus egípcio). No entanto, a maioria dos arqueólogos e epigrafistas aceita a autenticidade da estela e o significado de "Casa de Davi". Isso torna mais compreensíveis as posturas de Finkelstein e Liverani, que apresento a seguir.

A postura de Israel Finkelstein

Finkelstein não nega a existência histórica de Davi e Salomão, mas minimiza bastante sua importância. Seu ponto de vista pode ser resumido em três ideias fundamentais:

1. *Judá no século X era uma região pobre, muito malcomunicada e pouco povoada.* "Judá continuou sendo, até a suposta época de Davi e Salomão, e mesmo depois, um país relativamente desprovido de população permanente, muito isolado e muito marginal, sem centros urbanos de importância e sem uma hierarquia nítida de aldeias, vilas e cidades"[133]. Em Judá, no século X, haveria apenas cerca de cinco mil pessoas espalhadas entre Jerusalém, Hebron e umas vinte aldeias, com grupos adicionais que provavelmente continuavam levando uma vida de pastores (p. 160).

2. *Jerusalém esteve ocupada no século X a.C.* "Segundo a avaliação mais otimista deste testemunho negativo, Jerusalém no século X era de extensão bastante reduzida, não maior, talvez, que a de uma vila comum das regiões montanhosas" (op. cit., p. 150).

3. *As construções atribuídas a Salomão* devem ser datadas de um século mais tarde, do IX.

---

133. FINKELSTEIN, I.; SILBERMAN, N. A. *La Biblia desenterrada – Una nueva visión arqueológica del antiguo Israel y de los orígenes de sus textos sagrados*. Madri: Siglo XXI de España Editores, 2003, p. 149.

A postura de Mario Liverani

O último autor que escreveu uma extensa história de Israel, *Para além da Bíblia*[134], oferece uma visão mais completa do que Finkelstein sobre o século X, resumida nos seguintes pontos:

1. Por volta do ano 1000 formam-se dois reinos: o de Saul, no Norte, limitado às tribos de Benjamim e Efraim; e o de Davi, no Sul. Portanto, o reino de Davi não é posterior ao de Saul, mas contemporâneo.

2. Com a morte de Saul, Davi se torna rei de Judá, Benjamim e Efraim.

3. O "império davídico" não existiu. "O reino de Davi se estende neste momento a todas as planícies do Centro-Sul, mas não deixa de ser uma formação política modesta sob a hegemonia dos filisteus" (p. 113). É muito pouco provável que tenha incluído Galaad, as planícies do Centro-Norte e a Galileia. "No conjunto, é muito difícil admitir que o reino de Davi tenha se estendido além da região de Siquém. Apenas as teorias pan-israelitas de data tardia pretendem dar crédito às maravilhosas conquistas de Amon (2Sm 12,26-31) e de Aram" (p. 114).

4. O reino de Salomão não poderia ter sido tão extenso e rico como diz a Bíblia. As construções atribuídas a ele são do século IX [aceita a opinião de Finkelstein]. Nem mesmo o Templo de Jerusalém pode ser atribuído a ele. Tampouco o comércio internacional, já que Judá ficava fora das rotas comerciais durante o século X.

As escavações de Eilat Mazar em Jerusalém

Em 4 de agosto de 2005, Eilat Mazar, filha do famoso arqueólogo Benjamin Mazar, anunciou que havia descoberto em Jerusalém "o palácio do Rei Davi", do século X a.C.

Em um espaço de 10 x 30m, ela encontrou uma estrutura construída sobre imensas pedras que servem de base para um palácio, um Templo ou uma fortaleza. Ela acredita que se trata do palácio de Davi, do século X. Consequentemente, Davi e Salomão não eram reis tão pequenos como se diz.

Finkelstein, após visitar a escavação, mostrou-se impressionado, mas não concorda com a cronologia: "Com base nessas descobertas, pode-se

---

134. LIVERANI, M. *Más allá de la Biblia – Historia antigua de Israel*. Barcelona: Crítica, 2005.

concluir que os muros da escavação de Mazar são do século IX ou do início do VIII. É uma descoberta importante porque descreve uma etapa intermediária no desenvolvimento de Jerusalém de uma pequena e modesta vila, como era no século X, até se tornar uma importante capital de província, grande e fortificada. Mas essa posição não foi alcançada no século X a.C., mas no VIII, cerca de 250 anos após Davi."

Mazar continuou com suas escavações e, em 2010, anunciou ter descoberto a muralha de Jerusalém do século X. Como ela mesma diz, "isso significa que naquela época, o século X, havia em Jerusalém um regime capaz de realizar tais construções". Imagino que Finkelstein voltará a dizer que essa muralha é do século VIII.

2. Os dois reinos (931-720)

2.1 A divisão do reino (931)

Com a morte de Salomão, a tensão política e social torna-se muito forte. Quando seu filho Roboão vai a Siquém para ser referendado pelas tribos do Norte como novo rei, estas lhe colocam claramente o problema: "Teu pai nos impôs um jugo muito pesado. Livra-nos agora da dura servidão a que nos obrigou teu pai e te serviremos".

Roboão, demonstrando soberana inaptidão política, lhes responde: "Se meu pai lhes impôs um jugo pesado, eu lhes aumentarei o peso; se meu pai os castigou com açoites, eu os castigarei com escorpiões". A resposta das tribos do Norte não se fez esperar: "Às tuas tendas, ó Israel! E, agora, cuida da tua casa, Davi!" Neste momento do ano 931 termina a obra iniciada por Saul. A monarquia unida durou menos de um século. A partir de agora existirão dois reinos: o do Norte, Israel, e o do Sul, Judá.

Esses dados da Bíblia podem ser complementados com a recente proposta de Kevin A. Wilson a respeito da campanha do Faraó Sheshonk (conhecido na Bíblia como Sisac). Antes de tudo, convém lembrar a política ambivalente da corte egípcia em relação ao reino de Judá: o faraó casa uma de suas filhas com Salomão; mas anos depois acolhe Jeroboão, que se rebelou contra Salomão. Portanto, é provável que o Egito estivesse interessado em dividir o reino de Judá e apoiasse militarmente os do Norte, atacando Jerusalém[135].

---

135. WILSON, K. A. *The Campaign of Pharaoh Shoshenq I into Palestine*. Forschungen zum Alten Testament 2/9. Tübingen, 2005.

Finalmente, lembro que alguns autores recentes negam que no século X tenha existido um reino unido. Nesse caso, também não se pode falar de divisão do reino. No entanto, há tantos textos bíblicos (não só históricos, mas também proféticos) que pressupõem a unidade inicial dos dois reinos, e colocam como ideal o retorno à união, que é arriscado negar esse dado.

2.2 Os dois reinos: Israel e Judá

A informação bíblica sobre este período se encontra nos dois Livros dos Reis e nos dois Livros das Crônicas (embora o valor destas seja muito controvertido). São uma fonte muito especial, já que omitem intencionalmente os dados de tipo político, econômico e social, para fixar-se exclusivamente numa visão teológica.

O aspecto teológico já é evidente no método de exposição. Os historiadores bíblicos não narram separadamente as histórias dos dois reinos. Imitando um modelo babilônico, escrevem uma história sincrônica, na qual se alternam os reis de Israel e de Judá. Este método, que tem suas dificuldades para o leitor, pretende deixar claro que, apesar das divisões políticas, o povo de Deus é um só. No entanto, o destino dos dois reinos não corre em paralelo. O Reino do Norte, Israel, desaparece da história em 722. Judá conseguiu sobreviver até 586.

A partir deste momento, às fontes bíblicas podemos acrescentar as egípcias, assírias e babilônicas. Para não cansar com demasiados dados, selecionarei os momentos capitais.

2.3 O reino de Israel (931-722)

Começamos com uma advertência terminológica. No sentido religioso, "Israel" se aplica a todo o povo de Deus; mas, no sentido político, designa exclusivamente as tribos do Norte. Entre elas, as mais importantes eram as de Efraim e Manassés (nomes dos dois filhos do patriarca José); por isso, outra forma de designar o Reino do Norte é a "Casa de José". Nos últimos anos, quando perderem territórios do Norte, é comum que se fale apenas de "Efraim".

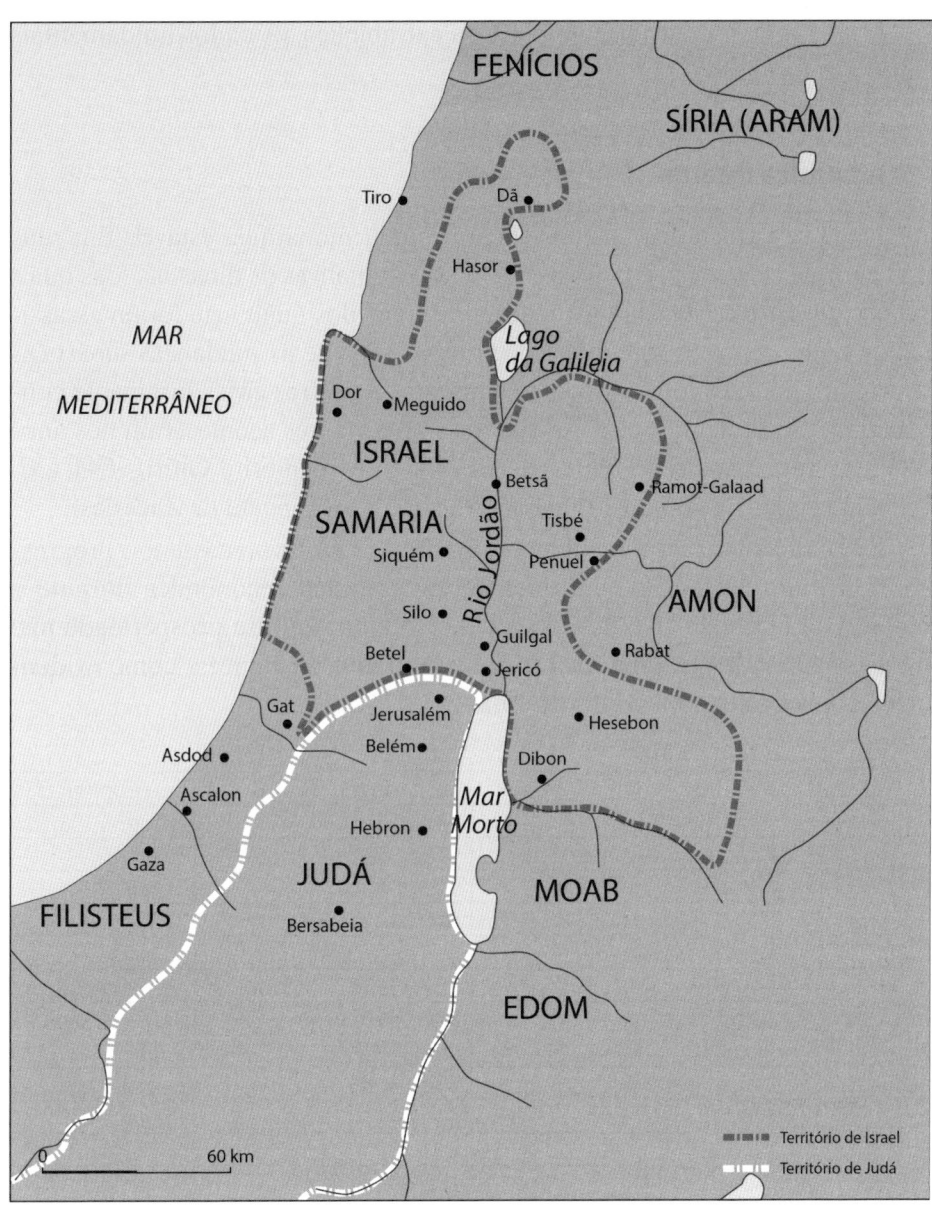

FENÍCIOS

SÍRIA (ARAM)

Tiro

Dã

Hasor

MAR

MEDITERRÂNEO

Lago da Galileia

Dor

Meguido

ISRAEL

Betsã

Ramot-Galaad

SAMARIA

Tisbé

Siquém

Penuel

AMON

Silo

Guilgal

Rabat

Betel

Jericó

Gat

Jerusalém

Hesebon

Belém

Asdod

Dibon

Ascalon

Mar Morto

Hebron

Gaza

JUDÁ

MOAB

FILISTEUS

Bersabeia

EDOM

Rio Jordão

0   60 km

■□■□■ Território de Israel

■□■□■ Território de Judá

O reino de Israel e o de Judá.

Misturando a informação bíblica e a extrabíblica, os dados fundamentais sobre a época são os seguintes:

A política interna

Israel se caracteriza pela ausência de uma monarquia estável. Em seus 209 anos de existência, o país vivenciou nove tentativas de dinastias (das quais apenas cinco se consolidaram) e dezenove reis, dos quais sete foram assassinados e um cometeu suicídio. É fácil imaginar que as mudanças dinásticas ocorreram por meio de revoluções sangrentas e guerras civis, duramente condenadas pelo Profeta Oseias. As três mais importantes aconteceram nos anos 884 a.C. (assassinato de Ela e guerra civil entre Zambri e Omri), 841 a.C. (rebelião de Jeú) e 753 a.C. (guerra civil após o assassinato de Zacarias).

Embora as guerras e revoluções contínuas não favorecessem o progresso, houve um período de considerável prosperidade econômica durante o reinado de Jeroboão II (782-753 a.C.). No entanto, essa prosperidade não foi acompanhada por uma distribuição equitativa da riqueza, como evidenciam as severas denúncias do Profeta Amós.

Dinastias	Reis	Anos de reinado	Capital
Dinastia 1	JEROBOÃO I	931-910	Siquém
	Nadab (assassinado)	910-909	Siquém
Dinastia 2	BAASA	909-885	Tersa
	Ela (assassinado)	885-884	Tersa
	Zambri (assassinado)	884 (sete dias)	Tersa
Dinastia 3	OMRI	884-874	Samaria
	Acab	874-853	Samaria
	Ocozias	853-852	Samaria
	Jorão (assassinado)	852-841	Samaria
Dinastia 4	JEÚ	841-813	Samaria
	Joacaz	813-797	Samaria
	Joás	797-782	Samaria
	Jeroboão II	782-753	Samaria
	Zacarias (assassinado)	753 (seis meses)	Samaria
	Selum (assassinado)	753 (1 mês)	Samaria
Dinastia 5	MENAÉM	752-741	Samaria
	Pecaías (assassinado)	741-740	Samaria
	Faceia (assassinado)	740-731	Samaria
	Oseias (deportado)	731-722	Samaria

Em outro aspecto, teve especial importância a busca por uma capital. No início, foi Siquém, provavelmente em razão de sua história e importância. Mais tarde, a capital passou a ser Tersa. No entanto, Omri decidiu construir uma nova capital. Para isso, comprou um monte de um homem chamado Semer e construiu sobre ele uma cidade à qual, curiosamente, deu o nome do antigo proprietário (Samaria; em hebraico *Shomron*, derivado de *Shemer*).

Recomendo que se leia 2Rs 9–10, um esplêndido relato da rebelião de Jeú.

A política externa

Israel, que inicialmente talvez contou com o apoio do Egito para se separar de Judá, mais tarde entrou em conflito com a Síria, Moab e, sobretudo, a Assíria. Quando estava livre de ameaças, dedicava-se a lutar contra Judá.

Os conflitos com a Síria e Moab se devem à ocupação de territórios além do Jordão por parte de Israel. As guerras com a Síria deixaram um testemunho interessante em 1Rs 20; 22,29-37; 2Rs 6,8–7,20. Os conflitos com Moab são relatados em 2Rs 3 e na estela de Mesa (cf. quadro na página 410).

"Verás, mas não provarás!"

Poucos sabem que este ditado são palavras ditas pelo Profeta Eliseu ao oficial do rei de Israel durante as guerras contra Síria. Leia 2Rs 6,24–7,20.

As lutas com Judá foram contínuas, exceto por um curto período no meio do século IX, quando Jorão de Judá (848-841) se casou com Atalia, filha do rei de Israel. Mas tudo terminou de forma trágica, como se pode verificar lendo 2Rs 11, onde é narrado o reinado e a morte de Atalia. As relações entre Israel e Judá voltaram a ser especialmente tensas no ano 734, chegando até a "Guerra Siro-efraimita" (termo infeliz, que sugere uma guerra entre os sírios e Efraim, quando na verdade se tratou de uma coalizão de sírios e efraimitas contra Judá). Falarei sobre isso ao apresentar a história de Judá.

Mas a grande ameaça foi o Império Assírio a partir de meados do século IX. Em 853 a.C. ocorreu a Batalha de Carcar, na qual uma coalizão de pequenos estados (encabeçada por Damasco e Israel) conseguiu frear o ímpeto expansionista de Salmanasar III da Assíria. No entanto, pouco depois, Jeú (841-813 a.C.) teve de pagar tributo ao rei assírio. O rei assírio descreve isso com estas palavras sucintas: "Tributo de Jeú, filho de Omri: recebi dele prata, ouro, uma tigela de ouro, um recipiente de ouro, copos de ouro, baldes de ouro, estanho, um bastão para a mão do rei (e) lanças".

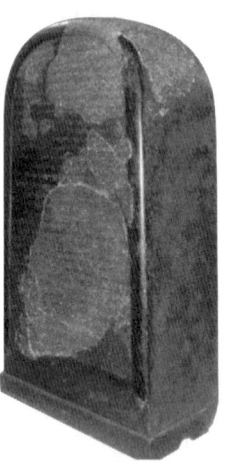

Estela do rei de Moab, chamado Mesa, na qual se cita o rei de Israel. Por volta de 850 a.C.

Estela do Rei Mesa de Moab, encontrada em 1868

Eu sou Mesa, filho de Quemosh-Yat, rei de Moab, o dibonita. [...] Omri era rei de Israel e oprimiu Moab durante muitos dias, pois Camos estava irritado contra meu país. E seu filho lhe sucedeu e disse: "Oprimirei Moab". Em meus dias, ele falou dessa maneira, mas eu triunfei sobre ele e sobre sua casa. E Israel ficou arruinado para sempre. Pois bem, Omri havia tomado posse de todo o país de Madeba e habitou ali durante seus dias e metade dos dias de seus filhos, quarenta anos. Mas Camos o abateu em meus dias. E eu construí Baal-Meon e fiz a piscina e edifiquei Quiriaton.

O povo de Gad havia habitado na terra de Atarot desde sempre, e o rei de Israel havia construído Atarot para si. Combati contra a cidade e a tomei. E matei todo o povo...; a cidade foi oferecida a Camos e a Moab. Ali me apoderei do altar do seu Amado (?) e o arrastei ante Camos em Cariot. Fiz habitar ali o povo de Saron e o povo de Maharot...

Camos me disse: "Vai, tira Nebo de Israel". Eu fui de noite e combati contra ela desde o amanhecer até o meio-dia. Tomei-a e matei todos, sete mil homens com estrangeiros, mulheres estrangeiras e concubinas, pois a havia destinado ao anátema por Astar-Camos. De lá tomei os vasos (?) de Javé e os levei ante Camos. O rei de Israel havia construído Jasa e permanecia ali enquanto me fazia guerra, mas Camos o expulsou diante de mim. Tomei de Moab duzentos homens, toda a sua gente escolhida; levei-os contra Jasa e a tomei para anexá-la a Dibon. Construí Qeriho: o muro do parque e o muro da acrópole. Construí suas portas; construí suas torres; construí a casa do rei; fiz um duplo reservatório de água no meio da cidade. Não havia nenhuma cisterna no meio da cidade de Qeriho e disse a todo o povo: "Fazei cada um uma cisterna em vossa casa". Eu fiz escavar os fossos para Qeriho por meio dos prisioneiros de Israel.

Tributos à Assíria estão atestados por inscrições de Adad-Nirari III e Teglat-Falasar III. Justamente a recusa em pagá-los provocará o desaparecimento do Reino do Norte. No ano 725 a.C., o Rei Oseias, de Israel, deixa de pagar tributo e busca a ajuda do Egito. Mas isso não lhe serve de nada. Salmanasar V cerca a Samaria por três anos e a conquista em 722 a.C. Seu sucessor, Sargon II, realizará a deportação de 27.290 samaritanos, conforme indicam as fontes assírias. Com isso, o Reino do Norte deixa de existir.

Inscrições de Sargon II (partes relativas à Samaria)

Sitiei e conquistei a cidade da Samaria (Sa-mí-ri-na); levei como botim 27.290 habitantes dela. Reuni cinquenta carros entre eles e fiz o resto trabalhar em seu ofício. Coloquei à frente deles um alto funcionário meu e lhes impus o mesmo tributo que ao rei anterior. O povo da Samaria, que havia se aliado a um rei, meu inimigo (?), para não prestar servidão nem pagar tributo, me fez guerra. Combati contra eles com a força dos grandes deuses, meus senhores; levei como botim 27.280 homens com seus carros e os deuses em quem confiavam. Equipei duzentos carros entre eles para minha guarda real e estabeleci o restante deles no interior da Assíria. Restaurei a cidade da Samaria e a fiz maior do que era antes. Fiz vir gente dos países, conquista de minhas mãos. Coloquei sobre eles como governador um alto funcionário meu e os contei entre o povo da Assíria.

A política religiosa

Ao julgar os reis (tanto de Israel quanto de Judá), os autores dos Livros dos Reis utilizam como critério fundamental o culto a Javé, com dois aspectos complementares: 1) trata-se de um culto exclusivo, que proíbe a adoração de qualquer outro deus estrangeiro (Baal, Astarte, exército dos céus...); 2) o culto deve ocorrer no "lugar que o Senhor escolher" (Dt 12,2-18), que, do ponto de vista dos autores, é Jerusalém. Aderindo a esses dois critérios, todos os reis do Norte são necessariamente maus, já que realizam cultos em santuários diferentes de Jerusalém (Betel, Dã etc.). No entanto, podem ser classificados como maus, piores e péssimos.

Maus (culto aos bezerros de ouro). Jeroboão, para evitar que o povo continue indo em peregrinação a Jerusalém, funda os santuários de Dã e Betel (nas fronteiras norte e sul do reino) e instala neles os bezerros de ouro, símbolo da presença de Javé. Ao mesmo tempo, institui como sacerdotes pessoas da plebe, que não pertencem à tribo de Levi, e estabelece uma festa

Tema VI – Breve história de Israel

no dia 15 do oitavo mês. Para os autores bíblicos, a medida mais grave é a dos bezerros de ouro, classificada como "os pecados de Jeroboão".

Piores. A segunda etapa começa com Acab (874-852 a.C.). Além de adorar os bezerros de ouro, seu casamento com Jezabel de Tiro o induziu a adorar o deus cananeu Baal. Por isso, foi considerado pior que todos os reis precedentes.

Péssimos. A terceira etapa, que não podemos datar com precisão mas parece coincidir com o período de maior influência assíria, nos coloca em contato com o culto ao exército dos céus, o sacrifício de crianças na fogueira, a prática da adivinhação e da magia.

Essa queda cada vez maior na idolatria será a causa da queda do Reino do Norte.

Os profetas

É impossível falar do Reino do Norte sem mencionar os profetas. É lá que surgem algumas das figuras mais famosas durante a monarquia: Aías de Silo, que promove a rebelião de Jeroboão e a divisão do Reino como castigo pelos pecados de Salomão; Elias, que luta para salvar a fé em Javé quando o culto a Baal se espalha por toda parte; seu discípulo Eliseu, envolvido em toda sorte de conflitos internacionais, mas próximo dos problemas das pessoas mais pobres; Miqueias ben Imlá, crítico do rei e dos falsos profetas; e uma série de profetas anônimos que intervêm nas guerras arameias. Sem essas tradições proféticas, os Livros dos Reis ofereceriam uma imagem muito mais pobre e entediante. No entanto, não podemos esquecer outros dois grandes profetas que não aparecem mencionados nos Livros dos Reis: Amós e Oseias. Amós é natural de Judá, mas recebe a missão de pregar em Israel, onde denuncia as grandes injustiças, das quais são responsáveis o rei e o culto. Oseias, israelita, vive os últimos anos do reino e oferece um testemunho valiosíssimo sobre a decadência e corrupção religiosa e política de Israel; ele exercerá grande influência em Jeremias e no movimento deuteronomista.

A atividade literária

Embora seja necessário ser muito prudente nesta questão, costuma-se situar no Reino do Norte a redação de uma série de tradições muito diversas que terminarão tendo enorme interesse na Bíblia. Entre elas podemos indicar:

Legislação: o código da aliança (tratado no capítulo 10,7.5) e sua revisão posterior no Deuteronômio primitivo.

Narração: o *Livro dos libertadores* (mantendo a terminologia de Richter), que seria uma coleção de tradições sobre heróis locais (Eud, Débora-Barac, Gideão, Abimelec, Jefté), utilizada posteriormente para redigir o Livro dos Juízes; o relato da rebelião de Jeú (2Rs 9–10); as tradições proféticas do Norte, especialmente as de Elias e Eliseu. Aqui poderíamos incluir os *Anais dos reis de Israel*, que se perderam, mas são frequentemente citados nos Livros dos Reis.

Poesia: o Cântico de Débora (Jz 5), se aceitarmos uma origem antiga, como a maioria dos autores; o esplêndido Salmo 80/79 (centrado na Casa de José); o Salmo 45/44, que alguns consideram composto para o casamento de Acab com Jezabel de Tiro; os oráculos de Oseias, de grande valor poético, e a primeira coleção deles.

A contribuição teológica

O Reino do Norte, tão conflituoso, desordenado e injusto, não apenas oferece uma rica atividade literária; sua contribuição teológica é fundamental para entender a Bíblia. Aqui devemos destacar, acima de tudo, a luta empreendida pelos profetas (especialmente Elias e Oseias) em favor da supremacia absoluta de Javé. Isso culminará na conhecida formulação do Deuteronômio: "Escuta, Israel. Javé, nosso Deus, é um só. Amarás Javé, teu Deus, com todo o coração, com toda a alma, com todas as forças" (Dt 6,4-5). E terá repercussões de todo tipo na luta, inclusive encarniçada, contra a idolatria.

Também é frequente atribuir à criatividade teológica do Reino do Norte o chamado à conversão, que será muito desenvolvido pelos autores deuteronomistas. Mas a contribuição mais genial e transcendente é a do Profeta Oseias: suas duas imagens para expressar as relações de Israel com Deus (como esposa e como filho) terão enorme influência em Jeremias e Ezequiel, e chegarão até o Novo Testamento (a Parábola do Filho Pródigo se inspira plenamente em Os 11).

2.4 O reino de Judá (931-586)

A política interna

Se nos 209 anos de existência do Reino do Norte ocorreram nove dinastias e três capitais, no Sul, em 345 anos, bastou uma dinastia e uma capital. Como se explica esse contraste tão forte? O Salmo 132 dá a resposta: "O

Senhor jurou a Davi uma promessa que não revogará: 'Um fruto do teu ventre colocarei no teu trono'" (v. 11); "O Senhor escolheu Sião, desejou-a como residência sua" (v. 13). Escolha divina de Davi, escolha divina de Jerusalém. Alguns considerarão essas frases e outras semelhantes um caso manifesto de manipulação política de Deus. Mesmo supondo que fosse verdade, funcionou. O povo judeu (e aqui se entendem por judeu as tribos de Judá e Benjamim, o Reino do Sul) aceitou plenamente essas ideias e nunca as questionou. Ao longo de sua história, assassinaram uma rainha (Atalia, que era originária do Norte) e três reis (Joás, Amasias e Amon); mas, mesmo nesses casos, não se pensou em mudar de dinastia. O único que teve essa ideia foi Rason de Damasco, que, no ano 734, tentou proclamar rei de Jerusalém um desconhecido "filho de Tabeel"; tentativa fracassada que deixou apenas um vestígio passageiro em Is 7,6.

Mais forte ainda do que a vinculação a Davi foi a vinculação a Jerusalém. Porque, quando a dinastia davídica desaparecer, Jerusalém continuará ocupando o coração de qualquer judeu: "Se eu me esquecer de ti, Jerusalém, que se paralise a minha mão direita" (Sl 137). Por isso, mesmo que em Jerusalém sejam cometidas toda sorte de injustiças, mesmo que o Profeta Miqueias denuncie que o esplendor da capital está sendo construído com o sangue dos pobres, que as autoridades religiosas, políticas e judiciais (sacerdotes, juízes, profetas) sejam venais e corruptas, o povo continuará cantando: "Que alegria quando me disseram: vamos à Casa do Senhor! Em Jerusalém estão os tribunais de justiça, no palácio de Davi!" (Sl 122/121).

Nenhum rei pensou em mudar de capital. Apenas em ampliá-la, acrescentando um segundo bairro, o Mishné, construindo uma nova muralha e realizando uma obra prodigiosa de engenharia, o túnel de Ezequias, para levar água da fonte Geon até a piscina de Siloé.

A política externa

Se deixarmos de lado os conflitos com Edom – subjugado desde os tempos de Davi, mas que se independentizou definitivamente no tempo do Rei Acaz (2Rs 16,6) – e com os filisteus – que se diz terem sido vencidos por Ezequias no século VIII, "devastando todo o seu território, desde as torres de vigilância até as cidades fortificadas" (2Rs 18,8) –, na política externa judaica podemos distinguir quatro momentos capitais:

1. As lutas com Israel

Durante as seis primeiras décadas após a separação (931-870), o Primeiro Livro dos Reis repete como um refrão: "Houve guerras contínuas entre Roboão e Jeroboão" (1Rs 14,30). "Houve guerras contínuas entre Abiam e Jeroboão" (1Rs 15,7). "Houve guerras contínuas entre Asa e Baasa, de Israel" (1Rs 15,16).

No entanto, quando no Norte reinará a dinastia de Omri (especialmente entre os anos 870-840), as relações entre Judá e Israel serão boas pela primeira vez. De Josafá é mencionado, como um dado anômalo, que "viveu em paz com o rei de Israel" (1Rs 22,45). Essa política de boa vizinhança foi selada com o casamento de um filho de Josafá, Jorão, com uma filha de Acab, Atalia. Mas israelitas e judeus, em vez de desfrutar da paz, decidem aproveitá-la para lutar juntos contra os sírios (1Rs 22), moabitas (2Rs 3) e novamente contra os sírios (2Rs 8,28-29). Esta última batalha, na qual o rei de Israel é ferido, marca o fim das boas relações. Jeú, general de Israel, descontente com seu rei e sua política, assassina Jorão, de Israel, e Ocozias, de Judá, que estava visitando seu amigo. Em Judá, restou um forte vínculo com o Norte, a Rainha Atalia, mas não demorou muito para que ela fosse assassinada (2Rs 11).

Felizmente para os judeus, Jeú e seus descendentes tinham problemas demais com os sírios para pensar em brigar com seus irmãos do Sul. Então, Amasias, de Judá (796-767), cometeu a estupidez de querer se aproveitar das circunstâncias e declarou guerra a Joás, de Israel. Naturalmente, ele perde. E, em retaliação, o rei de Israel "abriu na muralha de Jerusalém uma brecha de duzentos metros, da Porta de Efraim até a Porta do Ângulo; apoderou-se do ouro, da prata, dos utensílios que havia no Templo e no tesouro do palácio, tomou reféns e voltou para a Samaria" (2Rs 14,13-14).

Após esse duro castigo, seguem-se quase cinquenta anos de paz, até que, no ano de 734, Faceia, de Israel, e Rason, de Damasco, declaram guerra a Judá. Segundo a opinião mais aceita, porque pretendem formar uma coalizão contra a grande potência assíria, e Acaz, de Judá, não aceita a proposta. Acaz pede ajuda a Teglat-Falasar III, da Assíria, que não hesita em ajudá-lo, invadindo a Síria e Israel. Judá se vê livre de seus dois inimigos, mas começa o século de pagamento de tributo à Assíria.

2. O domínio da Assíria (734-727)

Como acabamos de indicar, foi a malchamada "Guerra Siro-efraimi-ta" que provocou a intervenção da Assíria, com o consequente pagamento de tributos e uma atitude quase servil por parte de Acaz (2Rs 16). A isso se rebelou seu filho Ezequias no ano de 705 e pagou caro por isso quatro anos depois. Em 701, "Senaquerib, rei da Assíria, atacou todas as cidades fortificadas de Judá e as conquistou. Então Ezequias enviou esta mensagem a Laquis, ao rei da Assíria: 'Pequei. Retira-te de mim, e farei o que me ordenares'. O rei da Assíria impôs a Ezequias, rei de Judá, o pagamento de trezentos e quinze talentos de prata e trinta talentos de ouro. Ezequias entregou-lhe toda a prata que se encontrava no Templo do Senhor e nos tesouros do palácio" (2Rs 18,13-15).

A campanha de 701 segundo os Anais de Senaquerib

Em relação a Ezequias, o judeu, que não se submeteu ao meu jugo, eu o cerquei e conquistei quarenta e seis de suas cidades fortificadas e inúmeras cidades pequenas ao seu redor, por meio do entulhamento de trincheiras e do uso de máquinas de cerco, ataque de infantaria, túneis, brechas, escalas de cerco. Fiz sair do interior deles e contei como despojo 200.150 pessoas pequenas e grandes, homens e mulheres, cavalos, mulas, jumentos, camelos, bois e ovelhas sem número. Eu o tranquei no interior de Jerusalém, sua cidade real, como um pássaro enjaulado...

Manassés, filho de Ezequias, aprendeu muito bem a lição. Durante os cinquenta e cinco anos de seu reinado, ninguém ousou levantar a voz contra a Assíria. E, se alguém ousou, pagou com a vida. "Manassés derramou rios de sangue inocente, de forma que inundou Jerusalém de ponta a ponta" (2Rs 21,16). Quando seu neto Josias subiu ao trono (em 632 a.C.), a Assíria já começara sua decadência, que se precipita após a morte de Assurbanipal (por volta de 627 a.C.). A ameaça assíria e os tributos desapareceram.

3. O breve domínio do Egito (609-605)

Então entra em cena o Egito. Os egípcios haviam intervindo na história de Judá muito no início, quando o Faraó Sisac (Sheshonk) invadiu o território (falaremos sobre isso mais adiante). De qualquer forma, nos séculos se-

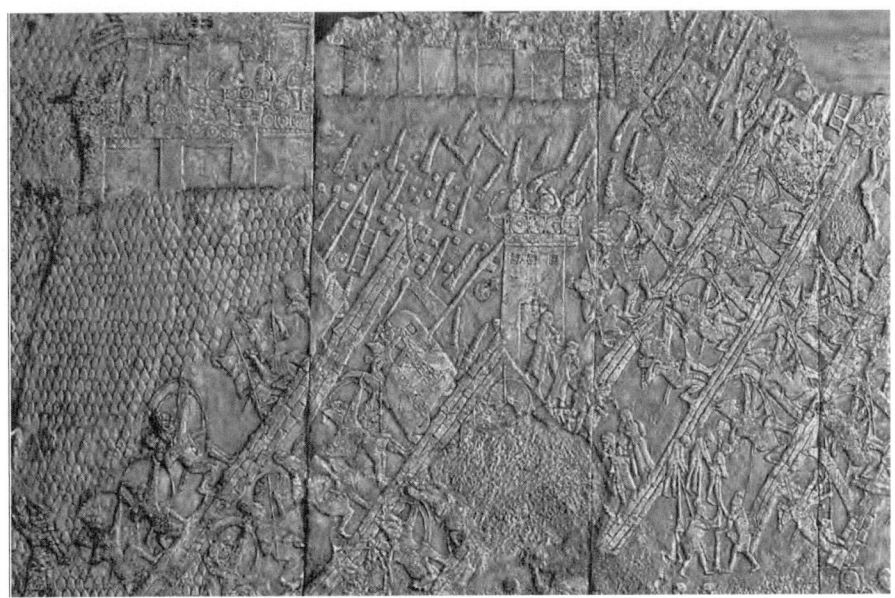

Ataque das tropas assírias à cidade judaica de Laquis no ano 701 a.C.,
representado nas paredes do palácio de Senaquerib em Nínive.

guintes, o Egito não parece uma ameaça, mas sim uma ajuda. O Rei Ezequias recorre ao faraó em busca de ajuda para se rebelar contra a Assíria. O Profeta Isaías avisou que essa ajuda não serviria de nada... e acertou. Um século depois, as coisas mudam.

Por esses caprichos da história e da política, o faraó do Egito, assustado com a decadência do Império Assírio, que pode desequilibrar a ordem internacional e favorecer o surgimento de uma terceira potência, a Babilônia, decide marchar para o Norte em auxílio ao rei de Nínive. [Não se assuste com esses dados: é como se os Estados Unidos ajudassem militarmente a Rússia para impedir que a China cresça demais.] Mas Josias, de Judá, não quer que a Assíria ressuscite, enfrenta o faraó na passagem de Meguido... e morre (em 609 a.C.). Ao retornar de sua campanha pelo Norte, o Faraó Neco deporta o sucessor de Josias, Joacaz, e impõe como monarca Joaquim, cobrando-lhe um tributo pesado. Isso não impedirá que poucos anos depois muitos judeus vejam a salvação na ajuda do Egito.

4. O domínio definitivo da Babilônia (603-586)

Efetivamente, o Faraó Neco havia tentado salvar a Assíria, mas não havia quem pudesse salvá-la. Seu exército estava sendo derrotado em todas as frentes, e em 612 a capital, Nínive, já havia caído. Mas a grande reviravolta internacional acontecerá em 605, quando um príncipe babilônico, devido à doença de seu pai, assume a guerra e ataca a fortaleza egípcia de Carquêmis, considerada tão inexpugnável quanto, séculos mais tarde, a "Linha Maginot" dos franceses ou a Fortaleza Eben-Emael dos belgas. A história demonstra que as fortalezas inexpugnáveis são as que se expugnam com mais facilidade. Com a queda de Carquêmis, Nabucodonosor, que é o nome do príncipe, torna-se senhor de todo o território até quase o Delta do Nilo. Judá deixa de pagar tributo ao Egito e começa a pagá-lo à Babilônia. Até que se rebela. Mas os babilônios agem com a mesma rapidez e crueldade que os assírios: cercam Jerusalém, e ocorre a primeira deportação (ver quadro abaixo).

No entanto, como diziam os profetas, os judeus são um povo "de dura cerviz"; "cabeça dura", diríamos nós. Eles se rebelam novamente, pensando que o Egito virá em seu auxílio. Contudo, como Ezequiel os adverte, o Egito é "uma cana quebrada", que perfura a mão daquele que nela se apoia. A nova rebelião só serve para provocar a catástrofe definitiva: um ano e meio de cerco a Jerusalém, incêndio da cidade e do Templo, e uma nova deportação. Em julho do ano 586 a.C., o reino de Judá desaparece da história.

Primeira deportação para a Babilônia (598 a.C.)

Naquela época, os oficiais de Nabucodonosor, rei da Babilônia, subiram contra Jerusalém e a cercaram. Nabucodonosor, rei da Babilônia, chegou a Jerusalém enquanto seus oficiais a mantinham cercada.

Jeconias de Judá se rendeu ao rei da Babilônia, juntamente com sua mãe, seus ministros, seus generais e seus funcionários. O rei da Babilônia os capturou no oitavo ano de seu reinado. Levou os tesouros do Templo e do palácio e destruiu todos os utensílios de ouro que Salomão, rei de Israel, havia feito para o Templo conforme as ordens do Senhor. Deportou toda Jerusalém, os generais, os ricos – dez mil deportados –, os ferreiros e serralheiros; só restou o povo comum. Nabucodonosor deportou Jeconias para a Babilônia. Ele levou deportados de Jerusalém para a Babilônia o rei, a rainha-mãe e suas mulheres, seus funcionários e grandes do reino, todos os ricos – sete mil deportados –, os ferreiros e serralheiros – mil deportados –, todos aptos para a guerra (2Rs 24,10-16).

A situação social e econômica em relação à política externa

A perda das tribos do Norte deve ter sido um golpe duro para a economia de Judá. E isso foi agravado pela invasão do faraó egípcio Sheshonk (Sisac), que no ano de 925 a.C. atacou Jerusalém e se apoderou dos tesouros do Templo e do palácio (1Rs 14,26). Embora às vezes essa campanha tenha sido apresentada como terrível, com consequências devastadoras[136], a interpretação mais recente sugere uma simples ação intimidatória e de arrecadação.

As dificuldades econômicas aumentaram devido às lutas com o Reino do Norte. Poucos anos após a campanha de Sisac, o Rei Asa teve de esvaziar novamente os tesouros do Templo e do palácio (que já não deviam ser muitos) para contratar a ajuda de Ben-Adad, da Síria, e se ver livre da ameaça israelita.

Anos mais tarde encontramos uma notícia curiosa relacionada ao reinado de Josafá (870-848). Este rei "construiu uma frota mercante para ir em busca de ouro em Ofir" (1Rs 22,49). Não teve sorte, e a frota naufragou no próprio Porto de Asiongaber, antes de partir. Mas esse dado demonstra que a economia melhorou e grandes projetos puderam ser empreendidos, graças a uma época de boas relações com Israel e à economia não ser dissipada em guerras absurdas.

Logo após, novas desgraças: Edom, que estava subjugada a Judá desde os tempos de Davi, torna-se independente no tempo de Jorão, assim como a cidade de Lebna (2Rs 8,7.22). Isso naturalmente repercute na diminuição das receitas da corte. E essas receitas diminuem ainda mais no tempo de seu sucessor, Joás (835-796), pois para se livrar de um ataque do rei da Síria "ele recolheu todas as ofertas votivas dos reis de Judá, seus predecessores, Josafá, Jorão e Ocozias, além de suas próprias ofertas, e todo o ouro que havia no tesouro do Templo e do palácio real, e enviou para Hazael, rei da Síria, que se retirou de Jerusalém" (2Rs 12,17-18). O mal-estar que esse evento poderia ter causado talvez explique por que Joás é um dos poucos reis judeus assassinados.

---

136. A tendência para exagerar já aparece nas Crônicas, que adiciona que Sisac atacou "com mil e duzentos carros, setenta mil cavaleiros e uma multidão inumerável de líbios, suquitas e cuchitas" (2Cr 12,3).

Na metade do século VIII, parece que ocorreu um período de prosperidade. Isso é sugerido por um dado solto sobre Azarias (Ozias), que "reconstruiu Elat, devolvendo-a a Judá" (2Rs 14,22). Isso significa que ele teve poder suficiente para enfrentar Edom.

Outro momento de prosperidade pode ter ocorrido no final do século VIII, mas com consequências dolorosas. O desaparecimento do Reino do Norte em 722 fez com que muitos israelitas, para evitar a deportação, emigrassem para o Sul (bastavam poucos quilômetros para chegar à fronteira). Esses imigrantes trouxeram a rica produção literária e teológica da qual falamos anteriormente, que acabaria se fundindo com a de Judá. Mas houve uma consequência negativa: as pessoas ricas investiram seu dinheiro na compra de casas e terras, dando origem a um fenômeno de latifundismo até então desconhecido. Isso é denunciado pelo Profeta Isaías: "Ai dos que acrescentam casa a casa e juntam campo a campo, até que não haja mais lugar e fiqueis morando sozinhos no meio da terra!" (Is 5,8). E o Profeta Miqueias, na mesma época, ataca os poderosos que "cobiçam campos e os tomam, casas e as roubam, oprimem o dono e sua casa, e o proprietário e sua herança" (Mq 2,1).

Os tributos à Assíria (a partir do ano 734) e, no final do século VII, ao Egito e à Babilônia podem ter provocado empobrecimento no país, mas não uma mudança na estrutura social. Os ricos mantiveram um bom nível, e os pobres tornaram-se cada vez mais pobres. Isso é deduzido da leitura dos profetas Sofonias, Habacuc, Jeremias e Ezequiel.

A política religiosa

Para reunir os dados anteriores, é necessário colher com paciência nos dois Livros dos Reis. No entanto, os dados sobre a política religiosa dos reis judeus são abundantes. Antes de abordá-los, é importante ressaltar uma questão que já mencionamos em relação a Israel: os editores dos Livros dos Reis inventaram uma ideia que aplicaram anacronicamente, mas com toda a ousadia: "Deus só quer ser adorado em Jerusalém". Qualquer outro local de culto é inadequado, mesmo que seja o mais tradicional e sagrado (como Hebron, Bersabeia etc.).

Portanto, não é surpreendente que, dos vinte reis judeus, apenas oito recebam um julgamento positivo, enquanto dez são julgados negativamente; nada é dito explicitamente sobre Roboão e Atalia, mas subentende-se que o julgamento é negativo. Essa afirmação global pode ser matizada classificando os reis em cinco categorias:

1. Reis excelentes: o protótipo é Davi, que só adorou Javé (se perdoa seu erro no adultério com Betsabeia e no assassinato de Urias). Os únicos dois reis que podem estar à sua altura são Ezequias e Josias, que recebem grandes elogios por sua devoção ao Senhor e pelas reformas religiosas que realizaram (2Rs 18,3-8; 22,2ss.; 23,25).

2. Reis bons: Asa, Josafá, Joás, Amazias, Azarias, Joatão. Eles adoraram apenas Javé, embora tolerassem o culto em lugares sagrados. Como exemplo, temos o julgamento sobre Asa: "Ele expulsou a prostituição sagrada da terra e removeu todos os ídolos que seus antepassados haviam feito. Até de sua avó Maaca ele tirou o título de rainha-mãe, por ela ter feito uma imagem de Aserá. Asa destroçou a imagem e a queimou na torrente do Cedron. Apesar disso, não desapareceram os lugares altos; contudo, o coração de Asa foi totalmente dedicado ao Senhor durante toda a sua vida" (1Rs 15,12-15).

3. Reis ruins: aqueles que imitam os pecados de seus pais (tolerando o culto fora de Jerusalém), mas não imitam o que é bom (a devoção total a Javé). Aqui incluem-se Abias, Amon etc.

4. Reis péssimos: aqueles que têm parentesco com a dinastia de Omri e a imitam em seu culto a Baal: "Imitou os reis de Israel"; "imitou a família de Acab". São eles Jorão (2Rs 8,18), Acazias (2Rs 8,27) e Acaz (2Rs 16,2-4).

5. Dois casos são de extrema maldade, porque imitam "os costumes abomináveis das nações" (Acaz, Manassés). Acaz já foi mencionado na seção anterior por seu culto a Baal; aqui é adicionado o sacrifício de seu filho: "Até sacrificou seu próprio filho na fogueira, seguindo as práticas abomináveis das nações que o Senhor havia expulsado da presença dos israelitas" (2Rs 16,3). Mas o caso mais grave é o de Manassés, que se esforça para irritar o Senhor com todas as suas idolatrias: "Reconstruiu os santuários pagãos que seu pai, Ezequias, havia derrubado, ergueu altares a Baal e fez um poste sagrado, como fez Acab, rei de Israel; adorou e prestou culto a todo o exército dos céus; construiu altares dentro do próprio Templo do Senhor... ergueu altares a todo o exército dos céus nos dois pátios do Templo, queimou seu próprio filho na fogueira; praticou adivinhação e feitiçaria; consultou necromantes e adivinhos... Colocou

no Templo a imagem de Aserá que ele mesmo fizera" (2Rs 21,2-7). Seu pecado é tão grave que é mencionado novamente nos reinados posteriores (23,26-27; 23,3-4) e justificará a catástrofe final de Judá.

Os profetas

Quem lê os Livros dos Reis sem conhecer a história do profetismo tem a impressão de que todos os grandes profetas são do Norte (Israel), enquanto em Judá há poucos: fala-se de Semeías, que impediu a guerra fratricida na morte de Salomão (1Rs 12,22-24); levando em conta a quantidade de guerras que ocorreram posteriormente entre Israel e Judá devemos reconhecer que seu sucesso foi muito passageiro. Em seguida, menciona-se um profeta anônimo judaico que condena o altar de Betel (1Rs 13), mas, ao ler detalhadamente o relato, percebe-se que é uma figura mais simbólica do que real. Há apenas dois personagens importantes: o Profeta Isaías, no tempo do Rei Ezequias, e a Profetisa Hulda, no tempo de Josias. Curiosamente, nos Livros dos Reis, não se mencionam Miqueias, Jeremias, Sofonias, Habacuc, Naum, Ezequiel, todos eles profetas judeus da época monárquica. Mas isso não significa que o movimento não tivesse enorme importância, principalmente na segunda metade do século VIII (com Isaías e Miqueias) e no final do século VII e início do VI. O motivo pelo qual não se lhes concede especial interesse é talvez a importância capital dada ao Templo de Jerusalém e ao seu sacerdócio.

A contribuição teológica

Do ponto de vista das tradições teológicas, os dois grandes pilares da fé judaica são, como mencionamos, a escolha divina de Davi e a escolha divina de Jerusalém. Nossa mentalidade moderna e cristã, que se move em categorias universais e sente desconforto com tudo o que pareça "nacionalista" ou excessivamente pessoal, não compreende facilmente essa vinculação estreita de Deus com uma família e uma cidade. No entanto, é isso que sustenta a fé judaica. E, nos momentos de maior perigo, o Profeta Isaías insistirá que a salvação reside em ter fé nessas duas grandes promessas.

No entanto, a teologia profética, começando por Isaías e seguindo com Jeremias e Ezequiel, impediu uma interpretação mecânica e incondicional das promessas, como se Deus tivesse definitivamente se atado as mãos. A dinastia davídica, diz Isaías, subsistirá se tiver fé; Jeremias: se praticar a justiça. E Miqueias não hesita em afirmar que, pelos pecados das autoridades, não restará pedra sobre pedra do Templo de Jerusalém, tornando-se um monte de ruínas.

Em torno da figura do rei, descendente de Davi, será elaborada uma teologia diferente da dos profetas, a dos cantores da corte, os salmistas, muito mais laudatória. Às vezes, nem mesmo se trata de teologia, mas de simples orações a favor do monarca ou descrições do cerimonial da corte. Outras vezes, porém, esses poemas destacam a estreita relação do rei com Deus e acabarão sendo documentos extremamente importantes no desenvolvimento da esperança messiânica.

Porém, mais importante que a dinastia davídica é o Templo. Não há uma única teologia sobre ele, mas pontos de vista complementares. Em princípio, é construído para abrigar a arca da aliança, que até então estava alojada em uma tenda. No entanto, quando é inaugurado, "a nuvem encheu o Templo, de modo que os sacerdotes não puderam continuar a oficiar, por causa da nuvem, pois a glória do Senhor enchia o Templo" (1Rs 8,10-11). O Templo tornou-se um novo Sinai, onde Deus está presente. Alguns podem interpretar que Ele reside na parte mais interna, o Santo dos Santos. Por isso, a oração de Salomão antecipa essa ideia: "É possível que Deus habite na terra? Se nem mesmo os céus mais altos podem te conter, quanto mais este Templo que construí!" (1Rs 8,27). Isaías diz o mesmo em sua visão inaugural por meio de uma imagem: "A orla de seu manto enchia o Templo"; Deus é grande demais para ser limitado a um espaço tão pequeno onde nem mesmo a borda de seu manto cabe. Mais radical será a expressão de um "discípulo" de Isaías, quando a reconstrução do Templo após o exílio é considerada: "Assim diz o Senhor: 'O céu é o meu trono, e a terra é o estrado dos meus pés. Que Templo poderíeis construir para mim? Que lugar poderia servir de meu descanso?'" (Is 66,1).

Se a presença de Deus no Templo permite diferentes mentalidades, todos concordam que o Templo é um lugar de oração e que nele o Senhor ouve as súplicas "do céu"; e, se alguém estiver longe, em campanha militar ou no exílio, bastará orar "virado para a cidade que escolheste e para o Templo que construí em tua honra" (1Rs 8,44). A oração de Salomão em 1Rs 8,28-53 apresenta as diversas circunstâncias da vida que incentivam a oração e dão sentido ao Templo recém-consagrado.

Atividade literária

A atividade literária durante a época monárquica judaica é uma questão debatida. Até alguns anos atrás, nesses séculos era situada a redação da fonte javista (J) e de importantes documentos históricos como a *História da ascensão de Davi ao trono* (1Sm 16–2Sm 7), a *História da sucessão ao trono de Davi* (2Sm 9–20; 1Rs 1,1-2), a *História de Salomão* (1Rs 3–11), os *Anais dos reis de Judá*, frequentemente mencionados nos Livros dos Reis.

É verdade que autores muito recentes continuam defendendo uma atividade historiográfica muito precoce (que teria começado no século X e se consolidado no IX), mas, de forma geral, as opiniões são mais moderadas. Existem motivos bastante sérios para aceitar que no final do século VIII, no tempo de Ezequias, uma série de tradições sobre os reis de Judá foram compiladas, que seriam a base dos futuros Livros dos Reis. Essa coleção teria sido revisada e completada um século mais tarde, no tempo de Josias. Muitos situam nesse período a primeira edição da *História Deuteronomista*.

A atividade legislativa seria refletida no código deuteronômico, núcleo do atual Deuteronômio. Em parte, essas leis visam atualizar o antigo código da aliança. Mas agora elas contêm normas muito novas, como as importantíssimas de centralização do culto, que alguns atribuem a Ezequias (século VIII) e outros a Josias (século VII), sem faltar aqueles que as consideram uma invenção posterior.

A atividade poética é plasmada nos Salmos. Entre eles, têm especial importância os referentes a Davi e Jerusalém. Quando os babilônios pedem aos judeus exilados que "cantem para nós um canto de Sião", estão se referindo a esses poemas que exaltam a glória e a escolha divina de Jerusalém (Sl 46; 48; 76). Quanto ao rei, poemas são dedicados a diferentes momentos de sua vida, desde a cerimônia de entronização (Sl 2; 110) até orações antes da batalha (Sl 20; 144,1-10) ou após retornar vitorioso da guerra (Sl 20; 68); em outros, ele se compromete a levar uma vida justa na corte (Sl 100/101); também eram entoadas elegias por ocasião da *morte do rei*, de um príncipe ou de um nobre; nesse contexto, deve-se interpretar a lamentação entoada pelo último descendente de Davi (Sl 89,47ss.).

Mas há outro campo importante: o sapiencial. Salomão é apresentado como um sábio consumado, superior aos outros do Oriente, e diz-se: "Ele compôs três mil provérbios e mil e cinco cânticos. Discorreu sobre a botânica, desde o cedro do Líbano até o hissopo que brota na parede. Discorreu também sobre quadrúpedes e aves, répteis e peixes" (1Rs 5,12-13). Alguns interpretam esses "discursos" como simples catálogos de plantas e animais de todas as espécies. Mas o que mais interessa é o dado de Pr 10,1 ("Provérbios de Salomão"), que encabeça os capítulos que se seguem. E em Pr 25,1 encontramos: "Outros provérbios do Rei Salomão, que os escribas de Ezequias, rei de Judá, recolheram". Embora essas coleções de provérbios não provenham do rei, demonstram uma atividade cultural muito importante, fundamental para o livro bíblico dos Provérbios.

Finalmente, na época monárquica, também devem ser situadas as primeiras coleções dos oráculos proféticos de Isaías, Miqueias, Jeremias, Naum, Habacuc, Sofonias e Ezequiel.

26
Do exílio à conquista por Roma

1. O complexo problema do exílio

Uma ideia bastante difundida da história de Judá sugere que tudo desabou no ano de 586 a.C., quando os babilônios deportaram os judeus para a Babilônia, após incendiarem a cidade e o Templo. Com isso, termina a história do Reino do Sul: perde-se o Templo, a terra, a liberdade, a monarquia, e o povo deve partir para o exílio. Muito disso é verdade. No entanto, é necessário introduzir importantes nuanças.

Número de deportações e deportados

Quanto ao número de deportações, as fontes diferem notavelmente:
– 2 Reis fala de duas deportações (nos anos de 597 e 587);
– Jeremias, de três (nos anos de 597, 587 e 582);
– 2 Crônicas, de duas (na primeira não dá a data, embora a situe no reinado de Joaquim, a segunda em 587);
– Josefo, de quatro: em 598, na morte do Rei Joaquim; em 598, quando Nabucodonosor deporta a Jeconias; em 587 e em 582 (que afeta apenas os judeus refugiados no Egito).

O número de deportados também é muito diferente:

1ª deportação	(segundo Josefo) 3.000	
2ª deportação	(segundo Reis) 10.000 // 7.000 + 1.000	
	(segundo Jeremias) 3.023	

3ª deportação	(segundo Josefo) 10.832
4ª deportação	(segundo Reis) Não especifica
	(segundo Jeremias) 832
5ª deportação	(Jeremias) 745

Essa diferença tão notável no número de deportados influencia na visão que se pode ter da época do exílio: o Livro dos Reis sugere que Judá ficou quase despovoada naquela época, como justo castigo de Deus; o Livro de Jeremias sugere que foi uma parte relativamente pequena da população que partiu para o exílio e que Nabucodonosor não tinha a intenção de aniquilar Judá; mas os judeus pioraram as coisas ao assassinar o Governador Godolias e ao fazer com que outra parte da população se refugiasse no Egito.

Portanto, ao falar da época do exílio, deveríamos nos concentrar em três grupos muito distintos: o da Babilônia, o de Judá e o do Egito. Na prática, só sabemos algo dos exilados na Babilônia.

Os deportados na Babilônia (587-538)

Propriamente, o exílio na Babilônia não começa em 587, mas dez anos antes, quando os primeiros deportados chegam lá. Temos notícias deles por meio dos livros de Ezequiel e Jeremias. São momentos de angústia e esperança, pois alguns falsos profetas encorajam o povo anunciando o retorno iminente à pátria. A eles se opõe, de Jerusalém, o Profeta Jeremias, ordenando aos exilados: "Construí casas e habitai nelas, plantai pomares e comei os seus frutos, casai-vos e gerai filhos e filhas, tomai esposas para vossos filhos e dai vossas filhas em casamento... crescei ali e não diminuais" (Jr 29,5-7). Na Babilônia, às margens do Rio Cobar, o Profeta Ezequiel é ainda mais duro. Ele não ordena nem aconselha. Ele destrói totalmente as esperanças daqueles que desejam a destruição da Babilônia e um retorno imediato à pátria: Jerusalém será sitiada e incendiada, sua população sofrerá fome, espada e dispersão.

A segunda onda de deportações, a de 587, é menos numerosa de acordo com as fontes, mas deve ter causado um efeito devastador. As notícias que traziam eram trágicas: os tesouros do Templo, saqueados até o último grama de bronze; Jerusalém, incendiada; o Rei Sedecias, cegado depois de ter de ver seus filhos serem mortos; o sumo sacerdote Josedec, assassinado... O fato de alguns milhares de pessoas permanecerem em Judá, governados por um judeu, Godolias, era de pouco consolo. Não se podia esperar muito desses pobres camponeses. Toda a gente de importância e de valor intelectual ou prático estava no exílio. Só os "cânticos de Sião" podiam confortá-los.

Não sabemos nada da história desses milhares de pessoas. Mas os textos proféticos nos dão uma visão dos sentimentos e das ideias que foram surgindo durante este meio século, entre os quais destaco três:

a) *O ódio à Babilônia.* Os textos são abundantes: Is 13; 47; Jr 50–51; Sl 137/136. Basta como exemplo este esplêndido e terrível oráculo encontrado no Livro de Jeremias:

> Nabucodonosor, rei da Babilônia, me devorou,
> me engoliu, limpou o prato,
> me devorou como um dragão,
> encheu sua barriga com minhas iguarias e me vomitou.
> Que minha carne violentada caia sobre a Babilônia
> – diz a população de Sião –,
> que meu sangue recaia sobre os caldeus – diz Jerusalém (Jr 51,34-35).

b) *A denúncia dos ídolos.* Não se trata apenas da denúncia da idolatria e dos deuses pagãos, algo antigo, mas sim da condenação de suas estátuas, que agora adquire especial importância. Textos famosos são encontrados no Segundo Isaías, que talvez não provenham do profeta (40,19-26; 41,6; 44,9-20; 46,1-7), mas que encontram eco em outros casos (Jr 10,1-16) e se prolongarão na Carta de Jeremias (= Br 6) e nas tradições gregas sobre Daniel (Dn 14).

c) *O anúncio da salvação.* Este é o tema mais importante, com múltiplas ramificações. Com base provavelmente na pregação de Ezequiel, ressoam abundantes promessas de libertação e retorno à pátria (Is 14,1-4), reconstrução e fecundidade de Jerusalém (Sf 3,14-20; Jr 33,1-13), reunificação dos dois reinos (Ez 37,15-28), novo monarca ideal, espalhadas ao longo dos mais diversos livros proféticos. Um oráculo tão importante quanto Is 11,1-9, sobre o rei ideal que estabelece a justiça e traz consigo o retorno ao paraíso, provavelmente vem do exílio. O mesmo pode ser dito de Mq 5,1-3, sobre o novo líder vindo de Belém, e do anúncio da "nova aliança" (Jr 31,31-34), caso não provenha de Jeremias.

Com essa esperança de salvação contribuíram as vitórias do Rei Ciro, persa, do qual se esperava que destruísse a Babilônia e libertasse os judeus.

Mas essa esperança levaria alguns anos para se concretizar e aconteceria de maneira diferente do que foi anunciado por alguns profetas.

É comum situar nestes anos, na Babilônia, uma importante produção literária, centrada em explicar os motivos da catástrofe. Cross data daqui a segunda edição da *História Deuteronomista*; Smend e sua escola falam de algo semelhante com abordagem e terminologia diferentes; também Person e Römer admitem uma importante produção historiográfica.

Quanto à literatura profética, nestes anos situa-se a segunda etapa da atividade de Ezequiel e a mensagem do Dêutero-Isaías (contida em Is 40–55).

Para a época do exílio, podem ser aplicadas com justiça as palavras do salmo: "Aqueles que semeiam com lágrimas, com cantos de alegria colherão".

Os que ficaram em Judá

O Livro de Jeremias não apresenta a situação em Judá após a queda de Jerusalém de maneira tão trágica quanto o Livro dos Reis. "Quanto ao povo pobre que não tinha nada, Nabuzardã, o comandante da guarda, deixou-os na terra de Judá, e lhes deu vinhedos e campos naquele dia" (Jr 39,10). À frente deles nomeia como governador Godolias, filho de Aicam, que está convencido de que as coisas irão bem se eles se submeterem aos babilônios. A notícia do fim da guerra e da nomeação de Godolias faz com que muitos judeus que haviam se refugiado em Moab, Amon e Edom retornem à província. No final do verão, uma colheita muito boa de vinho e frutas é recolhida, prenunciando um futuro melhor.

Mas tudo se desmorona por causa de Ismael, um personagem de ascendência davídica que não parece concordar com a submissão à Babilônia. Ele assassina Godolias, e parte da população busca refúgio no Egito.

Com isso, a maioria dos historiadores para de falar sobre a história de Judá nesses anos. Eram poucos os que, como Martin Noth, presumiam uma atividade não apenas agrícola, mas também intelectual, em Judá nessa época. Para ele, é em Mispá que se escreve a *História Deuteronomista*.

De qualquer forma, dá a impressão de que certos textos bíblicos dessa época teriam surgido em Judá, não na Babilônia. Por exemplo, algumas das cinco Lamentações, se não todas; oráculos que denunciam os povos vizinhos que colaboraram com os babilônios na queda de Judá: Edom (ao qual é dedicada toda a profecia de Abdias); Amon (Ez 25,1-11), Moab (Ez 25,1-11; Jr 48,1-47), Filisteia (Ez 25,12-17).

Por outro motivo esse grupo é importante: anos mais tarde, graves confrontos ocorrerão com aqueles que retornarem do exílio. Os que haviam ficado em Judá, de acordo com as fontes, eram camponeses pobres aos quais os babilônios haviam distribuído terras. Os que retornam do exílio são, muitas vezes, os antigos proprietários que reivindicam seus direitos.

2. A época persa (538-332)

Os dois séculos que vão desde o édito de libertação de Ciro até a conquista da Palestina por Alexandre Magno são bastante desconhecidos, apesar de terem sido amplamente estudados nos últimos anos. Na verdade, só temos dados sobre dois momentos específicos: o chamado "período de restauração" (538-515) e a atividade de Esdras e Neemias, no meio do século V a.C.

2.1 A época da restauração (538-515)

A época da restauração refere-se ao breve período de vinte e dois anos que vai de 538, data do édito de libertação de Ciro, até 515, quando o segundo Templo é concluído. Os dados que possuímos são escassos e podem ser resumidos da seguinte forma:

O édito de Ciro (538 a.C.)

Ele foi preservado em duas versões. Em Esd 1,2-4 o foco está na construção do Templo, mencionado três vezes no decreto: no início, no meio e no final: "O Senhor, Deus dos céus, me deu todos os reinos da terra e *me encarregou de construir um Templo para Ele em Jerusalém de Judá*. Todos entre vós que pertençam a esse povo, que seu Deus os acompanhe e subam a Jerusalém de Judá, *para reconstruir o Templo do Senhor, Deus de Israel*, o Deus que habita em Jerusalém. E a todos os sobreviventes, onde quer que residam, as pessoas do lugar lhes fornecerão prata, ouro, bens e gado, além das ofertas voluntárias *para o Templo do Deus de Jerusalém*".

A versão de 2Cr 36,23 é mais breve e tem um enfoque diferente: "Ciro, rei da Pérsia, decreta: 'O Senhor, Deus dos céus, me deu todos os reinos da terra e me encarregou de construir um Templo para Ele em Jerusalém de Judá. Todos desse povo que vivem entre nós podem retornar. E que o Senhor, seu Deus, esteja com eles'".

Nomeação e missão de Sesbazar

Segundo Esd 5,14-16, após este decreto, Ciro nomeou o príncipe judeu Sesbazar como sátrapa, entregou-lhe os tesouros do Templo de Jerusalém que Nabucodonosor havia roubado e confiou-lhe a missão de reconstruir o Templo. A Sesbazar uniram-se "todos os que se sentiram movidos por Deus: cabeças de família de Judá e Benjamim, sacerdotes e levitas" (Esd 1,5). Eles chegaram a Jerusalém e lançaram os alicerces do Templo (Esd 5,16).

Até aqui, são os dados encontrados no Livro de Esdras. No entanto, a experiência dos exilados deve ter sido muito mais difícil: eles encontraram cidades em ruínas, campos abandonados ou nas mãos de outras famílias, muralhas derrubadas e o Templo incendiado. Não sabemos o que aconteceu com esse grupo de pessoas. Embora se diga que lançaram os alicerces do Templo, a pregação de Ageu sugere que entre eles prevaleceu o desânimo e eles se limitaram a se preocupar com as habitações e os campos, esquecendo a reconstrução do Templo e as esperanças de independência.

A volta liderada por Zorobabel e Josué

Anos depois, não sabemos quando, parte da Babilônia um grupo muito maior, liderado por Zorobabel e outros. A lista minuciosa dos repatriados termina com o seguinte balanço final: "A comunidade totalizava quarenta e duas mil trezentas e sessenta pessoas, sem contar os escravos e escravas, que eram sete mil trezentos e trinta e sete. Havia duzentos cantores e cantoras, setecentos e trinta e seis cavalos, duzentos e quarenta e cinco mulas, quatrocentos e trinta e cinco camelos e seis mil setecentos e vinte jumentos" (Esd 2,64-67).

Início da reconstrução do Templo e interrupção das obras

Este grupo também parece interessado na reconstrução do Templo. "Quando chegaram ao Templo de Jerusalém, alguns chefes de família fizeram doações para que fosse reconstruído em seu lugar. De acordo com suas possibilidades, contribuíram para o tesouro do culto sessenta e um mil dracmas de ouro, cinco mil minas de prata e cem túnicas sacerdotais" (Esd 2,68-69). Mas essas palavras mostram que não contavam com ajuda econômica dos persas; talvez por isso tenham demorado dois anos para começar as obras: "Dois anos depois de sua chegada ao Templo de Jerusalém, no mês de abril, Zorobabel, filho de Salatiel, Josué, filho de Josedec, seus outros parentes sacerdotes e levitas, e todos os que tinham voltado do exílio para Jerusalém começaram a obra da casa do Senhor. Tinham como encarregados os levitas com mais de vinte anos" (Esd 3,8).

Quando terminaram de lançar os alicerces, celebraram uma festa, mas as tarefas foram interrompidas pelas denúncias dos adversários de Judá e Benjamim: "As obras do Templo de Jerusalém foram suspensas e ficaram paralisadas até o segundo ano do reinado de Dario, rei da Pérsia" (Esd 4,24).

Retomada das obras e conclusão (520-515 a.C.)

No segundo ano de Dario (520 a.C.), "o Profeta Ageu e o Profeta Zacarias, filho de Ido, começaram a profetizar aos judeus de Judá e Jerusalém como mensageiros em nome do Deus de Israel. Zorobabel, filho de Salatiel, e Josué, filho de Josedec, começaram a reconstruir o Templo de Jerusalém, acompanhados e encorajados pelos profetas de Deus" (Esd 5,1). Apesar da oposição dos adversários, o Rei Dario permite que as obras continuem, e estas são concluídas cinco anos depois. "O Templo foi concluído no terceiro dia do mês de março, no sexto ano do reinado de Dario. Os israelitas – sacerdotes, levitas e o restante dos exilados – celebraram com grande alegria a dedicação do Templo, oferecendo, para este fim, cem touros, duzentos carneiros, quatrocentos cordeiros e doze bodes – um por tribo como sacrifício expiatório por todo Israel" (Esd 5,15-17).

A época da restauração (538-515)	
Reis persas	*Acontecimentos*
Ciro (538-529)	538 Edito de Ciro (2Cr 36,22-23; Esd 1,1-4; original Esd 6,3-5)
	537 Primeiro grupo de repatriados, sob Sesbazar (Esd 1,5-11). Lançam-se os fundamentos do Templo (cf. 5,14-16)
	? Segundo grupo de repatriados, sob Zorobabel. Construção do altar e restauração do culto (Esd 2–3). Preparativos para a reconstrução do Templo. Dificuldades (Esd 4,1-4.24)
Cambises: 529-522	
Dario I: 522-486. Primeira guerra contra a Grécia. Batalha de Maratona (490)	
	520 Começam as obras do Templo (Esd 5–6)
	515 Dedicação do Templo (Esd 6,15-18). Celebração da Páscoa (6,19-22)

2.2 Um século mais tarde: Esdras e Neemias

Não sabemos o que aconteceu após 515. Se quisermos ter um terreno sólido devemos avançar até 445, quando Neemias chega a Jerusalém, conclui a reconstrução das muralhas e implementa uma reforma social, posteriormente corroborada pela reforma religiosa de Esdras, em 428[137].

---

137. A data da atividade de Esdras é muito discutida. Segundo Esd 7,7, começa no ano 7 de Artaxerxes. Mas existem duas possibilidades: a) se for Artaxerxes I, seria em 458 a.C.; b) se for Artaxerxes II, seria em 398 a.C. Para complicar ainda mais, alguns autores substituem o ano 7 de Artaxerxes pelo ano 37. De acordo com isso, a missão de Esdras teria ocorrido em 428 a.C.

Os problemas cronológicos são tão complexos, assim como as relações entre Esdras (líder religioso) e Neemias (governador político), que é preferível não se perder neles e focar em alguns aspectos essenciais de sua obra.

A reconstrução de Jerusalém (Ne 2–4; 7; 11)

Para aqueles que pertencem a uma cultura urbana pode parecer incompreensível que uma cidade permaneça abandonada durante décadas. Mas os judeus do século VI residentes em Judá são camponeses. A cidade incendiada não os atrai. Por isso, quando Neemias chega a Jerusalém, ele a encontra em um estado lamentável: "Levantei-me de noite com alguns poucos homens, sem dizer a ninguém o que meu Deus me havia inspirado fazer em Jerusalém. Eu levava apenas o animal que montava. Saí de noite pela Porta do Vale, dirigindo-me à Fonte do Dragão e à Porta do Lixo; verifiquei que as muralhas de Jerusalém estavam em ruínas e as portas consumidas pelo fogo. Continuei pela Porta da Fonte e o tanque real. Como ali não havia espaço para o animal, subi pelo vale, ainda de noite, e continuei inspecionando a muralha. Voltei a entrar pela Porta do Vale e retornei para casa" (Ne 2,12-15). O governador consegue motivar as pessoas à tarefa de reconstrução das portas e das muralhas, apesar da oposição dos povos vizinhos, que os acusam perante o imperador de preparar novas revoltas.

No entanto, após tanto trabalho, "a cidade era espaçosa e grande, mas os habitantes eram poucos, e não se construíam casas" (Ne 7,4). Foi necessário obrigar as pessoas por sorteio a residir em Jerusalém: uma em cada dez. E Neemias comenta: "O povo encheu de bênçãos todos os que se ofereceram voluntariamente para residir em Jerusalém" (Ne 11,2). Foi um grande sacrifício! Mas deu frutos nos séculos seguintes, quando a capital se tornou uma cidade bela, com o Templo mais esplendoroso de todo o Império Romano.

A proclamação da Lei (Ne 8)

Esta missão estritamente religiosa cabe a Esdras, "escriba da Lei do Deus do céu". Em meados de setembro (no primeiro dia do sétimo mês, segundo o calendário bíblico), na Porta das Águas, o povo pediu a Esdras que trouxesse "o Livro da Lei de Moisés". E ele o leu diante de homens, mulheres e todos os que tinham discernimento, "desde o amanhecer até o meio-dia". Mas havia um problema: o texto que Esdras estava lendo estava em hebraico, e o povo só falava aramaico. Por isso, treze levitas (cujos nomes são mencionados) "liam o Livro da Lei de Deus, traduzindo e explicando para que se entendesse a leitura" (Ne 8,8).

Fica claro o problema. Temos duas tradições sobre essa cerimônia: uma que apresenta Esdras como o único leitor; outra que fala de treze levitas leitores-tradutores-comentaristas. Em princípio, poderia ter havido uma primeira leitura de Esdras, em hebraico, e depois a leitura e tradução em pequenos grupos. O que foi lido naquele dia? É impossível saber. Mas não poderia ter sido todo o Pentateuco por dois motivos: a) é impossível lê-lo, e muito menos lê-lo, traduzi-lo e comentá-lo, em uma manhã; b) em Ne 8,18 diz-se que durante os sete dias que durou a Festa das Cabanas, "todos os dias, do primeiro ao último, Esdras leu [à assembleia] o Livro da Lei de Deus".

Cerimônia de expiação e compromissos (Ne 9–10)

Poucos dias depois, no início de outubro (no vigésimo quarto dia do sétimo mês), ocorre uma grande cerimônia de expiação. O relato começa com palavras muito significativas: "A raça de Israel se separou de todos os estrangeiros, e, postos em pé, confessaram seus pecados..." (Ne 9,2). A "raça santa" não tolera os impuros, muito menos na hora de se aproximar de Deus. O tema terá repercussões mais graves, como veremos.

A cerimônia, um jejum – cobertos de saco e cinza – acompanhado da confissão dos pecados e de uma longa oração de Esdras, termina em um pacto colocado por escrito e selado por autoridades, levitas e sacerdotes, cujos nomes são indicados. Os compromissos concretos encontram-se em Ne 10,30-40. Convém lembrar os quatro primeiros: 1) proceder segundo a Lei de Moisés; 2) não dar nossas filhas a estrangeiros e não casar nossos filhos com estrangeiras; 3) não comprar em sábado ou dia de festa as mercadorias, especialmente trigo, que os estrangeiros trazem e vendem no sábado; 4) renunciar a cada sete anos à colheita e a qualquer tipo de dívida.

O primeiro compromisso é de tipo geral, mas terá enormes repercussões. Por observar a Lei de Moisés, se chegará até o martírio em tempos posteriores. Reaparece o tema dos casamentos mistos, recebendo um destaque significativo, assim como a observância do sábado, que marcará a espiritualidade judaica posterior (vejam-se as medidas de Ne 13,15-22). O quarto compromisso nos lembra a profunda preocupação social que sempre caracterizou o povo judeu como um todo (um documento esplêndido sobre isso pode ser encontrado em Ne 5, cuja leitura recomendo).

Os casamentos mistos (Esd 9–10; Ne 13,23-30)

Em razão das enormes repercussões do tema, voltamos a ele. Segundo a tradição bíblica, os judeus nunca tiveram problemas em se casar com estrangeiras. Basta o exemplo de Moisés, que teve duas esposas: uma madianita e outra cuchita; nenhuma israelita. No entanto, a religião judaica, à medida que a fé em um único Deus se consolidou, sentiu-se cada vez mais ameaçada pelos povos vizinhos com suas crenças em múltiplos deuses. Além disso, a teologia deuteronômica e deuteronomista havia apresentado a idolatria como o maior pecado. Para muitos, a melhor forma de não cair na idolatria era não ter contato com idólatras e, certamente, não se casar com eles ou elas.

Como projeto de futuro, seria compreensível. Mas a reforma de Esdras e Neemias dá um passo a mais: apresenta-se com efeito retroativo, impondo a dissolução dos casamentos mistos. É interessante notar os diferentes motivos que se alegam: para Esdras, o religioso, preocupa sobretudo que "a raça santa se misturou com povos pagãos" (Esd 9,2); para Neemias, o governador, preocupa a questão cultural: "Por essa época também percebi que alguns judeus tinham se casado com mulheres azotita, amonitas e moabitas. Metade de seus filhos falava o azotita ou outras línguas estrangeiras, mas não sabia falar hebraico" (Ne 13,23-24). Por um ou outro motivo, a dissolução dos casamentos mistos foi imposta.

A atividade de Esdras e Neemias	
Reis persas	*Acontecimentos*
Xerxes (Assuero): 486-465. Segunda guerra contra a Grécia: Salamina, Plateias, Micala (480-479). Artaxerxes I: 465-425. Época de Péricles.	458 Esdras vai a Jerusalém (Esd 7–8). Leitura da Lei, Festa das Cabanas (Ne 8). Matrimônios mistos (Esd 9–10). Cerimônia de Expiação (Ne 9).
	445 Neemias vai a Jerusalém (Ne 1–2). Reconstrução da muralha (Ne 3–4). Problemas sociais (Ne 5,1-13) e sua conduta como governador (5,14-19). Fim da muralha, repovoamento de Jerusalém (Ne 6–7; 11,1–12,26) e inauguração da muralha (Ne 12,27-47).
	433 Neemias visita o imperador (Ne 13,6). Na volta, diversas reformas (Ne 13).

2.3 A contribuição da época persa: literatura e teologia

Do ponto de vista literário, a época persa parece ser uma das mais fecundas para a formação do Antigo Testamento. Nela, situam-se a redação de certas obras, como os livros de Esdras, Neemias, 1-2 Crônicas, Jó. Mas a tarefa mais importante foi compilar e organizar as tradições mais diversas (históricas, proféticas, legais, sapienciais), que se cristalizou no Pentateuco, nos Primeiros Profetas (Josué – Juízes – Samuel – Reis), nos profetas posteriores (Isaías, Jeremias, Ezequiel, os Doze), nos Salmos. Essas coleções sofreram retoques posteriores durante a época grega. Mas, em grande parte, o que agora conhecemos como Antigo Testamento é fruto da época persa.

Do ponto de vista cultural e teológico (ambos aspectos são inseparáveis), esses dois séculos se caracterizam por um desejo de fixar e defender a própria identidade. Quando se pensa nos numerosos povos circundantes (amonitas, moabitas, edomitas, filisteus etc.), chama a atenção que todos eles desapareceram da história. Apenas Israel se conservou. Em grande parte, isso se deve ao esforço realizado durante a época persa para delimitar claramente as fronteiras culturais e religiosas com os outros povos. A prática da circuncisão, a observância do sábado e a dissolução dos casamentos com estrangeiras, para preservar a pureza da "raça santa", são os pilares dessa identidade. Mais tarde, durante a época grega, se acrescentará a valorização e observância extrema dos livros da Lei.

À margem da corrente oficial, surge também nessa época o movimento apocalíptico, com as manifestações mais variadas. Do ponto de vista literário, as visões de Zacarias exercerão grande influência séculos mais tarde. Do ponto de vista teológico, a visão dos novos céus e da nova terra terminará por dar lugar a uma ruptura radical entre o mundo mau presente e o mundo bom futuro. Mas essa ideia não corresponde à época persa; é um desenvolvimento bastante posterior.

3. A época grega (332-63)

Este período abrange desde a conquista da Palestina por Alexandre Magno até a conquista de Jerusalém por Pompeu. As informações sobre esta época estão distribuídas de forma muito desigual; são escassas as referentes ao século III e muito abundantes as do século II (graças aos Livros dos Macabeus e a Flávio Josefo).

A conquista da Palestina por Alexandre Magno, ocorrida após a Batalha de Isso, não era um fim em si mesma; pretendia apenas assegurar-se contra possíveis ataques provenientes do Sul ou do Mediterrâneo, que poderiam atrapalhar sua grande campanha contra o Império Persa, então governado por Dario. No entanto, essa conquista condicionou a história de Israel durante os séculos seguintes e teve grandes repercussões de ordem política, religiosa e cultural.

Com a morte de Alexandre (323), seu grande império se divide em quatro partes; delas, apenas nos interessam o Egito, governado pelos ptolomeus, e a Síria, governada pelos selêucidas. Ambas as dinastias lutarão entre si pelo domínio da Palestina. Como um episódio dessas disputas, pode-se mencionar a conquista de Jerusalém por Ptolomeu Sóter (323-285), em data incerta[138], e a posterior deportação de parte de seus habitantes para o Egito. Em sentido contrário, Seleuco exilou numerosos habitantes de Judá para Antioquia no ano 295.

3.1 O domínio ptolomaico (Egito)

Nessas disputas entre egípcios e sírios, os ptolomeus prevaleceram inicialmente, dominando Judá por pouco mais de um século (301-198). Temos poucos dados sobre essa época; parece que os judeus foram súditos submissos e gozaram de relativa liberdade e paz. Um fenômeno muito importante foi a corrente migratória para o Egito, que terminou transformando Alexandria em um grande centro cultural do judaísmo. Os judeus do Egito adotaram o grego como língua nativa, e tornou-se necessária uma tradução da Bíblia para esse idioma. Começada no século III a.C., primeiro foi traduzido o Pentateuco e depois os demais livros. Essa tradução é conhecida como "os Setenta" (LXX/Septuaginta).

No entanto, as circunstâncias internacionais tornavam a vida muito difícil. Todo o século III está marcado naquela região pelas cinco guerras sírias. Especialmente a quarta e a quinta causaram muito sofrimento aos judeus.

---

138. São aduzidos como prováveis os anos de 322 (Eusébio), 312 (Abel), 302 (Hengel, Tcherikover).

3.2 O domínio selêucida (Síria)

Os selêucidas (sírios) conquistaram o domínio da Palestina no ano 197 a.C. No início, parece que os judeus os receberam com alegria, pensando que a mudança de governo poderia lhes trazer vantagens. E assim foi nos primeiros anos, já que Antíoco III demonstrou grande consideração por eles: libertou os cativos, isentou-os de impostos durante três anos e os reduziu em um terço posteriormente, permitiu que vivessem de acordo com a Lei, concedeu uma subvenção estatal ao culto etc. Mas a situação mudou completamente no ano 175 a.C., quando subiu ao trono Antíoco IV Epifânio.

3.3 Antecedentes da revolta macabaica

Esse rei, grande entusiasta da cultura grega, propôs como meta a helenização do seu reino. Este fato, junto com o contínuo despojo dos tesouros para financiar suas guerras, fez com que os judeus se opusessem energicamente a ele. Já no ano 169 a.C., voltando de uma campanha contra o Egito, saqueou o Templo de Jerusalém, apoderando-se dos utensílios e vasos sagrados e arrancando até mesmo as lâminas de ouro de sua fachada. Mas a grande crise começaria em 167 a.C., quando decidiu levar a cabo a helenização de Jerusalém.

Como primeiro passo, seu General Apolônio atacou o povo, degolando muitos e escravizando outros; a cidade foi saqueada e parcialmente destruída, assim como suas muralhas. Depois, vendo que a resistência dos judeus se baseava sobretudo em suas convicções religiosas, proibiu a prática dessa religião em todas as suas manifestações. Foram suspensos os sacrifícios regulares, a observância do sábado e das festas, ordenou destruir as cópias da Lei e proibiu a circuncisão das crianças. Qualquer transgressão dessas normas era castigada com a morte. Não satisfeito com essas medidas repressivas, Antíoco IV ergueu ao sul do Templo uma cidadela chamada Acra, colônia de pagãos helenizantes e de judeus renegados, com constituição própria; a própria Jerusalém era considerada provavelmente como território dessa *pólis*. Além disso, foram erigidos santuários pagãos por todo o país e oferecidos neles animais impuros; os judeus foram obrigados a comer carne de porco sob pena de morte e a participar de ritos idólatras. Como coroamento de tudo, em dezembro de 167 a.C., foi introduzido dentro do Templo o culto a Zeus Olímpico.

Os judeus piedosos não podiam suportar essas ofensas contínuas à sua religião e se recusaram a obedecer a essas normas. Antíoco respondeu com uma cruel perseguição. E então é quando estoura a revolta dos Macabeus. Ela é iniciada pelo ancião Matatias, apoiado pelos Hassidim (os "piedosos", dos quais descendem os fariseus e os essênios). Quando morre, após alguns meses, é sucedido por seu filho Judas (166-160 a.C.), e mais tarde pelos irmãos deste, Jônatas (160-143 a.C.) e Simão (143-134 a.C.). A Dinastia Asmoneia se completa com João Hircano I (134-104 a.C.), Alexandre Janeu (103-76 a.C.), Salomé Alexandra (76-67 a.C.) e Aristóbulo II (67-63 a.C.).

A apresentação anterior segue o relato de 1Mc 1,10-64. No entanto, é importante esclarecer que a visão de 2Mc 3–6 é muito mais interessante e menos simplista. A culpa inicial não é dos sírios, mas das profundas tensões existentes dentro da sociedade judaica, especialmente por motivos econômicos e pelas ambições de certos personagens (Jasão, Menelau, Lisímaco).

3.4 A rebelião e a dinastia macabaica

Os dados que possuímos sobre a rebelião dos Macabeus são tão abundantes que é difícil sintetizá-los. Além disso, estão profundamente relacionados com a política interna da Síria. Isso faz com que se acumulem datas, acontecimentos e nomes que dificilmente se podem reter. Por isso, limito-me a lembrar alguns detalhes importantes.

1. A revolta dos Macabeus significa uma luta dentro do povo judeu, um enfrentamento entre dois grupos claramente delimitados: o dos partidários da tradição e o dos defensores do helenismo. A princípio, a revolta não é dirigida contra a Síria. Somente mais tarde, quando os sírios ajudam os helenistas, é que ela se torna uma guerra contra a potência invasora.

2. O que começou como uma luta pela liberdade religiosa acabou se tornando uma batalha pelo poder político. Talvez fosse inevitável, pois era impossível garantir a observância da Lei e das tradições sem plena independência. Mas é importante lembrar que nem todos os contemporâneos dos macabeus pensavam da mesma forma. Alguns ficaram insatisfeitos com o viés político que a rebelião estava tomando e deixaram de prestar seu apoio. Surgem então as profundas tensões internas que ainda podemos observar anos depois, na época de Jesus.

3. A rebelião macabaica, liderada inicialmente por homens de grande valor, acabará por levar ao poder pessoas ineptas, ambiciosas e vingativas[139]. As lutas dinásticas e as tensões internas acabarão por provocar a intervenção de Roma, a senhora do mundo antigo. No ano de 63 a.C., Pompeu conquista Jerusalém e anexa a Palestina à província romana da Síria. (O relato da conquista de Jerusalém por Pompeu pode ser encontrado em *Guerra judaica* I,7).

4. Contribuição da época grega: literatura e teologia

Durante a época grega ocorre o auge do processo de formação do Antigo Testamento. Partindo do cânone amplo, aceito pelos católicos, encontramos principalmente novas obras de diversos estilos: sapienciais (Eclesiastes, Eclesiástico e Sabedoria), proféticas (Baruc), profético-apocalípticas (Daniel), históricas (os dois Livros dos Macabeus, que foram escritos por autores diferentes e em línguas diferentes, hebraico e grego), narrativas (Tobias, Judite). Dessas obras, os judeus e os protestantes só admitem aquelas escritas em hebraico: Eclesiastes e as seções em hebraico/aramaico do Livro de Daniel.

A importância do grego, evidente na enumeração anterior, resulta em um importante evento nessa época: a tradução dos livros sagrados para essa língua, conhecida como os Setenta (LXX/Septuaginta).

Além disso, durante a época grega, ocorrem os últimos ajustes nas coleções do Pentateuco e dos Profetas. Como ainda não existia um texto "canônico", os escribas (pelo menos alguns deles) sentiam-se com liberdade e autoridade suficientes para completar ou modificar o texto recebido. Isso explica as notáveis diferenças que encontramos entre o texto hebraico e o texto grego em certas passagens.

Junto com a literatura estritamente bíblica, a época grega testemunha uma grande produção literária em Israel e na diáspora. Isso é conhecido como "literatura intertestamentária" ou como "Apócrifos do Antigo Testamento".

Do ponto de vista teológico, a época é demasiadamente rica para ser tratada em poucas linhas. No entanto, ela representa a consolidação de todo

---

139. Sobre os asmoneus como opressores do povo, pode-se ver sobre João Hircano, *Guerra judaica* I,2,8 (67), *Antiguidades judaicas* I,4,4ss. (90-98); sobre Alexandre Janeu, *Guerra judaica* I,4,3 (88-89).

o processo iniciado após o exílio, mas com pontos de vista muito diferentes, condicionados em grande parte pelo impacto da cultura grega. Para alguns, a fé em Javé, a observância da Lei, o amor às tradições pátrias serão compatíveis com ela (embora sempre deixando clara a superioridade da judaica, como ocorre em Ben Sirac). Para outros, a cultura grega é o valor supremo, e não importa renunciar aos valores tradicionais judaicos para se acomodar a ela. Outros considerarão necessário lutar até a morte contra essa forma de vida e matar aqueles que a propõem. Logicamente, por trás de cada uma dessas posturas há uma teologia diferente, uma forma diferente de ver Deus e a relação com Ele.

Outros condicionamentos de natureza religiosa, política e econômica também provocam divisões e pontos de vista muito diferentes, como Josefo deixa claro ao falar das três "filosofias" entre os judeus: fariseus, saduceus e essênios. E, se considerarmos a abundante produção apócrifa, o cenário se enriquece com especulações e interpretações de todos os tipos. Basta lembrar dos Oráculos Sibilinos ou dos livros de Henoc.

Por isso não podemos falar de uma teologia comum. Mas podemos indicar alguns aspectos teológicos importantes da época, embora nem todos os judeus os compartilhem. Um deles é a valoração absoluta da Lei de Deus, mesmo em seus menores detalhes (como a proibição de comer carne de porco ou a observância do sábado), o que leva até mesmo ao sacrifício da vida. Essa aceitação do martírio pela observância da Lei fará com que se desenvolva a crença na imortalidade e na recompensa ou punição após esta vida, algo muito obscuro nos séculos anteriores. Uma última ideia, sem dúvida minoritária, mas importante para os cristãos, será a esperança em um Messias descendente de Davi, enviado por Deus para salvar seu povo. Os salmos 17 e 18 de Salomão, de origem farisaica, são um excelente testemunho.

27
Bibliografia sobre o Tema VI

1. O problema

FLOR SERRANO, G. "La investigación sobre la historia de Israel. Situación actual", *Isidorianum* 13, 2004, p. 21-46; NÁPOLE, G. M. "La historia del 'Israel bíblico': Cuestiones disputadas", *Soleriana* 27, 2002, p. 3-18; IDEM, "La historia del 'Israel bíblico'", *Revista Bíblica* 64, 2002, p. 69-87.

Sobre as enormes dificuldades que se encontram hoje em dia para escrever uma história de Israel: BANKS, D. *Writing the History of Israel.* JSOT SS 438. Nova York, 2006; GRABBE, L. L. "Writing Israel's History at the End of the Twentieth Century". In: *Congress Volume Oslo 1988.* SVT 80. Leiden, 2000, p. 203-218 (revisa as histórias escritas a partir de Albright); MOORE, M. B. *Philosophy and Practice in Writing a History of Ancient Israel.* JSOT SS 435. Nova York, 2006.

2. Visões sintéticas da história de Israel

ASURMENDI, J.; GARCÍA MARTÍNEZ, F. "Historia e instituciones del pueblo bíblico". In: *La Biblia en su entorno.* Introducción al Estudio de la Biblia 1. Estella: Verbo Divino, 1990, ³1996, p. 119-365. Tem a vantagem de unir a história profana e política com a história da religião de Israel e das instituições (culto, monarquia etc.). Ao mesmo tempo, nas partes principais indica quais são as questões debatidas. Todavia, em alguns pontos (sobretudo das origens até Davi) tornou-se superada.

WRIGHT, A. G.; MURPHY, R. E.; FITZMYER, J. A. "Historia de Israel". In: *Comentario Bíblico San Jerónimo – Nuevo Testamento*. Estella: Verbo Divino, 2004, p. 938-987. O original inglês é de 1990, e o autor da parte das origens não conhece a problemática recente.

CASTEL, F. *Historia de Israel y de Judá*. Estella: Verbo Divino, ⁵1998 (original francês de 1983). Muito útil e recomendável por seus aspectos pedagógicos, mas deve-se considerar a data do original.

3. Histórias de Israel

O principal problema é que muitas histórias boas ficaram defasadas em poucos anos, sobretudo quanto aos primeiros séculos de Israel. Por isso, dou especial importância às mais recentes e às que foram atualizadas.

LIVERANI, M. *Más allá de la Biblia – Historia antigua de Israel*. Barcelona: Crítica, 2005 (original italiano de 2004); é a mais recente e recomendável, embora eu considere muito melhor a primeira parte ("Uma história normal") do que a segunda ("Uma história inventada").

FINKELSTEIN, I.; SILBERMAN, N. A. *La Biblia desenterrada – Una nueva visión arqueológica del antiguo Israel y de los orígenes de sus textos sagrados*. Madri: Siglo XXI de España Editores, 2003. Não é propriamente uma história de Israel, mas contém capítulos interessantes e de fácil leitura sobre as origens do povo. As afirmações sobre a história do texto bíblico demonstram grande ignorância do tema (Finkelstein é arqueólogo e Silberman é jornalista).

SOGGIN, J. A. *Nueva historia de Israel – De los orígenes a Bar Kochba*. Bilbao: Desclée de Brouwer, 1997 (original italiano de 1984; revisado na 2. ed., 2002).

SACCHI, P. *Historia del Judaísmo en la época del Segundo Templo – Israel entre los siglos VI a.C. y I d.C.* Madri: Trotta, 2004 (original italiano de 1994, embora com um amplo "Epílogo a la edición española" de 2001).

HERRMANN, S. *Historia de Israel en la época del Antiguo Testamento*. Salamanca: Sígueme, ⁴2003 (o original alemão é de 1980, 2. ed.).

BRIGHT, J. *La historia de Israel*. Bilbao: Desclée de Brouwer, ²1970. Em 2000, W. P. Brown teve a infeliz ideia de atualizar e aumentar essa obra.

Foi um clássico, muito interessante em seu enfoque, mas ficou antiquada, por mais que se tenha tentado atualizá-la

GARBINI, G. *Scrivere la storia d'Israele: Vicende e memorie ebraiche*. Bréscia: Paideia, 2008. Garbini escreve com muito espírito crítico, e é preciso lê-lo com o mesmo espírito, porque com frequência se deixa levar pelo desejo de chamar a atenção e tergiversa os textos a seu bel-prazer.

Embora não esteja disponível para a maioria dos leitores, por estar em alemão, convém lembrar que a obra mais completa e ambiciosa sobre a história de Israel é levada a cabo por diversos especialistas na "Biblische Enzyklopädie" editada por W. Dietrich e W. Stegemann (Editora Kohlhammer, de Stuttgart). Trata-se de doze volumes, dos quais nos interessam os nove primeiros: 1. Pré-história de Israel (Lemche); 2. As origens de Israel nos séculos XII e XI a.C. (Fritz); 3. Os começos da monarquia em Israel (Dietrich); 4. Os reinos de Israel e Judá no século IX a.C. (Oeming); 5. Os reinos de Israel e Judá nos séculos VIII e VII a.C. A crise assíria (Schoors); 6. O reino de Judá nos séculos VII e VI a.C. (Harmeier); 7. A época do exílio (Albertz); 8. Israel na época persa. Séculos V e IV a.C. (Gerstenberger); 9. A época helenística. Israel e a Bíblia dos séculos IV a I a.C. (Haag).

4. Obras de consulta sobre textos do Antigo Oriente

Uma obra mais recente publicada em espanhol é a de MATTHEWS, V. H.; BENJAMIN, D. C. *Paralelos del Antiguo Testamento – Leyes y relatos del Antiguo Oriente bíblico*. Santander: Sal Terrae, 2004.

Muito útil também é a de GARCÍA CORDERO, M. *Biblia y legado del Antiguo Oriente*. BAC 390. Madri, 1977.

GONZÁLEZ ECHEGARAY, J. *El creciente fértil y la Biblia*. Estella: Verbo Divino, 1991.

Uma obra de consulta necessária para conhecer textos históricos extrabíblicos (egípcios, acádios, babilônicos etc.) relacionados com Israel é a de J. B. Pritchard, *La sabiduría del antiguo Oriente*. Trata-se de uma tradução-resumo da grande obra *Ancient Near Eastern Texts relating to the Old Testament*.

EDITORA VOZES LTDA.

Rua Frei Luís, 100 – Centro – Cep 25689-900 – Petrópolis, RJ
Tel.: (24) 2233-9000 – E-mail: vendas@vozes.com.br

VA Vozes Acadêmica

Vozes de Bolso

VOZES NOBILIS

EDITORA VOZES

Belo Horizonte – Brasília – Campinas – Cuiabá – Curitiba
Fortaleza – Juiz de Fora – Petrópolis – Recife – São Paulo

Conheça nossas lojas:
www.livrariavozes.com.br

www.vozes.com.br

Conecte-se conosco:

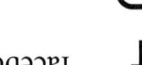 facebook.com/editoravozes

 @editoravozes

 @editora_vozes

 youtube.com/editoravozes

 +55 24 2233-9033